浙江省高职院校“十四五”重点立项建设教材

人大芸窗
RENDAYUNCHUANG

高等职业教育新形态教材

新编21世纪高等职业教育精品教材·电子商务类

电子商务法律实务

（第四版·数字教材版）

孙祥和 /编著

立德树人　案例生动　内容丰富　资源立体

中国人民大学出版社
·北京·

图书在版编目（CIP）数据

电子商务法律实务：数字教材版 / 孙祥和编著. --
4 版. -- 北京：中国人民大学出版社，2024.5
新编 21 世纪高等职业教育精品教材. 电子商务类
ISBN 978-7-300-32775-4

Ⅰ.①电… Ⅱ.①孙… Ⅲ.①电子商务－法规－中国
－高等职业教育－教材 Ⅳ.①D922.294

中国国家版本馆 CIP 数据核字（2024）第 081559 号

浙江省高职院校“十四五”重点立项建设教材
高等职业教育新形态教材
新编 21 世纪高等职业教育精品教材・电子商务类
电子商务法律实务（第四版・数字教材版）
孙祥和　编著
Dianzi Shangwu Falü Shiwu

出版发行	中国人民大学出版社		
社　　址	北京中关村大街 31 号	**邮政编码**	100080
电　　话	010－62511242（总编室）		010－62511770（质管部）
	010－82501766（邮购部）		010－62514148（门市部）
	010－62515195（发行公司）		010－62515275（盗版举报）
网　　址	http://www.crup.com.cn		
经　　销	新华书店		
印　　刷	北京昌联印刷有限公司	**版　　次**	2018 年 3 月第 1 版
开　　本	787 mm×1092 mm　1/16		2024 年 5 月第 4 版
印　　张	18.75	**印　　次**	2024 年 5 月第 1 次印刷
字　　数	440 000	**定　　价**	49.00 元

第四版前言

党的十九大以来，我国确立全面依法治国基本方略，立法工作不断取得新成就、实现新发展，司法工作不断加大改革创新力度。党的二十大报告首次对法治建设进行专章论述、专门部署，充分体现了以习近平同志为核心的党中央对全面依法治国的高度重视。电子商务在互联网和大数据环境下日新月异，涉及的法律新情况、新问题及其处理方法也在不断变化，编著和修订一部能够适应电子商务快速发展的法律类教材，显然不是一件容易的事情。

对于本书的框架结构，编著者做了精心的安排。现有的法律类教材多以法律知识介绍为主，穿插案例来阐释法律条文和帮助知识理解，这是惯常的法律教学模式。这种方式有其优越性，即知识体系非常好，就法律论法律，容易理解，对于成文法律的阐释和解读作用非常大。但电子商务是快速发展的领域，遇到的法律问题也多是新鲜的，立法界已经明显感觉到立法进程跟不上电子商务发展的速度。在快速变化的领域学习电子商务法律，应该更注重培养学生应对不断变化和发展的环境的法律思维能力，培养学生应用法律普遍原理去分析和解决电子商务法律问题的能力。在某种程度上，电子商务可以看成营销方式在互联网上的延伸，电子商务法律亦可以看成传统法律体系在互联网上的延伸。但电子商务已经深层次改变了传统的市场营销模式，具有自己特殊的规律，而电子商务法律也区别于传统法律，形成自身特殊的体系和要求。电子商务法律比较新，各种法律法规还不健全，以案说法的形式比较灵活，且收放自如。因此编著者经过综合考虑，在学生已经学过其他相关法律课程的情况下，如果援用案例教学的模式来启发和引导学生思考和讨论，在案例分析和讨论过程中理解和掌握电子商务法律的精神，效果会更好。同时，我们在单元模块推进过程中，安排了比较多的电子商务行业发展方面的新闻知识，以加深同学们对电子商务发展态势的了解，从而有利于学生在互联网快速发展的背景下理解和掌握电子商务法律实务知识。

本书分单元推进，以模块为导向，把众多现实的法律实务通过案例展现抽象为电子商务法律知识。在编著过程中，编著者尽量不让知识重复出现，以保证本书知识容量足够大。在内容选取方面，编著者尽可能选择近期发生的、与实务紧密相连的法律案例，特别是经过法院判决的案例，并吸收主要的案例评析观点。在各单元中，编著者合理安排电子商务法律实务实训活动，注重培养学生的实际操作能力。

本书是在义乌工商职业技术学院大力建设浙江省高职高水平学校、浙江省优质高职院校、首批浙江省创业型大学建设试点院校的背景下，纳入国家骨干专业、浙江省高校"十三五"优势专业——义乌工商职业技术学院电子商务专业建设项目的成果内容。

本书基本上为电子商务法律赋予了完整的框架，这反映在本书的单元模块构成上。本书结构概况如下：

单元一　认识互联网时代和电子商务立法，介绍电子商务发展的互联网背景、电子商务立法进程和背景，并对本课程的学习提出了一些建议；

单元二　电子商务经营者法律实务，介绍电子商务平台经营者和电子商务平台内经营者及其权利、义务和责任；

单元三　电子合同法律实务，介绍电子商务活动中的合同类型，合同当事人的权利及义务；

单元四　电子支付和互联网贷款法律实务，介绍网上银行、电子支付的应用及应用过程中当事人的权利、义务、风险，互联网金融和互联网贷款的发展及法律风险；

单元五　快递物流与交付法律实务，介绍快递物流与交付过程中的合同关系和侵权责任；

单元六　电子证据，介绍电子签名的适用和效力以及各类电子数据的效力和应用；

单元七　市场秩序与公平竞争法律实务，介绍在电子商务交易过程中衍生的网络著作权、网络商标权、网络专利和网络域名等知识产权，及电子商务交易过程中不正当竞争的危害及规制；

单元八　电子商务消费者权益保护，介绍电子商务消费者的权利和电子商务经营者的义务以及电子商务平台经营者的责任；

单元九　电子商务法律责任，介绍电子商务交易过程中的民事法律责任、行政法律责任和刑事法律责任；

单元十　电子商务纠纷解决机制，介绍线上纠纷解决机制、互联网法院的推广及前景、电子商务民事诉讼纠纷法院管辖权规则；

单元十一　直播电商法律实务，介绍直播电商中相关主体责任、义务及国家对直播电商行业的监管等；

单元十二　跨境电子商务法律实务，介绍跨境电子商务及其特殊的监管机制。

本书编著者对于本书的编著高度重视，认真对待。在编著过程中，编著者带领团队走访并调研了上海、深圳、杭州及义乌众多电子商务园区、跨境电子商务园区、直播电商基地（示范区）等相关电子商务企业，以及杭州互联网法院及其他相关法院。他们的实践和意见、建议给了编著者很多启示，对本书内容的形成起到了关键作用。本书经过不断反复讨论、修改才得以完成。

党的十九大以来的这几年，我国经济已由高速增长阶段转向高质量发展阶段，坚持全面依法治国被确立为习近平新时代中国特色社会主义思想和基本方略的重要内容。为适应经济高质量发展和社会治理现代化水平快速提升的需求，众多项法律不断颁布和得到修订。2018 年 8 月，全国人大常委会表决通过的《中华人民共和国电子商务法》，对电子商务相关领域做出了明确规定。这部法律自 2019 年 1 月 1 日施行以来，对我国电子商务发展产生了广泛而深远的影响。2020 年 5 月，全国人大会议通过《中华人民共和国民法典》，并定于 2021 年 1 月 1 日起正式施行，这是一部市场经济的基本法，具有划时代的意义，对电子商务领域必然产生深远影响。随着网络直播行业发展，网红经济、直播电商丰富了电子商务业态，其中出现的法律新情况、新问题也非常多。本书将《中华人民共和国电子商务法》施行以来的实际情况和《中华人民共和国民法典》的相关精神融入各单元模块，新增直播电商法律实务单元，并对第三版进行了大幅度修订，对其中相当多单元模块进行了整体修订，对实训任务进行了细化，并用二维码的形式展示，更加有利于学生随时随地学习及实训活动的开展。

法律是治国之重器，良法是善治之前提。党的二十大报告提出，要"完善以宪法为核心的中国特色社会主义法律体系"，"加强宪法实施和监督"，"加强重点领域、新兴领域、涉外领域立法"，"推进科学立法、民主立法、依法立法"。在习近平法治思想指引下，我国社会主义法治建设发生历史性变革、取得历史性成就。电子商务法律法规不断在发展中规范，在规范中发展。在本书改版后的这段时间里，《中华人民共和国数据安全法》《中华人民共和国个人信息保护法》《中华人民共和国反电信网络诈骗法》等新的法律法规被制定出来，《中华人民共和国民事诉讼法》《中华人民共和国对外贸易法》《中华人民共和国反垄断法》《互联网上网服务营业场所管理条例》等法律法规为适应经济社会发展中出现的新情况、新问题而修订，

《互联网广告管理暂行办法》为《互联网广告管理办法》所取代，《网络交易管理办法》为《网络交易监督管理办法》所取代，一系列法律解释和有关法律问题和重大问题的决定获得通过，中国特色的电子商务法律体系日益完备、日臻完善，我们更加团结在以习近平同志为核心的党中央周围，以前所未有的决心、举措和力度推进全面依法治国。

本书系义乌工商职业技术学院 2020 年校企合作教材立项项目的最终成果，项目编号：2020JC38；系浙江省高职院校“十四五”第二批重点教材建设项目，序号：247，推荐单位：义乌工商职业技术学院。义乌工商职业技术学院图书馆王红独立编写了本书单元一、单元二的内容，参与了单元三与单元四内容的编写；江苏圣典（义乌）律师事务所杨毓根律师、李俊强律师参与了本书单元三、单元七内容的编写，浙江竞川律师事务所丁志坚律师参与了本书单元三至单元五内容的编写。

本书再版时，编著者根据电子商务领域新立、改、废、释的法律法规进行了较大幅度的修订，以满足广大专家和读者学习研究的需要。

在本书编著过程中，编著者参考和引用了很多作者的著作、文章及网络资料等，很多法律判决书、案例分析，以及很多新闻记者的信息和报道，部分已经列示在参考文献中，但仍然会有部分著述未能列示。在此，对被引用的文献或学术观点的作者、实务工作者一并表达谢意。在本书编著过程中，编著者充分吸收了本书第一版、第二版和第三版在使用过程中广大老师和同学们的意见建议，并尽可能多地把这些宝贵意见和建议容纳到第四版中。在此，向采用本书教学和学习的广大老师和同学们表示衷心的感谢。

同时，深深地感谢在本书出版过程中提出宝贵意见和建议，付出辛勤汗水的中国人民大学出版社的编辑们，这部教材的面世与你们的大力支持密不可分。

当然，由于编著者学识和能力有限，书中错误和不足之处在所难免，恳请广大专家和读者批评指正。

孙祥和

目　录

单元一 认识互联网时代和电子商务立法

当前，新一轮科技革命和产业变革正加速演进，5G、人工智能、云计算、大数据、物联网等新技术、新应用、新业态方兴未艾，互联网迎来了更加强劲的发展动能和更加广阔的发展空间。截至2023年12月，我国网民规模达10.92亿人，较2022年12月新增2 480万人，互联网普及率达77.5%。上半年，我国各类互联网应用持续发展，多类应用用户规模获得一定程度的增长。截至2023年12月，农村地区的互联网普及率为66.5%，较2022年12月提升4.6个百分点。网约车、互联网医药用户规模增长明显，较2022年12月分别增长9 057万人、5 139万人，增长率分别为20.7%、14.2%。

我国网络零售市场总体稳步增长，2023年1—10月，全国网上零售额12.3万亿元，增长11.2%，实物网络零售对社会零售增长贡献率达32.1%，网络零售稳步增长。自2013年起，我国一直蝉联全球最大的网络零售市场。

2018年8月，全国人大常委会表决通过了《中华人民共和国电子商务法》（以下简称《电商法》），自2019年1月1日起施行。这部法律对电子商务经营者在产品质量安全、知识产权、消费者权益和个人信息保护等方面的义务与责任予以明确规定，严惩各种损害消费者权益的违法行为，同时，对电子商务经营者的管理和规制做出了明确规定。此前，我国已经分别从互联网安全、电子签名的应用以及网民个人信息的保护等三方面通过了相关法律，为《电商法》的推出奠定了基础、提供了借鉴。

党的二十大报告提出，要"完善以宪法为核心的中国特色社会主义法律体系"，"加强宪法实施和监督"，"加强重点领域、新兴领域、涉外领域立法"，"推进科学立法、民主立法、依法立法"。《电商法》颁布实施后，与之配套的《中华人民共和国数据安全法》《中华人民共和国个人信息保护法》等相关法律陆续颁布施行，相关法律法规得到修订，平台治理规则不断完善。《电商法》在发展中规范，在规范中发展，并正加快修订。

通过学习本单元内容，你将达到以下学习目标：

【知识目标】

1. 了解电子商务的发展环境和《电商法》对于规范和发展电子商务事业的重要性；
2. 了解国际电子商务立法；
3. 掌握我国电子商务法的概念。

【能力目标】

1. 能够认识到我国出台电子商务法的重要意义；
2. 能够认识到网络化生存的机遇与风险。

【素养目标】

1. 培养发现问题、分析问题和解决问题的意识；
2. 树立电子商务法律的自学意识和终身学习意识。

你需要完成能力训练任务：从实践中搜集相关电子商务应月案例并进行分析，从中体会电子商务发展前景；认真完成实训任务，加深对本单元知识的理解。

本单元内容学习建议学时：3 学时。

导入案例

“电”亮脱贫致富路——脱贫攻坚战中的电商故事

习近平总书记在陕西考察时强调了电商在脱贫攻坚中的作用。电商不仅可以帮助群众脱贫，而且还能助推乡村振兴，大有可为。

带领贫困地区农产品跨越千山万水

一些贫困地区地理位置偏远，交通不便，农产品销售是个大难题。层层转运、层层贩售、层层加价……卖货成本高了，落到贫困群众口袋里的钱就变少了。电子商务让优质农产品搭上“数字快车”，“好收成”更容易变成“好收入”，为全面建成小康社会打下坚实基础。

吉林省通榆县地处大兴安岭南麓集中连片特困地区，当地出产的小米、绿豆等农产品品质好、营养高，可地处偏远，卖不出好价钱。

通榆县 2013 年启动电商推广工作，与网络平台合作售卖农产品。在一场“葵花节”网购活动中，个大饱满的葵花盘卖到了 40 元一个。“以前卖给粮贩，1 千克才给 10 元。”

电商为农户带来了“真金白银”。通榆县在电商平台上统一地理标识，集中打造杂粮品牌。全县目前有近 2 000 家网店，邮政、淘宝等企业在当地设置物流集散点，把杂粮卖到了全国。数据显示，当地综合贫困发生率由 2015 年底的 21.8%下降至 0.075%。

为乡村振兴注入活力

在吉林省舒兰市松凤村的众邦源牧业公司，空气中闻不到异味，养殖区域里绿植遍布，远处的凤凰山上林木茂盛，一派田园风光。这种景象让人很难想象这是一处每年出栏 1 万头优质生猪的养殖场。

24 岁的朱爱玲是这家企业的“少东家”。大学毕业后，朱爱玲远赴江苏做服装电商，回到家乡后，她把电商模式引入猪肉销售。在她的网店里，有机黑猪肉能卖到每千克 200 元。“我养了半辈子猪，这样的价格，想都不敢想。”朱爱玲的父亲朱岩说。

市场信息、客户需求飞速传递，电子商务逐渐拉平了城市和乡村的信息鸿沟。各地“新农人”、乡村群众搭上了“数字快车”，即便身居乡村，也能心系世界。

给干部下乡带来更广阔舞台

电子商务既是脱贫奔小康的机遇，也给那些下乡支援脱贫攻坚、乡村振兴工作的干部提出了新要求。

在吉林省白山市靖宇县大北山村驻村扶贫4年多，驻村第一书记高世龙和乡亲们在村里建起山野菜加工厂，借力电商平台打造的“老农夫”牌山野菜逐步打开城市销路，贫困户每户每年增收近4 000元。

在全国各地，电子商务的发展，让越来越多的基层群众搭上了“数字快车”，也为乡村带来了越来越多的先进理念，有力支持了脱贫攻坚、乡村振兴工作。

模块一

电子商务新模式为新供给、新消费注入新活力

当前中国已经开启社会主义现代化强国的新征程，正处在迈向高收入国家的关键阶段，消费创新日益成为引领未来中国经济高质量发展的主导力量。党的二十大报告提出，“要坚持以推动高质量发展为主题，把实施扩大内需战略同深化供给侧结构性改革有机结合起来”。2022年中央经济工作会议指出“要把恢复和扩大消费摆在优先位置”。在新一轮科技革命方兴未艾、产业数字化转型快速推进、城乡居民消费深刻变革、市场竞争日益激烈、助推数字消费进入快车道等多重因素相互作用和叠加促动下，我国电商创新展现出新的活力，直播电商、短视频电商、社交电商、内容电商、兴趣电商等一批彰显时代特色的“电商新模式”兴起，成为电商持续快速发展的新动力。更重要的是，这些电商新模式展现出了强大的消费资源的集聚力、供应链优化的组织力、消费创新和消费风尚的引领力，以及数字经济与实体经济深度融合的推动力，形成了数字经济时代实现需求牵引供给、供给创造需求更高水平动态平衡的新途径，也为激发消费创新、创造新供给注入了前所未有的活力。

知识链接

乘新电商东风，共享新发展机遇

2023年10月12日至13日，第三届中国新电商大会以“激活新消费聚力新发展”为主题，围绕技术创新、商产融合、消费服务、国际合作等内容，展望新趋势、谋划新发展、开拓新合作，推动中国新电商向着开放、合作、绿色、可持续的方向迈进。

党的二十大报告提出：“加快发展数字经济，促进数字经济和实体经济深度融合，打造具有国际竞争力的数字产业集群。”电子商务是数字经济最前沿、最具竞争力、发展潜力最突出的组成部分。近年来，我国电子商务方兴未艾，在国民经济中的影响力也愈加凸显。相关数据显示，截至2023年6月，我国网络购物用户规模达8.84亿人，占网民整体的82.0%。2023年上半年，全国网上零售额达7.16万亿元，其中实物商品的

网上零售额达6.06万亿元，占社会消费品零售总额的比重为26.6%。从对外贸易看，2023年上半年，我国跨境电商进出口额达1.1万亿元，同比增长16%；其中，出口额达8 210亿元，增长19.9%。鲜活的数据表明，电子商务正成为催生数字产业化、拉动产业数字化的重要引擎，不断为促进消费升级、稳定经济发展、便利民众生活注入强大动能。

随着数字经济的崛起繁荣，我国电子商务不断谋求转型升级，新电子商务也应运而生，在新领域、新赛道充分彰显新动能、新优势。相比传统电商，新电商建构起一种产品推送更准、流通效率更高、消费黏性更强、产业关联更大的新型商业模式。在理念层面，新电商推动线上线下一体化，以线上引流线下、以线下支持线上，形成消费者理性购物、绿色消费、普惠受益的良好态势。在技术层面，人工智能、大数据、云计算等先进技术的不断迭代升级，以及短视频和直播带货形式的迅猛发展，都为新电商拓宽销售品类、创新商业模式、优化网购体验带来了新的契机。在用户参与层面，随着物流配送与快递业务越发便捷，更多农村群众和老年群体也参与到网络购物中，在享受购物便利、丰富日常生活的同时，为进一步助力乡村振兴、发展银发经济、推动共同富裕赋能。在对外贸易方面，在高质量共建"一带一路"等重大战略背景下，跨境电商海外业务的不断发展，也让更多"中国制造"造福世界人民、更多全球好物走进中国家庭。一个个小小的"购物车"汇聚起巨大合力，推动国内国际双循环相互促进的新发展格局行稳致远。

顺时而动、应势而为，方能乘势而上、聚势而强。从制度设计上来看，《"十四五"电子商务发展规划》《网络交易监督管理办法》《中华人民共和国数据安全法》等政策法规的颁布出台，都为推动线上交易与平台规范治理、全行业诚信经营和有序竞争提供了重要保障。从平台建设上看，连续举办三届的中国新电商大会凝聚多方力量，推动政府部门、企业、平台共同发力，促进科研技术成果转化与应用，加强数字基础设施、数字服务体系、数字产业体系、数据治理体系建设，积极融通技术链、资金链、产业链、供应链、人才链，为擘画新电商未来贡献智慧方案。未来，要以强化技术创新应用为核心动力，以满足人民群众个性化、多样化和品质化的消费需求为重要目标，在优化营商环境、保护主体权益、增强诚信建设、规范要素使用等方面不断发力，不断激活生产活力，充分挖掘内需潜能，为新电商行业实现高质量、可持续发展做出更多贡献。

资料来源：王禹欣．乘新电商东风，共享新发展机遇［N］．光明日报，2023-10-13.

一、多项有利条件相互叠加促进电商创新发展

(一) 消费成为引领中国经济高质量发展的主导力量，提质升级成为消费创新的重要引擎

当前我国人均GDP达到85 698元，正处在消费率持续上升的关键阶段，最终消费对GDP增长的贡献率连续多年保持在50%以上。消费提质升级成为我国消费创新和推动高质量发展的重要特征。近年来，我国消费市场出现了一系列品种拓展、品质提升和品牌创建等消费创新趋势，释放出巨大的消费动力和潜能，为电商创新发展提供了广阔的空间，不断推动电商新模式涌现和迭代。

（二）数字技术进步和应用全面提速，为电商创新和优化供需匹配提供了新路径、新机遇

以数字技术为代表的新一轮科技革命和产业变革加速演进，推动我国线上消费市场持续扩大。当前线上消费并不是对线下消费的替代，而是消费创新的重要来源，通过品种拓展、品质提升及品牌创建，产生显著的“新增效应”。随着信息流动速度更快、流动成本更低，消费终端能够承载和展示的数据维度日益丰富和多元，还在持续不断地突破时间和空间对消费想象力的限制，促进技术应用从需求端向供给端延伸和贯通。一批源头工厂、品牌厂家、产业集群与兴趣电商等新模式相结合，逐步向个性化、定制化转型，比以往更快、更准、更好地响应和满足消费需求。

（三）中国消费者日益成熟且需求持续细分，年轻群体加快成长为引领电商新模式创新发展的主力军

我国已全面建成小康社会，消费者群体日益走向成熟，消费需求加快，从“有没有”向“好不好”转变。近年来，服务消费成为我国居民消费增长的主要动力，精神需求逐渐渗透居民生活和消费的各个方面，服务化、品质化、品牌化、个性化的消费特征日益凸显，颜值形象、健康保健、居住出行、知识技能、娱乐体验等新型消费迅速崛起，成为我国电商创新的重要扩展方向，推动新模式加快涌现。同时，消费人群的演变和分化，推动消费需求市场和层次不断细分。占我国总人口比重 1/3 的中等收入群体贡献了 40%的消费市场规模，成为我国消费市场规模扩张的主导力量。占总人口数 1/5 的年轻一代创造了 4 万亿元的新兴消费市场规模，加快成长为引领电商新模式创新发展的主力军。

（四）线上消费市场竞争日益激烈，促进电商新模式加速迭代并不断寻求体验增值点

我国网民规模增速自 2007 年之后出现自然回落，到 2014 年后基本稳定在 6%左右，电商营业收入增速在 2013 年达到 231%峰值后，逐步降至 20%～25%。面对日趋激烈的市场竞争，电商发展重点也从“广覆盖”转向“深挖潜”，从对新增用户数量的竞争，日益转向为存量用户提供更好的产品和服务，特别是利用电商平台规模经济和范围经济优势，将“小需求”培育为“大市场”。竞争压力亦成为推动电商创新发展的动力，短视频和直播带货等电商新模式，凭借丰富的视听体验、新颖的互动场景脱颖而出，呈现爆发式增长态势。

（五）疫情冲击传统消费，电商新模式抓住机遇实现跨越式发展

2020 年消费需求受到明显抑制，客观上推动了居民消费向线上迁移。面对疫情对线下消费活动的限制，场景丰富、实时互动、体验性强的直播带货、短视频、即时零售等电商新模式，及时回应了消费者的需求，适应了居家场景、弱化了时空限制，进而拓展出更大的增长空间。在电商新模式的创新带动下，更多元的消费场景借助新的平台和渠道呈现给消费者，为满足消费、释放消费、激发消费提供了新途径和新选择。

二、电商新模式加速数实深度融合、实现更高水平供求动态平衡

（一）电商新模式加速数实深度融合

电商新模式形式丰富多样，且处于持续创新和快速迭代中。其突出特征是以电商平台为载体，以数据赋能为动力，实现消费链、产业链、供应链数实融合的发展方式创新。相对于传统电商模式，电商新模式在满足潜在需求、服务供给创新、增进供需匹配等方面均表现出新特点。

首先，电商新模式以创新内容为主导，全面激发和更好地满足消费者潜在需求。短视频、直播等新型数字内容的高质量创新带来了消费场景的变化和重构，推动电商新模式从传统的“人找货”模式转向“货找人”模式，从被动等待用户搜索转变为更加积极预判用户偏好。借助维度更丰富的信息线索，电商新模式敏锐捕捉细分和多元的市场需求。

其次，电商新模式以平台为载体，为供需两侧提供数字技术支撑，促进供需两侧数字技术应用和实现动态匹配融合。电商新模式综合应用多种现代信息技术、数字技术及智能技术，既在需求侧促进娱乐内容、产品推荐、支付物流等多种服务综合集成，又对上游产业带和制造企业的响应能力提出更高要求，进而推动企业主动加快数字化转型，并促进了数字基础设施持续完善。

最后，电商新模式以产业链、供应链为纽带，通过信息技术赋能，带动上下游企业协调创新，为大量实体企业，特别是实体店铺、中小企业创新品牌发展形成更有力的支持。据统计，2022 年抖音电商上国货品牌销量同比增长 110%，其中老字号品牌销量同比增长 156%，新锐品牌销量同比增长 84%。

（二）电商新模式成为加速数实深度融合、实现更高水平供求动态平衡的新途径

电商新模式对生产、服务、消费等经济循环各环节的参与和渗透加深，创新拓展了赋能机制和路径，更好地发挥了促进经济循环畅通、形成高水平供求动态平衡的作用。

1. 在生产端，助力企业数字化转型和消费品种创新

以新赛道助力生产企业“再加速”。电商新模式的快速发展，为众多中小微企业提供了“换道超车”的机会。特别是在电商发展初期，一些企业对数字化、线上化发展仍处于观望阶段，或者未做好人力资本、生产设备和内部管理系统优化升级的准备，有可能在电商发展初期并未享受到发展红利。而电商新模式进一步降低了企业数字化和创新创业成本及门槛，使之在新机遇、新模式、新平台的赋能下，具备进行转型升级和创新发展的基础和能力。例如：抖音电商服饰“王牌工厂”项目有效帮助平台上的服饰鞋包等生产企业提高了品牌化转型的成功率和存活率。据调研，80%的企业在参与前没有任何电商经验，2 年内退出项目的企业不超过 0.5%，30%已成功实现拟定的品牌“孵化”目标。

以数据要素赋能消费品种创新。借助电商新模式，商品供应方与消费者通过直播间实时互动和对话，消费者能够直接表达需求，反馈信息的及时性和准确性更高，有助于

生产企业更快调整策略、改进产品、精准研发，抢占市场“先机”。特别是对于不断细分化、小众化、圈层化的消费市场，需求引领品类创新的趋势日益明显，大量中小企业开始展现出紧贴小众市场、细分市场进行创新、对接消费者的优势。

2. 在服务端，助力新品牌培育和产业生态营造

以专业化服务助力新品牌创新培育。平台通过总结过往供应企业成功和失败的经验，梳理出本生态体系内数字经济发展趋势的方法论，并形成帮助企业、商户更好融入自身生态系统的操作手册免费发放，通过这种方式，降低了企业在新平台上的学习成本和经营成本。相应的方法论和助力机制，也正在从企业层面向产业带层面扩散，为产业带的区域品牌打造和专业化、集群化、高端化发展赋能。例如：截至 2022 年，抖音电商推出“产业成长计划”已覆盖全国 20 多个省份、68 个区域，促进产业带商家创新经营流通模式，塑造区域品牌，将更多“源头好物”链接给消费者。

以专业队伍培育营造产业生态。电商新模式更加注重在个性化、非标化商品品类中，培育“专业产品组织型服务商”队伍，创造了新型流通业形态。此类服务商在选择货品、协调供应链渠道、设计产品呈现方式等方面形成了一定的专业能力，能够吸引有相同消费偏好的消费者快速集聚，并形成相对稳定的消费群体。

优化流通组织提升供应链效率。电商市场的创新发展，促进了传统流通组织方式的变革和重组，通过减少流通环节实现了效率的极大提升。当前，在电商新模式下，消费者和品牌及企业在“直播间”相遇，拥有了新的更加直接的“面对面”方式，流通环节得以进一步精简。以数字化供应链赋能生产企业，引入“柔性供应”机制，帮助企业快速切换生产线，满足多批次、小订单“柔性快反”需求。

3. 在消费端，优化提升消费体验和丰富消费场景

以深度互动方式优化提升消费体验。电商新模式改变了以平面为主的消费信息呈现方式，解决了消费信息展示单一、静态，信息丰富度不够，反馈互动存在时滞等不足。电商主播成为在线“导购”，帮助消费者更直观地了解商品信息。消费者节省了冗长的搜索、比对、选择商品的时间，享受到更加精准、个性化的产品推荐。

以丰富消费场景增进消费者对产品、品牌的了解。电商新模式为大量小品牌提供了低成本、高效率的新传播途径，通过实时直播等方式，弱化传统媒体不足，将商品背后的产业链各环节清晰、透明、生动地展现给消费者，增进消费者对产品背后品牌理念和品牌文化的了解。以直播和短视频为代表的新的场景呈现方式，对于展示中国消费文化风貌，特别是乡村消费、传统文化消费、新国潮消费，也起到了有力的促进作用。

以内容创新满足消费升级新要求。随着数字技术的不断进步和广泛应用，网络视频、网络直播的内容边界已从休闲娱乐、电商拓展到教育、旅游、文化艺术等。网络视频、网络直播作为兼具较强互动性和即时性的内容传播渠道，打破了线下渠道的时空限制，吸引了新受众，在一定程度上帮助传统服务业的商户缓解了“个性化程度高”“生产消费同时发生”带来的制约。

三、我国进入网络化生存时代

我国互联网基础设施建设不断优化升级，提速降费政策稳步实施，推动移动互联网接入流量显著增长，网络信息服务朝着扩大网络覆盖范围、提升速度、降低费用的方向发展。交通、环保、金融、医疗、家电等行业与互联网融合程度加深，互联网服务呈现智慧化和精细化特点。随着智能手机的推广和普及，PC端用户逐渐向移动端倾斜，我国手机网络购物用户规模不断增长。随着互联网和移动互联网的快速发展，网络购物成为人们日常的购物方式。

现如今，互联网已经像水和电一样成为我们生活的必需品。出门打车、网络购物、查询资料……种种日常行为都离不开网络，没有WiFi的日子简直无法想象。中国互联网络信息中心（CNNIC）发布第53次《中国互联网络发展状况统计报告》显示，截至2023年12月，我国网民规模达10.92亿人，较2022年12月新增网民2 480万人，互联网普及率达77.5%。

（一）数字基础设施建设进一步加快，资源应用不断丰富

在网络基础资源方面，截至2023年6月，我国域名总数为3 024万个；IPv6地址数量为68 055块/32，IPv6活跃用户数达7.67亿；互联网宽带接入端口数量达11.1亿个；光缆线路总长度达6 196万千米。在移动网络发展方面，截至2023年6月，我国移动电话基站总数达1 129万个，其中累计建成开通5G基站293.7万个，占移动基站总数的26%；移动互联网累计流量达1 423亿GB，同比增长14.6%；移动互联网应用蓬勃发展，国内市场上监测到的活跃App数量达260万款，进一步覆盖网民日常学习、工作、生活。在物联网发展方面，截至2023年6月，三家基础电信企业发展蜂窝物联网终端用户21.23亿户，较2022年12月净增2.79亿户，占移动网终端连接数的比重为55.4%，万物互联基础不断夯实。

（二）工业互联网基础设施持续完善，“5G+工业互联网”快速发展

一是工业互联网网络体系快速壮大，平台体系逐步完善。全国5G行业虚拟专网超过1.6万个。工业互联网标识解析体系覆盖31个省（区、市）。具有一定影响力的工业互联网平台超过240家，我国基本形成综合型、特色型、专业型的多层次工业互联网平台体系。二是数据汇聚初见成效，安全保障日益增强。国家工业互联网大数据中心体系基本建成，工业互联网数据要素登记（确权）平台体系建设持续推进。国家级工业互联网安全技术监测服务体系不断完善，态势感知、风险预警和基础资源汇聚能力进一步增强。三是融合应用不断涌现，“5G+工业互联网”快速发展。2023年一季度，工业和信息化部发布了5G工厂、工业互联网园区、公共服务平台等218个工业互联网试点示范项目，“5G+工业互联网”融合发展已驶入快车道。

（三）新型消费持续壮大，助推我国经济总体回升向好

2023年，我国互联网应用持续发展，新型消费潜力迸发，数字经济持续发展，助推我国经济回升向好。一是文娱旅游消费加速回暖。以沉浸式旅游、文化旅游等为特点的文娱旅游正成为各地积极培育的消费增长点。截至12月，在线旅行预订的用户规模达5.09亿人，较2022年12月增长8 629万人，增长率为20.4%。二是国货“潮品”引领消费新风尚。国货“潮品”持续成为居民网购消费重要组成。近半年在网上购买过国货

“潮品”的用户占比达58.3%；购买过全新品类、品牌首发等商品的用户占比达19.7%。

(四) 网络化生存是一把双刃剑，有其优点和缺点

互联网的普及不仅是一场信息科技的革命，更是一种生存方式的颠覆。现在大学生都是伴随着互联网成长起来的，互联网深深嵌入每一名大学生的日常生活、学习与工作之中。

1. 媒介对话正越来越多地取代面对面交流

社会交往、休闲娱乐、获取资讯是大学生互联网使用频率最高的3项用途。社交网络逐渐成为大学生人际互动的重要场域。他们在不同的社交网络中建立不同的社交圈，很多时候他们更愿意在社交平台上发言或与他人互动，媒介对话正越来越多地取代面对面交流。

网络社交变革了人际沟通的方式，拓展了人际互动的频率和空间。但习惯于线上交流的大学生普遍存在“网络社交依赖”。

在2018年的一项大学生调查中，日均上网时间超过4小时的大学生有四成多，日均上网时间超过7小时的大学生有两成多。网络给学习和生活提供诸多便利的同时，过度使用网络也对大学生的正常生活和学习造成了严重的负面影响。有四成左右的大学生不同程度地存在因为上网或者玩手机而忘记吃饭或睡觉的现象，有六成多的大学生因为玩手机或者上网影响了学习。需要警惕过度上网对大学生身体、心理、学习和生活可能造成的消极影响。

2. 网络直播和网红影响力增强

随着互联网技术的快速迭代与新媒体的广泛应用，网络直播、网红等网络亚文化日渐勃兴。越来越多的大学生关注、接纳甚至加入直播和网红的队伍中。

2017年的一项调查数据显示，大学生观看网络直播的比例和频率都比较高。六成多的大学生观看过网络直播，其中约有17.0%的学生表示基本每天都看，仅有三成多一点儿的学生表示基本没看过网络直播。

一部分大学生不但兼职做起了主播，通过直播平台展示自我，还可以通过“打赏”“流量”等方式获得经济收入甚至出名、成为“网红”。大学生主播在行业竞争中更具比较优势，他们凭借自身拥有的高学历，能够为用户提供更多价值，而不仅仅是休闲娱乐、沟通互动或者交流情感。调查数据显示，大约有一成（10.9%）的大学生在网络直播平台上做过直播，大约有三成（31.4%）的大学生表示想成为网络主播。

近几年，随着微博、微信、知乎等移动社交网络的兴起，“网红”群体逐渐兴起，并在大学生中产生较大影响力。调查数据显示，约1/10的大学生基本每天都会查看“网红”动态，约1/5的大学生至少每周查看一次“网红”动态。

3. 网络游戏渗透较广

网络游戏迅速发展。在宽松的大学环境中，大学生有更多较为自由支配的业余时间，很多大学生在网络游戏上花费了更多时间。调查数据显示，超过两成（23.9%）的大学生基本每天都玩网络游戏，平均每天玩网络游戏的时间约两小时。

4. 网络增加了我们生活的风险

当我们在网上留下痕迹时，个人信息面临着被窃取甚至被利用的风险。个人信息的

泄露，除了垃圾短信、骚扰电话的烦恼，还有个人身份被冒用等较为严重的问题。同时，不法分子在精准掌握用户个人信息的前提下，能编造出迷惑性更高的诈骗场景，继而对公众实施欺诈。

互联网金融更是一个风险重灾区。目前，我国互联网金融领域主要面临三大法律风险：一是非法集资的法律风险，二是非法洗钱的法律风险，三是非法发行股票的法律风险。很多以互联网金融面目出现的 P2P 平台或众筹平台等，在几年前曾频发大学生“裸贷”和陷入网贷骗局事件，经过大力治理才制止，给社会敲响了警钟。

网络化生存是把双刃剑。在科技勃兴、经济飞跃、社会革命叠加的时代，大学生网络行为镌刻着独特的时代烙印。互联网已成为大学生社会交往、获取资讯、休闲娱乐的重要场域，网络化消解着传统的规训，建构了大学生个性化、多元化的生存方式，但是技术理性的膨胀也容易让大学生在虚拟场域里迷失价值理性。因此，大学生需要高度警惕过度、不当使用互联网所可能产生的消极后果，如频繁的网络活动正在影响正常的饮食和作息、减少在学习上投入的时间和精力；对社交软件的过分依赖导致更多的真实社交障碍。“网红”时代下，大学生应树立积极向上的理念，不应在网络游戏上耗费太多时间和金钱，更不能过度沉迷，否则会影响学业，甚至造成严重的心理问题。

以上种种，对电子商务立法提出了迫切的要求。

四、电子商务的概念和特征

(一) 电子商务的概念

电子商务是指通过互联网等信息网络销售商品或者提供服务的经营活动。联合国国际贸易程序简化工作组对电子商务的定义是：采用电子形式开展商务活动，包括在供应商、客户、政府及其他参与方之间通过任何电子工具，如电子数据交换（Electronic Data Interchange，EDI）、全球广域网技术（World Wide Web，也称为万维网，简称为WEB，缩写为 www）、电子邮件等，共享非结构化商务信息，并管理和完成在商务活动、管理活动和消费活动中的各种交易。电子商务包括电子货币交换、供应链管理、电子交易市场、网络营销、在线事务处理、EDI、存货管理和自动数据收集系统。在此过程中，所利用的信息技术包括互联网、外联网、电子邮件、数据库、电子目录和移动电话。随着其高速发展，电子商务已不仅具有购物的主要内涵，还应包括物流配送等附带服务。

(二) 电子商务的特征

从电子商务的概念及发展历程可以看出电子商务具有如下特征：

(1) 普遍性。电子商务作为一种新型的交易方式，将生产企业、流通企业以及消费者和政府都带入一个网络经济、数字化生存的新天地。

(2) 方便性。在电子商务环境中，人们不再受地域的限制，能以非常简捷的方式完成过去较为繁杂的商务活动，如通过网络银行能够全天候地存取账户资金、查询信息等，大大提高了企业的服务质量。

(3) 整体性。电子商务能够规范事务处理的工作流程，将人工操作和电子信息处理集成为一个不可分割的整体，这样不仅能提高人力和物力的利用率，也可以提高系统运行的严密性。

（4）安全性。在电子商务中，安全性是一个至关重要的核心问题，它要求网络提供一种端到端的安全解决方案，如加密机制、签名机制、安全管理、存取控制、防火墙、防病毒保护等，这与传统的商务活动有很大的不同。

（5）协调性。商务活动本身是一个协调的过程，它需要客户与公司内部、生产商、批发商、零售商间的协调。在电子商务环境中，它更要求银行、配送中心、通信、技术服务等多个部门的通力协作。电子商务的全过程往往是一气呵成的。

（6）集成性。电子商务以计算机网络为主线，对商务活动的各种功能进行了高度的集成，同时对参与商务活动的商务主体各方进行了高度的集成。高度的集成性使电子商务进一步提高了效率。

模块二

电子商务立法

《电商法》于2019年1月1日起正式施行。此前，一些电子商务经营者在销售商品或者提供服务的过程中，经常采取很小的字号、“默认勾选”等方式，使消费者在不知情、难以察觉的情况下，出让一些权利或者被捆绑搭售，这侵害了消费者的合法权益。这些都在《电商法》中做出了明确规定。《电商法》的其他亮点还包括：禁止虚构交易、编造评价，平台不得删除评价；微信、网络直播销售商品、提供服务纳入管理；平台经营者未尽自身应尽义务，应依法承担责任；规制平台不正当竞争行为，行政处罚力度加大；付款成功，电子商务经营者不得随意毁约等。

一、国际电子商务立法

（一）欧盟《关于建立电子签名共同法律框架的指令》及《数字服务法》

1. 欧盟《关于建立电子签名共同法律框架的指令》

欧盟委员会在1997年4月提出著名的《欧洲电子商务行动方案》（European Initiative in Ecommerce），并于1999年12月制定了《关于建立电子签名共同法律框架的指令》（EU Directive on a Community Framework for Electronic Signatures，以下简称《指令》）。其主要目标是：（1）推动电子签名的使用，促进法律承认；（2）协调成员国之间的规范；（3）提高人们对电子签名的信心；（4）创设一种弹性的、与国际的行动规则相容的、具有竞争性的跨境电子交易环境。

《指令》提出了一个涉及电子签名和“认证服务商”（CSP）的法律框架。它依据交易的敏感度，将电子签名依其安全水平的高低分为“基本电子签名”（the Basic Signature，适用于低安全水平交易）和“高级电子签名”（the Advanced Signature，适用于需要较高安全水平的交易）。

在法律承认方面，《指令》提出了电子签名的非歧视原则。但它要求“高级电子签名”满足国内法的形式条件，而且事实上只将数字签名视为效力等同于手写签名的电子签名方式。此外，它规定电子签名作为证据不得因其为电子形式而被拒绝，具有可强制执行力和可采证力。但这种承认仍然有限，因为所有关于合同或非合同义务的规定被排除在《指令》的范围之外，关于合同订立、效力的问题也必须符合各成员国国内法或欧盟法律所规定的条件。

《指令》规定了认证服务商的责任规则。对于因为泄露数据而给任何机构造成的损失，以及对于其所签发的合格证书产生的“合理信赖”（Reasonably Relies）而造成的损失，认证服务商应承担责任，除非其能够证明没有“疏忽行事”（Act Negligently）。

2. 欧盟《数字服务法》

2022 年 1 月，《数字服务法》（Digital Services Act，DSA）经欧洲议会表决通过，并于 2023 年 8 月正式生效。

DSA 将确保用户的在线安全，阻止非法或违反平台服务条款的有害内容的传播，保护用户隐私和言论自由等基本权利。该法案规定“超大型在线平台”（标准是每月活跃用户须超过 4 500 万）须严格执行其要求。具体要求涉及：建立违法内容举报制度、加强与司法机构合作、暂停发布违法内容、停止针对未成年人的广告等 8 个方面。平台若不合规，将面临高达其全球营业额 6%的罚款。最后，平台若再次被发现不合格，可能会被关闭欧洲区服务，包括 YouTube、Instagram、Amazon、Google 等 19 个互联网平台被列为此类。

DSA 加强了对消费者权利的保护，提高了平台对内容控制和信息透明度的责任标准，从而在确保法律确定性和尊重基本权利的同时，以应对技术迅速发展带来的新挑战。DSA 的内容主要体现为以下 7 个方面：

（1）规定了针对线上非法商品、服务或非法内容的打击措施，如由用户标记线上非法内容来实现平台与“可信标记者”（trusted flaggers）合作的机制；

（2）为网络市场商家的可追溯性设立了新规定，以帮助识别非法商品的卖家更好地实现对消费者的保护；

（3）为用户基本权利的保护提供了有力保障，如允许用户质疑平台内容审查的决定；

（4）要求网络平台在各种问题上采取透明措施，包括推荐算法和定向广告的透明度；

（5）规定了超大型在线搜索引擎（Very Large Online Platforms，VLOPs）进行风险管控的义务，包括对其风险管理措施进行独立审计，实现监督以防止系统被滥用于非法内容和虚假宣传活动（如操纵竞选，实施犯罪活动和传播恐怖主义、虚假新闻等）；

（6）允许研究人员访问最大平台的关键数据，以帮助其了解在线风险的演变过程；

（7）为解决数字空间的复杂性创立相应的监督架构，借助于新设立的欧洲数字服务委员会（European Board for Digital Services），欧盟各成员国将发挥主要作用，且欧盟委员会将加强对 VLOPs 的执法与监督。

DSA 在整个欧盟范围内的统一适用，不仅便利于跨境的数字创新，也有利于确保欧盟所有用户能够公平地享受到数字创新所带来的便利，同时受到同等水平的保护。可以说，DSA 的通过是欧盟数字领域立法的一个良好开端，也是欧盟统一数字规则图景中重要的一部分。

DSA 的生效不仅对数字服务提供商和用户产生了影响，还相应地影响了平台之间的市场竞争、科技创新、欧盟乃至全球数字贸易的发展等。DSA 将保护言论自由置于核心地位，致力于在非法内容控制与言论自由保护之间寻得平衡，避免数字服务提供商对平台内容的监管不力或过度监管。

为保证条款的执行，DSA 确立了相应的制裁措施，欧盟成员国在其国家法律中明确规定符合法案要求的处罚措施，该处罚措施不仅须与侵权行为的性质、严重程度相称，还须具有劝阻性。对于 VLOPs 而言，欧盟委员会拥有直接监管的权力，且在最严重的情况下，欧盟委员会可对服务提供商处以高达全球营业额 6%的罚款。如此便形成了成员国国内与欧盟层面互相合作的执行机制，并依托包括罚款在内的制裁措施，监督数字服务提供商能够进行相应的调整以适应新的监管要求。这就意味着诸如谷歌公司、Meta 公司等在欧盟有大规模业务的科技巨头，应积极且尽早在技术和商业模式上采取相应的匹配措施，以符合 DSA 在内容审查、在线广告和算法推荐等方面的规定，从而避免受到高额处罚或其他制裁措施。

DSA 通过降低合规成本和建立公平的竞争环境，推动欧盟单一市场的发展，同时为数字贸易设立全球基准。欧盟单一市场的碎片化对中小企业和初创企业造成了极大的不利影响，因为其缺乏足够大的国内市场，且存在为遵守欧盟成员国之间不同法规而产生的成本。已具备一定规模的企业承担碎片化的成本要低得多，如此便会导致中小企业和初创企业更难进入市场，从而降低了整个市场环境的竞争活力。因此通过 DSA 来协调欧盟内整个数字单一市场通用的规则，能有效降低合规成本，使得中小企业、小型平台和初创企业能够在其关键的增长阶段获得跨境的客户资源，扩大自身规模，从而与大型企业竞争，推动科技的创新。同时，DSA 为数字贸易搭建了一个现代、清晰和透明的框架，在该框架下，用户和消费者的权利得以被尊重，数字服务提供商的义务得以被履行。

（二）美国《全球与跨州商业电子签名法》

尽管每个州至少都有一个与电子签名有关的法律，但联邦法律为州际贸易制定了指南。《犹他州电子交易法》（Uniform Electronic Transactions Act，UETA）是涉及电子签名的第一部法律，并被奉为二十多个州的示范法。这部“技术中立”（Technology-neutral）的法案规定：（1）电子签名符合手写签名的各个要求，并且可在法院诉讼中接纳为证据；（2）电子合同得以强制执行；（3）不存在对特定技术的特别待遇，但法院可以将不同技术纳入考虑范围。

2000 年 10 月美国国会通过《全球与跨州商业电子签名法》（Electronic Signatures in Global and National Commerce Act，E-Sign Act，以下简称《法案》）。其突出特点是，采纳了“最低限度”模式来推动电子签名的使用，不规定使用某一特定技术，即合同或签字“不得仅因其为电子形式而被拒绝具有法律效力，效力或可执行性”。其主要内容有如下几个方面：

（1）规定电子签名适用于一切影响州际的或外国的商业合同、协议和记录，以及《1934年证券交易法》管辖范围的事项，即电子签名可以广泛适用于消费者申请抵押或贷款、在网上购买汽车、开立佣金户头或处理与保险公司的事务等领域。

（2）对于电子签名的效力，将重点放在查证签名人的意图上，而不是签名的形式和规则。《法案》赋予电子签名、电子合同和电子记录与传统形式的手写签名、合同和记录同等的法律效力和可执行力。它不但承认“数字签名技术”，而且授权在未来可使用其他任何类型的签名技术。

（3）规定了通过选择“加入”系统而自愿使用电子签名或记录的规则。消费者可以自由地选择交易形式（“当事人自治”），如果同意进行线上交易，则以电子方式确认其意思表示。《法案》规定，公司必须提供一种“清楚、明晰的陈述”，并在消费者做出意思表示之前，告知其有权获得一份非电子形式的记录和撤回其意思表示，以及有权取得保留电子记录所需要的硬件和软件条件。至于消费者的“意思表示”，必须“合理地表明”消费者获得电子形式的信息，该信息用以证明消费者意思表示的客体。

（4）在《法案》与州一级的电子签名法的相互关系上，规定只有在采用《犹他州电子交易法》（UETA）的“清洁”版本或通过了一部专门的技术中立法时，州法才能优先于该法案。《法案》因此确立了为全美所接受的统一标准，同时修补了所谓的“犹他州法的漏洞”。

（5）电子签名的国际性效力方面的规定，与联合国的电商示范法相一致。它消除了以纸质为基础的法律给电子交易造成的障碍，对来源于其他国家和地区的电子签名和认证方法采取非歧视的原则。

二、我国的电子商务立法

《电商法》在全国人大常委会上经历了四次审议，三次向社会公开征求意见，才最终付诸表决。由于电子商务属于新兴产业，《电商法》把支持和促进电商持续健康发展摆在首位，拓展电商的空间，推进电商与实体经济深度融合，在发展中规范，在规范中发展。法律对于促进发展、鼓励创新做了一系列的制度性规定。

目前我们国家电商正处于蓬勃发展的时期，渗透广、变化快，新情况、新问题层出不穷，在立法中既要解决电商领域的突出问题，也要为未来发展留出足够的空间。《电商法》不仅重视开放性，而且重视前瞻性，以鼓励创新和竞争为主，同时兼顾规范和管理的需要。

此外，这些年的实践证明，在电商有关三方主体中，最弱势的是消费者，其次是平台内经营者，最强势的是平台经营者，所以《电商法》在均衡地保障电商这三方主体的合法权益上，适当加重了电商经营者，特别是电商平台经营者的责任义务，适当加强了对电商消费者的保护力度。现在这种制度设计正是基于我们国家的实践，反映了中国特色，体现了中国智慧。

电商立法回应并解决了当前一些比较突出的问题，使得这种新型市场主体的相关行为也有法可依，将来老百姓在日常生活中遇到与电商平台相关的各种问题都可以在这部法律中找到相应的程序规范，因此这部法律对于我们的生活将起到很好的保障作用。

(一) 电子商务法的概念

1. 《电商法》的定位

《电商法》第1条开宗明义地指出，制定本法是为了保障电子商务各方主体的合法权益，规范电子商务行为，维护市场秩序，促进电子商务持续健康发展。可见，《电商法》的定位中既有规范市场秩序、推动市场发展的公法内容，又有规范电子商务主体交易行为、界定电子合同效力的私法内容，其立法定位介于公法与私法之间，是一部综合性的法律。

2. 《电商法》的体例和结构

《电商法》共分为7章、89条，分别从电子商务的经营监管原则、电子商务经营者、电子商务平台经营者、电子商务合同的订立与履行、电子商务争议解决、电子商务促进以及相关法律责任等方面对电子商务领域的活动进行规范。

3. 《电商法》的调整对象

《电商法》从法律层面对电子商务进行了明确定义，电子商务是指“通过互联网等信息网络销售商品或者提供服务的经营活动”（第2条第2款）。从这个定义可以看出，电商首先属于经营活动，该活动不一定必须盈利。同时，电商应具备通过互联网等信息网络销售商品或提供服务的特征，因此可以把电商法理解为“网络交易法”。这里的“电商”并不是单纯的互联网卖货，而是泛指“通过互联网等信息网络销售商品或者提供服务的经营活动”。除下列等少数几个业态以外（《电商法》第2条第3款以列举的方式作为例外情形排除在《电商法》的调整对象之外），其他所有依托网络经营的活动都被涵盖在这部立法调整的范围内，包括日渐活跃的移动互联网经济：

(1) 利用信息网络，提供金融类产品或服务的互联网金融，如各类P2P、网络理财、网络保险、网络金融产品销售。

(2) 利用信息网络，提供新闻、资讯服务的互联网新闻，如今日头条、搜狐自媒体、新浪自媒体、腾讯自媒体等。

(3) 利用信息网络，提供音视频节目，如网易云音乐、QQ音乐等视听类App，喜马拉雅音频分享平台以及早期的短视频类App等。

(4) 利用信息网络，提供出版以及文化产品等内容方面的服务，如小说阅读类App、网络游戏、网络动漫、网络表演等。

(5) 法律、行政法规对销售商品或者提供服务有规定的，适用其规定。

据该定义，目前层出不穷的销售手段，包括微商、直播销售等形式均应纳入电商的范畴。综上所述，电子商务法是指调整平等主体之间通过电子行为设立、变更和消灭财产关系和人身关系的法律规范的总称。电子商务法调整的法律关系包括政府调整、企业和个人以数据电文为交易手段，通过信息网络所产生的，因交易形式所引起的各种商事交易关系，以及与这种商事交易关系密切相关的社会关系、政府管理关系。

案例 1-1

王某于 2017 年 5 月 9 日完成文字作品《第九只兔子》的版权登记。

2020 年 2 月 28 日，王某发现拼××某区海博书店注册的网店所售《第九只兔子：一百次努力不如一次正确的选择》图书涉嫌侵权，于是购买了 1 本，并于 3 月 16 日、3 月 23 日、4 月 14 日、5 月 13 日申请对侵权行为进行证据保全。3 月 10 日王某向寻梦公司（拼××电商平台经营者）邮寄"权利通知警示函"，要求寻梦公司采取处理措施等。3 月 15 日，寻梦公司以站内信的方式将投诉函转通知商家。

经比对，被诉侵权图书文字内容与正版图书文字完全一致，但比正版图书大很多，印刷粗糙，出版社无法核实，认定为构成侵权。

王某诉请判令寻梦公司立即停止侵权图书盗版销售违法行为并销毁所有涉案盗版商品的库存，彻底删除涉案销售盗版作品链接，并赔偿各项经济损失。

寻梦公司提交的涉案商品操作日志证明，涉案商家于 2020 年 4 月 29 日下架商品，寻梦公司于 2020 年 5 月 19 日禁售涉案商品。王某认为寻梦公司采取措施的时间长达两个多月，明显过长，且在 5 月 20 日至 2020 年 10 月 4 日仍然可在拼××平台购买被诉侵权作品的电子盗版。寻梦公司请求追加某区海博书店为本案共同被告或第三人参加诉讼，但王某作为原告不同意追加。[（2020）鲁民终 3225 号]

请分析：

1. 本案被诉销售行为侵害的是涉案作品的发行权还是权利人的人身权益？是否适用《电商法》？

2. 寻梦公司是否侵犯了王某涉案作品著作权？

本案中，网店销售的图书为盗版图书，该被诉销售行为侵害的是王某涉案作品的发行权，并未侵害其人身权益，故本案是网售商品侵权纠纷，而非人身伤害侵权纠纷。前者适用《电商法》，而后者适用有关利用信息网络侵害人身权益民事纠纷案件的规定。

寻梦公司系涉案拼××电商平台的经营者，其与海博书店之间属于《电商法》第 2 条规定的平台经营者与平台内经营者的关系。本案争议涉及通过互联网等信息网络销售商品或者提供服务的经营活动，因此，应当适用《电商法》相关规定。

寻梦公司身份的认定对于案件审理非常关键。承担销毁库存、删除链接并赔偿侵权损失的责任，属于平台内经营者，而平台经营者并非被诉侵权作品的销售者，仅在权利人发送投诉通知不合法的情况下，履行转通知商家并删除、断开被诉侵权作品链接的责任，除非明知侵权而不制止，只有在通知不及时、不合适的情况下，才对损失扩大部分承担相应责任。

（二）《电商法》的出台促进电子商务进入规范发展新阶段

我国电商市场规模不断扩大，见证了消费端持续爆发的强劲活力。我国网络购物用户规模不断扩大，从国内淘宝到跨境电商、从平台电商到社交电商、直播电商，电子商务业已成为商业模式多样、细分门类众多、技术创新活跃的领域。

《电商法》的出台在电商蓬勃发展的背景下，对促进电子商务持续健康发展，鼓励创新竞争、加强消费者权益保护等方面都具有重要的积极意义。同时，针对“默认勾选”“删除差评”“大数据杀熟”等百姓网购过程中遇到的具体问题进行了明确规定，以规范电商发展。

《电商法》的颁布实施可以解决一些案件的司法“困境”。如此前取证难的问题，一些不利于平台的证据，平台会宣称已经删除，《电商法》明确要求平台以及平台内经营者应保留相关数据三年。

《电商法》的实施对中小商家的主体身份、平台的责任、技术规范等方面的规定，将对规范行业发展、保护消费者合法权益产生积极的促进作用。

（三）《电商法》将在发展中规范，在规范中发展

《电商法》专门设立了“电子商务促进”一章，鼓励创新，充分发挥市场在资源配置中的决定性作用，鼓励形成企业自治、行业自律、社会监督、政府监管的社会共治模式，同时通过创新监管更好发挥政府作用。《电商法》把支持和促进电商持续健康发展摆在首位，推进电商与实体经济深度融合，对于促进发展、鼓励创新做出了一系列的制度性规定。

《电商法》明确规定，国家鼓励发展电商新业态，创新商业模式，促进电商技术研发和推广应用，推进电商诚信体系建设，营造有利于电商创新发展的市场环境，充分发挥电商在推动高质量发展、满足人民群众日益增长的美好生活需要、构建开放型经济方面的重要作用。

党的二十大报告提出“完善以宪法为核心的中国特色社会主义法律体系”，“加强宪法实施和监督”，“加强重点领域、新兴领域、涉外领域立法”，“推进科学立法、民主立法、依法立法”。与《电商法》配套的《中华人民共和国数据安全法》《中华人民共和国个人信息保护法》等相关法律已颁布施行，平台治理规则不断完善。《电商法》在发展中规范，在规范中发展，并正加快修订。

三、《电商法》颁布以来的回顾与展望

自《电商法》颁布以来，出现了一些新发展动向。

（一）《电商法》的意义与影响

从世界范围内来看，我国《电商法》是比较领先和超前的立法。在立法思路上抓住了社会经济生活进入平台化时代以后崛起的一类很重要的市场主体——大规模的平台。《电商法》立法以平台责任为中心，建构了主要制度骨架。另外，在电子合同、电子商务领域消费者权益保护和纠纷解决等方面，《电商法》具有很重要的意义。

同时，《电商法》的一些规定为后续《民法典》所借鉴。

（二）《电商法》所面临的挑战

《电商法》是以典型的大型电商平台作为潜在的规范对象，在制定时我国整个电商

业态尚处于快速发展演变之中。经过了几年，平台的类型迅速发展，有社交媒体平台、短视频分享平台、网约车平台、货运平台、在线旅游平台、在线医疗问诊平台等。某些平台具有电商平台的某些特点，但又不完全相同。如此多元丰富和复杂的平台形态，如何对应于《电商法》中关于平台责任的规定，让人颇感困惑。应该说，当时《电商法》所定义的电商平台，实际上只是类型众多的平台中的一种。要建立一种多元化、弹性化、共通性但有区别的平台责任体系，以适用于那些不是完全类似于电商平台的其他类型平台。

（三）电子商务领域的域外立法经验

关于电商平台责任体系，欧盟在讨论制定《数字市场法》（Digital Market Act，DMA）中提出了“守门人”之类的概念。守门人这个概念并不局限于传统的电商平台，它也包括其他类型的平台。这启发我们去思考，我国在未来是否需要一个超越于电商平台的、更加一般化的平台概念，以及与这种更加一般化的平台概念相对应的、更加多元化的、具有不同层次的平台责任体系。

（四）《电商法》的具体规则

《电商法》的规则在法律适用中整体上经受住了实践的检验，但也有一些规则引发了争议。

1. 安全保障义务的规则

《电商法》第38条关于平台经营者安全保障义务的规定，在实践中的适用案例越来越多，但争议较大。关于平台经营者安全保障义务与审核义务之间的关系、合理边界、尽职免责的条件、责任形态等，有待进一步明确，否则会出现无限扩大平台安保义务的倾向。

2. 关于电子合同成立的规则

《电商法》第49条关于电子合同的成立规则，被《民法典》部分吸收。第49条制定时，为突出对于一些商家砍单行为的规制，修改了传统民法中关于合同成立的基本逻辑，以付款作为合同成立的主要判断标准。但该条在实际运行中存在一些问题。如针对“网络羊毛党”对于存在标价错误的商家，大规模下单并付款，然后要求发货的行为，商家通过重大误解的救济存在很大局限性。每年电商促销期间都会发生大量类似事件。如何处理好《民法典》和《电商法》的关系，需要我们进一步思考。

3. 关于交付义务的规定

《电商法》关于交付义务的规定，原则上要求送货上门。但送货上门，是要送到买方家门口才视为完成，还是只要送到小区里集中的快递柜里，便可视为完成，实践中存在争议。如何实现社会资源配置的最大化，需要认真分析。

法律的生命力在于实施。《电商法》是进一步规范电商发展迈出的重要一步，未来仍需要执法、司法部门以良法促善治。《电商法》在实施后，我们仍需要关注其与《中华人民共和国反垄断法》（简称《反垄断法》）、《中华人民共和国消费者权益保护法》（简称《消费者权益保护法》）等相关法律的衔接，如电商平台强迫商家“二选一”以及对强制搭售等行为的处罚上。此外，由于涉及电商领域，包括数据交换、证据固定等在内的技术问题也需要进一步优化。

面对电商领域纷繁复杂的业态、技术创新的活力，《电商法》实际上在鼓励自由创新和维护规范有序之间寻求了平衡。法律实施后，很多具体问题需要司法权威判决，发挥案例的指导作用，以案例为网上行为法律边界提供行为指引、价值导向，让电商从业者有更多参考。

模块三

课程特点及学习建议

电子商务虽然已经发展了几十年，但在我国大规模兴起也才是近十年的事情。如何处理电子商务环境下遇到的法律问题，对于很多法律工作者来说还是比较棘手的，毕竟电子商务超越了传统的时空制约。虽然电子商务立法非常迫切，但电子商务应如何立法、立哪些方面的法、应用何种技术立法仍争议不断，电子商务实务中法律问题的处理是否适用传统的法律规定亦困扰着法律实务界。本教材拟采用“典型案例＋知识分析”的模式，寓电子商务法律知识于对典型案例的剖析过程中，避免同学们枯燥地学习电子商务法律。

党的二十大报告指出，我国要建设网络强国，要推动形成良好网络生态。互联网让世界联结在一起，让世界更加开放，学习互联网背景下的电子商务法律自然也应该持有开放的学习态度，应用开放的学习方法。互联网和电子商务日新月异、瞬息万变，教材中选择的案例和电子商务法律知识对于处理电子商务碰到的实际法律问题显然远远不够。希望同学们在学习过程中举一反三，注重培养法律思维，锻炼自己的法律问题分析能力，以适应互联网和电子商务发展的需要。从事电子商务运营、管理的人员，从事电子子商务及电子商务法律教学、研究的人员也能够从本教材中汲取营养，以便处理相关问题。

【实训任务】

即测即评

单元二
电子商务经营者法律实务

我国《电商法》所称电子商务经营者，是指通过互联网等信息网络从事销售商品或者提供服务的经营活动的自然人、法人和非法人组织，包括电子商务平台经营者、电子商务平台内经营者以及通过自建网站、其他网络服务销售商品或者提供服务的电子商务经营者。电子商务经营者有别于一般商事主体的特征，不同电子商务经营者的权利、责任和义务有其特殊规定，需要我们结合电子商务发展的新情况、新趋势进行理解。

通过学习本单元内容，你将达到以下学习目标：

【知识目标】

1. 熟悉电子商务经营者的概念，认识平台内经营者、平台经营者的责任和义务；
2. 理解电子商务经营者的安全保障义务和合同责任；
3. 理解电子商务平台的法律关系、责任规则；
4. 了解电子商务平台的规制、电子商务平台经营者的社会责任。

【能力目标】

1. 能够区别电子商务经营者与传统商事主体，并明确电子商务经营者的安全保障义务；
2. 能够区分电子商务平台经营者法律责任的边界；
3. 能够分析电子商务平台的法律关系。

【素养目标】

1. 培养注册电商主体合法开展电子商务活动的意识；
2. 树立应用法律关系分析法具体分析电子商务法律事件的意识。

你需要完成能力训练任务：思考平台内经营者的权利和义务，理解电子商务领域诚信经营的重要性；合理设定电子商务平台经营者法律责任的边界，促进电子商务发展；认真完成实训任务，加深对本单元知识的理解。

本单元内容学习建议学时：3～6 学时。

导入案例

严查“三无”外卖、“三假”直播，浙江专项整治网络市场

2022 年 9 月，浙江省市场监督管理局联合浙江省委网信办、省公安厅、省商务厅等

12 部门部署开展网络市场监管专项行动，确定从 9 月到 11 月，在全省范围集中整治网络市场存在的 6 个方面的突出问题，规范竞争秩序，优化消费环境。

一是严禁网售禁限售商品。聚焦专供特供商品、勋章奖章纪念章、审计报告、检验检测报告、非法手机信号放大器、管制器具、含金银箔粉食品、非法交易的野生动植物等监管重点，加大监测频次，严厉打击违法经营行为。

二是治理“三无”外卖。加强对平台及平台内经营者身份信息公示的监督管理，依法严厉打击无证无照、证照与实际不符、未依法公示相关信息行为，把好外卖入网经营关，规范外卖行业持续健康发展，保障好人民群众“舌尖上的安全”。

三是整治“三假”直播。严厉打击假人气、假优惠、假商品等直播乱象。依法查处流量造假、数据注水、刷单炒信等人气造假行为，全面整治刷量、刷好评链条上的快递服务经营者、网站、中间商、平台内经营者。

四是严厉打击药品、医疗器械、化妆品网售违法行为。严厉打击不具备网络销售条件从事网络药品销售，超出许可范围、许可方式销售药品行为。全面规范处方药销售，严厉打击不凭处方销售处方药等违法违规行为。

五是严查网售“一老一小”用品质量违法问题。针对老人功能性服装服饰、鞋类产品，纸尿裤、护理湿巾等养老照护产品，适老化家居及电子产品，以及儿童玩具、文具、家具等，加大监督抽查力度，强化抽查结果处理，严查老人儿童用品质量违法犯罪行为。

六是规范重要节点网络集中促销活动。以“双 11”等网络集中促销活动为重点，突出对主要网络交易平台及投诉多的网店、农村电商、跨境电商、在线旅游、开具发票、用能（用水）产品能效（水效）标识展示信息不规范等的监督检查，坚决打击各种违法侵权行为。

模块一

电子商务经营者概述

立法只能为电子商务经营者确定一条底线，这条底线需要企业自律，提高相应的保护标准和保护水平。法律是底线，但企业不能进行探底竞赛，而应该追求更高的标准。电子商务企业的社会责任和法律责任往往存在密切互动。电子商务企业的诚信经营具有非常重要的社会意义，有助于塑造良好的中国电子商务经营者的社会形象，改善电子商务行业的外部舆论环境，真正推动中国商业互联网的转型，帮助中国的电子商务行业走向世界。

一、电子商务经营者的内涵

案例 2-1

2019 年 5 月，许某某在快手直播平台直播时，称其有部闲置的二手手机欲转让，有意者添加其微信号联系。正在观看直播的王某某随即微信联系许某某，许某某称涉案手机已使用数月，功能没问题，并应王某某的要求拍摄涉案手机“关于本机”页面信息发送给王某某。双方约定转让价格为 4 000 元，通过微信转账支付后快递发货。王某某签收后认为涉案手机为假冒产品，要求退款退货，许某某称其也是被骗，退货要等找到下家。王某某未同意，被许某某拉黑。王某某遂投诉至直播平台，直播平台接到投诉后对许某某的账号进行封禁处理。几天后王某某发现许某某仍在直播，多次联系反馈直播平台，官方均答复称已对相关账号做出处理。2019 年 12 月，王某某经调解无果后诉至法院，主张许某某存在违约行为且构成欺诈，直播平台未尽到平台义务，请求法院判令解除涉案购物合同，许某某退款并赔偿三倍货款计 16 000 元，许某某及直播平台连带赔偿合理开支约 3 000 元。

在案件审理过程中，经协查确认涉案手机为仿冒产品。另查明，许某某直播过程中的直播画面右下方持续显示有“购物车”标志，销售模式为在其中设置第三方跳转链接将用户导流至其他电商平台进行销售。

（注：王某某与北京快手科技公司等网络购物合同纠纷案，（2020）京 0491 民初 7972 号，本案为最高人民法院经典案例。）

请分析：

1. 许某某是否属于电子商务经营者？
2. 许某某的带货行为是否构成电子商务经营行为？

（一）电子商务经营者的含义及分类

电子商务经营者，是指通过互联网等信息网络从事销售商品或者提供服务的经营活动的自然人、法人和非法人组织，包括电子商务平台经营者（以下简称平台经营者）、电子商务平台内经营者（以下简称平台内经营者）以及通过自建网站、其他网络服务销售商品或者提供服务的电子商务经营者等四类：

（1）平台经营者，是指在电子商务中为交易双方或者多方提供网络经营场所、交易撮合、信息发布等服务，供交易双方或者多方独立开展交易活动的法人或者非法人组织，如经营淘宝网的浙江淘宝网络有限公司、经营京东商城的北京京东叁佰陆拾度电子商务有限公司等；

（2）平台内经营者，是指通过电子商务平台销售商品或者提供服务的电子商务经营者，如入驻淘宝、京东等电子商务平台的商家；

（3）自建网站的电子商务经营者，如自建戴尔网（https://www.dell.com）经营戴尔系列商品的戴尔（Dell）公司，自建小米商城网（https://www.mi.com）经营小米系列商品的小米科技有限责任公司，自建华为商城网（https://www.vmall.com）经营华为系列商品的华为终端有限公司等；

（4）通过其他网络服务销售商品或提供服务的电子商务经营者，如通过微信、微博等社交App销售产品的微商。

（二）电子商务经营者与传统商事主体的共性与个性

电子商务经营者与传统商事主体既有共性，也有个性。

1. 共性

电子商务经营者与传统商事主体均追求利润，其商事行为都具有营利性，都要恪守法律和伦理规范。电子商务作为现代商事行为，与传统商事行为的区别与其说是本质层面的，不如说是现象和手段层面的。具体说来，电子商务是以电子为手段，以营利为目的的商事行为。虽然大部分乃至整个交易过程均在网上完成，因而具有虚拟的特点，但电子商务行为的效力最终要落实到法律行为制度（尤其是合同法律制度）和侵权制度上，电子商务行为最终要设定各方当事人之间的债权、债务关系。电子商务行为的本质仍是商事行为，电子技术、网络技术仅是电子商务经营者实现营利目的的手段和载体。电子商务经营者仍是商事主体，电子商务行为仍是商事行为。电子商务市场绝非空中楼阁、海市蜃楼，而是实实在在的市场，有实实在在的市场主体。之所以有人将电子商务市场称为“虚拟市场”，将电子商务经营者称为“虚拟主体”，只不过是由于传统的商事行为主体往往近在咫尺且交易伙伴较为固定、封闭，而电子技术和网络技术有能力把人数众多的、远在天涯的陌生交易伙伴“拴”在一起。

2. 个性

就个性而言，电子商务经营者与传统商事主体的区别在于：

（1）从中性的技术手段上看，前者进入电子商务市场的难度要小于后者进入传统有形市场（如城乡集贸市场）的难度。

（2）前者运用电子网络手段达成营利目的，而后者运用面对面或者非电子网络的手段达成营利目的。

（3）前者开展商事活动可以跨越路途、通信、国界等多方面因素的阻挠，而后者则要受这些因素的阻挠。

（4）前者触及的消费者和交易伙伴要多于后者，但由于交易双方不是面对面的近距离接触，因此在前者与消费者和交易伙伴之间增加了新的不信任因素。如果某一电子商务经营者选择违约或者做出欺诈行为，对方当事人连违约方或者欺诈方的真实面貌都未曾目睹。因此，电子商务经营者比传统商事主体面临更多的市场机遇、市场风险、道德风险、违约诱惑与欺诈陷阱。

（5）从行政监管层面而言，电子商务经营者比传统商事主体更容易运用电子技术、信息技术和网络技术规避法律和监管。

案例2-1中，许某某的直播账号已注册小店，并在其中发布第三方平台商品的跳转链接。许某某直播间内挂有“购物车”（即“小黄车”），一旦导流销售成功可获得相应提成收入，可见其利用主播身份为商家导流提供宣传推广服务，具有对外出售商品以获利的主观意图。因此，许某某具有电子商务经营者身份。许某某通过信息网络对外出售商品，符合《电商法》中电子商务经营者的特征。

经营行为是指以营利为目的的持续性业务活动。

“小黄车”直播带货行为模式可分为直接销售类和第三方跳转类。前者是指消费者在“小黄车”内购物从下单到完成交易均是在快手平台内闭环完成。后者是指消费者在“小黄车”内选购商品会以跳转至第三方的方式将消费者引流至传统电商平台，交易流程均是在跳转后的电商平台完成。在快手平台中，粉丝们之所以会购买主播带货的商品，往往并非仅是看中商品本身，更重要的还是建立在对相关主播的认同和信赖的基础上，这也是主播进行流量变现的一种方式。以上两种直播带货行为均是通过网络销售商品的经营活动。案例 2-1 中，许某某出售涉案手机的带货行为系通过直播将购机者引流至直播平台外的社交平台，进行私下交易。许某某既使用其主播身份进行直播对外展示商品信息进行引流，又以商品销售者的身份私下交易进行了出售商品行为，这与通过“小黄车”直播带货相比虽然具有明显不同，但并不影响其行为系经营行为的认定。

二、电子商务经营者的市场准入与资格审核

案例 2-2

2019 年 1 月 2 日，湖州市南浔区市场监管局执法人员在日常网络巡查中发现当事人在其微信朋友圈内从事饼干、蛋糕等糕点食品销售，但未公示其营业执照、食品经营许可证等信息。由此，执法人员立即前往当事人所描述的某地址进行现场检查。

经查，当事人在上述地址开设了一家从事糕点类食品制售的店铺，并且能提供合法有效的个体工商户营业执照以及食品经营许可证。不过，自 2018 年 7 月起，当事人为了提高知名度，方便开拓市场，吸引消费者，通过微信朋友圈的方式发布了数十条关于店内所制售的饼干、蛋糕、饮料等食品信息，但未在其微信朋友圈内公示营业执照、食品经营许可证信息。该局当即予以立案查处，责令改正，并处以罚款 2 000 元。当事人在案发后积极配合调查，已及时在微信朋友圈显著位置公示了营业执照和食品经营许可证信息。

同一日，淮北市工商局执法人员在进行网络定向监测时发现，在某团购平台上，大量淮北市本地餐饮商户的网页页面没有公示营业执照信息、餐饮许可证信息。经调查，该平台早已将餐饮商户的营业执照录入端口分发给了当事人，要求当事人负责录入和维护线上商户的营业执照等信息，并承担不录入所产生的法律后果。截至案发，当事人没有按照法律规定及时录入和维护上述信息。对此，淮北市工商局对某团购平台淮北代理公司进行了立案查处，责令当事人限期改正，并处以罚款。

请分析：

1. 电子商务经营者为什么应该公示营业执照和相关经营许可证信息？
2. 平台经营者对平台内经营者的经营资质公示有哪些义务和责任？

网络交易经营者不得违反法律、法规、国务院决定的规定，从事无证无照经营。根据国家市场监管总局《网络交易监督管理办法》（2021 年 5 月 1 日起施行）规定，“除《中华人民共和国电子商务法》第十条规定的不需要进行登记的情形外”，无论是自建网站或者 App 的自营电商，还是通过公众号、小程序、朋友圈、微信（QQ）群、私信、头条、直播、短视频等各种社交与信息媒体，只要是通过互联网等信息网络销售商品或者提供服务的，都应当依法办理市场主体登记。

《电商法》第十条规定的不需要进行登记的情形包括：个人销售自产农副产品、家庭手工业产品，个人利用自己的技能从事依法无须取得许可的便民劳务活动（如个人通过网络从事保洁、洗涤、缝纫、理发、搬家、配制钥匙、管道疏通、家电家具修理修配等）和零星小额交易活动，以及依照法律、行政法规不需要进行登记的情形。个人从事网络交易活动，年交易额累计不超过 10 万元的，不需要进行登记。同一经营者在同一平台或者不同平台开设多家网店的，各网店交易额合并计算。个人从事的零星小额交易须依法取得行政许可的，应当依法办理市场主体登记。这些法定不需要进行登记的情形与经营规模和经营类型相关。

《电商法》实施前，各类平台经营者一定程度上充当了平台内经营者市场准入的资格审查者，这种方式的问题在于平台经营者不具备法律权威性和真实可靠性，审查内容仅为形式信息资料，一旦主体准入把关不严，容易引发交易纠纷。通过正式的工商登记，可以提高平台内经营者的合法性与认可度，掌握市场主体的基本情况，规范监管流程，促进行业健康发展。

电商网络环境下，主体是匿名的，其身份主要通过数字或网页等电子化形式表现。电商经营者进入市场交易的难度要小一些，有更多的市场机会，也更容易利用网络技术逃避法律的监管。因此，准确界定电商经营者的身份，建立特殊的电商经营者准入与责任制度，对于维护良好的电商市场秩序具有重要意义。

新设立的非自然人电商经营者，只需要按照现行有效的登记规则申请登记，同时直接将电商登记为其经营方式即可；对于开展线下业务的已注册登记的公司、合伙企业和个人独资企业等法人或非法人组织，拓展电商业务，已经登记为个体工商户的自然人将业务从线下扩展到线上，无须再另行或重复进行市场主体登记。

若经营者已经是以个体工商户或法人主体等身份开设店铺，并上传营业执照，且身份信息真实有效的，则在主体登记和亮照方面已合规。

当然，在淘宝等电商平台，仍然可以以个人身份证开店。新开店铺还没有成交记录，或属于《电商法》规定的其他不需进行市场主体登记的类型，亦不需要进行登记。

此外，如经营者所销售的商品或提供的服务属需取得行政许可才能经营的，如从事食品、药品销售的，需要取得食品、药品经营许可证，从事医疗器械销售的，应取得医疗器械生产经营许可证或者备案凭证等。

仅通过网络开展经营活动的平台内经营者申请登记为个体工商户的，可以将网络经营场所登记为经营场所，将经常居住地登记为住所，其住所所在地的县、自治县、不设区的市、市辖区市场监督管理部门为其登记机关。同一经营者有两个以上网络经营场所的，应当一并登记。在具体办理过程中，申请登记为个体工商户的网店经营者一般只需向登记机关提交所在平台出具的网络经营场所证明即可办理相应营业执照。符合要求的网络经营场所证明包含经营者姓名、身份证号、网络经营场所网址三项基本信息，同时加盖平台公章。当然，以网络经营场所作为经营场所登记的个体工商户，仅可通过互联网开展经营活动，不得擅自改变其住宅房屋用途用于从事线下生产经营活动并应做出相关承诺。《电商法》的实施降低了此前处于盲区的海外代购、微商等电商行为的风险。监管部门将实现对“线上买卖”监管全覆盖，合法合规的电商经营者的正当权益将更有保障，办理了营业执照并依法公示相关信息的网店将获得更多消费者的信任。

法律法规链接

电子商务经营者应当依法办理市场主体登记。但是，个人销售自产农副产品、家庭手工业产品，个人利用自己的技能从事依法无须取得许可的便民劳务活动和零星小额交易活动，以及依照法律、行政法规不需要进行登记的除外。

——《中华人民共和国电子商务法》第10条

电子商务经营者应当依法履行纳税义务，并依法享受税收优惠。

依照前条规定不需要办理市场主体登记的电子商务经营者在首次纳税义务发生后，应当依照税收征收管理法律、行政法规的规定申请办理税务登记，并如实申报纳税。

——《中华人民共和国电子商务法》第11条

电子商务经营者从事经营活动，依法需要取得相关行政许可的，应当依法取得行政许可。

——《中华人民共和国电子商务法》第12条

电子商务经营者应当在其首页显著位置，持续公示营业执照信息、与其经营业务有关的行政许可信息、属于依照本法第十条规定的不需要办理市场主体登记情形等信息，或者上述信息的链接标识。

前款规定的信息发生变更的，电子商务经营者应当及时更新公示信息。

——《中华人民共和国电子商务法》第15条

电子商务平台经营者应当按照规定向市场监督管理部门报送平台内经营者的身份信息，提示未办理市场主体登记的经营者依法办理登记，并配合市场监督管理部门，针对电子商务的特点，为应当办理市场主体登记的经营者办理登记提供便利。

——《中华人民共和国电子商务法》第28条

三、电子商务经营者的安全保障义务

案例 2-3

段某某通过A公司所设某电商平台购买了B公司经营的B公园团购门票，当天下午与亲友一同前往。入园时由朋友于某在前台代签《安全协议》，其中载明“请勿在没有专业基础和自我保护能力的情况下做任何危险动作、高难度动作例如空翻、旋转、后空翻等。如出现任何危险，场馆不承担任何责任”。场馆内楼梯、蹦床壁网等处张贴有安全提示宣传板。

段某某在蹦床上空翻落入海绵池时颈部受伤，被送往医院手术治疗，支付医疗费及其他相关费用若干。经司法鉴定，段某某构成一级伤残，各项人身伤害损失赔偿额计350万元。

经查，B公司的经营范围包括室内休闲健身活动，不包括蹦床运动等危险性较大的活动，且未按要求到相关行政主管部门进行备案。[（2020）黑01民终4637号]

请分析：

1. 分析案中的法律关系主体。

2. 本案中，经营某电商平台的A公司、经营B公园的B公司对段某某是否负有安全保障义务?

（一）法律关系主体

案例2-3系违反安全保障义务责任纠纷案件，涉及三方主体：顾客（段某某）、售票方（经营某电商平台的A公司，电商平台经营者）、经营方（经营B公园的B公司，电商平台内经营者）。

（二）电商经营者的安全保障义务

关于各方当事人的责任应如何认定问题，《民法典》第1198条第1款规定：“宾馆、商场、银行、车站、机场、体育场官、娱乐场所等经营场所、公共场所的经营者、管理者或者群众性活动的组织者，未尽到安全保障义务，造成他人损害的，应当承担侵权责任。”第1173条规定：“被侵权人对同一损害的发生或者扩大有过错的，可以减轻侵权人的责任。”案例2-3案中，B公司在顾客进入B公园时，要求顾客签署《安全协议》，可见B公司作为B公园的经营者和管理者，对蹦床运动可能导致的危险性是知晓的，其应当采取必要的预防措施，在每名顾客进场前详细告知注意事项，并安排工作人员在现场进行正确的引导和处理应急事项，对可能存在的危险行为及时进行劝阻和制止，但B公司在顾客签署《安全协议》时流于形式放任他人代签，没有做到在每名顾客进场前详细告知注意事项，其提交的证据亦不足以证明其在案涉事故发生时已经尽到了相应的安全保障义务，故B公司存在明显的过错，对于段某某的伤害应承担侵权责任。蹦床运动危险性较大，段某某作为完全民事行为能力人，对蹦床运动的危险性应有基本的判断，但其安全意识不够亦存在一定过错，其自身亦应承担相应责任。《电商法》第 38 条第 2 款规定："对关系消费者生命健康的商品或者服务，电子商务平台经营者对平台内经营者的资质资格未尽到审核义务，或者对消费者未尽到安全保障义务，造成消费者损害的，依法承担相应的责任。" B 公司经营蹦床运动项目超出了其经营范围，且未按要求到相关行政主管部门进行备案，属于违规经营。A 公司对 B 公司的经营资质资格未尽到审核义务，对涉及消费者生命健康的项目是否配备安全员等事项没有尽到审核义务，而段某某是通过 A 公司下设的电商平台购买门票入场的，故对于段某某受到的伤害，A 公司亦应承担相应责任。因无法律规定和当事人约定，A 公司不对 B 公司承担连带责任。[①] 对于段某某受到的伤害，应综合各方当事人的过错程度，酌定 B 公司、A 公司各承担 50%、30%的责任。

(三) 从侵权和违约责任角度对电商经营者安全保障义务的理解

电商经营者具有对用户的安全保障义务，可以分别从侵权和违约责任角度去理解。

在侵权责任意义上，电商经营者往往会被认为作为"公共场所的管理人或群众性活动的组织者"未尽到安全保障义务而应当承担责任。

法律法规链接

宾馆、商场、银行、车站、机场、体育场馆、娱乐场所等经营场所、公共场所的经营者、管理者或者群众性活动的组织者，未尽到安全保障义务，造成他人损害的，应当承担侵权责任。

因第三人的行为造成他人损害的，由第三人承担侵权责任；经营者、管理者或者组织者未尽到安全保障义务的，承担相应的补充责任。经营者、管理者或者组织者承担补充责任后，可以向第三人追偿。

——《中华人民共和国民法典》第 1198 条

对关系消费者生命健康的商品或者服务，电子商务平台经营者对平台内经营者的资质资格未尽到审核义务，或者对消费者未尽到安全保障义务，造成消费者损害的，依法承担相应的责任。

——《中华人民共和国电子商务法》第 38 条第 2 款

在合同法意义上，合同的履行一般涉及主义务和附随义务。在案例 2-3 中，售票方出售门票、经营方提供游乐服务是主义务，但根据合同的目的，平台经营者应保障入驻平台的平台内经营者具有合法有效的经营资质、平台内经营者所从事的经营活动应得到合法有效授权，可以认定为合同中的附随义务。A 公司和 B 公司从顾客门票收入中分享了相关收入，在案例 2-3 中，段某某可以以 A 公司和 B 公司没有提供完备的网络安全

① 《中华人民共和国民法典》第 1197 条规定：网络服务提供者知道或者应当知道网络用户利用其网络服务侵害他人民事权益，未采取必要措施的，与该网络用户承担连带责任。

服务和高效的安全保障为由提起合同诉讼。

当然，要求顾客举证电商经营者未尽安全保障义务很困难，《电商法》将举证责任分配给了电商经营者，要求电商经营者应当提供原始合同和交易记录（《电商法》第 62 条）。即当 A 公司或 B 公司不能证明其安全防范措施已到位时，法院可以认为其未履行合同义务，应承担安全保障不力的责任。

四、电子商务经营者的依法纳税义务

由于电子商务交易面对的多是个人消费者，不需要开发票，电子商务经营者多未办理税务登记，纳税地点难以确定，税务部门监管难度大，征税往往不到位，引起社会争议。线上交易不缴税，线下交易按规定缴税，会对守法企业构成不平等竞争，影响实体经济的良性发展。为促进社会公平，《电商法》规定，电子商务经营者应当依法履行纳税义务，并依法享受税收优惠。依照规定不需要办理市场主体登记的电子商务经营者在首次纳税义务发生后，应当依照税收征收管理法律、行政法规的规定申请办理税务登记，并如实申报纳税。

《电商法》颁布实施以来，各地已查出多起电子商务经营者涉税违法案件。如杭州税务部门发现杭州某电商公司 2019 年在淘宝网销售电子产品，取得不含税销售收入近1 900 万元，仅申报含税销售收入 1 万多元，其余未按规定申报纳税，遂被追缴增值税、企业所得税等共计 280 多万元，并被处以所追缴税款各 70%的罚款，共计 187 多万元。

天猫某类 Top 1 电商贸易公司因遭受举报被查，2019 年 1 月至 2021 年 2 月少缴增值税、企业所得税等 1 600 余万元，最终税费、滞纳金、罚款合计缴纳 2 648 万余元。

某知名带货主播被查出，在 2019 年至 2020 年期间，通过隐匿个人收入、虚构业务转换收入性质虚假申报等方式，偷逃税款 6.43 亿元、其他少缴税款 0.6 亿元，最终被追缴税款、加收滞纳金并处罚款共计 13.41 亿元。另有某知名带货主播亦被查出在该期间通过在上海、广西、江西等地设立个人独资企业，虚构业务把从有关企业取得的个人工资薪金和劳务报酬所得 8 445.61 万元，转换为个人独资企业的经营所得，偷逃个人所得税 3 036.95 万元，最终被追缴税款、加收滞纳金并拟处 1 倍罚款共计 6 555.31 万元。

电子商务经营者只要有业务收入就要缴纳税款。个人卖家应当承担的主要纳税义务包括增值税和个人所得税，企业卖家则须缴纳增值税和企业所得税。对于按照《个体工商户建账管理暂行办法》规定已达到设置账簿标准的个人卖家，税务部门按照《个体工商户个人所得税计税办法》查账征税，适用 5%～35%的超额累进税率。对于达不到建账标准的个人卖家，相关部门则定期定额征收个人所得税。企业卖家则参照《企业所得税法》缴纳企业所得税。通常，企业所得税税率为 25%。增值税小规模纳税人，月销售额或营业额不超过 3 万元（含 3 万元）的，免征增值税。

模块二

电子商务平台经营者

根据交易主体的不同，电子商务平台分为B2C、B2B、C2C等类型，为交易双方提供虚拟的交易场所，在一定程度上扮演着社会性场所管理人、群众性活动组织者的角色。

平台经营者的运营模式有两类：一类是经工商注册登记成立的互联网信息公司，以该公司作为承担法律责任的载体；另一类是在具体经营过程中，通过其开发相应的App软件平台吸引企业、社会大众各方参与平台运营。

平台经营者的特点体现在三个方面：

一是网络的无边界导致平台涉及的参与者众多，有时甚至难以计数，一旦平台发生相应的问题，最典型的如P2P平台，一旦爆雷，则涉及的投资者将不计其数；如购物平台发生质量事故，则涉及的消费者将不计其数，由此所造成的社会影响、人民群众的财产安全风险均非常大。

二是网络的隐蔽性，导致企业在运营过程中的问题往往无法被及时发现，一旦出现问题，往往问题已经产生、事故已经发生。

三是尽管平台企业涉及的人数众多，但往往涉及金额小，如2018年下半年爆出的小鸣单车破产案件中，涉及的债权人主要为交押金的租车者，单笔金额往往仅几百元，但人数有十几万人。像P2P平台倒闭后，往往涉及投资者金额从几千元到几百万元不等，但人数经常涉及上万人。

案例2-4

王某在“必要商城”平台商家“卡菲奥乐服饰”购买L码鹅绒羽绒服一件，付款799元。三天后，王某收到该商品，经试穿及测量，相关尺寸与商家在平台所标明的尺寸不一致，遂与商家达成退货退款协议，“必要商城”向其退付案涉商品的款项。次日，王某在该商家再次购买同款羽绒服XL码一件并付款。收到商品后，王某发现商品吊牌显示生产厂家为艺得欣公司。经试穿及测量，相关尺寸仍与商家标明的尺寸不一致，与平台及商家宣传不一致，要求退货退款并给付6倍赔偿，双方未能达成一致意见。王某遂诉至法院，要求判令必要公司退赔货款799元并支付3倍罚金2 397元。

法院查明，“必要商城”系由珠海必要公司经营，根据其平台首页介绍，该电商平台以用户直连制造为特色，采用C2M模式实现用户到工厂的两点直线连接。必要商城的营业执照、EDI证书显示必要公司取得运营电子商务平台所需的各项资质。《必要商城用户服务协议》中有“商家和用户明示‘必要商城’上的信息为用户自行发布，可能存在风险及瑕疵等”条款。艺得欣公司签署的《必要商户入驻服务协议》及其系列补充协议中要求其经营行为合法。［(2019) 苏0113民初374号、(2020) 苏01民终1598号］

请分析：

1. 电商交易平台的法律关系是怎样的？

2. “必要商城”应承担何种义务？

一、电商交易平台的法律关系

平台经营者与平台内经营者具有本质不同。《消费者权益保护法》第44条规定中所提及的网络交易平台是电子商务平台的一种特殊形式，其特殊性在于交易的另一方为消费者。电商交易平台为销售者、服务者和接受者（消费者）提供虚拟交易场所，相互之间形成多元的权利义务关系。一个完整的电商交易主要包括三个基本的法律关系：

一是电商交易平台提供者与销售者、服务者之间的网络交易平台服务合同，三者之间形成服务合同关系，网络交易平台提供者为销售者、服务者的交易提供网络平台服务。

二是电商交易平台提供者与接受者之间的网络交易平台服务合同，这是电商交易平台提供者与接受者通过网络订立的利用网络交易平台购买商品或者接受服务的网络平台服务合同。

三是利用电商交易平台进行交易的销售者、服务者与接受者之间订立的网络买卖合同或者网络服务合同，这是在网络平台上进行的网络交易中，销售者、服务者与接受者之间达成的买卖合同关系和服务合同关系。①

案例2-4中，根据“必要商城”平台首页介绍，工厂既是生产者也是产品的经营者。“必要商城”仅提供经营场所、交易撮合、信息发布等服务。因“必要商城”交易一方涉及消费者，其身份属于《消费者权益保护法》第44条所规定的网络交易平台。王某在“必要商城”订购的案涉羽绒服订单上均显示商家为“卡菲奥乐服饰”，也进一步表明“必要商城”为网络交易平台。虽然王某提供的退款凭证显示由“必要商城”向其退付案涉商品的款项，但根据必要公司与艺得欣公司签订的《必要商户入驻服务协议》及授权书，表明必要公司只是代艺得欣公司支付相关款项，不能以此认定必要公司为案涉商品的销售者。故必要公司应被定义为网络交易平台提供者，而非案涉商品的销售者。

二、电商交易平台的责任规则

电商交易平台提供者是一种新型的民事主体，它提供一个开放的平台，不接触商品也不参与结算。一般情况下，在电商交易平台上发生的违约、侵权责任，商品、服务的销售者是直接的责任主体，只有在法律有特殊规定的时候，电商交易平台提供者才会承担相应的民事责任。

---

① 杨立新．网络媒介平台的性质转变及其提供者的责任承担［J］．法治研究，2016（3）．

（一）违约责任

电商交易平台提供者承担违约责任的形式是附条件的不真正连带责任。因为在网络平台上开店销售商品或提供服务需要进行实名认证，当消费者权益受到损害时，平台有义务提供相关信息帮助消费者进行维权，如不能提供，意味着网络交易平台没有尽到审查义务，应当承担民事责任。原则上，电商交易平台为电商交易提供网络空间，不直接参与交易行为。当消费者找不到销售者或服务提供者时，电商交易平台有提供相关信息的义务。如果电商网络交易平台不能向消费者提供真实的名称、地址和有效的联系方式，就应该承担相应的民事责任。

案例 2-4 中，王某案涉商品网络订单及其吊牌上均显示案涉商品的提供商为“卡菲奥乐服饰”，实际生产商为艺得欣公司。“卡菲奥乐服饰”在“必要商城”的公示信息表明其不存在向消费者隐瞒销售者真实名称、地址及联系方式的情形。故王某要求必要公司承担法律责任的诉讼请求得不到法院支持。

（二）侵权责任

电商交易平台承担侵权责任的主观条件是明知或者应知。明知须证明电商交易平台知道提供商品、服务的侵权行为，如消费者向电商交易平台投诉、举报了商品、服务提供者的侵权行为，就可以认定为明知。应知是以一般理性标准为判断依据，推测电商交易平台提供者能够知道。

法律法规链接

电子商务平台经营者知道或者应当知道平台内经营者销售的商品或者提供的服务不符合保障人身、财产安全的要求，或者有其他侵害消费者合法权益行为，未采取必要措施的，依法与该平台内经营者承担连带责任。

对关系消费者生命健康的商品或者服务，电子商务平台经营者对平台内经营者的资质资格未尽到审核义务，或者对消费者未尽到安全保障义务，造成消费者损害的，依法承担相应的责任。

——《中华人民共和国电子商务法》第 38 条

关于网络服务提供者与网络用户侵权责任的认定，“必要措施”可以理解为电商交易平台提供者通过自己的平台控制力，采取技术手段，阻止商品、服务提供者对消费者实施侵权行为的措施，如屏蔽店铺、删除商品宣传、断开违法销售者或者服务者的链接以及对该销售者或者服务者停止提供服务等措施，以避免损害的发生或者扩大。

电商交易平台提供者提供了销售者或者服务者的真实名称、地址和有效联系方式的，即完成了告知义务，可免于承担赔偿责任。

三、电商交易平台的规制

电商交易平台在市场中发挥独特作用，是我国电子商务发展的重要特点，成为社会生活和市场经济的一部分，其发展必须朝着规范、有序的方向。自 2005 年起启动，至 2023 年已持续开展 19 次的剑网行动（国家版权局联合国家互联网信息办公室、工业和信息化部、公安部连续开展的打击网络侵权盗版专项行动），很好地规范了电商交易平台发展。

（一）着力规范电子商务主体资格

电商交易平台存在的问题包括：一是平台内经营者擅自使用他人企业名称开展经营活动。二是平台内经营者未按规定亮明经营者身份，存在大量经营主体未依法办理平台网店身份审查登记或者亮照亮标的现象。三是平台内经营者资质审查登记流于形式，部分须上传营业执照通过实名认证的网店，其实际主体名称、经营地址、住所信息明显与营业执照登记的主体名称、经营地址、住所信息不符，甚至上传他人的营业执照信息。四是对于平台内经营者的用户 ID、店铺名称审查不严格，造成对他人注册商标专用权、企业名称专用权、知名商品特有商业权益等合法权益的侵害，混淆消费者的判断。

2019 年剑网行动以《电商法》实施为契机，着力规范电子商务主体资格。一是规范电子商务经营主体资格。监督电子商务经营者是否按照《电商法》等法律法规的要求办理市场主体登记及相关许可、备案手续。督促平台经营者对入驻的平台内经营者相关信息进行核验、登记，建立登记档案。严格落实网络实名制，加强网站备案、IP 地址、域名等互联网基础管理。督促邮政企业、快递企业与电子商务企业协议客户依法合作，合法经营。二是集中整治网络无证无照经营行为。严厉查处伪造企业名称、冒用他人企业名称的非法主体互联网应用行为。加大对无证无照从事食品、餐饮、药品等经营行为的查处力度。健全违法违规网站和移动应用程序处置联动机制。对服务器在境外的非法主体网站，通过建立风险网站提示机制降低消费风险。三是监督电子商务经营者做好亮照（营业执照信息）、亮证（行政许可信息）、亮标（链接标识）工作，依法查处电子商务经营者违反信息公示义务行为。

武汉市 2019 年剑网行动依托网监系统对电子商务平台企业运营状况进行评估，多维度采集入库网店（站）2 489 个，修正主体信息 3 124 条，删除无效链接 980 个。咸宁市市场监管局根据平台经营者提供的经营信息，通过线下比对、源头追溯，排查外卖平台上线商户 1 800 余户，对 855 户商户发出责令改正通知书，督促相关平台下架 800 余户。

（二）积极落实平台治理义务，履行法定责任，严格审查商品信息

相关电商交易平台把关不严，导致销售侵权假冒伪劣商品、不符合产品质量安全标准商品、禁限售商品等违法行为频频出现，社会反响强烈。网络药品销售存在乱象，网上无资质售药，非法销售进口药品，违规销售处方药、禁用药、假药等问题比较突出，舆论高度关注。

为此，剑网行动督促电子商务经营者特别是平台经营者履行法定责任和义务。督促电子商务经营者履行消费者权益保护、知识产权保护、个人信息保护等方面的义务，指导平台显著区分竞价排名商品（服务）。督促网络餐饮服务平台加强数据报送，逐步推动外卖餐食封签，确保食品配送过程不受污染。指导和督促配送、邮政、快递等企业完善实名制，为相关执法部门核查违法犯罪线索提供支持。

2019 年剑网行动中，绍兴市对淘宝、京东销量前 200 位的商品开展定向监测，监测商品 458 个，发现问题商品线索 338 条，立案查处 7 件。

2022 年剑网行动严厉打击文献数据库、短视频和网络文学等重点领域的侵权盗版行为，强化数字藏品、“剧本杀”等网络新业态版权监管。各地查办侵犯网络著作权案件 1 180 件，删除侵权盗版链接 84 万条，关闭侵权盗版网站（App）1 692 个，处置侵权账号 1.54 万个。

（三）规范网络集中促销活动

网络集中促销活动中存在一些易发高发问题，主要包括：以虚假折扣误导消费者；促销活动中进行虚假宣传或发布违法广告；通过“刷单炒信”虚构自身商誉或以恶意评价损害其他经营者商誉；平台经营者通过合同格式条款排除或限制消费者权利、捆绑销售、以各种理由拒不履行七日无理由退货义务等；限制平台内经营者参加其他平台的促销活动，严重损害平台内经营者和消费者的合法权益等。这些问题都得到规范。

（四）规范市场竞争，维护良好的市场竞争秩序

平台竞争加剧，“二选一”问题突出，引发各方关注。“二选一”在互联网电商领域由来已久，近年来呈现愈演愈烈之势。为实施更为彻底的“二选一”，有平台打造了“竞争雷达”，对全网近似商品进行全盘“扫描”，覆盖商家数以十万计；相关媒体相继对遭受“二选一”的商家进行了跟踪报道，被迫站队的行为让商家面临巨额损失。更可怕的是，数千名员工可能因为“二选一”而遭遇失业风险，媒体对此纷纷发出“别再让平台‘二选一’不了了之”的呼声。

互联网领域“二选一”“独家交易”行为是《电商法》明确规定禁止的行为，同时也违反了《反垄断法》《反不正当竞争法》等法律法规规定，既破坏了公平竞争秩序，又损害了消费者权益。广州知识产权法院 2019 年 11 月 4 日受理了电器品牌格兰仕就天猫涉嫌滥用市场支配地位等相关事宜提起的诉讼。

行政监管是我国电子商务监管的主要形式，社会及市场发挥的作用有限。公共事务越来越需要从共治的精神中汲取营养，建立多层次、多元化的规则之治。在电子商务领域，企业平台有技术优势、大数据收集能力等，监管部门未来要更重视与电商交易平台形成良好的有效协作机制，依法、依规从平台企业获取数据，认真履行数据信息的保管义务，建立以信用数据为基础的事中、事后现代管理模式。

为此，《电商法》加强了平台经营者自身规范运营的责任和义务以及对平台内经营者的责任和义务。如果平台经营者没有尽到对平台内经营者进行管理和规范的责任，应当依法与该平台内经营者承担连带责任。《电商法》第 28 条、第 36 条、第 38 条、第 39 条和第 40 条中都有相关规定。

四、电子商务平台经营者的社会责任

平台经营者身份的多样性、利益关联人的广泛性决定了其企业社会责任关联领域的特殊性。

（一）消费者权益保护

电子商务以网络为依托，而网络自身的匿名性、虚拟性、开放性和非接触性都给交易安全和消费者权益保护增加了难度。不公平格式条款、虚假促销、假冒伪劣等在传统交易中就是比较普遍的侵害消费者权益的方式，在电子商务中演化出了更为复杂多样的形式。电子商务平台在保障自身不侵害消费者权益的同时，还需要制定合理的内部交易规则，采取有效的技术措施，保障消费者的合法权益不受平台内经营者的侵害。

（二）个人信息保护

在交易过程中，电子商务平台等信息服务商可以通过合法渠道获取用户的个人信息，包含姓名、联系方式等身份信息和银行账户、虚拟货币账号等财产信息。这些信息一旦泄露，会给用户造成不便与损失。作为泄露和不当使用消费者信息的“重灾区”，电子商务市场的个人信息保护问题一直受到立法机关的高度关注。《电商法》第 23 条、24 条、25 条明确规定了包括电子商务平台在内的电商经营者除了遵守《消费者权益保护法》第 29 条关于收集、使用消费者信息的规则外，还要承担消费者个人信息安全保障义务、不得滥用消费者个人信息的义务以及公示用户信息更正、查询、删除规则以及用户注销规则的义务。

（三）劳动者保护

电子商务平台新颖的经营模式为社会创造了大量的新型就业岗位，如物流配送员、外卖骑手、网约车司机等。对于这些新型职业从业者，因为其具有较弱的从属关系、较高的流动性和灵活的工作时间，在劳动者权益保障方面存在较为严重的问题。大量从业者没有签订劳动合同、没有购买社会保险，甚至不能获得法定的休息权利和加班工资待遇。据统计，南京市在 2017 年上半年出现的外卖送餐事故达到 3 242 起，造成 3 人死亡，2 473 人受伤；2018 年下半年查处的外卖骑手交通违法达到 4 503 起，平均每天 25 起。从表象上看，其原因是部分外卖骑手交通安全意识的缺失，但本质上反映出平台企业设置的人员管理和奖惩制度不合理，准时送达取代安全送达，成为最重要的标准，导致骑手为了赚取准时奖励或避免延时惩罚铤而走险。

（四）网络空间安全保障

随着互联网的不断普及，网络侵权、网络犯罪的频率日渐增加，国家对互联网安全问题的重视程度也逐步加深。《中华人民共和国网络安全法》（简称《网络安全法》）确定了由政府部门、网络运营者以及网络用户等多主体、全方位协力维护网络安全，惩治网络犯罪活动的立法理念。《电商法》第30条对电子商务平台承担的网络安全保障义务进行了具体规定。这些法律主要规定了电子商务平台在网络安全保障领域采取的措施，但并没有明确的网络安全保护制度标准。从社会责任承担角度讲，平台应当采用现有情况下能够实现的最高技术标准和最佳设备，保障平台内部的网络安全。

（五）知识产权保护

电子商务平台是知识产权侵权的“高危地带”，不仅需要自行遵守知识产权保护规则，还需要制定有效的规则措施，并保障平台内经营者和个人用户遵守。平台对平台内经营者和用户的行为具有直接的控制能力，一旦在平台内部出现知识产权侵权行为，平台作为交易场所的控制人，可以直接采取终止服务、断开链接、删除危险内容等方式，在最短时间内避免损害的扩大。同时，在事后追责环节，平台可以向裁判机构和被侵权人提供证明侵权行为发生的信息，以帮助厘清事实，明确责任。

（六）市场治理责任

党的二十大报告指出，要“构建高水平社会主义市场经济体制”。提高监管效率需要参与交易的各方经营主体，特别是电商平台的积极参与。电商平台离交易者更近，具有更强的控制能力，是电商领域市场治理的重要力量。

（七）未成年人保护责任

诸如“未成年人打赏出25万元有效吗”“14岁孩子独自买手机，购物是否有效”等新闻层出不穷，引发了很多网络交易纠纷。现实中，有些地方进行了未成年人网购须获家长同意承诺的探索，但具体实施仍存在很大的困难。

电商平台和商家在交易之前多做一些机制上的监控和技术上的设计，将大大减少未成年人非理性购物的机会。

当然，任何技术和制度都不是完美的，若要保护未成年人在网络上的权益，需要家长、学校、全社会形成合力，加强用户举报、投诉的社会机制。此外，科学的家庭教育也不容忽视，家长应注意保管好自己的手机、银行卡及其密码，避免因手机、银行卡被偷拿或者密码泄露而造成不必要的经济损失，引发纠纷。

【实训任务】

即测即评

案例分析实训

单元三
电子合同法律实务

电子合同因其快捷、易跟踪监管、便于随时查看和提醒，且能与多种网络工具协同使用，成本更低、安全性更高，正在取代纸质合同成为未来发展趋势。

通过学习本单元内容，你将达到以下学习目标：

【知识目标】

1. 掌握电子合同的概念、特征；
2. 熟悉电子合同的效力；
3. 熟悉网络拍卖合同的效力、履行和责任；
4. 熟悉电子合同的撤销、解除、违约责任承担。

【能力目标】

1. 能够熟练地分析电子合同法律关系，并分析电子合同主体的权利义务关系；
2. 能够应用所学知识分析电子合同的效力；
3. 能够控制网络拍卖行为风险，应用网络拍卖模式解决实际问题。

【素养目标】

1. 增强电子合同信心，培养绿色环保意识；
2. 基于公开、公平、公正的原则确定服务协议和交易规则，并树立应用电子商务促进经济活动的公平、公开、公正意识。

你需要完成能力训练任务：思考在互联网环境下，合同签订、生效、履行及责任承担的特殊性，理解电子合同的概念、特征和效力；认真完成实训任务，加深对本单元知识的理解。

本单元内容学习建议学时：6～9 学时。

导入案例

《旅游电子合同管理与服务规范》发布

2023 年 10 月，文化和旅游部批准发布了旅游电子合同领域的行业标准《旅游电子合同管理与服务规范》，并于 2023 年 12 月 9 日起实施。

西安市 900 家旅行社已做到电子合同全覆盖

2019 年修订后的《西安市旅游条例》要求，旅行社、导游、旅游客运经营者及驾驶人员必须按照电子行程单提供服务，通过信息化手段，实现对团队旅游活动的实时监管。与此同时，要求全市旅行社推广“电子合同”，“能用尽用”，目前全市 900 家旅行社已经做到电子合同全覆盖。

截至 10 月 19 日，2022 年 1 至 10 月全市签订的旅游电子合同达到 39 万份，2022 年全市全年签订旅游电子合同为 46 万份。

可通过全国旅游监管服务平台查询验证旅游电子合同

近年来，党中央、国务院高度重视电子合同应用推广工作，《国务院办公厅关于进一步优化营商环境降低市场主体制度性交易成本的意见》（国办发〔2022〕30 号）指出，推广和扩大电子营业执照、电子合同、电子签章等应用。同时，《“十四五”旅游业发展规划》（国发〔2021〕32 号）提出，加强全国旅游监管服务平台的数据归集、信息整合。此次文化和旅游部出台《旅游电子合同管理与服务规范》，将进一步推进旅游数据规范化、标准化建设。

伴随网络信息技术的普及应用，通过电子方式签署旅游合同已经成为旅游企业和旅游者的主要选择。在实践应用中，业内多家在线电子合同平台企业已陆续开展了旅游电子合同业务应用探索，虽然在一段时间内对引导旅游行业规范经营和服务质量提升发挥了积极作用，但由于各地区、各企业的标准、规范、内容、功能不尽相同，导致在数据对接、信息共享、归集管理等方面无法发挥电子合同的优势效能，进而在市场范围内缺乏足够的覆盖面和影响力。统一和规范与行业发展、市场需求相适应的旅游电子合同标准，是提升监管效能、优化营商环境的基本前提。为此，文化和旅游部组织开展了《旅游电子合同管理与服务规范》研究和起草工作，制定和实施旅游行业电子合同标准。新标准将弥补上述缺陷。

“其中最大的变化就是电子合同中首页将包含全国旅游监管服务平台生成的唯一编码，并统一电子合同的签署、变更、解除等操作规范，旅游经营者、旅游者可通过全国旅游监管服务平台查询验证已签署并备案的旅游电子合同。”今后旅游电子合同签订系统将接入全国旅游监管服务平台，旅游者可通过网站、App、公众号等查询验证。此外，标准中还对电子合同适用范围及基本要求、信息网络安全、个人信息保护等进行了相关规定。

一旦发生旅游纠纷投诉和突发事件，行政部门可及时调查核实相关信息，确保维权诉求高效处置。同时，旅游者可通过全国旅游监管服务平台查询验证已签署并备案的旅游电子合同，进一步鉴别“黑旅行社”“黑导游”，减少旅游风险。

模块一

电子合同的缔结

在电子交易的过程中，参加交易的双方是以交换电子数据信息的方式而不是通过当面签订或交换书面文件的方式来达成或进行商业交易的。在这一过程中，电子数据信息代替了传统的书面文件，实现了无纸化，这就产生了电子合同。

知识链接

日签百万次，云签成中国最大电子合同签约平台

2017年春节刚过，就从中国云签传来好消息，其旗下PaaS和SaaS两大平台累计提供第三方电子签名突破2 000万次，已经成为中国最大的电子合同签约公共服务平台。

PaaS平台可将一个完整的电子商务签约交易流程作为一种服务产品提供给客户，客户不需要购买硬件和软件，只需要利用PaaS平台，就能够完成各种电子商务签约交易的创建、测试、部署应用和服务，大大降低了成本和费用，大幅提高了客户电子商务应用的交付效率。

据悉，目前由中国云签提供支持服务的B2B、B2C应用涵盖银行小额信贷、运营商网厅服务、供应链金融、物流电子单据、电子采购等一大批“互联网+”时代的新兴行业。通过B端应用覆盖的C端客户数量高速增长，每天提供的电子签名服务已经超过100万次，并且还在高速增长中。

坐在家中动动手指，就能买到自己心仪的商品；手机选择一份外卖餐食，小哥很快就将午饭送到了家门口；通过软件购买一部电影，直接下载到电脑中即可欣赏，这都是我们生活中再常见不过的场景。

而在这些过程中，或许你从未意识到，一份份电子合同已经被签订并履行完毕。

伴随着互联网商业的蓬勃发展，仅仅依靠面对面签订的传统纸质合同，已经不够适应即时、高效、瞬息万变的网络生活。而一份份“看不见的合同”，却切实地将每个网络上的个体紧密联结在一起。

特别是在疫情期间，线下的商业活动没有条件开展，人们大多数的社会交往都要通过网络完成。但电子合同到底应该怎样签订？它在履行的过程中和普通合同有哪些区别？一旦出现纠纷，虚拟空间的约定能否保障现实生活中的权利？

一、电子数据信息的法律效力

在电子交易中，文字表达的具体方式发生了根本变化。与传统的书面文件相比，电子数据信息具有如下特征：

（1）它实质上是一组电子信息，其依赖的介质是电脑硬盘或软盘的磁性介质，而不是传统的纸张；

（2）它的表现形式不是有形的纸张文字，而是通过调取储存在磁盘中的文件信息，利用电子枪显示在电脑显示屏上的文字来表现。

因此，在计算机网络中传输的信息并不是文字，其载体也非人们所能直接感知的物质。按照传统法律对形式固定化、稳定性的要求，电子数据信息似乎不具备传统书面形式的特点和功能。然而在信息时代，以电子数据信息形式签订合同进行商品交换可以极

大地满足效率的要求，因此，包括美国在内的发达国家以及联合国，已经通过立法等形式认可了电子数据信息的法律效力。

1996年，联合国国际贸易法委员会颁布《电子商业示范法》，致力于消除传统书面形式制度可能对无纸化信息通信的法律效力产生的法律障碍，或者使其法律效力处于不确定性状态，促成和便利电子商务的应用，并且为基于纸面的文件与基于计算机信息的应用者提供同等的法律待遇，以促进经济与国际贸易的有效进行；同时为各国国内法的制定者，就如何排除此类法律障碍并给电子商务创造更加安全的法律环境，提供一套国际上可接受的规则。

该法采用“功能等同”的方法，将数据电讯的效用与纸面形式的功能进行类比，将数据电讯另立为独立于口头、书面形式之外的一种交易形式。

我国法律将电子数据信息作为书面形式的一种。

法律法规链接

当事人订立合同，可以采用书面形式、口头形式或者其他形式。

书面形式是合同书、信件、电报、电传、传真等可以有形地表现所载内容的形式。

以电子数据交换、电子邮件等方式能够有形地表现所载内容，并可以随时调取查用的数据电文，视为书面形式。

——《中华人民共和国民法典》第469条

二、电子合同的成立

案例3-1

原告凤某某在阿里巴巴网站上看到被告某经贸公司的商品“天然波罗的海琥珀蜜蜡海漂原石精品老蜡20G—50—100克”，订购量≥1 728克，价格1.00元/克，并显示“为了控制成本，让顾客买到更实惠的好料，产地验货发国际EMS（600元）邮寄到顾客手里……支持支付宝付款，货到后点确认付款”。原告随即在该网页上点击购买1 728克，购买成功。第二天上午，原告提交订单，支付货款1 766元（包括运费38元），等待发货。第三天下午，被告工作人员第一次在网上给原告留言称原料是45元一克；第四天，原、被告在网上沟通，被告称价格没有在网上修改，实际应是45元一克，没有发货，希望原告提出退货申请，但原告称被告2天后才通知其价格不对，拒绝申请退款，要求被告履行发货义务。[（2014）张商初字第627号，（2015）淄商终字第89号]

请分析：

1. 本案中，合同是否成立并生效？被告应否履行发货义务？

2. 本案中被告辩称在商品信息中已表明买家必须支付600元国际邮费，但原告未支付，故合同未生效；被告电子数据输入错误，合同应无效或可以撤销；原告系恶意交易。此辩解是否成立？

（一）电子合同及其特点

案例 3-1 属于电子合同引发的纠纷，但争议在于采用电子数据信息订立的合同的效力问题。这一问题实际上是电子数据信息能否构成传统法上的书面形式，能否取得与书面文件同等效力的问题。

电子合同，又称电子商务合同，是双方或多方当事人之间通过电子信息网络以电子信息的形式达成的设立、变更、终止财产性民事权利义务关系的协议。电子合同是以电子信息的方式订立的合同，其主要是指在网络条件下当事人为了实现一定的目的，通过电子数据交换（Electronic Data Interchange，EDI）、电子邮件（E-mail）等能够完全准确地反映双方当事人意思表示一致的电子数据信息的形式，签订的明确双方权利义务关系的一种电子协议。

在电子合同中，合同的文本是以可读形式存储在计算机磁性介质上的一组电子数据信息，该信息首先通过一方计算机键入内存，然后自动转发，经过通信网络或计算机互联网，到达对方计算机内存中。电子合同采用电子数据信息这一载体，取代了一系列的纸面交易文件，实现了交易的无纸化，这是电子交易的最大特点。而电报、电传及传真虽然也都是使用电子方式传送信息，但它们通常会产生一份书面的文件，即它们的最终传递结果都是被设计成纸质的书面材料。从某种意义上来说，它们只是书面文件的不同传递方式。

（二）一般电子合同自订单提交成功时成立

与普通合同的成立一样，电子合同亦需要具有一项有效的要约和一项有效的承诺方能成立。

要约是希望和他人订立合同的意思表示，该意思表示符合“（一）内容具体确定；（二）表明经受要约人承诺，要约人即受该意思表示约束”的条件（《民法典》第 472 条）。一般电子商务经营者通过互联网发布的商品或者服务信息均具体明确。

在案例 3-1 中，被告在阿里巴巴网站发布商品出售信息，该信息明文记载了出售商品的名称、单价、最低购买数量、付款方式，并配有实物照片、发货方式等，上述商品页面信息内容明确具体，符合合同要约的基本特征，因此，已经构成一项对其有约束力的要约，而非要约邀请或产品宣传广告。而买家提交订单即为承诺，合同自买家承诺时即成立。要约的形式既可以是明示的，也可以是默示的。

承诺，又称接盘或接受，是指受要约人做出的，对要约的内容表示同意并愿意与要约人缔结合同的意思表示。

承诺在正式生效之前可以撤回，但承诺的撤回通知必须在承诺生效之前达到要约人，或者是与承诺通知同时到达要约人，只有这样撤回才能生效。如果承诺通知已经生效，合同已经成立，受要约人当然不能再撤回承诺。由于电子商务具有传递速度快、自动化程度高的特点，要约或者承诺生效后，可能自动引发计算机发出相关的指令，这样会导致一系列的后果，所以几乎无法产生撤回的结果。承诺应当以通知的方式做出；但是，根据交易习惯或者要约表明可以通过行为做出承诺的除外（《民法典》第 480 条）。

在案例 3-1 中，原告根据被告明确、确定的要约信息，即按照网站设置的交易程序进行交易，完成了订购、付款等交易行为，形成了对被告要约的承诺，最后交易状态显示为“待商家发货”，应当认定双方订立的网络购物合同成立并生效。被告在阿里巴巴网站上发布商品信息符合要约条件，因此，原告选择天然波罗的海琥珀蜜蜡海漂原石精品老蜡商品并付款行为系对被告要约的承诺，原告提交订单付款成功时合同成立。

《民法典》第491条规定："当事人一方通过互联网等信息网络发布的商品或者服务信息符合要约条件的，对方选择该商品或者服务并提交订单成功时合同成立。"

原被告均为网络交易平台提供者的注册用户，均应遵守与网站签订的用户手册，并遵守网络交易平台设置的交易程序及规则。

合同的生效或失效可以附条件或附期限。"附生效条件的民事法律行为，自条件成就时生效。"（《民法典》第158条）附条件生效之合同，所附条件是否成为合同生效的条件，事涉合同双方重大利益，必须明文约定、意思明确，不能适用推定规则，更不能将单方意思强加于另一方，否则对另一方则没有拘束力。在案例3-1中，被告"产地验货发国际EMS（600元）邮寄到顾客手里"的内容表述只是表明该商品由产地国直邮到买家、邮资为600元，以此表明商品来源地的真实性，并无明确的将买家是否支付邮资600元作为合同生效条件的意思表示，缺少双方协商一致的合意行为，故不能认定为民事法律行为生效所附的条件，对合同另一方不产生法律效力。

法律法规链接

就合同的订立而言，除非当事各方另有协议，一项要约以及对要约的承诺均可通过数据电文的手段表示。如使用了一项数据电文来订立合同，则不得仅仅以使用了数据电文为理由而否定该合同的有效性或可执行性。

——联合国《电子商业示范法》第11条第1款

电子商务经营者发布的商品或者服务信息符合要约条件的，用户选择该商品或者服务并提交订单成功，合同成立。当事人另有约定的，从其约定。

电子商务经营者不得以格式条款等方式约定消费者支付价款后合同不成立；格式条款等含有该内容的，其内容无效。

——《中华人民共和国电子商务法》第49条

由于电子交易要约的内容表现为数字信息在网络上传播，往往要约方在自己的计算机上按下确认键的同时，对方计算机几乎同步收到要约的内容，这种技术改变了传统交易中的时间和地点观念。《民法典》对电子交易中要约的到达标准进行了明确。

法律法规链接

以对话方式做出的意思表示，相对人知道其内容时生效。

以非对话方式做出的意思表示，到达相对人时生效。以非对话方式做出的采用数据电文形式的意思表示，相对人指定特定系统接收数据电文的，该数据电文进入该特定系统时生效；未指定特定系统的，相对人知道或者应当知道该数据电文进入其系统时生效。当事人对采用数据电文形式的意思表示的生效时间另有约定的，按照其约定。

——《中华人民共和国民法典》第137条

（三）当事人约定电子合同成立时间的，以约定时间为准

案例 3-2

王某某在亚马逊网站下单购买了 3 台某品牌智能家用扫地机，单价 94 元、总价 282 元，在线付款，并收到网站回复邮件称：已经收到订单，确定了预计送达商品的时间，但有可能由于商品缺货等原因无法发货。同时也说明邮件仅确认收到订单，并不代表接受订单，只有发出发货确认的邮件双方之间的合同才成立。

4 天后，亚马逊网站给王某某发送邮件称：因订单商品缺货而无法满足商品的订购意向，并已将相应货款退还了王某某。王某某坚持亚马逊网站应该发货，遂将亚马逊网站诉至法院，并花费律师代理费 3 000 元。诉讼中，亚马逊网站称将扫地机的价格标注为 94 元系操作错误，真实售价应为 949 元。

另查，消费者在亚马逊网站购物、进入检查订单页面时，“检查订单”以加粗加大字体出现在页面最上端，下面普通字体载明：“当您选择了我们的商品和服务，即表示您已经接受了亚马逊的隐私声明、使用条件。”“您点击提交订单按钮后，我们将向您发送电子邮件或短信确认我们已收到您的订单，只有我们向您发出发货确认的电子邮件或短信，方构成我们对您的订单的确认，我们和您之间的订购合同才成立。”消费者购买商品后，可以在商品未从库房发出前取消商品或订单。

亚马逊网站中公布的“使用条件”载明：“如果您在本网站访问或购物……您便接受了以下使用条件；使用本网站服务即表明您同意使用条件，请仔细阅读这些使用条件。”关于合同缔结条款中约定：“如果您通过本网站订购商品，本网站上展示的商品和价格等信息仅仅是要约邀请，您的订单将成为订购商品的申请或要约……”“价格”部分约定：“对于由亚马逊销售的商品，直到您发出订单并经我们确认发货，我们才能确认该商品的销售价格……如果某一商品的正确定价应高于我们的网站定价，我们有权根据具体情况决定在发货前联系您或咨询您的意见，或者取消您的订单并通知您。”[（2015）朝民（商）初字第 30245 号，（2017）京 03 民终 1319 号]

请分析：

1. 亚马逊网站与王某某之间买卖合同是否已经成立？
2. 亚马逊网站是否应向王某某赔偿损失？

根据《民法典》的规定和当事人意思自治的原则，如果双方明确约定通过信息网络发布的商品或者服务信息的性质为要约邀请的，应遵循该约定。

《京东用户注册协议》也采用格式条款加黑载明“本网站上销售商展示的商品和价格等信息仅仅是要约邀请”，“合同关系的建立以商品出库为标志”，明确规定网站发布的商品和服务信息仅为要约邀请，买家提交订单是向销售商发出的合同要约，合同自商品出库时成立。

“您理解并同意：本网站上销售商展示的商品和价格等信息仅仅是要约邀请，您下单时须填写您希望购买的商品数量、价款及支付方式、收货人、联系方式、收货地址

（合同履行地点）、合同履行方式等内容；系统生成的订单信息是计算机信息系统根据您填写的内容自动生成的数据，仅是您向销售商发出的合同要约；销售商收到您的订单信息后，只有在销售商将您在订单中订购的商品从仓库实际直接向您发出时（以商品出库为标志），方视为您与销售商之间就实际直接向您发出的商品建立了合同关系……对于电子书、数字音乐、在线手机充值等数字化商品，您下单并支付货款后合同即成立。当您作为消费者为生活消费下单并支付货款的情况下，货款支付成功后即视为您与销售商之间就已支付货款部分的订单建立了合同关系。”——《京东用户注册协议》（2020 年 5 月 16 日生效）

亚马逊网站的《使用条件》（2018 年 12 月 25 日更新）载明：“本网站上展示的商品和价格等信息仅仅是要约邀请，您的订单将成为订购商品的要约。”合同成立的时间为货款支付成功而非订单提交成功。

当事人订立合同，采取要约、承诺方式。承诺生效时合同成立。网站展示商品对商品的描述非常具体和明确，对此种展示属于要约还是要约邀请历来存在争议。

要约邀请是指希望他人向自己发出要约的意思表示。在电子商务活动中，从事电子交易的商家在互联网上发布广告的行为到底应该视为要约还是要约邀请？在该问题上学界有不同的观点：一种观点认为是要约邀请，他们认为这些广告是针对不特定的多数人发出的；另一种观点认为是要约，因为这些广告所包含的内容是具体而确定的，其包括价格、规格、数量等完整的交易信息。

如果确定展示属于要约则消费者下单为承诺，则自消费者下单时合同成立，如果确定展示属于要约邀请则消费者下单为要约，网站确认构成承诺，双方的合同自网站确认时成立。商事交易应遵循双方当事人的意思自治，当事人在对展示属于要约或者要约邀请存在合意或者网站已经事先声明的情况下，应尊重交易主体在交易时的合意。

案例 3－2 中，亚马逊网站在使用条件部分明确约定商品展示的性质为要约邀请，消费者下单为要约，只有网站发出送货确认才构成承诺。消费者同意该使用条件，视为双方就此达成了合议。因此，消费者下单付款后，在网站确认发货前合同并未成立。世纪卓越公司并未确认可以向王某某发货，故双方之间的买卖合同关系未成立。

案例分析与讨论

某日上午，肯德基分时段和轮次推出网络“秒杀”优惠，最高优惠幅度达 32 元，而下午顾客消费时却被告知后两轮活动已经取消。众多消费者手持在网上辛苦“秒杀”来的优惠券聚集在各地肯德基店讨说法。肯德基回应称，由于有大量顾客持假优惠券消费，故取消活动。从此次优惠活动来看，肯德基一方面称电子优惠券库存设为 100 张，拍完即止；另一方面又号召网友“秒杀”，同时声称“复印有效”，最终导致优惠券数量剧增，门店场面失控。

第二天，消费者刘先生将肯德基告上法庭。刘先生认为，他与肯德基之间已经构成了买卖合同关系，肯德基没有按照发行的优惠券所载明的条款履行合同义务属于违约。刘先生诉请判令肯德基按优惠价格向他半价（32 元）出售外带全家桶套餐一份。在肯德基优惠券中明确注明了优惠食品项目和价格、使用地点、使用时段、使用期限以及使用方式。

课堂讨论：

分组讨论和辩论肯德基分时段和轮次“秒杀”优惠属于要约还是要约邀请。

三、电子合同的变更和撤销

案例 3-3

某年“双 11”节前，一网店经营者将 26 元 4 500 克的水果标为 26 元 4 500 斤，这个错误被 B 站博主“路人 A-”发现。该博主带领一万粉丝一晚上下了几万订单，涉及金额 700 万元。后来，商家发现失误，立刻在店铺首页道歉，希望网友能申请退款。“给您跪下了，给我叔叔留一条生路吧，所有的事我一个人来承担。”面对店家希望“留一条生路”的恳求，“路人 A-”在自己专门带领粉丝“薅羊毛”的群里称：“没啥好说的，各凭本事。”

由于在天猫开店，店家会交付几万元保证金。几万人拍下店家商品后，由于商家无法发货，这些人转而投诉“商家虚假宣传”。投诉成功的人会获得 400 多元的赔付。这样的举措直接导致了该店铺关店。

此事迅速在网上发酵，引发了网民对于情理与法治的讨论。

资料来源：徐伟伦．电子商务法：“薅羊毛”背后的法律点如何解读？[N]．法制日报，2019-11-20.

请分析：

1. “薅羊毛”达成的合同是否成立？如何履行？
2. 被“薅羊毛”误伤应当如何自救？

《民法典》第 147 条至第 151 条规定基于重大误解，以欺诈手段、受第三人欺诈、以胁迫手段实施的民事法律行为及显失公平的民事法律行为，可以请求人民法院或者仲裁机构予以撤销。

网络购物合同的相对当事人，不存在面对面商谈合同的机会，也就不存在“一方以欺诈、胁迫的手段”迫使另一方签订涉案合同的可能性，被告也没有证据证明原告采取了其他的欺诈、胁迫的方式。对于在网络购物中，发生电子输入错误可以通过网站设置的纠正程序或与客户及时沟通等方式予以纠正。鉴于电子购物的迅捷特征，要求在发生上述情形时，应在条件允许的情况下采取最快捷的方式迅速予以更改，否则产生的后果只能由输入错误的一方承担。在案例 3-1 中，被告自原告下单的两天后才进行沟通，违背了电子购物迅捷特征的要求，可以被视为丧失了要求撤销合同的机会。

经营者应秉持审慎、诚信的原则，对其发布的产品要约信息负责，一经发布，不能因其输入错误而随意撤销合同。随意撤销合同的权利不能赋予经营者，否则，经营者动辄以输入错误为由要求撤销合同，将危害大量不特定人群的交易安全，危及合同的稳定性，最终损害消费者的合法权利。在案例 3-1 中，被告应对自身重大错误自行承担法律责任。因此，原告要求被告继续履行合同的诉讼请求，应予以支持。

而在案例 3－3 中反映出来的“薅羊毛”则大体可以解释为，由专门搜集各类商家优惠信息的人，将优惠信息在网络和朋友圈中广为传播，接收优惠信息的人按照商家的优惠政策下单交易且得到实惠的行为。“薅羊毛”与网络交易密不可分，法律上的表现形式一般为通过网络渠道形成的买卖合同或者有偿服务合同，故界定“薅羊毛”应当以我国《民法典》《电子商务法》等法律的相关规定为依据。

商家在促销过程中，往往会公布相关的促销政策，消费者按照商家的促销政策下单并付款后，合同成立。该合同内容是双方的真实意思表示，内容不违反法律法规的强制性规定，合法有效，该合同就应当被交易双方严格履行。如果商家没有按照约定履行合同，须承担包括继续履行、采取补救措施或者赔偿损失等在内的违约责任。这就是为何在事件中的商家没有按照约定发货，买家投诉后，系统判定需要赔偿买家 10%货款的原因。

但在案例 3－3 中，商家并非有意设置促销信息，而是误将 4 500 克写为 4 500 斤，这就构成了与普通“薅羊毛”的重大区别。《民法典》总则篇中规定，基于重大误解实施的民事法律行为，行为人有权请求人民法院或者仲裁机构予以撤销。法律规定的重大误解包括双方当事人对于合同性质、合同相对方、标的物种类、质量、数量、履行地点等的误解，且这些误解足以给当事人的利益造成重大损害。结合双方的行为、合同性质、交易习惯等进行综合考虑，事件中的合同符合法律关于重大误解的规定。首先，店主因为缺乏经验，将单位斤错当作克。其次，事件中货物数量的误解已经足以导致合同一方受到巨大的损失，属于重大误解。

因重大误解订立的合同，行为人可以向法院或者仲裁机构请求对合同予以撤销。合同被撤销后，因该合同取得的财产，应当予以返还；不能返还或者没有必要返还的，应当折价补偿。有过错的一方应当赔偿对方因此所受到的损失，双方都有过错的，应当各自承担相应的责任。

商家在发现自己被“薅羊毛”误伤后，首先可以向买家说明情况，由买家自行撤回订单，商家将货款退还。如果买家不同意撤单，商家因此难以承受巨大损失的，可以向法院或者向经买卖双方达成明确仲裁协议的仲裁机构申请变更或撤销合同。需要注意的是，重大误解的当事人自知道或者应当知道撤销事由之日起三个月内没有行使撤销权，撤销权消灭。

模块二

电商交易平台服务协议

在电子合同中，应用最为广泛也最为频繁的是各大电商交易平台的“服务协议”。这些协议内容冗长、专业性强，签约双方权利义务格式化，相对人只有同意则进入下一步、不同意则禁入的选择，引发诸多争议和思考。

一、电商交易平台服务协议的法律特征

案例 3-4

2009 年，许某某在淘宝网注册，开设网店销售酒类产品，其在注册时与浙江淘宝网络有限公司（以下简称淘宝公司）签署了《淘宝服务协议》，约定：不得在淘宝平台上销售/提供侵犯他人知识产权或其他合法权益的商品/服务。

淘宝公司于 2015 年 1 月 23 日将《淘宝服务协议》更名为《淘宝平台服务协议》，按照《网络交易管理办法》的相关规定，提前七日予以公示并通知相关经营者。在协议首部"签约动作"以黑体加下划线的方式提醒用户，如果不同意该协议或其中任何条款约定，应立即停止注册程序。同时，在第 7 条有关协议的变更中再以黑体加下划线的方式提醒用户，如对已生效变更事项仍不同意的，应当于变更事项确定的生效之日起停止使用淘宝平台服务，变更事项不产生效力。如在变更事项生效后仍继续使用淘宝平台服务，则视为同意已生效的变更事项。许某某对变更事项未提异议，选择继续使用淘宝平台服务。《淘宝平台服务协议》第 6.3 条约定，如用户的行为使淘宝及/或其关联公司、支付宝公司遭受损失（包括自身的直接经济损失、商誉损失及对外支付的赔偿金、和解款、律师费、诉讼费等间接经济损失），应赔偿淘宝及/或其关联公司、支付宝公司的上述全部损失。

然而在 2014 年 11 月至 2015 年 9 月间，许某某在淘宝平台上销售某知名品牌假酒，之后被该品牌酒公司以商标权受到侵害为由提起诉讼，被法院判决赔偿品牌酒公司经济损失及合理开支 7 万元。淘宝公司认为许某某网店售假行为违反服务协议约定，给淘宝网声誉造成巨大负面影响，淘宝公司为打击售假行为，投入大量人力物力，产生相应损失，要求许某某及其公司赔偿损失及律师费等共计 12 万余元。

许某某则辩称，其已承担相关赔偿责任，未侵犯淘宝公司的经济利益和商誉。因被品牌酒公司起诉，淘宝公司已对许某某经营的网店的三条违规情形做出处分，删除了侵权商品信息，即其出售假冒酒的行为已经受到了淘宝公司的相应处罚，不应再被起诉要求赔偿。[（2017）沪 0117 民初 7706 号、（2017）沪 01 民终 13085 号]

请分析：

1. 许某某应否遵守《淘宝服务协议》及其后更名的《淘宝平台服务协议》？许某某如果违反了该协议，应否对平台承担违约责任？

2. 淘宝公司在已经依据平台规则对许某某进行过处罚的基础上，能否再次要求许某某赔偿声誉等损失？

在案例 3-4 中，淘宝公司制作、发布且要求用户确认的《淘宝服务协议》及其后更名的《淘宝平台服务协议》系淘宝公司在平台上单方公布，它作为一种合同的形式，与传统意义上的合同有着很大的区别。这种服务协议是一种格式合同，具有以下特征：

首先，双方当事人的服务与接受服务的目的非常明确，即原告提供平台进行服务、

收取费用，被告作为用户接受此种服务。

其次，合同未经双方合意，系由一方单方拟订。这是格式合同最显著的特点。合同由一方根据自己的意愿单方拟订，相对方不能更改，且始终处于不利状态，要么全部接受合同的条款，要么全部不接受合同的条款，相对方只有接受或不接受合同条款的权利，而没有更改合同条款的权利。

最后，在服务协议中，用户一方的身份和性质难以确定。因为服务协议是自动生成的，只要用户浏览了电商交易平台拟订的服务协议，按确认键同意后，双方的权利义务关系即成立。在此情况下，用户一方的身份和性质就难以确定，可能成为确定的一方当事人，也可能成为匆匆过客。电子商务平台经营者基于服务协议的约定进行打假，一定程度上起到净化网络购物环境、保护消费者合法权益的作用。

案例3-4中，淘宝公司与许某某之间存在有效的协议，用户不得在淘宝平台上销售或发布侵犯他人知识产权或其他合法权益的商品或服务信息。许某某作为淘宝用户，应恪守约定，履行自身义务。已有生效判决认定，许某某开设网店的经营行为，侵害了品牌酒公司注册商标享有的使用权，其售假行为违反了协议约定。

许某某在淘宝网上的售假行为不仅损害了与商品相关权利人的合法权益，而且降低了消费者对淘宝网的信赖和社会公众对淘宝网的良好评价，从而应承担对淘宝网声誉损失的赔偿责任。

二、格式合同的法律效力

由于网络交易不同于实体交易，本身具有虚拟化和无形化的特点以及交易对象存在不特定性和广泛性，平台经营者在提供平台服务时，难以逐一与每个注册用户协商签订合同，故为重复使用而预先拟定服务协议，并在信息网络系统中与申请进入平台销售商品或者提供服务的经营者订立合同，以规定其与用户之间的权利义务。这样的格式合同通过点击“确认”的方式签订和成立，它不存在谈判或商议过程，网络用户（消费者）只能接受或拒绝。因此，让消费者在接受或确认之前充分地了解网络格式合同的内容就显得尤其重要。而这一点正是通过法律强加给网络格式合同提供方合理的提示义务实现的。这种提示义务也可以说是电子商务经营者缔约前的义务。采用格式条款订立合同的，提供格式条款的一方应当遵循公平原则确定当事人之间的权利和义务。

电子商务经营者的免责条款受到一定限制。《电商法》规定，电子商务经营者不得以格式条款等方式约定消费者支付价款后合同不成立；格式条款等含有该内容的，其内容无效。除了《民法典》已有规定的无效条款外，一般可以认定以下违反诚信原则和公平原则的情形无效：

一是违反平等互利原则。主要表现在给付与对待给付间违反平等原则、欠缺等值性和不合理分配合同风险等显失公平情形。例如：网上银行以格式合同条款规定，存款人对存款单上电子签名的真伪负责，即使该电子签名经任何第三人伪造、变造或涂改，都不能使存款人免责。该约定违反了银行应尽的注意义务，将风险全部转移给存款人。

二是违背合同目的。目的落空可以表现为对合同当事人所享有的主要权利或应履行的主要义务做出的实质性的限制，也可能表现为格式条款导致合同目的难以达成。

在案例3-4中，淘宝公司作为平台经营者，采用点击合同文本确认的方式与用户达成服务协议，亦是订立合同的一种形式。对于双方当事人订立的格式条款，只要合同的约定不存在违反法律规定，不存在损害国家、集体或其他人的合法权益，不存在损害社会公共利益或免除义务人的责任、加重权利人的责任、排除权利人的主要权利等法律禁止的内容，服务协议的效力应予以确认。

网络产业日新月异，网络立法很难跟得上网络发展的步伐，因此在网络环境下，用户的自我保护显得尤为重要。作为网络用户，一要知道我国网络法律的有关现状，对自己作为网络合同当事人所处的地位有一个盖然性的认识；二要了解网络合同的成立、签订与传统意义上的合同订立不同，对格式化合同的订立一定要特别注意，要全面了解网络公司单方拟订的有关协议，并全面知晓相关协议的内容，切不可大意行事；三是一旦引起纠纷，要做好相关材料、证据的收集工作。

法律法规链接

有下列情形之一的，该格式条款无效：

（一）具有本法第一编第六章第三节和本法第五百零六条规定的无效情形；

（二）提供格式条款一方不合理地免除或者减轻其责任、加重对方责任、限制对方主要权利；

（三）提供格式条款一方排除对方主要权利。

——《中华人民共和国民法典》第497条

对格式条款的理解发生争议的，应当按照通常理解予以解释。对格式条款有两种以上解释的，应当作出不利于提供格式条款一方的解释。格式条款和非格式条款不一致的，应当采用非格式条款。

——《中华人民共和国民法典》第498条

在案例3-4中，许某某在淘宝网上注册为会员时，《淘宝服务协议》内容已构成合同法上的要约。许某某自2009年注册为淘宝用户后，一直使用淘宝平台服务，通过其行为做出承诺，接受《淘宝服务协议》，与淘宝公司建立了合同关系。电商平台经营者和平台内签约经营者均有依法规范经营的义务，许某某在淘宝网上销售假冒商品，不仅应当承担对消费者的赔偿义务，也应当依约承担对电商平台的违约责任，电商平台经营者也有权依法追究平台售假商家的违约责任。

三、经过合法程序变更后的电商交易平台服务协议有效

依法成立的合同，自成立时生效。当事人协商一致，可以变更合同。在案例3-4

中，淘宝公司对《淘宝服务协议》进行变更，按照《网络交易管理办法》的相关规定，提前七日予以了公示并通知相关经营者。虽然该协议系淘宝公司单方面做出变更的格式文本，但淘宝公司在协议首部“签约动作”以黑体加下划线的方式提醒用户。同时，在第7条有关协议的变更中再以黑体加下划线的方式提醒用户。许某某对2015年《淘宝平台服务协议》变更事项未提异议，选择继续使用淘宝平台服务，该行为是其行使自愿订立合同的权利的体现。前述两份协议的条款虽然属于格式条款，但并不存在格式条款无效的情形。前述条款给予了用户对变更后条款是否接受的选择权，用户可以接受新的服务条款，继续原合同关系，亦可拒绝接受，解除合同关系。淘宝公司作为第三方交易平台的经营者和管理者，与用户以事先约定的方式来变更相关合同条款，不违反法律之规定。许某某在服务协议条款变更后仍继续使用淘宝平台服务，应视为其对变更后条款的认可。

四、电商交易平台服务协议应当诚信履行

当事人应当按照约定全面履行自己的义务。案例3-4中所争议的服务协议均约定，用户不得在淘宝平台上销售或发布侵犯他人知识产权或其他合法权益的商品或服务信息。许某某作为淘宝用户，应恪守约定，履行自身义务。其售假行为生效判决认定，侵害商标权成立，违反了2015年的《淘宝平台服务协议》，构成违约，应当承担相应违约责任。2015年《淘宝平台服务协议》第6.3条约定，如用户的行为使淘宝及/或其关联公司、支付宝公司遭受损失（包括自身的直接经济损失、商誉损失及对外支付的赔偿金、和解款、律师费、诉讼费等间接经济损失），应赔偿淘宝及/或其关联公司、支付宝公司的上述全部损失。

当事人一方不履行合同义务或者履行合同义务不符合约定，给对方造成损失的，损失赔偿额应相当于因违约所造成的损失，包括合同履行后可以获得的利益，但不得超过违反合同一方订立合同时能够预见到或者应当预见到的因违反合同可能造成的损失（《民法典》第584条）。许某某在淘宝网上售假行为不仅损害了与商品相关权利人的合法权益，而且降低了消费者对淘宝网的信赖和社会公众对淘宝网的良好评价。许某某在使用淘宝平台服务时，应当预见售假行为会对商品权利人、消费者以及淘宝公司产生损害。因此，淘宝公司要求赔偿商誉等损失的主张具有相应的依据。打假和净化网络购物环境不单是第三方交易平台经营者的责任，平台内经营者和平台经营者均有规范经营的义务。

当事人一方不履行合同义务或者履行合同义务不符合约定的，在履行义务或者采取补救措施后，对方还有其他损失的，应当赔偿损失（《民法典》第583条）。淘宝公司因许某某售假而在徐汇法院被诉，产生律师费3 000元，该支出在合理范围内，也不因××集团公司撤回对淘宝公司的起诉，费用就消失。鉴于淘宝公司与许某某签订的合同中明确约定律师费等间接损失由违约方承担，系争的律师服务收费亦不违反相关禁止性规定，许某某作为违约方，应当承担该笔费用。

五、网络服务合同的撤销及责任承担

案例 3-5

2011 年 3 月，北京梦搜公司授权海南掌发公司在海口开展注册梦搜公司 3G 网址的服务。当年 6 月 26 日，石某参加了由掌发公司主办的“2011 中国中小企业最佳商业模式普及工程会议”，并与掌发公司签订了服务合同，服务项目为“3G 网址”，服务内容为“海南地产”，服务年限为 10 年，石某当场支付了服务费 3.8 万元。几天后，梦搜公司为石某颁发了 3G 网址注册证。

石某以为自己已经成功注册类似“www.海南地产.com”的一级网站，但是当天回家通过百度搜索，却怎么也查找不到自己的网站。他随即致电掌发公司，被告知必须先进入梦搜公司的网络平台“www.3g518.com”，才能找到他的注册网址。

石某认为，掌发公司和梦搜公司提供的仅仅是二级域名，与当时的宣传完全不一样，自己是受到欺诈才签订合同的，于是向法院提起诉讼。

掌发公司认为，合同是双方在自愿、平等的基础上经充分协商而签订的，合同合法、有效，对双方具有法律约束力，并告知石某，其所购买的域名只能在梦搜公司的网站中才能搜索到，该公司并不存在任何违约的事实和行为。

梦搜公司则认为，梦搜公司并非此合同的相对人，且未曾向石某收取费用，不应该承担连带责任。目前为石某建设的网站，依然可以在百度、谷歌等平台上搜索到。[(2011) 海中法民三初字第 167 号、(2012) 琼民三终字第 23 号]

请分析：

1. 掌发公司与石某签订的服务合同是否可以撤销？
2. 如果本案服务合同被撤销，梦搜公司和掌发公司应如何承担责任？

在互联网时代，网络新概念、新名词、新业务层出不穷，网络卖家为了抢夺消费者有限的注意力资源，绞尽脑汁地想出一些夺人眼球的方案，其中不乏一些夸大、虚构、欺骗性的手段，一般民众很难察觉。

在案例 3-5 中，掌发公司和梦搜公司为石某建立的网站并未在互联网领域向主管机关进行域名注册登记，两公司在一定程度上借用 3G 概念宣传 3G 网址，且作为格式合同的提供者未尽到说明义务，导致石某等人产生重大误解，因此合同应当予以撤销。

掌发公司基于梦搜公司的授权在海南开展注册 3G 网址的服务，3G 网址的内容服务以及 3G 网址注册证均由梦搜公司提供及发放，梦搜公司与掌发公司对收取的合同服务费进行了分成，故两公司同为本案合同的当事人，应承担连带责任。

案中所涉及的“关键词排名搜索服务”是具有一定新颖性和专业性的新类型业务，一般民众对此非常陌生。因此，商家在新类型业务的推广中，应该秉持诚信原则，向用户详细解释合同的服务、目的以及预期效果，确保合同得到正确的理解，这样才能避免产生纠纷，维护社会和谐。用户也应认真阅读相关资料和文件，以免误解，乃至受骗上当，造成本来可以避免的损失。

模块三

网络拍卖

网络拍卖是网络服务商利用互联网通信传输技术，向商品所有者或某些权益所有人提供有偿或无偿使用的互联网技术平台，让商品所有者或某些权益所有人在其平台上独立开展竞价，以其网络交易平台的高便捷性和高公众参与度在各领域迅速推开。网络拍卖利用互联网平台将拍卖变成平民交易。无论是谁，无论在哪里，只要可以上网就可以参与竞拍，省去了时刻关注拍品价格的麻烦，也节约了时间、交通、住宿等诸多成本，得到社会广泛认可。网络拍卖已经在排污权交易、农产品交易，以及海关罚没物资处置、国有建设用地使用权出让、法院处置等领域全面铺开，取得了明显的社会效益和经济效益。阿里、京东早已入局网络拍卖。2012 年，阿里拍卖上线，目前已涵盖司法拍卖、资产拍卖、车房拍卖、文玩收藏等业务。2018 年阿里拍卖全年交易额达 5 000 多亿元。2016 年，京东正式上线拍卖频道，同样包含司法拍卖、资产拍卖、车房拍卖、奢侈品拍卖等。

一、网络拍卖平台用户注册协议

案例 3-6

"艺典中国"为被告艺鉴典藏公司名下网站。某月 1 日，被告接受委托在"艺典中国"平台展示并销售"春意盎然"产品，销售价 3 000 元。14 日，委托人签署了拍品出库单，将拍品取走。

16 日，王某在"艺典中国"注册账号，并下单竞买了此拍品，实付 3 510 元。在线客服表示三个工作日内会发货。数小时后，王某收到客服"由于公司失误在网站上将价格登错请见谅"的不予发货回复。19 日，3 510 元退回王某账户。

王某以被告违约为由诉请被告交付作品"春意盎然"。被告则称买卖合同并未成立，拍品在拍卖当时已经下架，拍品在网上仍可被购买系因后台技术错误导致。

经法院查明，在"艺典中国"网站用户注册时，注册页面下端以链接方式公布了《艺典商城用户注册协议》，已默认勾选"我已看过并同意《注册协议》"，但若不点击《艺典商城用户注册协议》将不妨碍注册程序的进行；消费者进入登录页面，输入用户名或手机号码及密码，竞买成功后，消费者将拍品放入购物车，填写送货地址等信息后显示订单已提交成功，下方载明“艺典平台寄出艺术品后合同成立，买家购买艺术品付款后只视为要约行为”。《艺典商城用户注册协议》第7.2条规定，除法律另有强制性规定外，双方约定如下：本站上销售方展示的艺术品和价格等信息仅仅是要约邀请；系统生成的订单信息仅是您向销售方发出的合同要约；只有在销售方将您在订单中订购的艺术品从仓库实际向您发出时（以艺术品出库为标志），方视为您与销售方之间建立了合同关系……上述内容用粗体标注显示。

请分析：

1. 王某与艺鉴典藏公司之间的买卖合同是否成立？《艺典商城用户注册协议》第7.2条就订单信息仅为合同要约的规定是否有效？

2. 如果拍品不能交付，艺鉴典藏公司是否应赔偿王某的损失金额？

认定合同是否成立，应当遵循《民法典》合同编中关于合同成立的一般规则，即对双方是否完成了要约和承诺的交易行为予以认定。案例3-6中，艺鉴典藏公司将其待售拍品的名称、价款、作者、尺寸等详细信息陈列于其网站之上，内容明确具体，与商品标价陈列出售具有同一意义，根据法律规定和一般交易观念判断，当符合要约的特性。消费者通过网站在其允许的状态下自由选购点击加入购物车，并在确定其他送货、付款信息之后确认订单，应当视为进行了承诺。故案例3-6中艺鉴典藏公司与王某之间的合同已经成立。

存在无效情形的格式条款无效。案例3-6中，《艺典商城用户注册协议》系未与相对人协商的、预先设定的、不允许相对人对其内容做出变更的格式条款。《艺典商城用户注册协议》约定，仅在“艺典中国”平台将艺术品从仓库实际向消费者发出时，双方之间的合同才成立，排除了其商品陈列系要约以及消费者基于要约进行承诺的权利，其实质和后果是赋予了艺鉴典藏公司单方决定是否发货的权利并免除了艺鉴典藏公司不予发货的违约责任，这是对消费者基于一般的消费习惯所认知的交易模式的重大改变，因而对消费者的合同利益会产生实质性影响，艺鉴典藏公司对此应当做出合理、充分的提示，提醒消费者注意该项特别约定，并判断选择是否从事此项交易。但从查明的事实看，艺鉴典藏公司并未尽到提请注意的义务。从注册环节看，艺鉴典藏公司并未要求注册用户必须阅读《艺典商城用户注册协议》，王某亦自认并未阅读《艺典商城用户注册协议》；从订单环节看，艺鉴典藏公司仅在用户下单购买成功后在下方以小字提示“艺典平台寄出艺术品后合同成立，买家购买艺术品付款后只视为要约行为”，故消费者在“艺典中国”平台无须阅读《艺典商城用户注册协议》即可完成选择商品并购买的全过程。由此，因艺鉴典藏公司未就《艺典商城用户注册协议》的格式条款以合理的方式提请消费者注意，特别是没有在消费者提交订单之前予以明确提示，故艺鉴典藏公司关于《艺典商城用户注册协议》要约承诺的相关条款应视为没有订入合同，不应对消费者发生效力。

王某从“艺典中国”网站下单购买商品，双方之间自此时起建立了网购合同关系，双方当事人意思表示真实，且形式和内容不违背法律、行政法规的强制性规定，合法有效。双方均应履行己方义务。艺鉴典藏公司在委托人取走拍品后后台操作错误导致拍品仍可被下单，而不能交付拍品，其对于合同违约应承担全部责任。

二、网络拍卖过程中的合同关系

案例 3-7

某年 8 月 10 日，原告应某某在阅读并接受被告易趣网的《用户协议》后注册成为易趣网用户。该《用户协议》约定：易趣网不参与实际交易，如买卖双方发生争议，易趣网免责。10 月，原告通过易趣网竞拍用户名为“我想有个家 1”卖家的某型号 MP3 播放器。10 月 21 日，原告以“一口价”方式即单价 1 元竞拍该型号 MP3 播放器成功，并收到易趣网成交通知。原告通过易趣网了解到物品提供者系案外人张某，同时获悉张某的电话号码。原告经与张某电话联系，约定张某以单价 156 元、总价 1 092 元向原告出售 7 台该型号 MP3 播放器。10 月 22 日，原告根据张某告知的户名向何某的账户汇付了货款。货款汇出后，原告始终未能收到 MP3 播放器。11 月 3 日，原告向被告投诉，要求被告尽快与张某联系，退回货款，并要求被告对张某进行处罚。11 月 24 日，原告再次向被告发函，要求被告双倍返还原告已付货款，共计 2 184 元。被告对此予以拒绝。

请分析：

原告应某某支付货款后未能按约收到所购 MP3 播放器，被告易趣网对此应否承担责任？

在网络交易中，网站作为互动式计算机服务提供者，一方面根据与网络拍卖人的约定（具体表现为网络拍卖人的网络注册行为），有偿为网络拍卖人提供商品及价格展示的信息平台，另一方面根据与竞拍人的约定（具体表现为竞拍人的网络注册行为），为竞拍人提供拍卖人及其商品的信息，并根据双方交易的合意情况，确认双方是否成交。拍卖成交的，网站即向双方发送成交确认书以及对方的个人联系方式等信息，并从拍卖人处收取相应的报酬。具体在案例 3-7 中，易趣网分别为应某某及案外人张某提供了订立合同的媒介服务，并从张某处收取报酬。因此，被告与原告之间，以及被告与张某之间均构成中介合同关系，被告在本案中的义务，应当就有关订立合同的事项向原告如实报告。中介人故意隐瞒与订立合同有关的重要事实或者提供虚假情况，损害委托人利益的，不得请求支付报酬并应当承担赔偿责任（《民法典》第 962 条）。如果违反这些义务，被告理应承担违约责任。

原告与案外人张某之间实际存在两个交易合同关系。一是网络交易买卖合同关系。张某在网上提供可供出售的商品信息可视为要约邀请，原告竞拍 MP3 播放器的行为可视为要约。按照被告与张某的约定，被告代为向原告发送成交通知的行为应视为张某的承诺。至此，原告与张某之间的网络交易买卖合同关系成立。二是原告与张某通过电话方式建立的传统买卖合同关系。原告根据被告提供的张某的联系方式，通过电话联系，约定张某向原告出售 7 台 MP3 播放器，并约定了合同履行方式以及付款方式，二人至此另外成立了一个买卖合同关系。该合同关系的订立，并没有按照合同双方分别与被告约定的“用户协议”的相关规定进行，与被告并无直接联系。被告向原告提供张某联系方式的目的是促成前一个网络交易合同关系的实际履行，并非帮助原告与张某进行其他交易行为。

依法成立的合同受法律保护，对签订合同的各方当事人都具有约束力。但在案例 3－7 中，原告与案外人张某发生的买卖合同与被告无关。

三、“跳单交易”下拍卖合同中平台经营者的责任和义务

判断被告应否对原告支付货款后未能按约收到货物承担民事责任，应当以被告是否尽到了相关审核义务、在提供案外人张某个人信息方面是否有过错等为事实依据。根据案例 3－7 的事实，网民在注册成为被告的用户前均被要求详尽阅读被告的“用户协议”，并在愿意接受协议的所有条款后才能注册成功，注册时要求输入身份证号码、地址、电话等个人信息。被告就注册人提供的个人信息，向公安机关查证属实后才为其提供服务。原告和张某均经过了上述注册过程。应当说被告在审核张某个人信息方面已尽到了自己的义务，不存在过错。原告虽然通过被告与张某达成了竞拍 MP3 播放器的买卖合同，但本案纠纷的发生并非基于这一网络交易行为，而是基于原告与张某通过电话联系方式所订立的另一个买卖合同。在此交易过程中，原告仅仅根据被告提供的张某的个人信息，在没有进一步核实确认的情况下即与张某订约，又在没有收到对方货物也没有要求对方提供任何担保的情况下，即先将货款汇付对方提供的另一个案外人何某某的银行账户，从而造成经济损失。显而易见，是原告自身在合同订立及履行过程中的不谨慎导致上当受骗，对此后果，原告应当自行承担责任。原告并无证据证明被告所提供的张某的个人信息存在不实或虚假情况，也无证据证明后一个交易行为是通过被告提供的网络交易平台实现的，因而被告对于原告的损失并无过错，且被告始终没有收到过原告支付的货款，故不应当对原告的损失承担赔偿责任。

当事人通过网络交易平台与他人订立网络买卖合同，但未实际履行该合同，而是利用网站提供的合同对方的个人信息，通过电话联系方式与对方订立了与网络买卖合同完全不同的新的合同，该新合同与网络运营商无关，当事人因履行该新合同而遭受经济损失的，网络运营商概不承担赔偿责任。

案例 3－7 中原告和第三人张某之间所达成的交易属于中介合同中的“跳单交易”，理论上，如果易趣网《用户协议》对“跳单交易”行为有约定的话，被告还可以要求原告和第三人张某支付中介费。《民法典》第 965 条规定，委托人在接受中介人的服务后，利用中介人提供的交易机会或者媒介服务，绕开中介人直接订立合同的，应当向中介人支付报酬。

【实训任务】

即测即评

案例分析实训

单元四
电子支付和互联网贷款法律实务

电子支付是指消费者、商家和金融机构之间使用安全电子手段把支付信息通过信息网络安全地传送到银行或相应的处理机构，用来实现货币支付或资金流转的行为。

移动支付的快速发展催生了“无现金社会”的概念。对于很多年轻人来说，出门可以不带现金，却不能不带手机。移动支付的不断普及，深刻地改变了中国人的出行和购物方式。中国在电子货币支付领域已经成为全球的领跑者。

2022 年全国银行业金融机构共办理非现金支付业务 4 626.49 亿笔，金额 4 805.77 万亿元，同比分别增长 5.27%和 8.84%（《中国支付产业年报 2023》）。支付机构共完成网络支付业务 11 278.19 亿笔，同比增长 2.42%，金额 364.21 万亿元，同比下降 1.79%。从事银行卡收单、网络支付和预付卡业务的支付机构分别为 61 家、111 家和 113 家，有 45 家支付机构开展了跨境支付业务。

根据央行各年度《支付体系运行总体情况》的统计，中国第三方支付业务交易规模从 2016 年的 99.27 万亿元增长至 2022 年的 337.87 万亿元，6 年 CAGR 为 22.6%。近年来支付监管趋于严格，支付企业审查及处罚力度加强，支付牌照数量自 2016 年起逐年降低。2011—2015 年间共发放 271 张牌照，截至 2023 年 5 月已注销（包括不予续展）80 张。

通过学习本单元内容，你将达到以下学习目标：

【知识目标】

1. 认识网上银行的概念、特征；
2. 理解电子支付法律责任的承担方式；
3. 熟悉互联网金融和互联网贷款的发展现状和法律风险。

【能力目标】

1. 能够熟悉网上银行及其法律问题；
2. 能够应用第三方支付的安全保障机制来保障自己的网络支付安全；
3. 能够应用互联网金融和互联网贷款为经营管理服务。

【素养目标】

1. 培养积极应对电子支付、防范电子支付风险的意识；
2. 树立正确的电子支付观。

你需要完成能力训练任务：结合身边案例，讨论第三方支付平台对传统银行和支付手段造成的冲击，讨论第三方支付乱象和风险防范；搜集近期频频发生的大学生网贷陷阱事件，分析事件中的网贷风险，并提出防范网贷风险的措施和建议；认真完成实训任务，加深对本单元知识的理解。

本单元内容学习建议学时：3～6 学时。

导入案例

数字货币来了，阿里会被甩掉吗，银行定位是什么?

数字货币要来了。

最近关于中国人民银行发行的数字货币扩大试点的新闻刷屏了，无数正规媒体和自媒体都在争先恐后地科普有关数字货币的知识，甚至有不少人开始推销数字货币投资指南。

最重要的一个问题：推广数字货币对经济到底有什么好处?

“支付模式从三方变成两方。这一变化是革命性的，数字货币通过先进的技术手段使得不必依赖中介就可以实现点对点交易，将原有的三方支付模式变成了两方模式，支付行为的自主性大大加强，对整个社会具有极大影响。”

三方支付模式是什么？可以举一个例子加以说明。在淘宝刚刚问世的时候，大部分交易只能采取一手交钱一手交货的当面交易方式进行，这就限制了交易双方地理位置必须相距不远。为了扩大交易规模，吸引更多的买家和卖家使用淘宝，阿里巴巴发现必须有一个担保交易双方资金安全的第三方，这样才能让素不相识的买卖双方建立信任的关系，促成交易的最终成交。

于是阿里巴巴自己充当了第三方担保的角色。当淘宝买家下单以后，钱款打入银行托管的阿里巴巴对公账户，阿里巴巴收到付款信息以后通知卖家发货，在买家收到货物并确认货物无误以后，阿里巴巴才将货款打到卖家账户上。这就是早期的支付宝。

2019 年 6 月，Facebook 宣告即将正式发行自己的数字货币 Libra，震动了全世界的经济金融监管机构。

目前，Facebook 是世界上使用人数最多的社交软件，每月用户估计在 25 亿左右，覆盖 100 多个国家。Facebook 控制下的庞大社交网络，其覆盖面不但远远超过传统的银行金融网络，而且触角越过银行，跨越国境线，直接连接企业、个人和家庭。

官方货币背后是国家主权信用。Facebook 的用户通过这个软件与其他人社交，Libra 一旦实施，其信用也会在 Facebook 用户中逐步建立起来。如果 Libra 成功发行，理论上这 25 亿人之间的交易都可以通过 Libra 作为支付方式完成。

当 Libra 让支付模式从三方变成两方，传统三方支付模式中担任第三方担保者的银行就将被排除在这 25 亿人的商业交易之外，而作为银行监管者和货币政策制定者的各国中央银行也将失去对于货币的掌控权力。面对如此巨大的利益得失，也就不难理解 Facebook 的数字货币计划为何会遭受各方迅速狙击了。

如果官方数字货币真的全面铺开，支付宝和微信支付这样的第三方支付手段是否还有生存的空间？银行的未来定位是什么？

未来巨大的电商平台和社交网络连接着经济中每一个个体，这些平台和网络覆盖面扩张得越大，数字货币就越容易被接受和使用，交易成本也就下降得越大，这些网络中的经济个体相对网络外的经济个体就具有更多的竞争优势。因此，电商平台和社交网络作为聚集流量的枢纽在数字货币经济体系下的作用只会更加重要。

资料来源：金钟．数字货币来了，阿里会被甩掉吗，银行定位是什么?．观察者网.

模块一

网上银行及责任划分

网上银行，又称为在线银行、虚拟银行或网络银行等，涵盖个人网银系统和企业网银系统，主要包括通过 PC、手机、平板电脑、智能电视、可穿戴设备等终端访问的网上银行系统，如手机银行、微信银行、直销银行、银企直联、小微企业银行等系统，是银行借助客户的个人电脑、通信终端（包括移动电话、掌上电脑等）或其他智能设备，通过互联网或其他公用信息网，向客户提供银行业务和有关金融服务的一种银行业务模式。银行的产品和服务包括提存款服务、信贷服务、账户管理、提供财务意见、电子单据支付以及提供其他电子支付的工具和服务，如电子货币等。

网上银行可以为客户提供任何地点、任何方式的全年 365 天、每天 24 小时全天候服务。客户在办理银行业务时，只需要用电子工具通过互联网与银行连接就可以进行交易，而无须再到银行的营业大厅排队和在银行的办公时间进行交易。传统银行拓展业务依靠简单地增设营业网点，需要大量的土地、设备、资金、人力等资源的投入。相比较而言，网上银行只需投入少量的资金、设备、人力，就可以将银行业务拓展到更大的地域范围，从而银行“门店数字化”之势愈加明显，电子渠道交易替代率越来越高，银行网点数量不断缩减，智能化逐年升级。

一、网上银行的风险及其控制

（一）网上银行的风险

银行本质是经营风险的企业，提供服务的过程中必须管控好各类风险，才能更好地为用户服务，近年来与网上银行相关的操作风险和客户因办理网上银行业务而造成损失的事件也频频发生。网上银行业务风险具有非行业性和外生性两大特点。非行业性是指风险超出传统意义的金融风险的概念，其产生不仅依赖于市场价格的波动、经济增长的质量，而且依赖于软硬件配置和技术设备的可靠程度。外生性是指银行对技术性风险的控制和管理能力，在很大程度上取决于其计算机安全技术的先进程度以及所选择的开发商、供应商、咨询或评估公司的水平，而不像传统银行业务风险那样，仅取决于银行自身的管理水平和内控能力。

（二）网上银行的风险控制

2012年5月，中国人民银行发布《网上银行系统信息安全通用规范》（JR/T0068—2012）。经过多年的发展，网上银行系统无论在规模，还是在新技术的引入和应用上，都发生了较大的变化。经过多方专家的反复修订与审核，2020年2月，《网上银行系统信息安全通用规范》（JR/T0068—2020）发布并生效。其核心内容如下：

1. 客户端安全

客户端安全包括客户端程序和客户端环境两部分。

程序开发阶段，应对其开发框架和技术路线进行严格的论证，建设基于应用功能设计及安全需求，建设应用安全基线标准，提供程序的自身安全性。对于应用程序普遍存在的破解、篡改等各类安全风险，需要提供应用加固技术手段。严格控制源代码安全，对应用程序进行源代码安全加固。

客户端环境安全要求中，主要定义了程序在使用过程中的运行环境安全，包括可信输入能力、可信输出能力、可信通信能力、可信存储能力和可信计算能力。

2. 专用安全机制

网上银行系统在使用密码算法时应符合国家密码主管部门的要求，在支付敏感信息加密及传输、数字证书签名及验签等环节宜支持并优先使用SM系列密码算法。

文件证书应严格控制申请、颁发和更新流程，避免对个人网银客户的同一业务颁发多个有效证书。文件证书的发放宜使用离线或专线方式，确需通过公众网络发放的，应提供一次性链接下载。

动态口令的长度不应少于6位。对于基于时间机制的动态口令令牌，应设置此时间窗口最大不超过动态口令的理论生存期前后60秒。

对短信验证码要进行加密处理，确保短信验证码的机密性和完整性。开通短信验证码时，应使用人工参与控制的可靠手段验证客户身份并登记手机号码。更改手机号码时，应对客户的身份进行有效验证。交易的关键信息应与短信验证码一起发送给客户，并提示客户确认。短信验证码应随机产生，长度不应少于6位；应具有时效性，最长不超过6分钟等。智能密码钥匙加密芯片应具备抵抗旁路攻击的能力；采集的生物特征数据不得用于除预期业务外的其他用途。

3. 通信网络安全

采用安全的通信协议，在客户端程序与服务器之间建立安全的信息传输通道，如采用SSL/TLS证书、加密密钥体系，建立安全的信息传输通道。

4. 业务申请及开通

在业务运营安全规范中，要严格遵循和落实相关法律法规的监管要求；对通过网上银行渠道申请时，金融机构应采取包含电子签名验证在内的双因素身份认证验证客户的真实身份及银行卡交易密码，并通过验证发向可靠的预留手机号码的短信验证码等方式，核实客户身份和交易开通意愿。

金融机构应充分考虑并采取有效技术措施防范网上银行资金类交易开通的安全风

险。个人网银资金类交易的开通应由客户本人到柜台申请。申请时，金融机构应对其进行风险提示，验证客户的有效身份，并要求客户书面确认。企业网银开通应由本企业人员到柜台申请，金融机构应审查其申请材料的真实性、完整性和合规性。网上银行专用安全设备在暂停、终止、挂失或注销后，如需恢复、解除挂失需客户本人持有效身份证件到柜台或通过金融机构客服电话办理，金融机构应核实客户信息、网银账户信息，并对预留手机号码进行验证。

5. 业务安全交易机制

要建立完善的网上银行异常交易监控体系，以及高风险交易特点和用户行为特征等的风险评估模型，识别并及时处理异常交易，并根据风险等级实施差异化风险防控；建立并完善反欺诈规则，实时分析交易数据，根据风险高低产生报警信息，实现欺诈行为的侦测、识别、预警和记录，提高欺诈交易拦截成功率，切实提升交易安全防护能力；应通过交易行为分析、机器学习等技术不断优化风险评估模型，结合生物探针、相关客户行为分析等手段，对具备频次异常、账户非法、批量交易以及外部欺诈、身份冒用、套现、洗钱等异常情况进行有效监控，对于风险较大、可疑程度较高的交易，应采取精准识别、实时拦截等措施；风险交易监控系统应能够不断更新反欺诈规则，建立和完善风险信息库，及时从主管部门、公安机关、银行卡清算组织等获取黑名单等风险信息。

业务安全交易机制从身份认证、交易流程、交易监控 3 个方面提出了明确要求。

6. 外部机构业务合作

金融机构与外部机构应在合作协议中明确交易验证、信息保护、差错处理、风险赔付等方面的权利、义务和违约责任，切实保障持卡人资金安全和信息安全。

7. 客户培训及权益保护

金融机构应切实加强客户培训和风险提示，向客户详细解释本机构网上银行业务流程和安全控制措施，在网上银行新产品（业务）推出、相关业务（操作）流程变更、安全控制措施变化时，及时告知客户；应通过各种宣传渠道向大众提供正确的网上银行官方网址和呼叫中心号码，提示客户牢记金融机构官方网站地址和呼叫中心号码；应向客户印发通俗、易懂的网上银行信息安全宣传手册，在网上银行官方网站首页显著位置开设信息安全培训栏目。在显著位置或关键操作界面，宜提醒客户注意防范各类诈骗；应按照相关法律法规要求，制定网上银行系统隐私政策。

金融机构应向客户明确提示网上银行相关的安全风险和注意事项，并根据网上银行安全形势的变化，及时更新相关事项；应建立网上银行相关的侵犯客户权益行为的处置机制，开辟公众举报渠道，建立有效的问题处置机制，及时通过金融机构网站及其他可靠渠道向公众通报提示钓鱼网站、网络欺诈等重要信息；应建立与网上银行相关的客户投诉、纠纷处理及舆情应对机制，严格按照行业、机构的相关规定和要求对外发布信息，有效维护客户权益及金融机构声誉；应通过多种渠道及时公告网上银行相关的服务内容、协议、资费标准等重大调整，可能影响服务的系统重要升级或变更等重大事项。

二、储户和银行的责任

(一) 储户和银行的责任划分

案例 4-1

储户银行卡遭网银盗刷 20 万元　法院判决银行全责

某日 22 时 11 分至 19 分，郭先生先后收到 4 条某银行微信公众号发来的交易提醒，他一直作为工资卡使用的“一卡通”储蓄账户被网银分 4 次、每次 5 万元总计转走了 20 万元——这是该银行手机网银每日允许转账金额的最高限。

交易提醒显示的收款人姓名均为“赵啦啦”。郭先生说，他不认识这位赵啦啦，也没有操作过这 4 笔转账，当时手机就在他身边。以往转账时，每发起一笔网银转账申请，手机都会收到银行发送的短信验证码，只有输入验证码，才能完成转账交易。但当天 4 笔转账发生时，他的手机没有收到过一条验证码短信。

郭先生当即拨打银行客服查询，确认银行卡里果然少了 20 万元。郭先生让银行冻结了账户并随即报警，手机收到银行发来的冻结账户的短信提醒。郭先生诉请银行赔偿全部损失。

但银行指出，该案涉及的转账汇款均是通过网络平台个人银行大众版进行的操作，且确曾给银行备案的手机号发送过验证码。银行只是依据收到的操作指令和正确的密码、短信验证码对郭先生的账户进行交易处理，不存在过错或违约的情形，由此产生的风险及损失应由郭先生自行承担。郭先生可能在进行日常交易时中了木马病毒，导致个人信息被窃取，其手机 SIM 卡亦可能被复制。

根据郭先生的通话记录详单，其手机号码于事发当晚在南京发生通话的时段覆盖了涉案 4 笔交易的整个过程。涉案 4 笔交易均发生于该日 22 时以后，操作 IP 地址均显示为重庆，而郭先生于当日即在北京报案。综合郭先生的手机号码被复制、交易操作的 IP 地址与报案地点的时空距离等因素，可以合理推断，涉案交易并非郭先生本人操作。

当然，银行并无证据证明持卡人故意或者过失导致银行卡信息或密码泄露，或与案外人恶意串通实施盗刷。

资料来源：张蕾．储户银行卡遭网银盗刷 20 万元　法院判决银行全责有何依据？[N]．北京晚报，2017-12-21.

请分析：

1. 银行应否承担郭先生银行卡被盗刷的责任？为什么？
2. 案例中，关于举证责任的分配，你同意哪一方的观点？为什么？

判断金融机构是否具有违约行为，首先要对电子交易中广泛运用的私人密码的性质进行分析。案例 4-1 中所涉及的 4 笔交易均是利用计算机网络通信技术而完成的自动交易，是电子商务的一种方式。这种方式与传统的柜面交易方式具有显著的区别。在现有技术条件下，此种电子数据交易是通过私人密码的设置和运用并进入自动交易系统，借助动态短信验证码等完成交易行为的。在整个交易过程中，操作人（储户）需要先输入卡号、身份证号、查询密码、附加码进行登录，继而在交易操作界面输入动态短信验证码、取款密码后才能完成交易。储户输入私人密码等登录的行为等于对履行合同的承诺，这是电子签名的一种方式。银行只是依据收到的操作指令和正确的密码、短信验证码对郭先生的账户进行交易处理。而柜面交易则是储户将存单交给银行业务员，人工识别存单的性质及真假。同时，储户还需要填写取款单，在履行合同的承诺方式上可以采用身份证、私人密码等多种方式。作为电子交易中广泛运用的私人密码，以及预留给银行、用于接收动态短信验证码的手机号码，其具有三项基本功能：

一是表明对交易者身份的鉴别及对交易内容的确认，从而起到电子签名的功能。在通过计算机网络进行的电子商务中，电子签名的功能等同于书面签字。私人密码等正是电子签名的基本方式，即通过加密技术而设定的包括私人密码在内的电子密码等数据电文，对交易者身份及交易内容予以确认。

二是表明储户本人进行了交易行为，这就是电子交易的“不可抵赖性”。在电子交易中，信息发送者和接收者都不能对此予以否认。凡是使用私人密码等从事交易即表明本人进行了交易行为，本人不得抵赖，不得否认曾经接收或发送过某些特殊的文件或数据。

三是表明交易是在保密状态下进行的，任何第三者都不知道交易内容。私人密码由本人设置并持有，只有本人知道，除非本人泄露，他人不得知晓。手机号码由本人持有，所接收的动态短信验证码只有本人收悉。因此，能读出加密信息的只有本人。

基于这三项功能，产生了私人密码等的使用效力规则，即本人行为原则，其含义就是：只要客观上在交易中使用了私人密码，银行在操作人进行交易行为时实施发送了动态短信验证码，如无免责事由，则视为交易者本人从事了交易行为，本人对此交易应承担相应的责任。当然，这一规则仅仅适用于民事领域，而不适用于计算机犯罪等形式的刑事领域。

法律法规链接

发卡银行依据密码等电子信息为持卡人办理的存取款、转账结算等各类交易所产生的电子信息记录，均为该项交易的有效凭据。发卡银行可凭交易明细记录或清单作为记账凭证。

——中国人民银行《银行卡业务管理办法》第39条

（二）储户和银行的归责原则

应当分析银行是否正确兑付。正确兑付并不是指款项客观事实上由储户所领取，而是指款项在法律事实上由储户所领取。在案例4-1中，郭先生的银行卡系通过网银盗刷，属于银行卡盗刷类案件中较为棘手的“无卡盗刷”类型，持卡人很难证明网银转账行为不是自己本人或授权他人所为，也很难证明不是因为自己的原因导致银行卡信息泄露。但如果让银行来证明持卡人的故意或者过失也很困难，因为银行也不掌握持卡人的行踪。

法庭一旦将举证责任分配给了某一方，该方就要承担举证不能的法律后果。相较于个人，让掌握更多技术资源和更强风控能力的银行承担更多注意义务更为合理。加重银行责任有助于督促银行在推出新业务的同时加强技术投入完善风险防控。

所以，储蓄存款合同纠纷的归责原则往往适用严格责任原则，即违约行为的构成要件是单一的，也就是客观上的违约行为，而无需违约方是否具有过错这一要件。但应当注意，不论是采用无过错原则还是过错原则，需要明确的是，金融机构承担严格责任的要件是：(1) 必须存在违约行为，否则，无从论及违约责任的承担。(2) 损害结果与其过失行为之间具有法律上的因果关系。如果银行无纸化制度的缺陷与存款短少没有法律上的因果关系，金融机构就不应当承担存款兑付责任。

电子签名的拥有者，负有妥善保护其电子签名不被泄露、不被滥用的义务，即必须将电子签名保持于其独占之下。由于电子交易是有别于传统交易的新型交易方式，在ATM交易以及其他类似的电子交易（如POS机交易等）中，储户本人应当对私人密码是否已尽妥善保密责任等进行举证，因为私人密码的使用者只能是本人或者知晓私人密码的人。私人密码由储户本人生成而且在保密状态下由本人持有和使用，即私人密码具有独占性。储户本人必须对他人如何得知其私人密码予以合理说明。如果储户本人对私人密码的保密义务未尽举证责任，则应当由其本人承担私人密码使用的责任。这是电子签名的基本原则，即电子签名的拥有者负有妥善保护其电子签名不被泄露、不被滥用的义务，也即必须将电子签名保持于其独占之下。

从电子交易的密码使用原则来看，作为储户，其举证的要点应有三点：一是对密码已尽保密义务；二是证明泄露密码后已向交易对方挂失，挂失后因私人密码的使用而产生的交易行为，当然应由交易对方承担相应责任；三是证明金融机构的操作系统已被他人破译，如操作系统密级过低、被黑客破译等。储户本人可以此作为本人行为原则的例外情形，在处理上可依据无过错原则，亦视情况适用公平责任原则分担责任。如果原告未知密码泄露，亦不能证明银行操作系统密级、密码失窃的真实原因等，在事实真伪不明的情形下，应当由原告承担举证不能的后果。

保障存款安全是双方都应当注意的义务。安全是一个相对的概念，ATM交易及网上银行的安全性要求，只能是与现今科学技术能力相适应的安全，而非绝对的安全。无论哪一种交易方式，如果作为义务人已尽到注意义务，而以现有经济能力和科学技术并不能预见、阻止此种不安全事件的发生，那么，就不能归咎于义务人。随着互联网技术的日新月异，虽然诸如密码与指纹或眼睛虹膜识别技术并用等方式已经得到推广使用，但这些方式并不能达到绝对安全的程度。如果经过审查，存款人与金融机构对存款被盗取均无过错的，则金融机构仍然应当承担兑付或赔偿责任；存款人与金融机构对存款被盗取均有过错的，则依照过错大小，各自对存款损失承担相应的责任。

三、商业银行的储户保密义务

案例4-2

某年10月9日，原告王某某在被告中行河西支行申领中行借记卡一张。12月2日晚，原告到中行某路分理处ATM上取款5 000元，并查询存款余额为463 942.2元。12月5日下午，原告在中行某路分理处准备取款时，被告知卡内余额为2 800元。当晚原告再次查询，发现卡内又少了2 000元。原告当即向公安机关报案并将中行河西支行告上法庭。经公安侦查查明，有3名男子在中行某路分理处自助银行的自动门上安装了存储式读卡装置，并在取款机上安装了探头，借此获取了原告借记卡的密码及信息资料，然后复制两张伪卡在北京、江西等地取款或消费463 142.2元。后犯罪嫌疑人之一、案外人汤某某被公安机关抓获，并被认定为信用卡诈骗罪。原告与被告就赔偿事宜未能达成一致。原告诉请判令被告支付存款463 142.2元及利息。银行认为储户的资金短少系犯罪行为造成，其不应承担民事责任。

请分析：

犯罪嫌疑人用假卡盗取储户存款行为的后果应该由储户承担还是由银行承担？

犯罪嫌疑人窃取储户信息而后复制假卡盗刷储户存款，该行为并非直接侵犯储户财产所有权，而是侵犯了银行的财产所有权。银行与储户建立的储蓄合同关系合法有效，双方的债权债务关系仍然存在，银行仍应对储户承担支付责任。

原告王某某在被告中行河西支行办理了无存折借记卡，即与中行河西支行建立了储蓄合同关系。根据储蓄合同的性质，中行河西支行负有按照原告的指示，将存款支付给原告或者原告指定的代理人，并保证原告借记卡内存款安全的义务。

法律法规链接

商业银行办理个人储蓄存款业务，应当遵循存款自愿、取款自由、存款有息、为存款人保密的原则。

——《中华人民共和国商业银行法》第29条第1款

为存款人保密，保障存款人的合法权益不受任何单位和个人的侵犯，是商业银行的法定义务。商业银行的保密义务不仅是指银行对储户已经提供的个人信息保密，也包括为到银行办理交易的储户提供必要的安全、保密环境。对ATM进行日常维护、管理，为在ATM办理交易的储户提供必要的安全、保密环境，也是银行安全、保密义务的重要内容，这项义务应当由设置ATM的银行承担。在案例4-2中，汤某某等三人通过在中行某路分理处自助银行网点门口刷卡处安装读卡器、在ATM上部安装摄像装置的方式，窃取了王某某借记卡的卡号、信息及密码，复制了假的银行卡。这说明，涉案中行某路分理处ATM存在重大安全漏洞。由于具备专业知识的银行工作人员对ATM疏于管理、维护，未能及时检查、清理，没有及时发现、拆除犯罪嫌疑人安装的读卡器及摄像装置，致使ATM反而成了隐藏犯罪嫌疑人作案工具的处所，给储户造成安全隐患，为犯罪嫌疑人留下可乘之机。

模块二

互联网金融

互联网金融是互联网行业与传统金融行业融合的产物，是开放、平等、协作和分享的互联网精神和信用货币的融通技术对于传统金融行业的一次革命，是具有互联网精神、以互联网技术和信息通信技术为基础来实现金融功能（资源配置、支付清算、风险管理、提供价格信息等）的新兴金融业态。

第三方支付平台的出现让人们可以不见面就能完成交易的整个过程，大幅节约了交易成本，提高了交易效率。作为中间环节的电子支付，在互联网发展的同时，第三方支付平台将与企业和个人结合得更加紧密，但也隐藏着很多法律风险。

案例4-3

某年1月20日，垫富宝公司（甲方）与杨某某（乙方）签订《垫付宝领用合约》，约定：乙方同意按照指定网络平台上的金额、还款期限及还款方式，按时足额偿还甲方代乙方垫付的消费款项；乙方应按照垫付宝网站上垫付宝账户账单日、还款日以及约定的时间、方式等核算账单；乙方未按时足额偿还垫付的消费款项及其他款项的，乙方须交纳当月违约金，支付迟延履行违约金，并赔偿因违约的一切损失及甲方维权费用。同日，九海银公司向垫富宝公司出具《轿车分期承诺函》，承诺基于《垫付宝领用合约》而发生的债务，承担不可撤销的最高额保证。垫富宝公司称，杨某某于1月31日在车快快网上使用垫付宝在九海银公司处购买轿车一辆，消费67 600元。当日，垫富宝公司将67 600元支付给九海银公司。杨某某自11月开始出现逾期还款。截至11月，杨某某共偿还消费款45 202.7元。杨某某账户明细显示还款金额总计为51 036.4元；9月7日手机短信内容显示为："已扣除您现金账户200.37元用于还款，7月分期账户账单剩余欠款6 048.32元。"

垫富宝公司诉求判令杨某某偿还垫付款本金并支付违约金、支付延迟履行违约金；判令九海银公司承担连带担保责任。

经查，垫富宝公司营业执照中载明的经营范围并无互联网金融服务项目。（垫富宝公司与杨召旺、九海银公司合同纠纷案，（2019）内01民终3393号，（2018）内0105民初8681号）

请分析：

1. 垫富宝公司营业执照中载明的经营范围并无互联网金融服务项目，其开展互联网金融服务项目是否合规？其所提供的内部账户明细能否作为其为杨某某等垫付消费款的依据？为什么？

2. 垫富宝公司与杨某某所签《垫付宝领用合约》及九海银公司向垫富宝公司出具的《轿车分期承诺函》是否应该履行？为什么？

一、互联网金融的优势

互联网金融诞生以及得以蓬勃发展的主要原因有以下两个：

（1）降低了交易成本。一方面，互联网金融平台与传统金融机构相比，减少了大量的线下物理网点和人工服务，从而降低了交易成本；另一方面，互联网金融具有去中心化趋势，可以缩短资金融通中的链条，减少不必要的中间成本。

（2）降低了信息不对称程度。一方面，在互联网时代，信息传播具有范围广、速度快等特点，可以更容易地获取到全方位的信息；另一方面，大数据技术的应用使得信息处理能力获得极大地提升，互联网金融平台可以更综合地分析资金需求方、投资方以及宏观经济的情况，从而提高了风险定价和风险管理效率，显著降低了信息不对称程度。

二、互联网金融模式

金融功能优于金融机构的组织架构，具有很强的稳定性。互联网金融模式并不是互联网金融企业重新创造了金融功能，而是在互联网精神（开放、平等、协作和分享）的影响下，以一种全新的、更高效的方式去实现金融功能。

目前，互联网金融模式常见的主要有第三方支付、小额贷款、众筹融资、互联网投资理财和互联网金融门户等。

（一）第三方支付

第三方支付（Third-party Payment）是指具有一定实力和信誉保障的公司，采用与各大银行签约的方式，提供与银行支付结算系统对接的交易支持平台，货物购买方支付的资金会暂存于该平台，待买方验证货物后，平台才会将支付款项转至卖方账户。

第三方支付的产生主要是为了解决交易过程中的信任问题。在线上互联网交易中，买卖双方无法实现面对面交易，同时所购买的货物从卖方转移至买方也需要一定的时间和运输成本，因此需要第三方支付平台作为信用中介保障交易的顺利进行。另外还包括支付便捷性问题。第三方支付的本质是为了实现支付清算（金融功能）。

目前，我国第三方支付正在迅猛发展，我国第三方支付业务交易量从 2016 年的 1 639.02 亿笔增长至 2021 年的 10 283.22 亿笔，交易金额从 2016 年的 99.27 万亿元增长至 2021 年的 355.46 万亿元。2022 年第三方支付业务交易金额为 337.87 万亿元，交易量为

10 241.81 亿笔。

我国是世界上数一数二的进出口贸易大国，电子支付市场巨大。依托庞大的跨境交易市场，我国第三方支付跨境业务交易规模从 2016 年的 1 485 万亿元增长至 2021 年的 11 247 万亿元。2022 年我国第三方支付跨境业务交易规模接近 13 000 万亿元。

支付是商业体系的基础服务。从我国 30 家获牌跨境支付企业业务分布来看，货物贸易、酒店住宿、留学教育、航空机票等领域占主要份额，分别占了 25.0％、19.2％、18.3％、18.3％。国际展览、旅游服务、国际运输、国际会议、软件服务分别占 5.0％、5.0％、3.3％、2.5％、2.5％。

我国第三方支付市场在地域及市场份额上的发展并不均衡，具有高度集中和分布不均的特点，第三方支付市场呈现寡头垄断局面。目前，我国第三方支付市场竞争格局已基本形成，支付宝以电商平台交易付款、网络理财等场景，财付通则以微信红包、网约车出行、乘车码等场景为依托，二者皆以各自强有力的流量入口满足了移动支付的刚需，从市场份额看，支付宝和财付通已然是第三方移动支付市场里的“双寡头”。

（二）小额贷款

小额贷款（Petit Credit）主要是指通过非正式途径向小微企业、贫困者或贫困家庭提供小额度（一般 20 万元以下）的融资服务。在这里，它特指互联网金融企业依据采集到的用户信息，建立用户信用体系，然后依据用户的信用评分给用户提供对应金额的融资服务。

比较典型的就是阿里小贷和京东白条，它们凭借电子商务业务收集了用户海量的物流、资金流等各种数据，并通过云计算实时分析处理这些数据，然后基于自身构建的信用评分系统、金融风险评估和控制模型，对用户信用进行评分并实时发放订单贷款或信用贷款。成立于 2010 年的阿里小贷，于 2015 年合并入网商银行，截至 2019 年年末，发放贷款及垫款 700.3 亿元，累计服务小微企业和个人经营者 2 087 万户。

我国 2006 年时曾经出现过一种 P2P 网络贷款模式，并于 2013 年后得到蓬勃发展。但由于缺乏有效监管，P2P 网络贷款问题不断涌现，平台跑路现象层出不穷，从而受到国家严格监管。2020 年 11 月中旬，全国实际运营的 P2P 网贷机构完全归零。

P2P 网络贷款又称点对点网络借款，是一种将小额资金聚集起来借贷给有资金需求人群的一种民间小额借贷模式，属于互联网金融产品的一种。2019 年 9 月 2 日，互联网金融风险专项整治工作领导小组、网贷风险专项整治工作领导小组联合发布《关于加强 P2P 网贷领域征信体系建设的通知》，支持在营 P2P 网贷机构接入征信系统。

小额贷款与 P2P 网络贷款的最大区别在于 P2P 网络贷款主要是个人对个人进行贷款，而小额贷款主要是互联网金融企业（平台）对个人进行贷款，借贷行为的收益和风险都在于互联网金融企业。

（三）众筹融资

众筹融资（Crowd Funding）是指融资需求方将众筹融资项目交与众筹平台，平台为项目建立专门的网页向投资者招揽项目资金，对项目感兴趣且有能力的投资者可以对项目进行投资。众筹融资根据投资标的的不同，通常分为以物为投资对象和以股权为投资对象。简单来说，就是众筹项目融资成功后给予投资者的回报是物还是股权。

众筹融资的主要特点就是将融资项目所需的巨额资金进行拆分，以达到集合大众小额投资的目的。

我国众筹融资虽然取得了一定的发展，但发展十分缓慢，主要是由于众筹项目创意欠佳，投资者的投资意愿较低，无法形成一定的客户规模。

2017 年是众筹行业深度洗牌的一年，在监管趋严、规范发展的金融监管大背景下，非良性发展的众筹平台逐步退出市场，行业进入规范期。在 2022 年上半年，正常运行的众筹平台共有 260 余家，其中以股权众筹为主的占比约 51%。

（四）互联网投资理财

投资理财主要是指投资者通过合理安排资金，运用诸如储蓄、债券、基金、股票、保险等投资理财工具对个人、家庭及企业资产进行管理和分配，以达到保值增值目的的行为。

在传统的金融市场，投资理财一直都存在，而且是重要的组成部分，这里所讲的互联网投资理财（Internet Investment & Financing），主要是指通过互联网的方式来重新优化投资理财。

互联网投资理财一方面降低了投资理财的门槛，实现“一元即可理财”，将传统的、富人专属的投资理财工具平民化；另一方面使投资理财行为便捷化，将以往只能在银行柜台办理的投资理财服务转移到互联网平台上，突破了时间和空间的限制。

（五）互联网金融门户

互联网金融门户（Internet Financial Portal）是指采用金融产品垂直比价的方式，将各金融机构的产品或服务都放在平台上，让用户自行通过对比挑选出合适的金融产品，其核心是“搜索＋比价”。

互联网金融门户改变以往选择金融产品时，用户相对于金融机构处于信息劣势的地位，本质上降低了金融机构和用户之间的信息不对称程度。融 360 是比较有影响力的互联网金融门户，其合作的金融机构上万家。

互联网金融行业正在快速发展，新的模式还会不断涌现。目前已有的互联网金融模式，还未能完全覆盖掉传统金融机构所具备的金融功能，同时金融功能也尚未能实现功能最优，互联网金融的未来仍然有无限想象空间。

当事人超越经营范围订立合同，人民法院不因此认定合同无效，但违反国家限制经营、特许经营以及法律、行政法规禁止经营规定的除外。《中华人民共和国银行业监督管理法》第 19 条规定，“未经国务院银行业监督管理机构批准，任何单位或者个人不得设立银行业金融机构或者从事银行业金融机构的业务活动”。案例 4-3 中，垫富宝公司违反现行金融特许经营制度，超出其经营范围，经营互联网借贷平台提供垫付款的行为，属于以合法形式掩盖非法目的而引起的纠纷，违反法律规定。

垫富宝公司提交的杨某某公司账户明细系单方证据，并无杨某某及商户签字或印章，且未得到杨某某的认可，系该公司网站自行出具，仅依据该份证据无法体现出垫富宝公司进行了现金或银行支付的垫付行为，无法确定杨某某、九海银公司是否存在垫资消费的基础法律关系及违约行为。垫富宝公司主张杨某某应当偿还其为杨某某垫付的款项本金及违约金，但其提供的短信记录及账户明细记录与其主张的本金数额均不能互相吻合，其提供的证据本身存在矛盾，不足以证明垫富宝公司为杨某某支付了真实足额的垫付款。

故垫富宝公司主张杨某某偿还本金，支付迟延履行违约金及主张九海银公司承担连带还款责任的诉讼请求，无法得到支持。

三、第三方支付平台

案例 4-4

2016 年 3 月 1 日到 6 日，警方接连接到群众报案，反映银行卡被盗刷。警方侦查发现，犯罪嫌疑人廖某某在瑞银信、拉卡拉等第三方支付机构办理 POS 机 300 多台，用于盗取银行卡号和密码进行盗刷。

办案人员分析，利用 POS 机作案之所以能得手，首先是因为部分厂家生产的 POS 机存在技术缺陷。按照安全规范要求，POS 机应该是拆机即毁。但在本案中，犯罪嫌疑人购买的 POS 机却没有这个功能。其次是第三方支付机构未能严格执行相关规定，其应对特约商户严格审核营业执照、税务登记证等硬性规定形同虚设。

做第三方支付 POS 机业务的代理商，原本安装一台 POS 机可赚 200 元，由于这些大代理商下面还有不少分代理，因此，需要不断地有商户开户他们才能盈利。但在实际操作过程中，很多正常商户想要申请 POS 机却非常困难，许多代理商为了拓展商户，就会协助他们以其他商户的名义申请开户。

POS 机作为一种银行卡支付的工具，对安全性有很高的要求。支付公司无论是通过代理商还是自营，都要完成一系列要素的验证。此外，对商户的审核也要严格。但有些支付公司没有尽到基本的责任。

2014 年，央行《关于逐步关闭金融 IC 卡降级交易有关事项的通知》，明确要求各发卡银行、收单机构于 2014 年底前全部关闭金融 IC 卡、POS 机等线下渠道的降级交易。但本案中，银行方面并没有执行这一要求。本案中，犯罪嫌疑人廖某某就用一台老式电话 POS 机盗刷 150 多万元，涉及工行等多家银行，这些银行都没有关闭降级交易渠道。

请分析：

1. 商户、银行、第三方支付机构等其中任何一方能否单独完成盗刷银行卡这样的行为？

2. 盗刷银行卡案件中，商户、银行、第三方支付机构等各自应承担何种责任？还有什么样的机构应承担责任？

（一）第三方支付平台的概念及发展

第三方支付平台是属于第三方的服务中介机构，具备第三方担保支付的功能，是交易双方在交易过程中的资金“中间平台”，是在银行监管下保障交易双方利益的独立机构。它主要面向开展电子商务业务的企业提供电子商务基础支撑与应用支撑服务，不直接从事具体的电子商务活动。第三方支付平台独立于银行、网站以及商家来做职能清晰的支付。在通过第三方支付平台进行的交易中，买方选购商品后，使用第三方支付平台提供的账户进行货款支付；由第三方支付平台通知卖家货款到达、进行发货；买方检验物品后，通知付款给卖家，第三方平台再将款项转至卖家账户。

（二）第三方支付平台的优缺点

1. 第三方支付平台的优点

（1）比较安全。支付者仅需将信用卡信息或账户信息告知支付中介，而无须告诉每个收款人，大大减少了信用卡信息和账户信息泄露的风险。

（2）支付成本较低。支付中介集中了大量的电子小额交易，形成规模效应，因而支付成本较低。

（3）使用方便。对支付者而言，他所面对的是友好的界面，不必考虑背后复杂的技术操作过程。

（4）支付担保业务可以在很大程度上保障支付者的利益。

2. 第三方支付平台的缺点

（1）这是一种虚拟支付层的支付模式，需要其他的“实际支付方式”完成实际支付层的操作。

（2）支付者的银行卡信息将暴露给第三方支付平台，如果这个第三方支付平台的信用度或者保密手段欠佳，将带给支付者相关风险。

（3）第三方结算支付中介的法律地位缺乏规定，一旦该中介破产，消费者所购买的“电子货币”可能成为破产债权，无法得到保障。

（4）由于有大量资金寄存在支付平台账户内，而第三方支付平台并非金融机构，因此有资金寄存的风险。

（5）由于涉及网络，因此当遇到黑客袭击时，资金无安全保障。

（三）第三方支付机构面临的风险

在快速扩张发展后，第三方支付市场增速放缓，趋于稳健，但存在的一些问题也成为第三方支付机构健康平稳发展的绊脚石。

1. 安全技术风险

第三方支付的便捷性提升了网民使用率和使用体验，但是便捷性的另一面是安全性的疑问。比起传统商业银行转账汇款，第三方支付减少了许多操作步骤，每次只需完成支付密码的输入即可完成转账。甚至在用户设置了“小额免密”后，在某个金额以内不需要输入支付密码即可完成支付。现在流行的“二维码扫一扫”也不需要支付密码。第三方支付机构的技术软件和支付逻辑、程序是否能够维持所有用户安全支付成功是关键问题。

2. 流动性风险

传统的货币基金并不能像余额宝一样做到 T+0 赎回，而余额宝类产品能够让用户的余额（实际是货币基金净值）当天内转换成现金或银行账户余额，依靠的是期限错配和流动性错配。一旦有突发金融新闻引起大量用户集中赎回，余额宝等将被迫卖出所持的金融产品来应对巨额赎回，导致流动性风险。

在电子支付流程中，资金在第三方支付服务商处滞留，即出现资金沉淀，如果缺乏有效的流动性管理，则可能存在资金安全和支付风险。同时，第三方支付机构开立支付结算账户，先代收买家的款项，然后付款给卖家，这实际上已突破了现有的诸多特许经营的限制，可能会为非法转移资金和套现提供便利，存在潜在的金融风险。

3. 用户道德风险

第三方支付的业务将传统的银行转账汇款程序“资金转出方→中央银行支付清算系统→资金转入方”分割成“资金转出方→第三方支付机构→商业银行/中央银行支付清算系统→资金转入方”。由于第三方支付机构的介入，传统资金链的完整性破裂，无法追查某笔款项的源头，这可能导致用户道德风险。有的用户会利用第三方支付业务来进行洗钱、非法套现等不法活动。

4. 法律风险

互联网金融提供的是创新的产品，而我国的金融监管框架还是基于传统的分业经营分业监管。我国相关法律法规滞后，没有一部单独且完整的监管第三方支付的法律，从而使得许多第三方支付机构行走在灰色地带和法律边界，其行为无法得到有效约束。

在案例 4－4 中，POS 机生产厂家和第三方支付机构违规操作，给了犯罪分子可乘之机，就好比让犯罪分子找到了黑洞的入口。追根溯源，第三方收单机构的管控漏洞是导致这一现象发生的源头。根据央行下发的《POS 机银行卡收单业务管理办法》规定，“收单机构应采取适当措施履行特约商户实名制的要求，并对特约商户进行资信状况审查、证照审核和现场调查……确保特约商户在境内依法设立，内部管理规范，经营状况良好”。然而在实际中，由于赚取刷卡手续费是第三方支付机构谋利的方式之一，部分收单机构为谋利，往往对商户资质审核把控不严。所以，第三方支付机构应承担商户资质审核把控不严的责任。

但只有入口，这条路还是走不通。银行未关闭降级交易渠道，为犯罪分子提供了出口。

降级交易是指虽然用户更换了安全等级高的金融 IC 卡，但是，刷卡时使用的却是应该关闭的老式电话 POS 机。这种老式 POS 机单笔可刷上千万元并且实时到账。在案例 4－4 中，犯罪嫌疑人廖某某就用一台老式电话 POS 机，共盗刷金融 IC 卡所涉及的六家银行，都没有关闭降级交易渠道。因此，未认真履行关闭降级交易渠道义务的银行亦应承担责任。从而，商户、银行、第三方支付机构这三者应承担各自的责任。

四、错误支付命令

案例 4－5

2018 年 7 月，广东黄先生搜索表妹的微信名“海阔天空”之后，发现微信好友列表中出现了同样的微信名，只是头像不一样的两个账号，当时着急赶车就随手加了这个同名的陌生人。当天下午黄先生通过微信从银行卡里转了 9 笔钱共计 82 500 元给“海阔天空”，还从微信余额里转了 5 000 元，总共 87 500 元。

第二天早上，黄先生的表妹打电话过来说没有收到钱，他才发现钱转错了。可是微信语音、电话对方都没有接，没过多久对方就把黄先生拉黑了。黄先生根据对方微信账号上显示的手机号码给对方发短信和打电话，但都得不到回应。

黄先生向腾讯客服求助，然而多次沟通后得到的回复都是：该笔资金已经成功进入对方零钱，资金支付成功后无法撤回，您可与好友联系协商退回。无奈之下，黄先生向派出所报案，但警方以“不知道对方的真实姓名和账户信息、不构成立案条件”为由拒绝了黄先生。黄先生去法院起诉，法院则要求提供对方真实的身份信息才能够受理。黄先生四处碰壁，不知下一步该如何是好。

请分析：

1. 案例中，黄先生能够采取哪些措施维护自己的权益？
2. 微信支付平台对于黄先生的损失应否承担相应责任？

错误支付命令是指在支付命令的内容上存在错误，或在支付命令的传递中出现了差错，主要包括支付命令错误指定受益人、支付金额错误、支付命令重复等几种情况。

通过银行转错账的案例最终多可以找回。银行转账需要对方账户和姓名完全一致，如果是直接输入的，输错了系统会提示转账不成功。即使对方拒绝退款，由于银行系统的收款人必须是真实姓名，不是微信昵称那样的虚拟名字，报案后，警方和法院都会介入，银行一般也都配合，所以事情相对容易解决。同时，银行转账可以选择延时到账方式，这样如果发现转错账，还可以及时通知拦截。

支付宝和微信的转账功能由于更加便捷，因此越来越受到青睐。但微信转账功能和支付宝的转账功能存在区别。使用微信转账功能时，只有加过好友的微信账户才能实施转账。进入聊天界面后，点击右下角的“＋”号，可以点击转账，随即出现对方的头像和微信昵称，后面还用括号标注了对方的真实姓名，只不过只显示姓名的最后一个字，前面的都用 * 号代替。输入转账金额后，点击转账，需要进一步确认，而且必须输入密码或指纹。因此，案例 4－5 中黄先生转账时，显然没有看出对方的名字与表妹不同。

在使用支付宝转账功能时，转给支付宝账户时，输入账号后，对方昵称后面也用括号标注了真实姓名。与微信不同的是，支付宝只用 * 号隐去了姓，后面的名字是齐全的。而且还提供了“点此认证”的选项，点击后，需要输入正确的姓氏才能转账。相比之下，支付宝比微信多给了转账者一个确认对方身份的环节，这就大大降低了转账错误的风险。当然如果客户不选，也可以转账。由于微信昵称很容易重名，因此微信转账错误的风险要高一些。2019 年 1 月 1 日后，微信转账功能增加了确认对方身份的环节，极大地提高了转账的安全性。

为规范电子支付，《电商法》第 53 条至 57 条对第三方支付平台的责任和义务做出了明确规定，内容涵盖“电子支付服务提供者应当向用户免费提供对账服务以及最近三年的交易记录”“造成用户损失的，应当承担赔偿责任”“未经授权的支付造成的损失，由电子支付服务提供者承担”“电子支付服务提供者未及时采取措施导致损失扩大的，对损失扩大部分承担责任”等。其中第55条第2款规定，“支付指令发生错误的，电子支付服务提供者应当及时查找原因，并采取相关措施予以纠正。造成用户损失的，电子支付服务提供者应当承担赔偿责任，但能够证明支付错误非自身原因造成的除外”。这一规定给案例的处理指明了路径。案例4-5中黄先生发生转账错误时，应第一时间与不当得利者协商处理，如协商不成，应向电子支付服务提供者（在本案中是微信平台）报告，请求协助追回，如果被拒的话，微信平台则应引导当事人到公安部门立案，协助公安部门取证，并持续跟进调查。如果微信平台无法实现黄先生追回款项的目的，则可以通过“不当得利”起诉收款人，这时，微信平台在诸如黄先生提供报警记录等信息的情况下有义务向黄先生提供收款人的真实身份信息。如果微信平台不能提供或拒不提供相关信息，黄先生所遭受的损失应由微信平台承担。

法律法规链接

电子支付服务提供者提供电子支付服务不符合国家有关支付安全管理要求，造成用户损失的，应当承担赔偿责任。

——《中华人民共和国电子商务法》第54条

用户应当妥善保管交易密码、电子签名数据等安全工具。用户发现安全工具遗失、被盗用或者未经授权的支付的，应当及时通知电子支付服务提供者。

未经授权的支付造成的损失，由电子支付服务提供者承担；电子支付服务提供者能够证明未经授权的支付是因用户的过错造成的，不承担责任。

电子支付服务提供者发现支付指令未经授权，或者收到用户支付指令未经授权的通知时，应当立即采取措施防止损失扩大。电子支付服务提供者未及时采取措施导致损失扩大的，对损失扩大部分承担责任。

——《中华人民共和国电子商务法》第57条

模块三

互联网贷款

网络贷款正成为一种趋势，借助互联网的优势，可以足不出户就完成贷款申请的各项步骤。但网络交易的虚拟性导致借贷双方的资信状况难以认证，容易产生欺诈和欠款不还的违约纠纷。

案例 4-6

原告经营“邮你贷”网络贷款产品。借款人通过上传身份证正反面、完成活体检测、实时拍摄人脸照片等方式进行实名认证和身份核验；还需绑定银行收款账户，通过银联四要素鉴权服务审核借款人提供的个人身份信息与其提供的绑定银行账户信息是否匹配。贷款审核通过后，被告需在线确认并同步生成包含各项贷款要素的贷款确认书或电子版审批结果，并由第三方机构对借款人电子签名的有效性等进行确认。

2018 年 12 月 6 日，原告与被告签订《客户知情确认书》《“邮你贷”个人消费贷款协议》，约定被告向原告贷款 30 000 元，贷款期限自 2018 年 12 月 6 日至 2019 年 12 月 6 日，贷款日利率 0.059%。合同签订当天，原告向被告发放了贷款。从 2019 年 10 月 7 日开始，被告逾期还款。根据相关约定，原告宣布全部债务立即到期并诉至法院要求被告还清全部贷款本金 8 102.11 元和利息、承担原告为实现债权而实际发生的律师费等合理费用。

被告辩称，被告此前有良好的还款记录，受主、客观多种原因影响，被告处于失业状态，目前无能力偿还借款，希望原告给予三个月时间去筹备；在逾期的情况下，原告委托第三方催收公司对被告及其朋友进行电话恶意的骚扰，包括电话恐吓、威胁以及语言上人身安全攻击等，构成违法；原告违反了深圳网贷借款信息中介机构催收行为规范的相关规定，以及规范整顿“现金贷”业务的相关规定。

请分析：

1. 互联网贷款有什么特殊性?
2. 原告“邮你贷”消费金融有限公司的诉讼请求能否得到法院支持?

一、互联网贷款的特点和意义

互联网贷款也称网络贷款，是指商业银行运用互联网和移动通信等信息通信技术，基于风险数据和风险模型进行交叉验证和风险管理，线上自动受理贷款申请及开展风险评估，并完成授信审批、合同签订、贷款支付、贷后管理等核心业务环节操作，为符合条件的借款人提供的用于消费、日常生产经营周转等的个人贷款和流动资金贷款（2020 年《商业银行互联网贷款管理暂行办法》）。

近年来，互联网贷款业务快速发展，各类商业银行均以不同方式不同程度地开展。与传统线下贷款模式相比，互联网贷款具有依托大数据和模型进行风险评估、全流程线上自动运作、无人工或极少人工干预、极速审批放贷等特点，在提高贷款效率、创新风险评估手段、拓宽金融客户覆盖面等方面发挥了积极作用。与此同时，互联网贷款业务也暴露出风险管理不审慎、金融消费者保护不充分、资金用途监测不到位等问题和风险。

互联网贷款业务的主要特点有：

（1）操作网络化。当事人之间的交易行为基本上通过互联网完成，一般不直接接触。

（2）高效率。通过计算机比对程序，对现有的网店交易数据和交易行为进行审查，几秒钟就可以判断客户是否符合贷款条件。

（3）信用贷款。国家为规范商业银行互联网贷款业务经营行为，促进互联网贷款业务平稳健康发展，规定单户用于消费的个人信用贷款授信额度应当不超过 20 万元，到期一次性还本的，授信期限不超过一年。商业银行可以在上述规定额度内，根据本行客群特征、客群消费场景等制定差异化授信额度。

二、互联网贷款的主要业务环节

互联网贷款一般包括获客、申请资料收集、风险审核、合同签订、放款、还款、催收几个主要业务环节。

（一）获客

互联网贷款业务下获客来源多样化，有来自流量平台导流、来自合作放贷机构推送、通过平台 App 进行注册等。流量平台导流方式是指有大量 C 端客户的平台为金融平台输送 C 端客户，按输送的客户数支付费用给流量平台。也有很多流量平台申请金融牌照开展金融业务。合作放贷机构推送客户是指一些无放贷牌照的服务机构为了给客户带去金融服务，与持牌金融机构进行合作将客户输送给金融机构。

（二）申请资料收集

资料收集方式取决于获客途径，由合作放贷机构推送时，客户基本信息、贷款申请信息全由合作机构推送；流量平台导流方式推送的客户，一般只推送客户基本信息，可能有些信息还不一定全，贷款申请信息仍旧需要借款人到 App 端填写。通过 App 注册的客户，所有信息直接在 App 端填写。

各平台由于借款客群定位不同，所要求填写的资料也不同，需填写的信息一般有：（1）证件信息、居住信息、工作信息、联系电话、婚姻状况、联系人信息；（2）银行卡信息、征信查询授权；（3）房产信息、车辆信息、收入流水；（4）社保信息、公积金信息；（5）信用卡账单邮箱、电商平台账号、通讯录；（6）期望申请的额度、期限。

（三）风险审核

互联网纯线上业务基本不进行面签，须特别关注借款身份真实性，同时在还款能力、还款意愿的识别渠道也与传统方式不同。借款人身份真实性可以通过身份证照片比对、人脸识别进行识别。还款能力、还款意愿的识别上没办法以传统业务上门尽调、上门访谈等方式进行，只能依据借款人提交的资料、央行征信、第三方数据几方交叉验证进行考查。

互联网客户来源广泛，风控过程大部分会采用技术手段先期干预，一般风控流程为判断是否符合准入门槛、判断是否被纳入黑名单、设置一系列规则、根据规则结果产生风险分数，以风险分数给客户的风险等级进行划分。高风险的直接拒绝、中低风险的进入电话等人工再核实、超低风险的可以直接通过。

在案例 4-6 中，对借款人的风险审核包括上传身份证、完成活体检测、实时拍摄人脸照片等的实名认证和身份核验，银联四要素鉴权服务审核，第三方机构对包含借款人的电子签名的贷款确认书或审批结果的验证等。

(四) 合同签订

各级审核通过后进行合同签订，互联网模式下通常采用电子签名进行合同签订，一般在借款申请时借款人先单方进行电子签名，待金融机构内部审批通过再进行金融机构电子签名。

(五) 放款

金融机构在第三方支付公司开设账户，放款时向第三方支付公司发送款项划拨指令，支付公司会将金融机构的对应账户的资金划转到借款人银行卡上。

(六) 还款

借款人在 App 上进行在线还款，确认还款后通过第三方支付公司进行资金划拨，还款时向第三方支付公司发送款项划拨指令，支付公司会将借款人银行卡的资金划转到金融机构在支付公司的对应账户上。

(七) 催收

互联网业务内部催收基本是靠电话催收、短信催收，向借款人本人、借款人所留的联系人、借款人的通讯录联系人等多方进行电话、短信催收。催收无果时，金额稍大的会委托外部催收公司进行催收。近些年野蛮生长了很多催收公司，有些甚至暴力催收。2017 年出台监管政策已明令禁止暴力催收。案例 4-6 中的借款人就对“邮你贷”平台的催收提出了质疑。

案例 4-6 为签订和履行均在互联网上完成的金融借款合同纠纷。原告通过人脸识别、四要素鉴权等对被告身份进行核验，被告的电子签章业经第三方机构认证，证据形成完整的证据链；因此原告与被告签署的贷款协议和电子版审批结果是双方当事人的真实意思表示，合法有效，对双方均有约束力。

原告按照合同的约定向被告发放了贷款，被告未依约还款，构成违约，现案涉贷款已到期，原告要求被告偿还尚欠的贷款本金 8 102.11 元及支付相应利息、违约金，符合双方的合同约定。由于合同中约定了贷款人为实现本案债权所发生的律师费等费用的承担，所以，借款人应该承担律师代理费用。

三、互联网贷款风险及规制

案例 4-7

林某是刚从学校出来踏入社会的小青年。某年 2 月中下旬，他因手头紧，正盘算借点钱使用时，在手机上发现一条网上小额贷款的广告，就按照广告上的提示，通过提供微信朋友圈及手机通讯录的方式，向网贷公司借款 1 500 元。

扣除利息 400 元，对方在网上付给他现金 1 100 元。为了防止出现借钱不还的风险，放款人让他打了 3 000 元的欠条，归还期限为 5 天，逾期费每小时 500 元。

然而，就在还款期临近时，网贷公司向林某推荐其他网贷公司继续网贷，用于偿还前笔借款本息。通过反复借款平账，截至 3 月 16 日，林某累计网贷家数达 60 余家，本息 8 万余元，实际已支付给网贷公司 2 万余元，但是虚高的借条已经达 20 余万元。

此时，林某才如大梦初醒。3 月 17 日，在林某没能按时还款的情况下，网贷公司通过使用“呼死你”软件骚扰被害人通讯录内人员，推送“因招嫖还账欠款”并配上 PS 被害人头像的恐吓信息给林某，并扬言发布到网上等手段骚扰、恐吓林某，逼迫其偿还虚高本息及逾期费，林某家属被迫又支付 3 万余元。

请分析：

1. 案例中林某所遭遇的“现金贷”是否合法？林某要怎么做才能免受其害？
2. 案例中网贷公司使用“呼死你”软件等来催债，是否合法？

（一）“套路贷”的危害及侦办

2019 年 2 月 15 日，央视《今日说法》栏目曝光了一起骇人听闻的套路贷大案，受害人多达 2 万名，其中包括不少大学生。有女大学生借钱 6 000 元，1 年后本息加罚金滚雪球至 36 万元！借款 4 000 元，到手只有 2 000 元！有的大学生在借款方的诱导下，下载了五六十个 App，以贷养贷。还不上款的大学生被爆通讯录，家人、亲友被 PS 色情图片，多名学生不堪压力自杀身亡。有人仅借了 800 元，却被要求还一套别墅，肆无忌惮到令人发指。浙江温岭公安机关打掉一个以信息服务公司为掩护，实施网络小额贷款的特大“套路贷”黑恶团伙，涉案金额达 4 亿余元。

2019 年 3 月 15 日，央视曝光“714 高炮”乱象，多款金融产品被点名，包括任性贷、56 财神与财喵管家等 130 多家。报道中指出，借款时，这些现金贷 App 都以各种名目扣除了借款金额的 30%，业内俗称“砍头息”。可怕的并不止是砍头息，还不上的贷款产生的逾期费用也接二连三冒了出来，每天的额度竟高达本金的 5%到 10%。

这类小额网贷被网友称作“714 高炮”。“714”是指贷款周期一般为 7 天或者 14 天，“高炮”是指其高额的“砍头息”及“逾期费用”。国家对互联网金融行业的监管越来越严，这些公司应对的手段就是打一枪换一个地方，每隔几个月，它们就会更换 App。

贷款超市也被央视点名，包括信贷导航等多个贷款超市都能找到“714 高炮”平台。融 360 更是被当作案例突出报道。报道称，融 360 中入驻着大量的小额贷款商户。

全国扫黑除恶专项斗争开展以来，全国公安机关采取有力措施，严厉打击“套路贷”违法犯罪活动。2019 年 8 月底前，公安机关侦办“套路贷”团伙案件 1 890 起，抓获犯罪嫌疑人 18 651 人，破获各类刑事案件 18 790 起，查扣涉案资产 161.76 亿元。

（二）“套路贷”的概念

“套路贷”的概念主要包括以下三个方面：

一是行为目的非法性，即犯罪分子是以非法占有被害人财物为目的实施“套路贷”。明确非法占有目的，既是为了从主观方面将“套路贷”与民间借贷区分开来，也是为了在具体犯罪中区分此罪与彼罪。

二是债权债务虚假性，即犯罪分子假借民间借贷之名，通过使用“套路”，诱使或迫使被害人签订“借贷”或变相“借贷”“抵押”“担保”等相关协议，进而通过虚增借贷金额、恶意制造违约、肆意认定违约等方式形成虚假债权债务。对于犯罪分子来说，“借贷”是假，侵犯被害人的财产权利是真，“借贷”仅是一个虚假表象。

三是“讨债”手段多样性，即在被害人未按照要求交付财物时，“套路贷”犯罪分子会借助诉讼、仲裁、公证或者采用暴力、威胁以及其他手段向被害人强行“讨债”，以此实现对被害人财物的非法占有。

（三）“套路贷”防范

（1）要有防范意识，不轻信所谓“便捷”的贷款平台。有贷款需求时，首选银行或其他有金融持牌的贷款机构，如阿里的借呗、腾讯的微粒贷等这样的大平台，不要因为一时着急选择不靠谱的平台。

（2）看清楚还款方式和费率。“套路贷”是以非法占有他人财物为目的实施的犯罪活动。借了“套路贷”的钱，不要去还。

（3）被套路时，及时报警。发现自己遭遇了“套路贷”时一定要有法律意识，不要慌、不要怕，不要盲目还款。要保留好所有证据，包括贷款合同、往来聊天记录截图、银行流水、录音等证据，第一时间向警方报案或向扫黑除恶行动小组举报。

四、中央整肃互联网贷款业务

中国银保监会 2020 年 7 月下发并实施《商业银行互联网贷款管理暂行办法》，从商业银行、助贷平台、借款人等多个层面规范商业银行互联网贷款业务经营行为，以促进互联网贷款业务获客、产品设计、风控、催收等环节合规发展。

（一）建立全面风险管理体系

商业银行应当针对互联网贷款业务建立全面风险管理体系，在贷前、贷中、贷后全流程进行风险控制，加强风险数据和风险模型管理，同时防范和管控信息科技风险。

同时，商业银行用于风控的大数据必须来源合规。当商业银行从合作机构获取借款人风险数据时，应通过适当方式确认合作机构的数据来源合法合规、真实有效，商业银行不得与违规收集和使用个人信息的第三方开展数据合作。

在增信业务中，商业银行不得接受无担保资质和不符合信用保险和保证保险经营资质监管要求的合作机构提供的直接或变相增信服务，并且不得因引入担保增信放松对贷款质量的管控。

（二）涉及暴力催收将被重点打击

商业银行不得委托有暴力催收等违法违规记录的第三方机构进行贷款清收。同时，商业银行也要明确与第三方机构的权责，要求第三方机构不能对与贷款无关的第三人催收。

如果商业银行发现合作机构存在暴力催收等违法违规行为，应当立即终止合作，并将违法违规线索及时移交相关部门。

商业银行应当从经营情况、管理能力、风控水平等方面对合作机构进行准入前评估，合作机构资质应和其承担的职能相匹配。在合作协议中，应明确合作范围、操作流程、各方权责、风险分担、客户权益保护等内容。

商业银行必须持续对合作机构进行管理，当合作机构在合作期间有严重违法违规行为的，商业银行应当及时将其列入本行禁止合作机构名单。

（三）规范息费收取及借款人权益保护

商业银行应当在书面合作协议中明确要求合作机构不得以任何形式向借款人收取息费，保险公司和有担保资质的机构除外。

贷款人在借款人数据获取及使用、贷款综合成本、催收、合同签订等具体环节应充分保障借款人的合法权益，保障借款人知情权和自主选择权。

商业银行应当通过合法渠道和方式获取目标客户数据，开展贷款营销，并充分评估目标客户的资金需求、还款意愿和还款能力。对于贷款合同，商业银行必须加入强制阅读贷款合同环节，并设置合理的阅读时间限制。

贷款利率等核心要素公开。商业银行应在借款合同和产品要素说明界面等相关页面中，以醒目方式向借款人充分披露合作类产品的贷款主体、实际年利率、年化综合资金成本、还本付息安排、逾期清收、咨询投诉渠道、违约责任等信息。

保护借款人数据。商业银行应当采用有效技术手段，保障借款人数据安全，确保商业银行与借款人、合作机构之间传输数据、签订合同、记录交易等各个环节数据的保密性、完整性、真实性和抗抵赖性。对外提供数据不违反法律法规要求，并已获得信息主体本人的明确授权。

【实训任务】

即测即评

案例分析实训

单元五
快递物流与交付法律实务

国家邮政局快递大数据平台实时监测数据显示，2023 年 12 月 4 日 18 时 26 分，一件从云南昆明寄往四川成都的快递包裹成为 2023 年第 1 200 亿件快件。自 2021 年以来，我国快递年业务量连续三年突破 1 000 亿件，直至此次创纪录地首次突破 1 200 亿件大关。

1 200 亿件快递包裹意味着什么？相当于 2022 年全球快递包裹业务量的 63%，约等于美国 2022 年全年包裹业务量的 5.5 倍、日本的 13.3 倍、英国的 23.5 倍。2023 年前 11 个月，我国月均快递业务量达 107 亿件，比英德两国 2022 年全年业务量之和还要多。在高基数之上，我国快递业务量增速仍然保持领先，约为全球平均水平的 3 倍。可见，我国已成为引领全球快递业务增长的主引擎。

快递业成为电子商务业发展最重要的支撑，发展非常迅猛，但亦暴露出诸多法律问题。

通过学习本单元内容，你将达到以下学习目标：

【知识目标】

1. 认识快递物流与交付的概念、特征；
2. 熟悉快递物流的发展现状和法律风险；
3. 理解快递物流法律责任的承担方式。

【能力目标】

1. 能够应用所学知识分析寄件人和快递方之间形成快递服务合同关系；
2. 能够防范快递过程中的法律风险，实施有效的用户个人信息保护。

【素养目标】

1. 培养分析电子商务快递物流法律关系的意识；
2. 树立健康安全、绿色环保的快递物流理念。

你需要完成能力训练任务：分析在快递业迅速发展过程中，快递公司所遭遇的实际困难及化解措施，以及这些措施所遭遇的法律难题；认真完成实训任务，加深对本单元知识的理解。

本单元内容学习建议学时：3 学时。

导入案例

2023年经济观察丨突破1 200亿件 2023年我国快递加速奔跑

截至11月底，2023年广东省快递业务量已达314.1亿件，稳居全国第一；2023年前11个月，沈阳市快递业务量首次突破8亿件大关，创下历史纪录；浙江义乌则成为全国首个年快递量超百亿件的县级市……

突破1 200亿件

国家邮政局快递大数据平台实时监测数据显示，12月4日13时26分，一件从云南昆明寄往四川成都的快递包裹成为2023年第1 200亿件快件。自2021年以来，我国快递年业务量连续三年突破1 000亿件，直至此次创纪录地首次突破1 200亿件大关。

这些年来，我国快递行业发生了巨大变化。自2021年我国快递进入“千亿件”时代以来，每年破千亿件所用的时间不断缩短——2022年破千亿件较2021年提前7天；在此基础上，2023年比2022年又提前了39天。

1 200亿件的突破、快递规模的不断扩大，让全球再次看到了中国快递的潜力，看到了中国经济的美好未来。

发力分钟达

快递规模不断扩大的背后，是整个行业综合实力的提升，最为亮眼的当数中国快递的速度。

从整个行业来看，相比2022年，2023年我国快递的时效在不断提升。国家邮政局监测数据显示，2023年第一季度快递服务全程时限为60.48小时，同比缩短4.09小时；2023年第二季度快递服务全程时限为53.99小时，同比缩短8.98小时；2023年第三季度快递服务全程时限为54.24小时，同比缩短2.5小时。

“双11”期间，小时达、半日达已不是中国快递速度的极致，大促期间，分钟达的覆盖面已越来越广。据菜鸟裹裹介绍，2023年天猫“双11”，北京、上海、杭州等全国多个城市的部分消费者，在10月31日晚8点支付完尾款后，便获得了小时达、分钟达等极速配送体验。今年“双11”德邦快递的第一个包裹，从付尾款到收货，中间仅用了7分钟。

从社会快递层面看，我国物流快递的速度也在不断提升。近日，京东快递开启首批个人寄递时效提速计划，北京、上海、广东等9地省内部分线路以及长三角、京津冀主要城市之间，用户在小程序及App等渠道下单时，都可以享受到最早第二天一早收快递的“次晨达”体验。除了京东快递外，当前还有很多快递企业也在提速，朝着次晨达、当日达发力。

展开科技较量

2023年，我国快递实现了很多突破，这些提升与进步离不开行业与企业自身的发展与努力。

过去的一年，快递行业也在不断创新。快递业改进服务组织模式，加大科技投入力度，从推动寄递服务更快更有针对性的大数据加前置仓，到提高了包裹处理效率的智能称重自动化分拣设备，再到为校园配送及偏远农村地区派件服务的无人车、无人机……

信息技术和智能装备与快递业深度融合，促进了货物的周转流通。

快递业还积极融入综合交通运输体系，与公路、铁路、航空、水运共同发力，多式联运既畅通了民生幸福的“微循环”，也贯通了经济发展的“大动脉”。

另外，快递企业还不断提升服务能力。比如在生产端，快递企业深入田间地头，为农户提供便捷与标准化的快递服务，包括在当地提前铺点布局，将揽收点搬到农户果园及农田门口，以便将新鲜的农产品第一时间打包运送，从而减少农民的损耗，大幅提升配送时效。

在消费端，快递企业也为用户提供更多便捷的服务。2023 年快递进村下乡工作持续推进，快递进村的方式更加多元化，相关企业在探索中不断优化，创造出可持续的快递进村模式，以满足农村地区消费者的快递需求。在城市，快递大力推广上门派送，有部分快递企业承诺“不上门必赔”服务。在电商大促期间，大部分快递企业推出夜派模式，加班加点保证配送时效。

资料来源：蒋永霞．突破 1 200 亿件 2023 年我国快递加速奔跑［N］．中国商报，2023－12－27．

模块一

快递服务合同法律关系

快递方收寄快递物品时，向寄件人递交快递单。快递单的背面均载有快件运单契约条款，是处理有关争议的重要文件。

案例 5－1

王坤系博展通公司的股东及销售经理。自 2012 年起，王坤多次通过顺丰托寄博展通公司的销售货物。2018 年 4 月 11 日，王坤通过微信扫码下单托寄货物配件，顺丰快递上门取件，托寄物品未选择保价。次日，王坤微信转账支付运费 74 元。8 月 27 日，王坤联系顺丰在线客服，询问运单托寄货物数量，被告知为 1 件，8 千克。

但博展通公司认为该运单项下应包括 2 件物品，1 件 8 千克，1 件 4 千克。博展通公司提供《购销合同》、增值税专用发票各 1 份，拟证明丢失的货物系其销售的货物及型号、价格、数量、重量及价款，总价 60 400 元。

顺丰公司则认为，经其查询，运单项下只有 8 千克货物 1 件，并无博展通公司所陈述的 4 千克货物，运费为 53 元，已于 4 月 13 日被签收；同日另一运单项下有重量为 1.5 千克物品 1 件，运费 21 元，亦已于 4 月 13 日被收件单位门卫签收。另认为，寄件人是王坤，博展通公司没有资格起诉。博展通公司提交了后一运单项下收件人并未签收的证明。

双方确认：客户在第一次微信扫码下单时，会以单独跳框方式弹出《电子运单契约条款》，其中赔偿条款以加粗红底字体提示："您已知悉并同意，顺丰是按托寄物的重量收费，并非按托寄物的价值、预期收益收费，本着公平合理的原则，双方遵守以下赔偿约定，若因顺丰原因造成托寄物灭失、破损、短少的，顺丰将按以下标准赔偿：若您未选择保价，则顺丰在七倍运费的限额内向您赔偿托寄物的实际损失，双方另有约定的按约定执行。"条款下方以红底白字注明"同意本条款，下次不用提醒我"，客户点击同意条款后才能托寄物品；客户再次微信扫码下单时，手机弹出的运单界面显示有保价选择框（框内标注"货物大于 1 000 元建议保价"字样），界面下方有"查看并同意《电子运单契约条款》"字样，但不再以单独跳框方式弹出《电子运单契约条款》，客户点击"寄件"按键后可以托寄物品。

但王坤陈述，其第一次扫码下单时虽确有弹出《电子运单契约条款》，但需要勾选"同意本条款，下次不用提醒我"才能寄件，此后扫码下单时默认勾选同意《电子运单契约条款》；其后，博展通公司每月托寄 20～30 件货物，均没有选择保价，直至案涉纠纷发生。[博展通公司与顺丰公司运输合同纠纷案，（2018）苏 0115 民初 14473 号，（2019）苏 01 民终 2759 号]

请分析：

1. 王坤委托顺丰公司托寄货物的行为能否视为博展通公司托寄货物的行为？

2. 本案例中顺丰公司是应该承担博展通公司所主张遗失货物总价 60 400 元实际损失的赔偿责任，还是只需要承担《电子运单契约条款》中七倍运费的赔偿责任？

一、快递服务合同关系

（一）快递服务合同的性质、特征及法律适用

快递服务即快速收寄、运输、投递单独封装的、有名址的快件或其他不需储存的物品，按承诺时限递送到收件人或指定地点，并获得签收的寄递服务。

快递服务包括收寄、投递、签收等环节。快递服务合同即有关寄件人和快递服务公司之间订立的有关快递服务的契约。一般而言，快递服务合同具有以下几个方面的特征：（1）快递服务合同自寄件人与快递服务公司工作人员双方在合同上签字时生效。如天天快递在其面单契约中规定快递服务合同自寄件人、揽件公司收寄员在快递运单上签字或盖章后成立。（2）快递服务合同中寄件人和快递公司的权利义务条款一般由快递服务公司单方拟订。（3）快递服务合同权利义务的具体体现是快递运单，即用于记录快件原始收寄信息及服务约定的单据。如申通快递规定运单及背书即消费者与申通快递公司之间签订的快递服务合同。

依据《民法典》（合同编）规定，快递服务合同属于运输合同——货运合同，系有名合同。货运合同是指托运人与承运人之间缔结的，以承运人将约定货物从起运地点运输到约定地点并交付收货人的合同。货运合同和快递服务合同的概念具有以下几个方面的特点：（1）合同标的的一致性。货运合同的标的是承运人运输货物的行为，快递服务合同具化为快递企业的快速递送行为。（2）合同均易涉及第三人。当托运人指定的收货人并非自己时，合同就涉及第三人。第三人虽不是两类合同的当事人，但却是合同的利

害关系人，因而享有相应的权利，如验货权与提货权。(3) 合同均以完成一定行为为履行要件。承运人须将货物交付收货人才算履行完毕，快递企业须将快递物品交付收件人才算履行完毕。

(二) 快递服务合同的法律适用

快递服务合同在司法实践中存在以下几个层面的法律适用：

第一，依据法律规范的条文。为规范持续快速发展的快递业务，国家陆续出台《快递市场管理办法》(2013 年 3 月 1 日起施行，并于 2023 年 12 月 8 日重新制定，自 2024 年 3 月 1 日起施行)、《快递暂行条例》(2018 年 5 月 1 日起施行)，于 2015 年 4 月 24 日修订《中华人民共和国邮政法》。

第二，依据快递服务合同的性质。因为快递服务合同在法律性质上属于货运合同，所以快递服务过程中的纠纷应当首先适用《民法典》(合同编) 关于货运合同的规定。委托快递企业寄递物品，寄件人在寄递详情单上签名并交邮，双方形成快递服务合同。物品发生损毁或快递延误，属于快递公司没有按合同约定履行寄递义务，快递公司应当承担违约损害赔偿责任。

第三，依据请求权基础的规范竞合。因为寄件人委托快递公司邮递的是物品，一般而言，在快递公司完成交付前，寄件人享有物权，而快递公司将货物丢失的行为则直接侵害了寄件人的物权，在寄件人拥有物权的情形下，实质上构成违约与侵权的竞合。从受害人享有的请求行为人承担责任的权利角度看，也是请求权竞合。

在案例 5-1 中，寄件人和快递方之间形成的快递服务合同合法有效，对双方均具有约束力。快递方就相应的限制其责任的格式条款应履行法律规定的提示和说明义务。寄件人有自由选择保价或不保价的选择权，对于重要物品，寄件人可以选择多交邮寄费用，进而在物品丢失时可获得足额赔偿。快递丢失应按双方事先的约定赔偿；对未保价的快件，依照民事法律的有关规定确定赔偿责任，如按照交付或者应当交付时货物到达地的市场价格计算。

在案例 5-1 中，王坤委托顺丰托寄博展通公司销售货物，为履行职务行为，系博展通公司而非王坤与顺丰之间形成运输合同关系，所以博展通公司是适格主体。

货运公司应就货物送达事实承担举证责任。在案例 5-1 中，就第二份运单项下货物是否送达方面，货运公司和寄件人之间存在争议，寄件人提交了收件人并未签收的证明，在此情况下，顺丰应当提供已将货物送达并经收件人签收的相关证据，顺丰查询系统所显示的签收信息不能够达到证明目的。故应认定第二份运单项下货物未送达，该部分丢失货物的运费为 21 元。顺丰有义务将托寄物品妥善送达收寄地点，顺丰因自身过错未能完成托寄服务，构成违约，应承担相应的违约责任。

(三) 快递服务合同中的保价约定及格式条款效力

在订立快递服务合同时，快递服务企业对保价条款进行了合理的提示说明，寄件人自主决定选择保价的，可以认定保价条款构成合同的组成部分。寄件人没有选择保价的，快递物品丢失、毁损时，快递服务企业主张按照损失赔偿条款处理的，应予支持。在案例 5-1 中，博展通公司和顺丰一致确认，在博展通公司第一次通过微信扫码下单时，顺丰公司以单独跳框和字体加粗红底特别提示的方式告知了博展通公司如未选择保价的后果。博展通公司在此后通过微信扫码下单时，自愿选择“同意本条款，下次不用提醒我”，系对自身权利的处分，可视为博展通公司同意顺丰《电子运单契约条款》并继续适用于双方之间实际形成的运输合同。博展通公司自2012年起便通过顺丰托寄货物，每月通过托寄货物数十件，应视为成熟的消费者，理应清楚托寄物品未选择保价的法律后果。顺丰在扫码下单界面有建议保价的明确提示，而博展通公司未选择保价，在货物丢失后又以不知道有损失赔偿条款约定为由要求顺丰公司按照货物实际价值赔偿损失，违反了诚信原则，故博展通公司的损失只能够在双方约定的运费七倍限额内得到赔偿。

在司法实践中，网络销售平台仅以字体加黑加粗方式突出显示与消费者订立管辖协议、免责等格式条款的，不属于合理提示方式。消费者能够主张此类条款无效。网络平台通过单独跳框的形式对管辖条款、免责条款进行单独的特别提示的，消费者点击同意该条款的，消费者不能够主张该条款无效，但免责条款存在《民法典》第497条中格式条款无效情形的除外。在案例5-1的诉争交易中，寄件人扫码下单，对于托寄贵重物品的，顺丰做出建议保价的提示，不仅在《电子运单契约条款》中对损失赔偿条款内容进行加粗、红体处理，而且通过单独跳框的形式突出提示，且无证据证明其存在格式条款无效的情形，应当认定顺丰在使用格式条款过程中，已尽合理提示并特别说明义务，对双方当事人产生法律约束力。

(四) 承运人对运输过程中货物的毁损、灭失承担赔偿责任

案例5-2

K公司是经营国内快递业务的个人独资企业，其股东及经营者为丁某。

某年10月，K公司加盟百世公司，丁某向百世公司支付了加盟费等费用。当年12月31日前，丁某以百世公司名义承揽了天马公司货物快递业务9万多件并扫码进入百世快递系统。天马公司共向丁某的个人银行卡汇款40余万元。丁某也通过自己绑定在百世快递系统的个人银行卡向百世公司支付了相应的费用。

次年1月1日至2日，天马公司网络平台实现订单1 807件、价值67万余元，天马公司收取了货款并提供了汇通快递订单号，K公司安排人员将732件货物运至百世分拨中心扫码发运，其中657件（价值24万余元）在百世快递系统有揽件记录，但百世公司以欠费为由没有允许将该批货物发运。次日下午，丁某安排1 075件天马公司货物运送至百世公司分拨中心对面路边，联系支某，委托其接收、发运该两车货物并负责运送到A地。支某于1月3日在A地接收了该批货物。

后上述货物未能通过百世公司发运至客户，而是被丁某、支某等转移。天马公司获悉后向公安机关报案。经立案侦查，4月22日从支某处扣押涉案货物157件，价值6万余元（百世快递系统中有承揽记录的75件、价值3.2万余元），并发还给天马公司。涉案剩余货物1 650件，价值61万余元的货物（百世快递系统中有承揽记录的582件、价值21万余元）仍下落不明。天马公司为维权发生摄像、公证等费用1万余元。[（2017）

苏0706民初3980号，（2018）苏07民终3722号］

请分析：

1. 百世公司应否承担天马公司未送达的61万余元货物损失及1万余元的维权费用？

2. 本案例中货物损失系因丁某、支某等刑事犯罪所致，百世公司认为天马公司应通过刑事诉讼程序追回其货物或者损失。百世公司的理由能否成立？

在案例5-2中，百世公司应对涉案1 650件货物承担责任，而不是只对进入其快递系统内的657件承担责任。因为K公司系以百世公司名义收揽快递货件，其收取涉案货物1 650件的行为，依法应认定为百世公司收取。对于涉案货物是否进入其快递系统内，由百世公司决定，百世公司在揽件之后，就应当履行保管运送涉案货物1 650件的义务，并对该批货物的丢失承担全部责任。天马公司已经完成了向百世公司交付涉案快递货件的事务，百世公司应当履行将快递货件1 650件向第三方运输交付的义务，但百世公司没有按约向第三方交付，依法应当承担涉案货物丢失的责任。

虽然丁某、支某等刑事犯罪是造成涉案快递货件损失的直接原因，但丁某、支某等刑事犯罪发生在天马公司已经完成向百世公司交付涉案快递货件之后，涉嫌刑事犯罪系发生在百世公司运送快递货件过程中，此时丁某、支某等刑事犯罪侵害的对象系百世公司，而非天马公司，应由百世公司向公安机关报案，通过刑事程序追回涉案货物或者损失。而百世公司与天马公司之间只是形成了民事上的运输合同关系，百世公司没有履行合同义务，则应向天马公司承担违约责任。

法律法规链接

承运人对运输过程中货物的毁损、灭失承担赔偿责任。但是，承运人证明货物的毁损、灭失是因不可抗力、货物本身的自然性质或者合理损耗以及托运人、收货人的过错造成的，不承担赔偿责任。

——《中华人民共和国民法典》第832条

二、快递签收

案例5-3

某年7月，某快递公司快递员发短信告知消费者张女士，其邮寄的包裹放在门卫，之后就径直离开。随后张女士到门卫取包裹，打开一看，包裹里空无一物，价值348元的物品不翼而飞。张女士立刻打电话向快递公司询问，被告知等待公司核实具体情况后答复。但是18天过去了，张女士一直未收到快递公司的回复，遂投诉到保护消费者权益委员会（以下简称消委会）。

消委会工作人员经调查后判断，包裹内物件是在寄件人交寄后丢失的。快递公司认同了该快递员派送包裹不规范，但并未承认就是快递公司出错，只是辩称："目前，总公司还在调查中，时间周期少则个把月，多则几个月，所以请消费者耐心等待。”

请分析：

1. 快递公司快递员将邮寄的包裹放在门卫处，是否视同已经履行了快递服务合同？
2. 消费者张女士是否有权要求当面验收？

(一) 快递签收的方式

一般情况下，快递需要收件人亲自签收或找人代收。随着电子商务的发展，在快递量急速递增的同时，多数消费者不能确保派件时能够实时签收。在“双11”“双12”之后，由于快递业务量短时间内剧增，快递员应接不暇，也会直接将快递放置于快递柜。

《快递暂行条例》规定，经营快递业务的企业应当规范操作，防止造成快件损毁。经营快递业务的企业应当将快件投递到约定的收件地址、收件人或者收件人指定的代收人，并告知收件人或者代收人当面验收。收件人或者代收人有权当面验收。这就质疑了目前一些快递员的违规置放快件和快递柜收费问题。

在案例5-3中，快递员没有通知收件人当面接收包裹，属违规操作。快递公司应对涉案包裹负全责，不应以各种理由搪塞、推脱或拖延，快递公司内部的环节出错与消费者无关。快递公司应赔付张女士快件损失。

另外，法律法规对食品、药品等特定物品的运输有特殊规定的，寄件人、经营快递业务的企业应当遵守相关规定。投递的快件（邮件）注明为易碎品及外包装出现明显破损的，企业应当告知收件人先验收内件再签收。企业与寄件人另有约定的除外。对于网络购物、代收货款以及与用户有特殊约定的其他快件（邮件），企业应当与寄件人在合同中明确投递验收的权利义务，并提供符合约定的验收义务，验收无异议后，由收件人签字确认。

(二) 采用快递物流方式交付商品的电子合同标的交付时间

案例5-4

某年3月7日，舒某在桑诺公司于京东平台开设的洁具专卖店购买智能马桶，付款5 488元。3月14日，舒某收到涉案马桶并在收货单上签名。3月24日，舒某开箱后发现其中一个马桶破损。

舒某提交收货时外观变形的邮件外包装照片，证明木支架断裂，外观变形。提交安装开箱时坐便器已破碎的照片，证明开箱时坐便器呈破碎状态。桑诺公司的聊天记录显示，3月7日舒某在京东后台咨询客服，下订单未付款时桑诺公司客服再三提醒舒某一定要在签收前开箱验货，付款后桑诺公司又再次提醒开箱验货，电商平台详情也明确标明一定要开箱验货。[(2019) 京0491民初31028号]

请分析：

1. 桑诺公司应否全款退还舒某破损马桶款项？
2. 舒某的签收只是说明自己收到货物，还是产生了确认内部物品完好的法律效力？

标的物毁损、灭失的风险，在标的物交付之前由出卖人承担，交付之后由买受人承担，但是法律另有规定或者当事人另有约定的除外，这是标的物毁损、灭失风险负担的基本规则。合同标的为交付商品并采用快递物流方式交付的，收货人签收时间为交付时间。在案例5-4中，舒某通过电子商务平台在桑诺公司处购买涉案商品，双方之间建立了网络购物合同关系，涉案合同的标的为交付马桶并采用快递物流的方式交付，舒某在桑诺公司多次提醒其在签收前开箱验货的情况下，未履行及时查验义务即签收涉案马桶，其签收时视为完成了涉案马桶的交付，涉案马桶的毁损、灭失风险即转移给舒某承担。舒某的签收产生了确认内部物品完好、承担马桶毁损、灭失风险的法律效力。

法律法规链接

通过互联网等信息网络订立的电子合同的标的为交付商品并采用快递物流方式交付的，收货人的签收时间为交付时间。电子合同的标的为提供服务的，生成的电子凭证或者实物凭证中载明的时间为提供服务时间；前述凭证没有载明时间或者载明时间与实际提供服务时间不一致的，以实际提供服务的时间为准。

——《中华人民共和国民法典》第512条

合同标的为交付商品并采用快递物流方式交付的，收货人签收时间为交付时间。合同标的为提供服务的，生成的电子凭证或者实物凭证中载明的时间为交付时间；前述凭证没有载明时间或者载明时间与实际提供服务时间不一致的，实际提供服务的时间为交付时间。

合同标的为采用在线传输方式交付的，合同标的进入对方当事人指定的特定系统并且能够检索识别的时间为交付时间。合同当事人对交付方式、交付时间另有约定的，从其约定。

——《中华人民共和国电子商务法》第51条

模块二

快递侵权责任

近年来，快递业很受伤：先是全国多地现“玩具炸弹包裹”事件，接着是山东“夺命快递”致1死9中毒……另外还有网购用户个人信息遭泄露事件。这些事件的发生，引发了社会对快递业中侵权责任的探索。

一、快递造成受害人损失应承担侵权赔偿责任

案例 5-5

山东缪某某有一个美满的家庭。某年 11 月 24 日晚，缪某某网购了女儿看中的一双儿童皮鞋。29 日，网购的鞋送达。缪某某回家打开包装，顿时一股怪味弥漫整个客厅，接着就咳嗽起来。他赶紧把鞋子放到阳台。这时妻子回来了，她一拿鞋子顿觉头晕、恶心。接着，女儿也回来了，女儿好奇地去阳台拿起鞋子，紧跟着就大声咳嗽起来。随后一家三口被送往医院，缪某某经抢救无效死亡。而圆通快递公司潍坊转运中心也连续出现员工中毒现象。该事件被称为“夺命快递”事件，引起广泛的社会反响。

原来，湖北 X 化工厂是一家生产危化品氟乙酸甲酯的专业工厂。氟乙酸甲酯的运输，需要由取得《危险货物道路运输许可证》的企业使用危化品专用运输车运送，运费较高。该厂为节省运费，找到规模小、效益差的湖北某县圆通快递公司为其寄递。虽然运输途中员工已发觉污染问题，但由于快递公司仅安排员工通过目视方法挑选，没有采取任何技术措施，因此被污染的快件未被全部拣出。11 月，氟乙酸甲酯被发往潍坊某化工公司。11 月 28 日，氟乙酸甲酯在潍坊圆通运转中心分拣时发生泄漏，污染了其他快件，同车快件又发往东营。缪某某正是被污染快件的受害者。

请分析：

1. 本案例中圆通公司和 X 化工厂之间形成的快递服务合同是否有效？
2. 本案例中缪某某的人身伤害损失应该由谁赔偿？寄件人应承担什么责任？

（一）我国危化品运输管理规定

《危险化学品安全管理条例》（2011 年 12 月 1 日起施行，2013 年 12 月修订）规定，托运人不得在托运的普通货物中夹带危险化学品，不得将危险化学品匿报或者谎报为普通货物托运。《快递市场管理办法》规定，武器、弹药、麻醉药物、生化制品、传染性物品和爆炸性、易燃性、腐蚀性、放射性、毒性等危险物品属禁运物品。经营快递业务的企业对不能确定安全性的可疑物品，应当要求用户出具相关部门的安全证明。用户不能出具安全证明的，不予收寄。

《快递暂行条例》中对寄件安全有更加具体而严格的规定。

《邮政法》规定，邮政企业、快递企业不建立或者不执行收件验视制度，或者违反法律、行政法规以及国务院和国务院有关部门关于禁止寄递或者限制寄递物品的规定收寄邮件、快件的，对邮政企业直接负责的主管人员和其他直接责任人员给予处分；对快递企业，邮政管理部门可以责令停业整顿直至吊销其快递业务经营许可证。用户在邮件、快件中夹带禁止寄递或者限制寄递的物品，造成人身伤害或者财产损失的，依法承担赔偿责任。

邮寄物品一般有两道检验门槛，一是快递员收件时的查验，二是揽收网点的机器检

查。但在实践中，部分快递公司扩张太快，并大力增加加盟商，且为了节约成本，检验制度没有很好地执行，带来安全隐患。

（二）快递公司作为侵权人对受害人承担的民事责任

占有或者使用易燃、易爆、剧毒、高放射性、强腐蚀性、高致病性等高度危险物造成他人损害的，占有人或者使用人应当承担侵权责任。

在案例 5-5 中，高度危险物氟乙酸甲酯样品由 X 化工厂经圆通公司寄出，运输途中物品已经脱离 X 化工厂的控制而实际处于圆通公司的占有之下，因此，承运人圆通公司应作为占有人而承担责任。

（三）快递公司所承担的责任可部分追索寄件人

在案例 5-5 中，一方面，X 化工厂为了节省运费，擅自委托没有危险品承运资质的快递公司运输危险品，其既没有办理法律规定的审批、检验手续，也没有向承运人如实申报，严重违反了交通运输部《道路危险货物运输管理规定》（2013 年 7 月 1 日起施行，2023 年 11 月 10 日第 3 次修正）及《快递市场管理办法》等的禁止性规定。另一方面，圆通公司没有严格执行邮件收寄验视制度，将禁止邮寄的危险化学品当作普通物品运输。两主体事前没有主观的意思联络，事中没有客观的共同行为，没有明确、特定的侵害对象，但它们单独实施的违法行为在偶然的情况下成为同一损害结果发生的共同原因，应当承担按份责任。

（四）货运合同的效力及法律责任分析

我国法律明令禁止不具备危险品运输资质的主体运输危险品。运输危险品应当经公安机关批准并采取安全措施。违反法律、行政法规的强制性规定的民事法律行为无效。X 化工厂与圆通公司擅自签订的危险货物运输合同因违反法律法规的强制性规定而无效。

合同被认定为无效后将产生以下法律后果：（1）合同自成立之日起没有约束力，当事人不得依据无效合同主张权利或者享受利益。（2）因该无效合同取得的财产，应当返还对方；不能返还或者没有必要返还的，应当折价补偿。（3）有过错的一方应当赔偿对方由此所受到的损失；各方都有过错的，应当各自承担相应的责任。

在案例 5-5 中，损害赔偿责任的确定，主要取决于主观过错的认定。由于双方对于合同无效均存在过错，理应各自承担该无效合同给自己造成的损失，而不得向对方追偿。

消费者权益保护法规定，经营者明知商品或者服务存在缺陷，仍然向消费者提供，造成消费者或者其他受害人死亡或者健康严重损害的，受害人有权要求经营者赔偿损失，并有权要求所受损失两倍以下的惩罚性赔偿。在案例 5-5 中，受害人缪某是接受快递公司服务的消费者，快递公司作为经营者，在揽件时，明知寄件氟乙酸甲酯属于危化物品、不符合收件条件而揽件，属于在提供服务过程中存在“明知商品或者服务存在缺陷”的情形，则对受害人还应该在一般人身损害赔偿标准的两倍以下进行惩罚性赔偿。

法律法规链接

占有或者使用易燃、易爆、剧毒、高放射性、强腐蚀性、高致病性等高度危险物造成他人损害的，占有人或者使用人应当承担侵权责任；但是，能够证明损害是因受害人故意或者不可抗力造成的，不承担责任。被侵权人对损害的发生有重大过失的，可以减轻占有人或者使用人的责任。

——《中华人民共和国民法典》第 1 239 条

违反法律、行政法规的强制性规定的民事法律行为无效。但是，该强制性规定不导致该民事法律行为无效的除外。

违背公序良俗的民事法律行为无效。

——《中华人民共和国民法典》第 153 条

民事法律行为无效、被撤销或者确定不发生效力后，行为人因该行为取得的财产，应当予以返还；不能返还或者没有必要返还的，应当折价补偿。有过错的一方应当赔偿对方由此所受到的损失；各方都有过错的，应当各自承担相应的责任。法律另有规定的，依照其规定。

——《中华人民共和国民法典》第 157 条

二、用户个人信息保护制度

案例 5-6

严某系某速运公司原快递员。按照该公司规定，快递员派发完邮件后应把快递单存根联带回公司交给仓管进行电子存档，并每周定期统一销毁。然而严某并未按规定将快递单存根联上交，至离职时，手里已经积累了 8 000 多张快递单存根联，其中包含 3 000 多条公民个人信息。

严某的好友小刘是微商，但苦于无法拓展客户资源，生意一直没有起色，所以想获取一批个人信息。获知严某从某速运公司离职后，小刘与严某达成协议，从严某手里将积存的 8 000 余张快递单存根联购入，承诺待生意好转时给严某 2 000 元报酬。由于快递单存根联上面的个人信息比较散乱，小刘决定把这些快递单存根联寄给在河南读大学的表弟，让他帮忙整理。小刘发快递时，被人发现并报警。

请分析：

1. 案例中暴露出快递过程中的哪些风险？
2. 如何建立有效的快递过程中用户个人信息保密机制？

在这起案件中，离职快递员将私自扣留的快递单存根联卖给他人，导致 3 000 多条客户信息泄露。类似的案件，近几年在全国很多地方都出现过。

《2019 年中国网民信息安全状况研究报告》显示，77.7%的被调查网民都遭遇过信息安全事件，并且不同程度地遭受了一定损失，总额大约为 194 亿元，平均每人受损失约 553 元。快递行业是竞争激烈的行业，对于消费者信息的保密程度，可能成为企业的核心竞争力。《快递暂行条例》规定，经营快递业务的企业应当建立快递运单及电子数据管理制度，妥善保管用户信息等电子数据，定期销毁快递运单，采取有效技术手段保证用户信息安全。经营快递业务的企业及其从业人员不得出售、泄露或者非法提供快递服务过程中知悉的用户信息。发生或者可能发生用户信息泄露的，经营快递业务的企业应当立即采取补救措施，并向所在地邮政管理部门报告。

为了更好地保护消费者隐私，提升消费者体验，以及提升消费者对商家的认可度，2016 年 6 月，京东开始试行“微笑面单”，面单打印出来就用笑脸（^_^）代替用户的名字，并隐藏用户的电话号码。京东配送员使用京东开发的应用“京牛”来联系用户。2017 年 4 月，菜鸟裹裹联合 EMS、百世快递等上线隐私面单，对消费者联的电话号码进行半隐私处理，即把电话号码中间 4 位数字用“*”代替。2017 年 5 月，顺丰试点“丰密面单”，对收件人的姓名、电话、地址等信息都做了完全的隐藏处理。其中客户的地址信息也由编码代替，在快递面单上实现个人信息加密化，客户收件时使用“电子签收”功能直接在手持终端上签收，不需要再手撕面单。除了在面单上对用户信息进行隐藏之外，顺丰派送员和用户还可以通过虚拟号码进行沟通，客户接收到的将是统一显示为 95338××××的虚拟号码。临时拒接或错过电话后可直接回拨此电话。在顺丰快递员打印出来的面单上，已经没有寄件人的所有信息，收件人的手机号码也进行了隐藏，只显示了最后 4 位。不过，快递用户信息泄露事件仍然时有发生。2018 年 6 月 19 日，一位 ID 为“f666666”的用户在暗网上开始兜售圆通 10 亿条快递数据，数据信息包括寄（收）件人姓名、电话、地址等信息。2019 年 7 月，南京刘女士报警称，女儿替她签收了一份“99 元货到付款”的包裹，在付钱后，发现包裹里面的物品并非自己购买，仅是不值钱的劣质灯泡。快递单上的个人信息竟然和刘女士本人相符。在警方逐一追查下，发现德邦快递多名员工大肆窃取用户信息并勾结他人，全国撒网实施“99 元货到付款”精准诈骗。保护快递用户信息任重道远。

【实训任务】

即测即评

案例分析实训

单元六
电子证据

世界进入互联网、大数据时代，电子证据正在取代传统证据成为证据的主要形式。现代电子信息技术的发展使得不可重现的现场得以以某种方式再现。在电子证据时代，你，准备好了吗？

通过学习本单元内容，你将达到以下学习目标：

【知识目标】

1. 认识电子证据的概念、特征；
2. 熟悉电子证据的应用及保存；
3. 理解 E-mail、手机短信、QQ 聊天记录、微信聊天记录、视频、照片等的证据价值；
4. 熟悉电子证据的搜集整理及举证；
5. 理解电子签名的效力。

【能力目标】

1. 能够在日常生活中注意电子证据的收集和保存；
2. 能够整理电子证据，并在诉讼过程中进行举证；
3. 能够审查电子证据的真实性、合法性和关联性；
4. 能够辨别电子签名的效力。

【素养目标】

1. 培养电子证据意识；
2. 树立“以事实为依据，以法律为准绳”的观念，并辨别证据的真实性、有效性和关联性。

你需要完成能力训练任务：搜集整理有关电子证据的案例，分组讨论电子证据的效力，并分析电子证据的真实性、合法性和关联性审查的要点；认真完成实训任务，加深对本单元知识的理解。

本单元内容学习建议学时：3～6 学时。

导入案例

法律支持，工具给力，电子证据的时代终于来了！

2015 年 2 月 4 日，最高人民法院发布《关于适用〈中华人民共和国民事诉讼法〉的解释》，其中第 116 条对电子数据进行了明确的解释：通过电子邮件、电子数据交换、网上聊天记录、博客、微博客、手机短信、电子签名、域名等形成或者存储在电子介质中的信息。存储在电子介质中的录音资料和影像资料，适用电子数据的规定。

2016年10月1日起施行的《关于办理刑事案件收集提取和审查判断电子数据若干问题的规定》，也对电子数据给予了明确的规定：除手机短信、电子邮件、即时通信、通讯群组等网络应用服务的通信信息之外，网页、博客、微博客、朋友圈、贴吧、网盘等网络平台发布的信息，用户注册信息、身份认证信息、电子交易记录、通信记录、登录日志等信息，文档、图片、音视频、数字证书、计算机程序等电子文件也属于能够证明案件事实的电子数据。

就这样，在预见到电子证据快速发展与日渐普及的基础上，我国从民事和刑事两个层面对电子证据的类型进行了条文规范，为之后的权利人对电子证据的取证存证以及走上法庭奠定了坚实基础。

2018年7月，为破解互联网电子数据举证、认证难问题，广州市南沙区人民法院率先出台了《互联网电子数据证据举证、认证规程》，其中规定，QQ、微信、支付宝、电子邮件等产生的电子记录，都可作为公民在民商事诉讼时的呈堂证供。

2019年10月14日，最高人民法院审判委员会又通过了《关于修改〈关于民事诉讼证据的若干规定〉的决定》，对电子信息证据的内容进行了补充完善，进一步明确了电子数据证据举证、质证的要点。

大的环境具备了，总的框架搭好了，接下来就是权利人为合法权益发声的时刻。

模块一

电子证据的审查及认定

世界进入互联网时代，证据形式中多了虚拟形态的证据——电子证据，这是存储于磁性介质之中，以电子数据形式存在的诉讼证据，表现形式具有多样性。由于其存储在“云端”，需要通过介质才能让人捉摸，因此对证据的效力、认定等带来新的挑战。

一、电子签名的法律效力

案例6-1

2015年8月18日，陈某某向人行征信中心查询个人信用报告，记载：2014年9月18日阿里小贷公司发放的14万元个人经营性贷款，自2014年12月起开始逾期7期，逾期金额84 126元，等等。陈某某认为自己并未向阿里小贷公司借款，遂起诉阿里小贷公司侵害其名誉权。

阿里小贷公司提交了支付宝信息、公证书、《阿里信用贷款合同》等证据证明借款合同关系存在。陈某某名下支付宝账户已通过实名认证。该支付宝账户开户时绑定的手机号码目前仍为陈某某使用。2014 年 9 月 18 日，阿里通过网络收到该支付宝账户提出的一年期贷款 14 万元申请，每月等额本息还款。同日，阿里将该笔贷款发放至陈某某名下银行账户。陈某某起诉前，阿里曾多次向陈某某的手机号码发送催款短信。

但陈某某认为，这些证据均为阿里自己制作，《公证书》载明公证过程只有阿里人员在现场操作电脑并打印形成，没有支付宝申请人参与，说明该证据可以在本人不知情或者未授权的情况下进行支付宝认证、贷款等；《阿里信用贷款合同》未经本人签字确认或者其他第三方证实，不能作为认定事实的依据。

请分析：

1. 本案例中，陈某某名下支付宝账户申请贷款的行为能否视为陈某某本人的申请并确认？

2. 通过电子签名方式形成的证据有什么特征？

（一）电子签名的概念及有效电子签名的要素

电子签名，是指数据电文中以电子形式所含、所附用于识别签名人身份并表明签名人认可其中内容的数据。

（1）电子签名是在电子文件中识别交易人身份，保证交易安全的电子技术手段。在传统的交易过程中，为了保证交易安全，交易中的文件一般都要由当事人签字或者盖章，以便能够确认签名人的身份，并保证签字或者盖章的人认可文件的内容。当交易通过电子的形式进行时，传统的手写签字和盖章无法进行，必须依靠技术手段替代。

（2）电子签名是能够达到与手写签名相同功能的技术手段。传统的签名必须依附于某种有形的介质，而在电子交易过程中，文件是通过数据电文的发送、交换、传输、储存来形成的，没有有形介质，这就需要通过一种技术手段来识别交易当事人、保证交易安全，以达到与传统的手写签名相同的功能。

电子签名的概念包含以下内容：

（1）电子签名是以电子形式出现的数据。

（2）电子签名是附着于数据电文的。电子签名可以是数据电文的一个组成部分，也可以是数据电文的附属，与数据电文具有某种逻辑关系，能够使数据电文与电子签名相联系。

（3）电子签名必须能够识别签名人身份并表明签名人认可与电子签名相联系的数据电文的内容。

电子签名具有多种形式，例如：附着于电子文件的手写签名的数字化图像，包括采用生物笔迹辨别法所形成的图像；向收件人发出证实发送人身份的密码、计算机口令；采用特定生物技术识别工具，如指纹或是眼虹膜透视辨别法等。无论采用什么样的技术手段，只要符合法律规定的要件，就是电子签名。

电子签名的法律效力是电子签名法所要解决的最重要的问题。确立电子签名的法律效力，关键在于解决两个问题：一是通过立法确认电子签名的合法性；二是明确满足什么条件的电子签名才是合法的、有效的。

民事活动中的合同或者其他文件、单证等文书，当事人可以约定使用或者不使用电子签名、数据电文。在电子签名的法律效力问题上，当事人约定使用电子签名、数据电文的文书，不得仅因为其采用电子签名、数据电文的形式而否定其法律效力；可靠的电子签名与手写签名或者盖章具有同等的法律效力；当事人可以选择使用符合其约定的可靠条件的电子签名。基于交易安全因素的考虑，涉及婚姻、收养、继承等人身关系的；涉及停止供水、供热、供气等公用事业服务的；以及法律、行政法规规定的不适用电子文书的其他情形目前尚不适用电子签名。

（二）数据电文的概念及其证据标准

数据电文也称为电子信息、电子通信、电子数据、电子记录、电子文件等，是指以电子、光学、磁或者类似手段生成、发送、接收或者储存的信息。

数据电文的概念包含两层意思：第一，数据电文使用的是电子、光、磁手段或者其他具有类似功能的手段；第二，数据电文的实质是各种形式的信息。

能够作为法律证据使用的电子数据包括下列信息、电子文件：网页、博客、微博等网络平台发布的信息；手机短信、电子邮件、即时通信、通信群组等网络应用服务的通信信息；用户注册信息、身份认证信息、电子交易记录、通信记录、登录日志等信息；文档、图片、音频、视频、数字证书、计算机程序等电子文件；其他以数字化形式存储、处理、传输的能够证明案件事实的信息。（最高人民法院关于民事诉讼证据的若干规定（法释〔2019〕19号）第14条）

当事人以电子数据作为证据的，应当提供原件。数据电文要达到满足法律、法规规定的原件形式要求和文件保存要求，需要符合下列条件：

（1）原件形式要求。书证应当提交原件。物证应当提交原物。提交原件或者原物确有困难的，可以提交复制品、照片、副本、节录本。依靠功能等同分析方法，如果数据电文能保证同等程度的完整性，并能够有效地表现所载内容并可供随时调取查用，那可以认为该数据电文满足法律、法规规定的原件形式要求。

（2）完整性要求内容保持完整、未被更改。需要根据个案的不同情况来具体确定，只要一份数据电文的内容保持完整，未被改动，对该数据电文做必要的添加并不影响其“原件”性质，如转让票据或者海运提单时在该票据或者提单上做背书。这种是由交易方所做的添加。还有一些形式变化是由数据传输的技术特点决定的，如将一份数据电文进行解码、压缩或者转换等一系列作业进行互联网传输数据。这是信息系统自动进行的，虽然会引起数据的形式变化，但是只要不改变数据的本来内容，就不认为其改变了数据电文的完整性。再如一份利用Word软件编辑的.doc文档，当它在WPS系统中显示时，其形式（如字体、字号、页面设置等）显然会发生变化，但这些变化并不影响该文档内容的完整性。

数据电文的完整性可以通过两种方式予以保证：一是保持数据电文形式的高度一致，即数据电文的格式与其生成、发送或者接收时的格式相同，其内容也必定相同；二是虽不能保证形式同一，如果能保证内容同一，仍然可以确认其完整性。

(3) 除了保存数据电文本身外，还能识别数据电文的来源，包括发件人、收件人以及发送、接收的时间等信息。

在案例 6－1 中，《阿里信用贷款合同》系陈某某以其名下经实名认证程序注册成功的支付宝账户与阿里小贷公司通过网络数据电文的形式签订，所绑定的手机号码系陈某某目前使用的手机号码，故在支付宝账户名、登录密码、支付密码经验证一致的情况下订立的案涉合同，应视为陈某某本人与阿里小贷公司签订，该电子合同形式、内容合法。

法律法规链接

本法所称电子签名，是指数据电文中以电子形式所含、所附用于识别签名人身份并表明签名人认可其中内容的数据。

本法所称数据电文，是指以电子、光学、磁或者类似手段生成、发送、接收或者储存的信息。

——《中华人民共和国电子签名法》第 2 条

当事人订立合同，可以采用书面形式、口头形式或者其他形式。

书面形式是合同书、信件、电报、电传、传真等可以有形地表现所载内容的形式。

以电子数据交换、电子邮件等方式能够有形地表现所载内容，并可以随时调取查用的数据电文，视为书面形式。

——《中华人民共和国民法典》第 469 条

符合下列条件的数据电文，视为满足法律、法规规定的原件形式要求：

（一）能够有效地表现所载内容并可供随时调取查用；

（二）能够可靠地保证自最终形成时起，内容保持完整、未被更改。但是，在数据电文上增加背书以及数据交换、储存和显示过程中发生的形式变化不影响数据电文的完整性。

——《中华人民共和国电子签名法》第 5 条

符合下列条件的数据电文，视为满足法律、法规规定的文件保存要求：

（一）能够有效地表现所载内容并可供随时调取查用；

（二）数据电文的格式与其生成、发送或者接收时的格式相同，或者格式不相同但是能够准确表现原来生成、发送或者接收的内容；

（三）能够识别数据电文的发件人、收件人以及发送、接收的时间。

——《中华人民共和国电子签名法》第 6 条

当事人以视听资料作为证据的，应当提供存储该视听资料的原始载体。

当事人以电子数据作为证据的，应当提供原件。电子数据的制作者制作的与原件一致的副本，或者直接来源于电子数据的打印件或其他可以显示、识别的输出介质，视为电子数据的原件。

——最高人民法院关于民事诉讼证据的若干规定（法释〔2019〕19 号）第 15 条

（三）电子证据的特征

电子证据与其他类型的证据相比，具有以下特征：

（1）科技性。电子证据的产生、储存与传输，都必须以计算机技术、存储技术、多媒体技术、网络技术等高科技为依托，并使其能在没有外界蓄意篡改或差错的影响下准确地储存并反映有关案件的真实情况。

（2）无形性。在计算机内部，所有信息都被数字化了。电子商务交易过程中，一切信息都由不可见的无形的编码来传递。

（3）外在表现形式的多样性。电子证据综合了文本、图像、动图、音频及视频等多种媒体信息，几乎涵盖了所有传统证据类型。

（4）易破坏性。计算机信息以数字信号的方式存在，但数字信号是非连续性的，因此如果有人故意或因为差错对电子证据进行截收、监听、窃取、删减、剪接等，技术上极难查清。而且计算机操作人员的差错或供电系统、通信网络的故障等环境和技术方面的原因都会使电子证据无法反映真实的情况。计算机登记、处理、传输的资料均以电磁浓缩的形式储存，体积极小、携带方便，而行为人极易变更软件资料，随时可以毁灭证据。

此外，电子证据还具有收集迅速，占用空间少，传送和运输方便，可以反复出现，易于保存、使用、审查、核实，便于操作等特点。而且电子证据能够避免其他证据的一些弊端，如证言的误传、书证的误记等，相对来说比较准确，比较接近事实情况。

二、数据电文作为证据的真实性和合法性审查

案例 6-2

某年1月，杨先生结识了女孩韩某。8月27日，韩某发短信给杨先生说："我需要5 000元，刚回北京做了眼睛手术，不能出门，你汇到我卡里。"杨先生随即将钱汇给了韩某。一周后，杨先生再次收到韩某的短信，又汇给韩某6 000元。两次汇款杨先生都没有索要借据。此后，因韩某一直没提过借款的事，在再次向杨先生借款时，杨先生产生了警惕，于是向韩某催要以前的两笔借款，但一直索要未果。于是杨先生诉至法院，要求韩某归还其11 000元。但韩某却称这是杨先生归还以前欠她的钱款。

经法官核实，杨先生提供的发送和接收短信的手机号码拨打后，接听者正是韩某本人。而韩某本人也承认，其本人一年前就开始使用这个手机号码。

庭审中，杨先生在向法院提交的证据中，除了两份银行汇款回单，还有自己接收到韩某短消息号码的手机，其中记载了部分短信内容。如：**** 年8月27日15：05"那就借点资金援助吧"以及**** 年8月27日15：13"你怎么这么实在！我需要五千……我刚做了个眼睛手术……你要是资助就得汇到我卡里！"等韩某发来的18条短信。移动电话短信内容中载明的款项往来金额、时间与杨先生银行个人业务凭证中体现的汇款金额、时间相符，能够相互印证。

请分析：

1. 电子商务发展对法律提出了哪些新的要求？

2. 在此案例中，手机短信能否作为证据？如何确定短信的法律效力？

法律法规链接

审查数据电文作为证据的真实性，应当考虑以下因素：（一）生成、储存或者传递数据电文方法的可靠性；（二）保持内容完整性方法的可靠性；（三）用以鉴别发件人方法的可靠性；（四）其他相关因素。

——《中华人民共和国电子签名法》第8条

人民法院对于电子数据的真实性，应当结合下列因素综合判断：

（一）电子数据的生成、存储、传输所依赖的计算机系统的硬件、软件环境是否完整、可靠；

（二）电子数据的生成、存储、传输所依赖的计算机系统的硬件、软件环境是否处于正常运行状态，或者不处于正常运行状态时对电子数据的生成、存储、传输是否有影响；

（三）电子数据的生成、存储、传输所依赖的计算机系统的硬件、软件环境是否具备有效地防止出错的监测、核查手段；

（四）电子数据是否被完整地保存、传输、提取，保存、传输、提取的方法是否可靠；

（五）电子数据是否在正常的往来活动中形成和存储；

（六）保存、传输、提取电子数据的主体是否适当；

（七）影响电子数据完整性和可靠性的其他因素。

人民法院认为有必要的，可以通过鉴定或者勘验等方法，审查判断电子数据的真实性。

——最高人民法院关于民事诉讼证据的若干规定（法释〔2019〕19号）第93条

电子数据存在下列情形的，人民法院可以确认其真实性，但有足以反驳的相反证据的除外：

（一）由当事人提交或者保管的于己不利的电子数据；

（二）由记录和保存电子数据的中立第三方平台提供或者确认的；

（三）在正常业务活动中形成的；

（四）以档案管理方式保管的；

（五）以当事人约定的方式保存、传输、提取的。

电子数据的内容经公证机关公证的，人民法院应当确认其真实性，但有相反证据足以推翻的除外。

——最高人民法院关于民事诉讼证据的若干规定（法释〔2019〕19号）第94条

审查证据真实性时，在确定能够确认信息来源、发送时间以及传输系统基本可靠、文件内容基本完整，同时又没有相反的证据足以否定这些证据的证明力的情况下，可以认可手机短信的证据力。

被修改过的电子数据当然不具备真实性，也就不能被法院采信。如果诉讼当事人对证据的真实性有疑问，可以申请专业部门进行鉴定，被鉴定为不真实的电子数据，不具有证据的效力。

在案例6－2中，由于手机短信有易修改、易编辑的特性，同时受网络、环境、技术等多方面的影响，需要审查以下几点来确定短信作为证据的法律效力：

（1）证明该手机号码确属对方所有，且不存在被别人错发短信的情况。

（2）证明所用手机收件箱中短信属只读文件，不能修改。

（3）有其他证据能够与短消息彼此印证。所有证据需要保持一致，形成完整、有效、严密的证据链。提供移动营业厅验证过的通话详单，核对手机短消息收取的时间和字节与移动营业厅通话详单一致，即能够达到证据真实性的证明效力。

（4）申请证据保全为避免手机短信灭失，在起诉后便可立即向法院申请证据保全，请求法院以勘验、制作笔录等方式将短信内容固定下来。

（5）诉前公证。为防止手机短信灭失，在收到手机短信后、提起诉讼前，可将手机短信进行公证。

（6）证据的收集方式、程序等合法，证据的形成不存在瑕疵。

审查数据电文作为证据的真实性，一般可以从操作人员、操作程序、信息系统三者的合法性方面入手。在审查生成、储存或者传递数据电文方法的合法性时，可以审查数据电文是否由合法操作人员生成、储存、传递，是否经未授权者侵入、篡改；数据电文是否严格按照操作程序来生成、储存、传递，有无违规改动、删除；用以生成、储存、传递数据电文的信息系统是否稳定、可靠，是否容易招致非法侵入，等等。在判断保持内容完整性方法的合法性，以及用以鉴别发件人方法的合法性时，还需要对所用技术方法进行审查。例如：数字签名比单纯在文件上输入自己的姓名要可靠些，经过加密的数据电文比未经加密的数据电文更难以被他人篡改，等等。

三、电子证据“关联性”的认定

案例6－3

[案例6－3－1] 王小姐是一家广告公司的销售主管，由于在一笔销售提成款的问题上与公司产生分歧，一气之下于某年4月20日向公司发送了一封电子邮件：“我决定今天辞职，希望公司可以安排交接人员于5月19日前将我的工作交接完毕。”人力资源部门直到5月10日才做出接受辞职的答复。王小姐十分意外，本以为公司会挽留她，没想到公司竟然同意了自己的辞职请求。深感懊悔的王小姐提出劳动争议仲裁申请。她认为，电子邮件形式的辞职申请只是自己的一个意向表示，只有书面申请才能构成正式的辞职信。公司发出的这一决定显然是单方面终止与自己的劳动关系，因此要求公司继续履行原劳动合同。

[案例 6-3-2] 37 岁的周女士曾就任某外资贸易公司经理，月薪 7 600 元。但仅几个月后，周女士就因一件小事赌气决定放弃这份工作。她于 6 月 5 日向公司发送了一份电子邮件，表示“我已经决定今天辞职，并希望在 6 月 15 日以前将手头的工作移交”。

7 月 10 日，公司向周女士发送了一份接受辞职的电子邮件，内容为：“关于您 6 月 5 日的辞职函，经管理部门认真研究，我们遗憾地接受您辞去本公司经理的职务。您在本公司的最后一天是 7 月 12 日，您的薪金支付到今年 7 月 15 日为止。”周女士即不再上班。

几周后，周女士反悔了，提出劳动争议仲裁申请，要求公司恢复她的职务，继续履行原劳动合同。她认为，在向公司发送辞职的电子邮件后，鉴于公司一再口头挽留，自己被公司的诚意感动，决定继续留在公司工作，并拒绝了其他公司的邀请。岂料公司后发制人，单方面终止了与自己的劳动关系。

请分析：

电子邮件形式的辞职申请是否具有法律效力？

在处理劳动争议案件时，越来越多的当事人拿出电子邮件、网络聊天记录、视频或者公司门禁系统数据等作为证据。这些证据能否作为有效的证据使用，能否产生合同生效的后果，还要看合同生效的其他条件。

通过技术手段获取，或者通过公证机关对电子邮件内容及源代码等进行公证取证，电子邮件就具备了证据的“真实性”与“合法性”。具备了“三性”的证据在法律上具备合法效力，可以在诉讼中作为证据使用。在案例 6-3 中，王小姐、周女士在邮件中明确做出了解除劳动合同的意思表示，自此意思表示送达公司时即产生了法律效力。因此，王小姐、周女士的邮件完全可以起到书面辞职申请的效力。

《劳动合同法》规定，员工提出解除劳动合同的，需要提前 30 天以书面形式通知用人单位，无须用人单位批准，30 天后劳动合同即可解除。在案例 6-3-1 中，王小姐在邮件到达公司或者公司做出回复之前，并未做出任何修改或者撤回的行为，因此，即使公司没有在 5 月 10 日发出批复，王小姐的辞职决定也将在 5 月 20 日产生解除劳动合同的法律效力。在案例 6-3-2 中，周女士在邮件中明确表达了辞职的意思，其后她并未以邮件或其他明确的方式撤回辞职申请。同时，周女士在接到公司同意辞职的邮件后，即未再上班。这个行为与电子辞职信组成了相互印证的证据链，可以证明周女士确实发出过辞职信，也承认了公司同意辞职的通知。在这以后，如果她要对自己的辞职行为进行更改，必须得到公司的同意。鉴于此，周女士发送邮件的行为已经产生了与公司解除劳动合同的法律后果，公司终止劳动关系合法有效。

当然，书面证据并不等同于纸质证据，如果用人单位在规章制度中规定了辞职必须向公司提供纸质书面申请书或辞职信，那么用人单位就不能以收到员工发送的电子邮件就认定双方劳动合同已经解除。对员工以电子邮件形式发出的辞职信，用人单位应尽早做出回应，如果不做出回应，应要求员工出具纸质的有个人签名的辞职信。

模块二

电子证据保全公证、司法鉴定及第三方存证

区别于物理证据，电子证据具有脆弱性、复合性、分散性、无界性、高科技性、附随性、可修改性、可分离性、可挽救性等特殊属性，具有易灭无形、易改无痕、易被侵权、跨域跨区等痛点，这直接影响电子证据的证据力和证明能力，也直接影响电子证据保全的方式方法。需要科学、实时地对电子证据进行公证、存证，必要时进行司法鉴定，以保证电子证据的法律效力。

知识链接

e 签宝联合 7 家平台共同发布《电子数据保全行业公约》

2017 年 4 月 13 日，第八届首都互联网知识产权保护论坛在京圆满落幕。会上，杭州天谷信息科技公司等八家单位联合发布了《电子数据保全行业公约》。e 签宝表示，电子数据的法律合法性需要其满足实名认证、防篡改、防抵赖、机密性、时间客观公正等要求，而对电子证据进行有效的保全，可以成为正确解决各类网络与信息技术案件、预防及处理各类纠纷、保障社会公平、促进社会和谐、遏制网络犯罪与网络知识产权侵权的关键。

e 签宝通过联合北京市方正公证处、百度云、司法鉴定中心等权威机构打造了一条集时间戳、实名认证、意愿认证、电子签名、电子数据存证、法律服务为一体的电子证据流程闭环。不仅可以通过 e 签宝平台形成电子证据，百度云与公证处等权威平台还将证据进行固化存证，一旦发生法律纠纷，可以出具 e 签宝证据报告、权威公证处的公证书、司法鉴定报告等有法律效力的电子证据。

一、电子证据保全

电子证据保全是指对于可能灭失或者以后难以提取的电子证据，人民法院、公证机关以及其他有义务保全的机关或组织根据当事人的申请或者主动依职权或义务采取一定的措施先行加以固定和保护的行为。由于无法证明电子证据是否被篡改，法院往往无法认可电话录音、网上聊天记录、电子邮件等电子证据，公证处也无法出具公证书。如何保证电话录音、网页截屏、电子邮件、网上聊天记录等证据真实存在并未被篡改过，令所有法官头痛。这凸显出电子证据保全的重要性。

（一）电子证据保全原则

1. 合法性原则

合法性原则要求保全证据方法的合法和保全证据程序的合法。由于电子证据具有容

易暴露个人隐私等特征，因此在电子证据的保全过程中，合法性显得尤为重要。合法性原则也保证了技术的充分应用且受到一定的限制。

民事诉讼法规定了诉前证据保全制度，申请主体包括诉讼中证据保全的“当事人”及诉讼前证据保全的“利害关系人”。

法律法规链接

在证据可能灭失或者以后难以取得的情况下，当事人可以在诉讼过程中向人民法院申请保全证据，人民法院也可以主动采取保全措施。

因情况紧急，在证据可能灭失或者以后难以取得的情况下，利害关系人可以在提起诉讼或者申请仲裁前向证据所在地、被申请人住所地或者对案件有管辖权的人民法院申请保全证据。

证据保全的其他程序，参照适用本法第九章保全的有关规定。

——《中华人民共和国民事诉讼法》第 84 条

当事人或者利害关系人根据民事诉讼法第八十四条的规定申请证据保全的，申请书应当载明需要保全的证据的基本情况、申请保全的理由以及采取何种保全措施等内容。

当事人根据民事诉讼法第八十四条第一款的规定申请证据保全的，应当在举证期限届满前向人民法院提出。

法律、司法解释对诉前证据保全有规定的，依照其规定办理。

——最高人民法院关于民事诉讼证据的若干规定（法释〔2019〕19 号）第 25 条

证据保全限于请求的范围，或者涉案财物。以起诉为基准点，证据保全可分为诉中证据保全和诉前证据保全。其中，前者有两种启动方式：一是由当事人提出申请，法院裁定，但应当在举证期限届满前向法院提出；二是法院依职权裁定采取保全措施。

2. 效率-成本原则

诉讼的目的在于解决纠纷，在能够解决纠纷的基础上，要尽量降低诉讼成本，提高效率。

3. 及时性原则

电子证据具有较强的时效性，及时保全是电子证据的内在要求。另外，及时性原则也是举证时限的要求，逾期不举证则应承担证据失效的法律后果。

4. 完整性原则

完整性是考察电子证据证明力的一个特殊指标，共有两层意义：一是电子证据本身的完整性，指数据保持完整并且未被改动；二是电子证据所依赖的计算机系统的完整性，包括记录该数据的系统必须处于正常的运行状态，在正常运行状态下系统对相关过程必须有完整的记录以及该数据记录必须是在相关活动发生的当时或稍后制作的。

5. 最小破坏原则

一般情况下，保全电子证据需要较高的专业技术，因为在保全过程中很容易破坏原来的数据和系统。最小破坏原则要求在保全电子证据的过程中，不能对原来的设备以及系统进行任何改动和破坏，以保证电子证据的原始性，并能够使保全的证据与原始资料相互印证。

（二）电子证据保全措施

单机证据可以采取传统的保全措施，包括法院保全和公证机关保全。法院保全是指由法院进行的保全，是狭义的保全，以申请人难以取得证据或证据可能灭失为前提。公证机关保全即证据保全公证，是指公证机关对于与申请人权益有关的日后可能灭失或难以取得的证据依法进行收存和固定以保持证据的真实性和证明力的活动。

电子商务环境下，"互联网＋公证"服务得到发展，一些互联网公证平台搭建起来，开展网络公证。网络公证是指由特定的网络公证机构，利用计算机和互联网技术，对互联网上的电子身份、电子交易行为、数据文件等提供增强的认证和证明以及证据保全的公证行为。我国已经出台了一整套适用于中国网络公证的方案，比方案包括三个部分：一是以证书授权中心（Certificate Authority）公证审核的注册机构（Registration Authority）审核程序为基础解决身份确认，包括资格、信用等；二是电子证据（电子合同、交易记录、电子文件、审核记录等）备份；三是第三方托管（Escrow）网上提存服务。其中，网络公证的数据保全服务，是网络公证的核心项目。

（三）电子证据保全义务第三人

由于电子证据的特殊性，只靠法院、公证机关的保全以及电子档案管理还不足以完成电子证据保全的任务。互联网信息服务提供者与上网服务营业场所等都存储了大量的电子信息，利用法律规范网络服务提供者对于信息的记录和保存，能够为电子证据的收集提供重要帮助。

法律法规链接

从事新闻、出版以及电子公告等服务项目的互联网信息服务提供者，应当记录提供的信息内容及其发布时间、互联网地址或者域名；互联网接入服务提供者应当记录上网用户的上网时间、用户账号、互联网地址或者域名、主叫电话号码等信息。

互联网信息服务提供者和互联网接入服务提供者的记录备份应当保存60日，并在国家有关机关依法查询时，予以提供。

——《互联网信息服务管理办法》第14条

互联网上网服务营业场所经营单位应当对上网消费者的身份证等有效证件进行核对、登记，并记录有关上网信息。登记内容和记录备份保存时间不得少于60日，并在文化行政部门、公安机关依法查询时予以提供。登记内容和记录备份在保存期内不得修改或者删除。

——《互联网上网服务营业场所管理条例》第23条

电子商务平台经营者应当记录、保存平台上发布的商品和服务信息、交易信息，并确保信息的完整性、保密性、可用性。商品和服务信息、交易信息保存时间自交易完成之日起不少于三年；法律、行政法规另有规定的，依照其规定。

——《中华人民共和国电子商务法》第31条

二、电子证据保全公证

电子证据保全公证是指通过公证的方法对电子证据进行固定和保管。目的在于以公证文书的形式将能够证明某个客观事实的电子数据固定化，以便厘清事实、确定责任、解决纠纷。目前我国公证机构开展的电子证据保全业务主要有网页保全、电子邮件保全、手机短信保全、微信保全、网络视频保全、网络财产保全等。这种公证活动的主体仍然是公证机构或公证员，前提是基于当事人的申请，同其他公证相同。但其对象不仅限于电子证据本身，还包括有关人员提取电子证据的行为，这一点使其能够起到保全电子证据的法律效果。

现在公证处多上线"互联网＋"电子数据保管平台，用户无须到公证处，只要在公证员的指导下，通过登录网页、下载手机App等方式就能对电子数据进行保存、加密并储存至服务器。事后，用户可以向公证处申请出具公证书、电子证据保管函等文件，具有同样的法律效力。足不出户即可办理电子证据公证，不仅快捷方便，价格也低于传统公证方式。

三、第三方电子存证

案例6-4

一个淘宝卖家好不容易开了个小店卖些小东西，但是发现有一个差评，于是他打电话给买家，问："这个东西不好吗?"买家回答："好!"卖家又问："既然好为什么给差评?""你懂的，你想让我去掉差评可以，给2 000块钱。"买家以无赖的口气回答。听到这里，卖家就恼火了，觉得这完全是敲诈勒索，就把这一情况反馈给了店小二。但是这个差评师与卖家是通过QQ和电话联系的，无法取证，如果通过阿里旺旺联系就可以找到IP地址来取证。当时店小二将这一情况反馈给公安部门，公安部门也没法解决，最后通过安存语录，将主叫号码、被叫号码、通话内容一一出证，杭州市抓了6个人，有力地打击了恶意差评师。

请分析：

1. 安存电子数据保全对于司法取证有什么好处？
2. 为什么需要通过安存这样的平台来进行证据保全？

(一)第三方电子存证的概念

传统的存证方式有两种：一种是自行存证，比如自行通过录像、截屏、下载等方式固定并保存电子证据，该方式虽操作简单、成本甚微，但证明力低，其真实性往往难以被法院认定；另一种是公证，根据民事诉讼法，“经过法定程序公证证明的法律事实和文书，人民法院应当作为认定事实的根据”。不过公证费用较高，且难以满足对网络环境下电子证据快速取证的效率需求。电子数据非常脆弱，高温、高湿等都很容易改变数据的真实性和完整性。网络环境是开放和共享的，容易使人出于自身利益需求改变在互联网中的电子数据。这些特点与法院审理案件时所要求的相对固定、在法庭上能直观呈现并易于卷宗归档的证据规则要求相悖。

第三方电子存证，是由当事人发起取证需求，通过第三方平台所利用的网络技术来确保电子证据真实性。第三方电子存证的成本较低、可操作性强，便于当事人及时取证，不过由于技术的复杂性和当前平台参差不齐，其证明力尚在探索过程中。

(二)第三方电子存证的发展状况

近年来，众多网络平台进入电子证据保全服务行业。2014 年 6 月 12 日，安存科技推出全球首项基于阿里云计算平台的数据保全服务，面向公众、企业、司法和公证机构提供云端取证服务。电话录音、网页截屏、电子邮件、网上聊天记录、电子合同等，都可实时加密传至云端，成为具备法律效力的呈堂证供。

基于阿里云计算的解决方案是：当你有取证需求时，可以在行为发生那一刻，轻松将数据上传并完成公证程序。加上国家密码管理局加密、公证机构专用网络通道、中国科学院可信时间戳、公安部完整性鉴别等技术手段，可确保数据在获取、存储、公证、证据使用过程中不被篡改，并被无限期安全存储。

以网络新闻侵权存在的版权证明难、侵权取证难为例，通过阿里云计算网页保全服务，只要著作权人设置好，如果作品被其他网站擅自转载，系统会自动抓取并存储到云端，出现纠纷时可以随时调取、出具公证。

2013 年 3 月，中国新闻社决定就某公司网页侵权提起诉讼，但如何对 3 万篇网络侵权文章进行公证成为难题。按照传统公证流程，完成 3 万篇文章的公证，需要两名公证员连续工作一年，公证书堆起来相当于 33 层楼高。而借助基于阿里云计算平台的数据保全服务和自动远程网络抓取，很短时间内即可完成公证流程。

该服务也可用于商业洽谈来往邮件的保全、版权证明的保全、电子合同的保全，甚至医院电子病历的保全。

按照公证档案的存放要求，遗嘱公证资料需要永久存放。大量的文字资料、光盘等实物如果存储在档案室需要很大空间，存储在硬盘则需要服务器一再扩容，还面临资料灭失的风险。该服务可以大大缓解公证机构的存储压力。

存储在云端的数据，其私密性、安全性也比实物资料更可靠。即使有人抢走阿里云的服务器，也不必担心数据泄露或者丢失，因为数据存储时已被切成无数个加密文件碎片，搬走机器也无法看到完整的文件。数据在云端有 3 份防灾备份，就算机房被毁也能安全找回。

（三）第三方电子存证的证明力问题

当事人提交的电子数据，通过电子签名、可信时间戳、哈希值校验、区块链等证据收集、固定和防篡改的技术手段或者通过电子取证存证平台认证，能够证明其真实性的，互联网法院应当确认《最高人民法院关于互联网法院审理案件若干问题的规定》（法释〔2018〕16号）。据此，第三方电子存证形成的电子证据具有证据资格，但具体应用方面仍然需要认真对待。

1. 电子存证的证据性质

在第三方电子存证操作过程中，当事人通过平台对互联网环境下相关事实进行取证，形成电子数据文件并存证于平台，之后平台出具《电子数据取证证书》《电子数据存证公证函》等类似名称的电子证明文件，这些电子证明文件有些是以平台运营主体的名义签发（如“保全网”由平台运营主体单独签发的《网页取证保全书》），有些是以平台和合作机构共同的名义签发（如“百度取证”由平台运营主体和合作鉴定机构共同签发的《电子证据保全证书》），还有些是由公证处或鉴定机构等合作机构单独名义签发。

当事人在涉及诉争时，往往以取证形成并存证于平台的电子数据文件及平台出具的电子证明文件来举证侵权事实。但电子存证所形成的电子数据文件以及平台出具的电子证明文件均属于电子证据，电子存证所反映的内容仍然是一个待证事实，需经查证属实，才能作为认定事实的根据。

2. 第三方电子存证的真实性审查

就第三方电子存证所形成电子证据的证明力，其合法性与关联性审查相较传统证据并无特殊之处，重点在于真实性审查。结合相关司法案例，其真实性审查，重点有以下几方面：

（1）第三方电子存证平台的资质。

对于平台资质的审查，具体包括利害关系审查及电子存证资质审查。

就利害关系审查，电子存证平台经营者应当与诉争的双方当事人均不具有利害关系，具体表现为不具有股权关系及重大经济往来、经营范围相互独立、人员不存在混用等。鉴于电子存证平台均具备营利性，取证当事人基于大量取证与平台签署的《存证服务合同》，平台为客户制定的针对性存证服务并不被认定为具有利害关系。

存证平台如具备相关网络安全方面的认证资质，无疑可以增加对其电子存证业务能力的确信。如“保全网”通过国家网信安全产品质监检验中心完整性鉴别检测，获得公安部第三研究所与国家网信安全产品质监检验中心授予的网站安全一级认证证书、信息系统安全等级保护第三级的备案证明等，则被法院视为具备作为第三方电子存证平台的资质、具备进行电子数据存储的安全环境。

根据《电子签名法》及《电子认证服务管理办法》相关规定，从事电子认证服务，应当向国务院信息产业主管部门提出申请，取得《电子认证服务许可证》。如果平台不具有从事电子认证资质，则存证效力可能会被否定。

（2）取证阶段的取证环境清洁性及安全性、网络环境真实性。

无论是当事人主动操作还是存证平台系统自动运行，无论是在当事人计算机上进行取证还是在存证平台云服务器端进行取证，均应当满足取证环境清洁性及安全性、网络环境真实性的要求，从而确保整个取证过程是在真实可信的互联网环境下进行的。

“联合信任时间戳”需要当事人主动进行计算机清洁性及安全性、网络环境真实性检查，操作步骤的缺失甚至顺序错误都会直接影响电子存证的证明力。在“（2019）京0491民初1212号”案件中，北京互联网法院即认为“首先，没有点击‘局域网’设置查看代理情况，存在设置虚拟代理网站的可能；其次，‘ipconfig’没有加上‘/all’，就不会显示DNS等关键信息，无法排除存在虚拟网站的可能……上述关键步骤的部分缺失，导致原告提供的可信时间戳证据存在重大缺陷，不足以取信”。又如在“（2018）浙01民终6346号”案件中，杭州中院认定原告“在计算机安全及清洁性检查完成前即进行了检查Hosts文件和‘ping目标页面域名’步骤……无法保证互联网连接真实，不符合电子证据生成的合法性”。

一些第三方存证平台会在当事人使用的取证计算机上自动执行清洁性及安全性、网络环境真实性检查的一系列程序，如“存证云”。还有一些第三方存证平台以让当事人在真实可信的云服务器端进行操作的方式，来替代在当事人取证操作的计算机上进行相关检查操作。

（3）存证阶段的保持电子证据完整且可验证的合法性。

当事人在取证完成后，将取证所形成的电子证据文件存证于第三方平台。诉争时通过验证当事人提交给法院的电子证据文件与存证平台所存证的电子证据文件的一致性，以证明在存证阶段涉案电子证据完整且未经篡改。

所存证的电子证据文件在第三方平台的存证位置，关系到存证合法性。部分平台将电子证据文件单独存证于自己的服务器上，如“联合信任时间戳”“存证云”；部分平台将电子证据文件同时存证于自己的服务器与合作的公证处或鉴定机构的服务器上，如“百度取证”“公证云”；部分平台则利用区块链技术，以存证平台、互联网法院、公证处、鉴定中心、CA中心等机构为节点构建区块链存证，如易保全、IP360。同时存证于平台与合作机构服务器的存证方式以及区块链存证较之于单独存证于平台服务器，数据修改的难度更大，因此具有更高的存证合法性。

（4）综合利用电子证据的认定规则。

首先，第三方电子存证所形成的电子证据存在法释〔2019〕19号第94条中五种情形时，可以确认其真实性。比如目前电子存证在网贷等互联网商业业务中亦有广泛应用，如果没有相反证据，一般应认定其真实性。

其次，采用电子存证的当事人应当就第三方电子存证的技术合法性负有技术说明义务。（杭州互联网法院《民事诉讼电子数据证据司法审查细则（试行）》第4条：提供电子数据的当事人应对电子数据形成、传输、提取等过程中运用的技术手段进行解释说明，必要时应提交技术提供方的认证说明。）无法自己说明的，可以申请存证平台进行技术说明。若无法自己说明亦不申请平台说明的，则应承担举证不能的法律后果。

最后，就与公证处或鉴定机构合作的第三方电子存证平台，其所存证电子证据的证明力应当高于没有权威机构信用背书的平台。对于区块链存证，若以互联网法院作为节点，其存证电子证据的证明力应当高于其他存储位置。

四、刑事案件收集提取和审查判断电子数据

案例 6-5

某年 10 月，犯罪嫌疑人张某某向谢某等人租赁一处房屋，用于经营“来得乐发廊”，并容留罗某等人在此处卖淫。2015 年 9 月，县公安局根据群众举报将张某某等人抓获归案。案件移送起诉后，案件承办人审查时发现，张某某对于容留卖淫的罪行拒不承认，并表示对“来得乐发廊”是卖淫场所的情况毫不知情。张某某的供述与房屋租赁合同、证人证言等证据之间无法相互印证。如果没有形成完整的证据链，案件将无法起诉。

正在焦灼之际，案件承办人在公安机关的扣押物品中发现有“犯罪嫌疑人张某某手机”。经过详细的数据恢复、鉴定分析以及专业取证，司法鉴定人员在该手机中查找出 275 条信息，其中包含大量涉及案情内容的短信，并制作成电子证据检验报告书，交由公诉部门审查。公诉人凭借电子证据辅证，使所有证据形成了一条完整的证据链。最终，法院以容留卖淫罪对被告人张某某定罪量刑。

请分析：

1. 张某某被判处容留卖淫罪的关键证据是什么？为什么该证据至关重要？
2. 电子证据能够作为刑事侦查诉讼使用的法律依据是什么？

为规范电子数据的收集提取和审查判断，提高刑事案件办理质量，最高人民法院、最高人民检察院、公安部联合出台了《关于办理刑事案件收集提取和审查判断电子数据若干问题的规定》（2016 年 10 月 1 日起施行），明确电子数据是在案件发生过程中形成的，以数字化形式存储、处理、传输的，能够证明案件事实的数据，包括：网页、博客、微博、朋友圈等网络平台发布的信息；手机短信、电子邮件、即时通信、通信群组等网络应用服务的通信信息；用户注册信息、身份认证信息、电子交易记录、通信记录、登录日志等信息；文档、图片、音视频、数字证书、计算机程序等电子文件。

收集、提取电子数据，应当由两名以上侦查人员进行，取证方法应当符合相关技术标准。在收集、提取的过程中，如能够扣押电子数据原始存储介质的，应当扣押、封存原始存储介质，并制作笔录；如无法扣押原始存储介质的，可以提取电子数据，但应当在笔录中注明不能扣押原始存储介质的原因、原始存储介质的存放地点或电子数据的来源等情况。

如存在数据量大无法或不便提取，或者提取时间长可能造成电子数据被篡改或者灭失等情形，经县级以上公安机关负责人或者检察长批准，可以对电子数据进行冻结。冻结电子数据，应当采取计算电子数据的完整性校验值、锁定网络应用账号等方法。

收集、提取的原始存储介质或者电子数据，应当以封存状态随案移送，并制作电子数据的备份一并移送。对网页、文档、图片等可以直接展示的电子数据，可以不随案移送打印件。对冻结的电子数据，应当移送被冻结电子数据的清单，注明类别、文件格式、冻结主体、证据要点、相关网络应用账号，并附查看工具和方法的说明。

电子数据是否真实，应当着重审查移送的是否是原始存储介质、电子数据是否具有数字签名或证书等特殊标识等内容；对电子数据是否完整，应当采取审查原始存储介质的扣押、封存状态等方法进行验证；对收集、提取电子数据是否合法，应当着重审查收集、提取电子数据是否由两名以上侦查人员进行以及取证方法是否符合相关技术标准等内容。

如公诉人、当事人或者辩护人、诉讼代理人对电子数据鉴定意见有异议，可以申请法院通知鉴定人出庭作证。法院认为鉴定人有必要出庭的，鉴定人应当出庭作证。经法院通知，鉴定人拒不出庭作证的，鉴定意见不得作为定案的根据。公诉人、当事人或者辩护人、诉讼代理人可以申请法庭通知有专门知识的人出庭，就鉴定意见提出建议。

在电子数据的收集、提取程序中，如存在未以封存状态移送等瑕疵的，不能补正或者做出合理解释的，不得作为定案的根据。如电子数据系篡改、伪造或者无法确定真伪的，以及电子数据有增加、删除、修改等情形，影响电子数据真实性的，不得作为定案的根据。

【实训任务】

即测即评

案例分析实训

单元七
市场秩序与公平竞争法律实务

良好的市场秩序与公平竞争犹如硬币的两面，相生相依，缺一不可。如果放任不诚信行为，必将影响诚信经营者创新和诚信经营的积极性，破坏市场公平竞争秩序。因此，任何市场经济模式，任何交易环境，都应当鼓励和保护公平竞争，规范市场竞争行为，构建良好的市场竞争秩序，只有这样才能把保护经营者和消费者的合法权益落到实处。电子商务领域同样如此。

通过学习本单元内容，你将达到以下学习目标：

【知识目标】

1. 理解电子商务经营者需要的相关知识产权及其保护；
2. 理解电子商务平台经营者责任及规则；
3. 掌握电子商务环境下知识产权冲突的表现、原因及解决措施；
4. 了解国家对网络不正当竞争行为的规制；
5. 熟悉电子商务信用评价。

【能力目标】

1. 能够应用避风港原则和红旗原则来审查电子商务平台经营者责任；
2. 能够分析电子商务环境下知识产权冲突的表现、原因，并提出解决措施；
3. 能够应用电子商务信用评价机制，对电子商务经营者进行信用评价。

【素养目标】

1. 积极培养知识产权申报、保护和维权意识；
2. 树立诚信经营观念，积极维护公平竞争的市场秩序。

你需要完成能力训练任务：搜集整理有关电子商务知识产权侵权和域名与商标权冲突等纠纷案例，讨论建设良好的市场秩序与公平竞争环境的重要性；认真完成实训任务，加深对本单元知识的理解。

本单元内容学习建议学时：6～9 学时。

导入案例

阿里巴巴被判向京东赔偿 10 亿元

2023 年 12 月 29 日，北京市高级人民法院对京东诉浙江天猫网络有限公司、浙江天猫技术有限公司、阿里巴巴集团控股有限公司“二选一”案做出一审判决，认定其滥用市场支配地位实施“二选一”的垄断行为成立，对京东造成严重损害，并判决向京东赔偿10亿元。

2013年6月，时任京东财务副总裁发表了一篇个人署名文章暗指天猫“逼商家二选一”，首次将商家被阿里巴巴要求“二选一”的问题暴露出来。在京东起诉状中同样指出：2013年以来，天猫不断以“签订独家协议”“独家合作”等方式，要求在天猫商城开设店铺的服饰、家居等众多品牌商家不得在京东商城参加促销活动、不得在京东商城开设店铺进行经营。

2015年，京东正式向有关部门举报天猫在“双11”促销活动中要求商家“二选一”，称其扰乱了电子商务市场秩序。之后的几年时间里，京东与阿里之间围绕“二选一”和行业竞争策略争论不休。2017年，京东贸易公司、京东叁佰陆拾度公司起诉天猫网络有限公司、天猫技术有限公司、阿里巴巴集团控股有限公司。京东向法院提出的诉求主要有：(1) 确认三被告具有市场支配地位；(2) 判令三被告停止滥用市场支配地位的行为；(3) 判令三被告向两原告连带赔偿经济损失10亿元等。京东指出，阿里方面要求众多品牌商家不得在京东参加“6·18”“双11”等促销活动、不得在京东商城开设店铺进行经营，甚至只能在天猫商城一个平台开设店铺进行经营行为。

2020年11月，北京市高级人民法院对京东诉阿里“二选一”垄断案组织了不公开质证。同年12月，国家市场监管总局依法对阿里巴巴实施“二选一”等涉嫌垄断行为立案调查。2021年4月10日，阿里因“二选一”被国家市场监管总局行政处罚182.28亿元。

2023年12月，北京市高级人民法院对京东诉阿里“二选一”案做出一审判决，认定阿里滥用市场支配地位实施“二选一”的垄断行为成立，对京东造成严重损害，并判决向京东赔偿10亿元。至此，京东诉阿里巴巴“二选一”案，终于告一段落。

资料来源：李丹．阿里被判赔京东10亿元！[EB/OL]．证券时报网，2023-12-29.

模块一

网络著作权

以互联网为代表的新经济已经成为一个利益巨大的经济部门，传统的著作权人希望将其对传统作品的权利自然延伸到网络上，网络上的既得利益者则希望网络上的权益能得到传统著作权的扩大保护。网络著作权的概念也随之出现。

一、信息网络传播权

案例 7-1

2016 年 9 月 25 日，美丽视界公司（乙方）与李某某（甲方）签订《著作权转让合同》，将甲方所拍摄及拥有著作权的摄影作品除保留署名权外，其余全部权利转让给乙方（包括但不限于著作权中的复制权、发行权、展览权、信息网络传播权、出租权、放映权、保护作品完整权等）。2017 年 1 月 22 日，李某某进行了保全证据的公证。《公证书》内容显示：讯极公司网页名为"重点班"的介绍栏中使用了一幅内容为华南师大大门的照片，该网页上方有"广州原动力画室"字样，下方有"广州原动力画室"的机构简介。经比对，讯极公司网页上使用的内容为华南师大大门的配图与美丽视界公司提交的该摄影作品相同，为同一作品。

讯极公司提交证据证明，广州原动力画室系独立经营，其成为平台客户后有权自主上传图片、文字等各种信息；讯极公司仅提供平台服务；讯极公司对注册客户在平台发布信息做了著作权说明，如果发布有版权的内容，与讯极公司的平台无关。

法院认为，涉案内容为"华南师大大门"的图片，具有独创性，并能以有形形式进行复制，属于《中华人民共和国著作权法》所保护的作品。美丽视界公司能够提供涉案作品底稿，并提供了《著作权转让合同》证明其取得涉案摄影作品的过程，故在无相反证明的情况下，美丽视界公司应为该涉案摄影作品的著作权人。

讯极公司未经李某某或美丽视界公司许可，在其经营管理的网站中使用了美丽视界公司享有著作权的涉案摄影作品，构成侵权，依法应承担相应侵权责任，包括立即停止侵权，赔偿美丽视界公司的损失等。

请分析：

1. 在本案例中，美丽视界公司对涉案图片拥有什么权利？
2. 讯极公司能否任意使用"华南师大大门"图片？

（一）著作权及网络著作权的概念

著作权，也称版权，是基于文学、艺术和科学作品而产生的法律赋予公民和其他组织等民事主体的一种特殊的民事权利。

随着互联网技术的发展，信息开始以超媒体方式传输，因而网络作品可以以文字、图片、音像等文本形态存在，即我们通常所说的"网页"。鉴于网络媒体技术上的特性，网络作品著作权的主体是作者和网络管理者；客体是以数字信号为形式、以网络为载体进行传播的作品。

可以把网络著作权定义为著作权人对受著作权法保护的作品在网络环境下所享有的著作权权利。基于此，网络著作权包含两层含义：第一层，相对于传统作品，指传统作品被上传至网络时著作权人所享有的权利，这里特指"信息网络传播权"。第二层，作品的数字化形式和新的数字化作品均受著作权法保护，任何媒体，不论是传统媒体，还是网络媒体，未经著作权人许可，如不符合法定许可的条件，擅自复制、转载、传播他人作品的，均构成侵犯著作权。

在案例7-1中，美丽视界公司请求保护的是一张由李某某拍摄、反映华南师范大学大门及周边环境的摄影图片。虽然该图片是对特定物理环境的客观再现，但是该图片体现了拍摄者本人的个性判断与构思，故应认定案涉摄影图片属于艺术领域内具有一定独创性的智力创作成果。同时，该摄影图片能以有形形式加以复制，应认定其属于现行著作权法所称的摄影作品。经比对，案涉争议图片与案涉摄影作品在内容表达上具有同一性，构成侵权，应承担相应的侵权责任。

(二) 信息网络传播权及其保护

案例7-2

2014年12月，新创华公司取得动画片《名侦探柯南》第1集至第703集在中国大陆地区的信息网络传播权及独占性许可权。2017年8月，新创华公司委托代理人在公证人员见证下，进入嘀哩公司官网，点击“柯南”，出现涉案作品的简介页面，共870集，依次点击其中第21～30集，页面未发生跳转，该10集剧集均可在原页面正常播放，播放过程中，页面的右上方有腾讯视频的字样。

请分析：

1. 嘀哩公司是否实施了提供涉案作品的直接侵权行为？
2. 如构成侵权，嘀哩公司应承担何种责任？

信息网络传播权是指著作权人通过互联网或其他有线或者无线的信息传输网络向公众提供作品的权利。与一般作品（如广播）的播放不同的是，公众可以在个人选定的时间与地点获得作品。如公众在互联网中阅读作品、观看影片、电视片，或者通过电话通信系统收听歌曲、故事等。网络用户、网络服务提供者未经许可，通过信息网络提供权利人享有信息网络传播权的作品、表演、录音录像制品，或通过上传到网络服务器、设置共享文件或者利用文件分析软件等方式，将作品、表演、录音录像制品置于信息网络中，使公众能够在个人选定的时间和地点以下载、浏览或者其他方式获得的，构成侵权。在案例7-1中，美丽视界公司从李某某处受让了案涉摄影作品的信息网络传播权，案涉摄影作品未经美丽视界公司许可被上传至平台，使公众通过该平台可以在个人选定的时间和地点接触到该作品，同时，对该作品的传播不存在法定许可或合理使用等限制著作权行使的法定情形，应认定为侵犯了权利人就案涉摄影作品所享信息网络传播权。

侵害信息网络传播权有直接侵权和间接侵权两种类型。未经权利人许可，通过上传到网络服务器、设置共享文件或者利用文件分享软件等方式，将作品、表演、录音录像制品置于信息网络中，使公众能够在个人选定的时间和地点以下载、浏览或者其他方式获得的，系实施提供作品的直接侵权行为，适用无过错责任原则。网络服务提供者明知或者应知网络用户利用网络服务侵害信息网络传播权，未采取删除、屏蔽、断开链接等必要措施，或者提供技术支持等帮助行为的，系实施帮助侵权的间接侵权行为，适用过错责任原则，需要根据网络服务提供者的过错，确定其是否承担帮助侵权责任，且适用"通知+删除"的避风港规则。网络服务提供者为服务对象提供搜索或者链接服务的，在接到权利人的通知书后，即断开与侵权作品链接的，不承担赔偿责任。

原告应就被告系直接侵权还是间接侵权加以举证证明，但只要有初步证据证明网络服务提供者提供了相关作品、表演、录音录像制品，举证责任就转移到网络服务提供者一方。网络服务提供者能够证明其仅提供网络服务，且无过错的，不应认定为构成侵权。如网络服务提供者不能举证，则须承担举证不能的法律后果。在案例7-2中，新创华公司已举证证明涉案作品在嘀哩公司网站上可正常播放，且未见网页跳转或链接到其他网站的任何证据，此时，举证责任发生转移，应由嘀哩公司对其仅系网络服务提供者且无过错承担举证责任。

间接侵权主要是针对单纯提供网络接入、传输、信息搜索、信息链接定位和内容存储的网络服务提供者而言。由于这些网络服务提供者并没有直接实施内容提供行为，但其所提供的网络服务客观上又为侵权信息的传播和扩大提供了便利，因此，在权利人能够举证证明网络服务提供者对于侵权内容提供行为的发生或侵权后果的扩大存在过错的，网络服务提供者仍须为此向权利人承担间接侵权责任。根据"有无实施内容提供行为"而区分直接侵权责任与间接侵权责任，有利于避免对网络服务提供者课以一般性的事先审查义务和较高的侵权注意义务，从而确保信息网络产业得以稳定发展。同时，鉴于互联网世界的虚拟性和侵权行为实施的隐蔽性，权利人往往只能发现互联网中的侵权内容并查明相关网络服务提供者的身份，并不容易查明侵权内容提供者的真实身份，而相关网络服务提供者更有能力查明侵权内容提供者的身份并屏蔽、断开或删除侵权内容，因此，为合理兼顾权利人和网络服务提供者的利益，从举证责任分配的角度解决了内容提供行为实施者的判定问题。

未经著作权人许可，通过信息网络向公众传播其作品的，应当承担停止侵害、消除影响、赔礼道歉、赔偿损失等民事责任。关于赔偿损失的计算，侵权人应当按照权利人的实际损失给予赔偿；实际损失难以计算的，可以按照侵权人的违法所得给予赔偿。赔偿数额还应当包括权利人为制止侵权行为所支付的合理开支。权利人的实际损失或者侵权人的违法所得不能确定的，由法院根据侵权行为的情节，判决给予五十万元以下的赔偿。

二、电子商务平台经营者责任

案例7-3

华盖公司作为一家图片授权公司，向法院诉称，欧派公司未经其许可，在自建的新浪微博中使用华盖公司享有著作权的图片，北京微梦创科公司作为新浪微博的平台经营者提供了信息发布平台，二者应共同承担赔偿责任。欧派公司认为，其转发的图片来自皮皮时光机软件图片库，也没有获利，请求法院驳回原告的请求。微梦创科公司认为其接到华盖公司投诉后已经将信息删除，不再承担责任。法院查明，欧派公司在转发该配图微博时没有审查权利归属，也未能提供证据证明自己使用该图片已获授权。

请分析：

1. 微梦创科公司作为电子商务平台经营者有无责任？

2. 如果欧派公司直接将皮皮时光机发布的带有侵权图片的微博进行转发，那么欧派公司作为微博转发者，应否承担侵权责任？

电子商务交易的商品信息具有虚拟性，电子商务平台经营者无法根据图片、文字等虚拟信息，来判断卖家销售的实体商品是否侵权。因此，不可能要求平台经营者像传统商场一样审查平台内经营者的侵权行为。为此，在规范平台经营者责任方面，发展出避风港原则和红旗原则。

（一）避风港原则

在发生著作权侵权案件时，若网络服务提供商（ISP）只提供空间服务而不制作网页内容，此时如果网络服务提供商被告知侵权，则有删除的义务，否则就被视为侵权。如果侵权内容不在网络服务提供商的服务器上存储，网络服务提供商也没有被告知哪些内容应该删除，则网络服务提供商不承担侵权责任。这就是避风港原则，后来也被应用在搜索引擎、网络存储、在线图书馆等方面，包括“通知＋删除”义务。避风港原则是美国为执行《世界版权公约》于 1998 年首先提出的，目的是保护网上作品的著作权，后被许多国家借鉴，作为处理互联网时代著作权侵权案件的原则。避风港原则在新技术发展和维权之间求得了合理平衡，保护了电子商务模式。

法律法规链接

知识产权权利人认为其知识产权受到侵害的，有权通知电子商务平台经营者采取删除、屏蔽、断开链接、终止交易和服务等必要措施。通知应当包括构成侵权的初步证据。

电子商务平台经营者接到通知后，应当及时采取必要措施，并将该通知转送平台内经营者；未及时采取必要措施的，对损害的扩大部分与平台内经营者承担连带责任。

因通知错误造成平台内经营者损害的，依法承担民事责任。恶意发出错误通知，造成平台内经营者损失的，加倍承担赔偿责任。

——《中华人民共和国电子商务法》第 42 条

平台内经营者接到转送的通知后，可以向电子商务平台经营者提交不存在侵权行为的声明。声明应当包括不存在侵权行为的初步证据。

电子商务平台经营者接到声明后，应当将该声明转送发出通知的知识产权权利人，并告知其可以向有关主管部门投诉或者向人民法院起诉。电子商务平台经营者在转送声明到达知识产权权利人后十五日内，未收到权利人已经投诉或者起诉通知的，应当及时终止所采取的措施。

——《中华人民共和国电子商务法》第 43 条

电子商务平台经营者知道或者应当知道平台内经营者侵犯知识产权的，应当采取删除、屏蔽、断开链接、终止交易和服务等必要措施；未采取必要措施的，与侵权人承担连带责任。

——《中华人民共和国电子商务法》第 45 条

微博、微信公众平台、今日头条等自媒体平台最大的特点就是可以极为便利地接触并转发他人发布的信息，在信息技术的帮助下人们接触信息的能力较之以往大大提升，这是微博带给公众的好处。与此同时，微博用户每天面对海量的信息，不可能也没有能力做到对信息的合法性做出实质性审查，这一点微博用户和微博平台本身是一样的，所以避风港原则也推广适用于转发用户。而最终应该履行审查义务的是微博发布者，因为他了解微博的作用和可能带来的转发效果，所以也应该有能力对发布内容承担责任。而如果判决微博转发者承担侵权责任，则会导致公众因为潜在的侵权风险而停止使用转发功能，并进而导致微博等新兴媒体会因转发失效不再具备存在价值，这样的结果显然是不合理且缺乏效率的。

近年来，由于数码摄影的兴起，图片的创作变得操作简单、成本低廉，以数码形式存在的图片作品大量产生，可以在互联网上轻易、快捷地展示、复制和传播，通过互联网获得并使用图片的侵权纠纷案件大量产生。虽然网络上大量图片可以免费下载，但免费网站免费下载并不代表可以任意使用，使用他人享有著作权的图片资源，一定要事先获得授权。

在案例 7－3 中，欧派公司在转发配图微博时没有审查权利归属，也未能提供证据证明自己使用图片已获授权，构成侵害著作权，应在其微博中删除并停止使用涉案图片，同时赔偿华盖公司经济损失。

（二）红旗原则

案例 7－4

［案例 7－4－1］某省摄影家协会会员熊某称，在搜狐网上发现自己的摄影作品未经其本人授权同意被登载，侵犯了其对相关作品的署名权、获得报酬权和信息网络传播权，请求法院判令搜狐公司立即停止侵权使用相关摄影作品，在搜狐网首页显著位置连续 30 日公开赔礼致歉，并赔偿经济损失 132 000 元。

熊某以列表方式，逐一列出了摄影作品的名称及获奖情况、权属证明或发表链接、侵权链接、使用数量等情况。其中一些作品曾在定位自身为“中国年轻一代用得更多的旅游网站”的“马蜂窝”网站上发表。

法院查明，涉案摄影作品累计 88 张次。原告均提交了作品的电子图片原图，图片属性显示了文件名、文件尺寸、拍摄所用相机型号、拍摄日期等详细信息，提供了签约供稿或摄影作品销售价格清单，并提供了大部分图片的作品登记证书。

搜狐公司辩称，自己仅是信息网络存储空间，涉案作品由用户上传，公司不应担责，但并没有提供明确的网络用户注册信息。

［案例7-4-2］无独有偶，斗鱼直播平台也因为主播未经授权演唱《小跳蛙》被诉至法院，要求承担侵权损失。原告麒麟童公司主张，其合法取得了歌曲《小跳蛙》在全世界范围内的著作财产权，而在未获得其授权、许可，未支付任何使用费的前提下，12名主播59次在被告斗鱼公司运营的直播间中演唱《小跳蛙》，严重侵犯了麒麟童公司对歌曲依法享有的词曲著作权、表演权等其他权利。

斗鱼公司辩称，其并非涉案行为的实施主体，仅提供中立的网络服务，不参与直播的策划与安排，也未对直播视频进行推荐与编辑；斗鱼直播协议约定其对产生的直播视频享有所有权，是协议转让行为，受让人不应对权利转让前的主播行为负责。

请分析：

搜狐公司和斗鱼直播平台作为网络服务提供商能否免责？

对于网络服务提供商明知或者应知的侵权行为，可以采取“通知＋删除”的规则，以避免承担间接侵权责任。但是在侵权事实显而易见的情形下，网络服务提供商不得主张避风港原则予以脱责，即不能简单地以“不知”或仅凭尽到“通知＋删除”义务而主张免责。

红旗原则是指当有关他人实施侵权行为的事实和情况已经像一面色彩鲜艳的红旗在网络服务提供商面前公然地飘扬，以至于处于相同情况下的理性人都能够发现时，如果网络服务提供商采取“鸵鸟政策”，像一只鸵鸟那样将头深深地埋入沙子之中，装作看不见侵权事实，则同样能够认定网络服务提供商至少“应当知晓”侵权行为的存在。

当网络服务提供商意识到从中能够明显发现侵权行为的“红旗”之后，如果不采取措施，就会丧失享受责任限制的资格。红旗原则同时具有主观和客观因素。在判断网络服务提供商是否意识到“红旗”时，应当判断其是否意识到相关的事实和情况，并采用客观标准。因此，对于网络侵权中电子商务平台经营者，一般以不“应知”作为免责事由。

在案例7-4-1中，熊某提交的作品登记证书、涉案作品原图或者发表链接等能够相互印证，形成初步的证据链，在无相反证据的情况下，应认定其系涉案作品的著作权人。

搜狐公司未经许可在其经营的网站中将涉案作品作为文章配图，且未给原告署名，使公众可以在其个人选定的时间和地点获得涉案作品，侵害了原告对涉案作品享有的信息网络传播权和署名权。搜狐公司虽辩称其为网络用户提供信息存储空间服务，但如果其不能提供明确的网络用户注册信息，视为其“应当知晓”侵权行为的存在，应依法承担相应民事责任。

作者对其创作的作品享有表演权，即公开表演作品，以及用各种手段公开播送作品的表演的权利。未经著作权人许可，表演其作品的，属于侵犯作品著作权的行为。在案例7-4-2中，斗鱼直播平台上存放的涉案视频中存在未经著作权人许可表演歌曲《小跳蛙》的内容，并进行公开播送，此种行为属于侵害著作权人表演权的行为。

斗鱼直播协议约定主播在直播期间产生的所有成果均由斗鱼公司享有全部知识产权、所有权和相关权益，这里面的“所有成果”当然包括涉案视频在内的上传并存放于斗鱼直播平台的视频。虽然主播是视频的制作者和上传者，但因为主播并不享有对这些视频的知识产权和所有权，所以根据权利义务相一致的原则，其不应对视频中存在的侵权内容承担侵权责任。与之相应，斗鱼公司是这些成果的权利人，享有相关权益，应对因该成果产生的法律后果承担相应责任。其在对外承担相应侵权责任后，可依据其与主播之间的约定向主播主张。虽然斗鱼与主播之间签过免责合同，但斗鱼就主播的直播行为获取了针对内容的直接经济利益，故应负有更高的注意义务。

同时，虽然网络直播的瞬时性和随机性的确很难管理，但其服务具有巨大收益。所以平台方应拥有相匹配的信息管理能力。

总之，虽然被告通过平台指引的方式公示了预防侵权的措施和侵权投诉的渠道，但对于瞬时发生的直播侵权行为，事后侵权投诉难以发挥制止侵权的作用。被告在应当意识到涉案直播行为存在构成侵权较大可能性的情况下，未采取与其获益相匹配的预防侵权措施，对涉案侵权行为主观上属于应知，构成侵权，应承担相应的民事责任。如果平台能提前做好侵权内容过滤和预警的系统，表明自身仅为提供信息存储空间的服务者，并能够提供注册用户上传侵权音乐的证据，则可以不用对用户（主播）行为负责。斗鱼直播平台基本上做到了这一点。

模块二

网络商标权

商标权是商标专用权的简称，是指商标主管机关依法授予商标所有人对其注册商标受国家法律保护的专有权。商标注册人拥有依法支配其注册商标并禁止他人侵害的权利，包括商标注册人对其注册商标的排他使用权、收益权、处分权、续展权和禁止他人侵害的权利。随着电子商务的发展，网络上商标侵权现象呈现上升趋势。

一、网络商标侵权的表现

案例7-5

完美（中国）公司诉北京窝窝团公司未经许可在网络上销售完美芦荟胶，侵犯其商标权，对公司声誉造成负面影响及经济损失，要求其赔偿经济损失及维权费用共计55万元。完美（中国）公司诉称，窝窝团发布多条商品信息，以每支8.8元或8.9元的低价，组织消费者团购每支价值38元的完美芦荟胶，该商品使用了与完美（中国）公司注册商标相同的标识，于是公司通过窝窝团网站购买了该商品。经鉴别，窝窝团网站所售商品包装粗糙、防伪标签与完美（中国）公司生产的产品完全不一致，属于侵权商品。

请分析：

在本案例中，如何认定被告构成对原告注册商标专用权的侵犯？

（一）与实物商品相关的商标使用侵权

1. 通过电子商务方式销售假冒商品

此种形式的商标侵权行为与传统经济下销售假冒商品并无不同。电子商务环境下一个全新的问题是主体的确定，实践中常用的解决方式有：通过网络实名认证信息确认；通过相关网站的经营者、域名所有人、ICP备案信息等间接信息确认；通过购买样品获得卖方信息；向网络服务提供商索取信息。

在案例7-5中，被告在其经营的窝窝团网站发布多条商品信息，以低价组织消费者团购"每支价值38元的完美芦荟胶"，使用了与原告所持注册商标相同的标识，侵犯了原告的注册商标专用权。

2. 通过电子商务形式销售平行进口或违约商品

通过电子商务形式销售的平行进口商品，通常是原本应在其他国家市场上进行销售的"正品"。对于平行进口和违约销售的商品侵权性质的认定，适用权利用尽原则，即含知识产权的商品经权利人出售后，在后续流通领域转售该产品的，均不构成侵权。在上海市二中院维多利亚的秘密商店品牌管理公司诉上海锦天服饰公司侵害商标权及不正当竞争纠纷案（2013年4月）中认定，国外某品牌拥有者在国内就该品牌注册了商标，但又在国外将该品牌商品授权他人处分，国内经销商通过正规渠道从该被授权人处进口该品牌正牌商品并在国内转售的，根据商标权利用尽原则，该进口并转售的正牌商品不会造成相关公众对所售商品来源的混淆、误认，不构成商标侵权。

通过电子商务形式销售违约商品，典型表现为将协议规定只能直销的商品在电商平台上进行销售；或将协议规定本应在某特定地域销售的商品在电商平台上进行销售；或将应该置于商标权人严格挑选和限定的销售环境中进行销售的商品（如奢侈品）置于电商平台进行销售。由于销售违约商品，仅构成合同法意义上的违约，授权方可以依据合同法追究违约责任，如果所销售违约商品属于正品，则不属于侵犯商标权的行为。

法律法规链接

有下列行为之一的，均属侵犯注册商标专用权：

（一）未经商标注册人的许可，在同一种商品上使用与其注册商标相同的商标的；

（二）未经商标注册人的许可，在同一种商品上使用与其注册商标近似的商标，或者在类似商品上使用与其注册商标相同或者近似的商标，容易导致混淆的；

（三）销售侵犯注册商标专用权的商品的；

（四）伪造、擅自制造他人注册商标标识或者销售伪造、擅自制造的注册商标标识的；

（五）未经商标注册人同意，更换其注册商标并将该更换商标的商品又投入市场的；

（六）故意为侵犯他人商标专用权行为提供便利条件，帮助他人实施侵犯商标专用权行为的；

（七）给他人的注册商标专用权造成其他损害的。

——《中华人民共和国商标法》第57条

（二）与交易信息相关的商标使用侵权

案例7-6

美国之宝制造公司（Zippo Manufacturing Company）是世界著名的打火机制造商，其拥有的“ZIPPO”品牌具有较高知名度及影响力。在中国，之宝公司注册了“ZIPPO”系列商标，该商标于2000年被列入《全国重点商标保护名录》。

2007年4月17日，河北省某市王某注册了域名“www.zippo.org.cn”，并将该域名直接链接至其所注册打火机销售淘宝网店“ZIPPO量贩河北老王老店”。在该淘宝网店首页突出使用“ZIPPO”标识，并且在其销售的非之宝公司所生产的“Cricket”一次性打火机的宣传图片上显著标注“ZIPPO”标识。

请分析：

1. 王某在其淘宝网店首页突出使用“ZIPPO”标识的行为是否构成对之宝公司的商标侵权？

2. 之宝公司是否有权要求王某将注册的域名“www.zippo.org.cn”无偿转让给自己注册和使用？

1. 使用他人商标作为搜索关键词或网页关键词

使用他人商标作为自己网页的关键词，或通过搜索引擎提供的竞价排名实现他人商标与自己网站的关联，目前在多数案件中被认定为侵权。

2. 使用他人商标作为网店的名称、招牌、装饰或用作宣传

在案例7-6中，王某在淘宝网店首页显著位置标注他人注册商标系商标使用行为，属于商标法所规定的商标使用行为。其在商业活动中使用他人注册商标未经他人许可，且其销售的商品打火机与之宝公司注册商标核定使用商品打火机为相同商品，故其行为侵犯了之宝公司的注册商标专用权。王某应将注册的域名“www.zippo.org.cn”无偿转让给之宝公司注册和使用。

即使王某在网店上所销售的商品系之宝公司正品，只要其并非之宝公司的特约专卖店，且未许可自行使用之宝公司注册商标，王某仍然不能自行将之宝公司注册商标直接标识于淘宝网店首页，而只能采取叙述性等方式，如“本店销售ZIPPO打火机”等，来告知相关公众其网店亦销售之宝公司商品。

在淘宝网店首页显著位置标注他人注册商标的实质是使相关公众认为该网店为权利人所开，或与权利人具有许可关系、关联企业关系等特定联系，从而引起混淆，侵犯权利人注册商标的利益和声誉，同时也干扰和妨碍了权利人正常的经营管理秩序，对于注册商标的被许可人而言，也是一种不正当竞争行为。对于使用他人商标进行网店装饰的行为，应重点考察该使用行为是否具有合理性和正当性，是否会造成公众的混淆以及是否会对权利人造成损害。

案例 7-7

卡地亚国际公司（原告）是世界知名的珠宝、腕表类高端、奢侈商品“Cartier”品牌的拥有者。“Cartier”商标在中国核准注册，并被列入《全国重点商标保护名录》，被认定为驰名商标。

梦克拉公司生产珠宝、首饰商品，使用其“梦克拉”注册商标，并在1号店网站开设网络商铺。

2011年8月15日，在1号店网站搜索“Cartier”，共搜索到6个商品信息，主要内容是镶嵌钻石的戒指的图片，图片下的商品名称中有“梦克拉18K钻石戒指Cartier款百年经典皇冠钻戒”等字样。点击进入新的网页，在商品图片内容下方的“产品介绍”中有“设计风格源自百年经典Cartier1895系列”“Cartier款百年经典皇冠钻戒……是世界上最流行的钻戒镶嵌法之一”等内容。在商品介绍的“关于梦克拉”中有“梦克拉钻石多年与提供国际一线品牌珠宝Cartier等钻石生产贸易商合作，共享全球顶级供应链渠道”等内容。原告在1号店购买商品并公证取证。

其后，原告在“京东商城”“卓越亚马逊”网站搜索“Cartier”，找到含有“梦克拉首饰18K白金钻石戒指Cartier款百年经典皇冠钻戒依恋”及相似字样的商品信息各1个、3个，产品介绍内容与1号店网站相同。

请分析：

1. 梦克拉公司在网店使用“Cartier”等相关文字介绍自有商品的行为是否构成对“Cartier”商标的侵权？

2. 1号店平台经营者是否与梦克拉公司一起构成共同侵权？应如何认定1号店的责任？

3. 在商品介绍中使用他人商标

商标的基本功能是区分商品或者服务的来源，授予注册商标专用权的目的是确保商标基本功能的实现，只要被控侵权行为损害了商标基本功能的实现，就构成商标侵权。在电子商务环境中，在自己商品的款式名称中使用他人具有较高显著性、知名度相同或相近商品的商标，能够使相关公众产生权利人品牌已成为相关商品的款式、设计风格的通用名称等方面的错误认识的行为，属于减弱权利人商标标识作用的行为，构成商标侵权。

（1）商标混淆侵权行为与商标淡化侵权行为的区分。

按照损害商标基本功能行为的不同实现方式或者商标侵权构成要件的不同，可以将商标侵权行为分为商标混淆的侵权行为和商标淡化的侵权行为两大类。前者系在相同或者类似商品上将相同或者近似的标识指向同一来源，使得相关公众误认为侵权商品与注册商标商品来源同一或者来源有关联。权利人、侵害者之间存在竞争关系和侵害者行为存在混淆可能性是其构成要件。后者系侵害者使用相同或者近似的标识指向不同的来源，从而降低权利人商标的显著性，弱化其商标的标识作用，侵害者利用权利人具有一定知名度商标的声誉获得不正当的竞争利益，其成立不以权利人、侵害者之间是否存在竞争关系和侵害者行为是否存在混淆可能性为构成要件。

在案例 7-7 中，由于梦克拉公司对“Cartier”字样的使用非属突出使用，且梦克拉公司对涉案商品明确标注了品牌、生产商，且其商品的价格、消费群体、消费渠道等的确与权利人存在较大不同等，可以认定梦克拉公司使用“Cartier”的行为一般不会使相关公众对商品的来源发生实际混淆或者具有混淆可能性。在构成淡化类商标侵权行为的认定中，梦克拉公司行为不具有混淆可能性并不影响对其构成侵权的认定。

（2）商标淡化侵权行为的构成要件分析。

商标淡化侵权行为有以下构成要件：一是权利人商标具有较高显著性、知名度和较好商誉，该种显著性、知名度和商誉与其商品具有比较紧密的对应联系；二是侵害者使用与权利人商标相同或者近似的标识没有正当理由，不论该种使用是否在实质上起到标识其商品来源的作用；三是侵害者行为在客观上导致了权利人商标显著性的降低或者损害了权利人商标的商誉。

在案例 7-7 中，涉案商标具有较高显著性、知名度，指向了高端的珠宝类商品的来源，起到了区分权利人商品与其他珠宝类商品的不同来源的作用。相关公众看到“Cartier”字样就会与世界知名、高端的珠宝类商品等产生联系。梦克拉公司回避使用具体描述性文字而使用权利人商标文字，在主观上具有刻意借助权利人品牌以吸引消费者并达到宣传、提升自己商品知名度以及扩大自己商品市场份额的目的。“Cartier 款百年经典”等文字在客观上易使相关公众产生“Cartier”已经由世界知名品牌、商标演变、蜕化为相关钻戒商品的款式、设计风格的通用名称等方面的错误认识，并易使相关公众认为“Cartier”品牌不再是高端珠宝类商品的代表，故梦克拉公司的行为减弱了权利人商标的显著性，降低了权利人商标的标识作用，属于商标法规定的“给他人的注册商标专用权造成其他损害的”行为，构成商标侵权。

二、网络服务提供商共同侵权责任

平台经营者对于网络商户的侵权行为一般不具有预见和避免的能力，故不应当为此承担侵权赔偿责任，但如果平台经营者知道平台内经营者利用其所提供的网络服务实施侵权行为，而仍然为侵权行为人提供网络服务或者没有采取必要的措施，则应当与平台内经营者承担共同侵权责任。平台经营者是否知道侵权行为的存在，可以结合权利人是否发出侵权警告、侵权现象的明显程度等因素综合判定。平台经营者是否采取了必要的避免侵权行为发生的措施，应当根据平台经营者对侵权警告的反应、避免侵权行为发生的能力、侵权行为发生的概率大小等因素综合判定。

“应知”的内容是明显的侵权事实。认定平台服务商知道平台内经营者利用网络服务侵害他人商标权时可以考虑的因素通常有以下八个：

（1）被控侵权交易信息位于网站首页、栏目首页或者其他明显可见位置；

(2) 平台服务商主动对被控侵权交易信息进行了编辑、选择、整理、排名、推荐或者修改等；

(3) 权利人的通知足以使平台服务商知道被控侵权交易信息或者交易行为通过其网络服务进行传播或者实施；

(4) 平台服务商针对相同网络卖家就同一权利的重复侵权行为未采取相应的合理措施；

(5) 被控侵权交易信息中存在网络卖家的侵权自认；

(6) 以明显不合理的价格出售或者提供知名商品或者服务；

(7) 平台服务商从被控侵权交易信息的网络传播或者被控侵权交易行为中直接获得经济利益；

(8) 平台服务商知道被控侵权交易信息或者交易行为侵害他人商标权的其他因素。

以上八个因素描述的都是明显的侵权事实，或者是由于与平台经营者的行为或利益直接相关，使得平台经营者应当尽审查义务的内容。

已履行合理注意义务的网络服务提供者对网络内容提供者的侵权行为不构成共同侵权。

网络用户利用网络服务实施侵权行为的，被侵权人有权通知网络服务提供者采取删除、屏蔽、断开链接等必要措施；网络服务提供者接到通知后未及时采取必要措施的，对损害的扩大部分与该网络用户承担连带责任；网络服务提供者知道网络用户利用其网络服务侵害他人民事权益，未采取必要措施的，与该网络用户承担连带责任。故网络服务提供者对网络用户的侵权行为承担共同侵权责任，其是否构成间接侵权或者共同侵权应当以其存在主观过错为构成要件。

在案例 7-7 中，1 号店经营者作为网络服务提供商，尽到了合理的注意义务，不构成间接侵权。网络平台上的商品信息海量，从网络技术、管理成本、认知甄别能力等角度出发，不能苛求平台经营者对网站上的众多网络店铺中的大量商品的知识产权权利状况进行全面有效的审核，不能苛求其对网店所售商品是否侵害他人知识产权进行全面有效的判断，故在通常情况下，平台对网络用户的侵权行为并不具有预见和避免的能力。权利人在发现侵权行为后并未发送相关通知，侵害者在收到权利人起诉状后即删除网站上的涉案侵权信息，故不存在平台在知道侵权后继续提供网络服务的情形。

三、商标侵权行为中合理使用的抗辩

案例 7-8

某年 3 月，原告立邦公司发现被告展进公司在未得到原告许可和授权的情况下，在被告淘宝网上开设店铺，并大量使用“立邦”商标标识、平面广告来装饰其店铺页面，此行为足以误导消费者，侵犯了原告的商标权。淘宝公司在接到原告的投诉通知后，未采取有效措施制止该侵权行为，构成共同侵权。立邦公司起诉请求判令两被告立即停止侵权，赔礼道歉，赔偿经济损失及合理费用。经法院查明，展进公司实际从事“立邦”

商品销售。

请分析：

展进公司使用立邦公司的注册商标装饰店面是否构成商标侵权？

商标侵权行为的界定一方面直接决定了注册商标专用权的保护范围，另一方面还涉及其他竞争者（注册商标权人的竞争对手）的交易以及竞争的空间和自由，故在界定商标侵权行为时，必须注意商标所有人与竞争者之间的利益平衡，既要确保商标所有人的正当权利，防止竞争对手以不正当手段损害商标所有人的正当权益或不正当地搭便车，又要防止保护过度，妨碍竞争对手的交易自由和竞争自由，不适当地增加交易成本。商标的合理使用作为商标侵权的抗辩理由，正是商标权保护中利益平衡的一个杠杆，系保护自由竞争的结果。如果在后标识使用人的行为在主观上是善意的、没有损害在先商标权人的利益或者搭乘在先商标商誉的主观恶意，在客观上没有损害先商标权人的合法权益，则构成商标的合理使用。

在案例 7-8 中，展进公司使用立邦公司的注册商标，仅为指示其所销售商品的信息，并未造成相关公众的混淆，亦未造成商标利益的损害，故不应认定为商标侵权行为。同时，展进公司销售的是立邦公司的产品，不存在商品质量的降低，且在商标使用过程中，也不存在对商标的贬损，故而并未损害"立邦"作为驰名商标所包含的质量保障和信誉价值。淘宝公司作为网络服务提供者，在展进公司不构成商标侵权的前提下，也不应被认为构成商标侵权。同时，开设网店并销售具有合法来源的商品，无须商标权人许可，不构成侵权。

模块三

互联网不正当竞争

经营者在生产经营活动中，违反《中华人民共和国反不正当竞争法》的规定，扰乱市场竞争秩序，损害其他经营者或者消费者的合法权益的行为即为不正当竞争行为。在互联网环境下违背诚信的商业原则，损害其他经营者和消费者利益，破坏公正经营秩序的行为则系互联网不正当竞争行为。

一、互联网不正当竞争行为

互联网市场竞争日益激烈，从与传统不正当竞争行为发生环境、行为方式等方面的不同方面来看，互联网不正当竞争纠纷主要有三种类型：

一是传统不正当竞争行为扩展到互联网环境下的不正当竞争行为。其行为在本质上与传统不正当竞争行为并无不同，仅因行为人借助互联网平台实施争议行为而存在行为实施环境、发布的媒体等方面的差异。如全国首例网络拍卖不正当竞争纠纷案，涉及如何区别以“拍卖”为名的网络促销与网络环境下拍卖法意义上的拍卖，以及网络拍卖是否应严格遵守《中华人民共和国拍卖法》相关规定等内容。

二是新商业模式引发的不正当竞争行为。其行为是由线下业务扩展到线上引发的，此类纠纷主要发生在“互联网＋”环境下，争议行为涉及的业务离不开传统行业，由于加入了互联网因素，因此传统行业规则发生了一定的变化，甚至颠覆。如在互联网金融新商业模式下引发的全国首例网贷评级商业诋毁案。

三是利用互联网技术手段实施的不正当竞争行为。其行为是在经营互联网产品或服务过程中引发的，如全国首例涉用户数据不正当竞争纠纷“脉脉案”、浏览器更改 UA 跳过广告案、搜狗输入法歧视性对待搜索引擎不正当竞争纠纷等。此类纠纷可细分为竞价排名纠纷、工具类软件纠纷、社交软件纠纷、网络游戏纠纷等。

互联网不正当竞争行为按其主体不同，可分为三类：传统企业之间利用网络进行经营过程中发生的不正当竞争行为、网络服务商与传统企业之间的不正当竞争行为以及网络服务商之间的不正当竞争行为。其中既包含传统不正当竞争行为在网络环境中的新表现，也有互联网网络条件下独有的不正当竞争形态，具体来讲，主要有以下几大类：

（一）混淆行为

混淆行为在市场经济活动中较常被采用。在网络世界中，物体、字符、标识等表现形式的电子化和网络易模仿、易复制等特性，增加了制造混淆的机会和手段。通过混淆行为，侵权人无偿利用其他经营者的市场优势提高自己的竞争能力并谋取利益，同时也给被混同的企业造成经济损失。网络环境下的混淆行为主要表现在擅自使用他人有一定影响的域名主体部分、网站名称、网页等进行不正当竞争。如采用图像链接时，为增加其醒目性和识别性，设链者使用他人的文字或图形商标作为链接标识；通过视框链接的“加框”技术，设链者在框中任意添加他人的文字和图案商标，以扩大自己网站的影响，提高自己网络服务的知名度或可识别性，造成“商标淡化”。案例 7－7 中存在的商标淡化行为就是一种“减少、削弱驰名商标对其商品或服务的识别性和显著性能力的行为，或者存在混淆和误解或欺骗的可能性”的不正当竞争行为，而不管商标所有人与他人之间是否存在竞争关系。

还有域名抢注，将他人的商标、厂商名称、国际组织名称、网站名称、名人姓名等注册为自己的域名，再高价出售给商标、厂商名称所有者牟利或利用他人知名商标、名称的良好商誉达到混淆、引诱、误导消费者访问以攫取不正当商业利益的目的。如 2000 年 8 月上海东方网公司（www.eastday.com）诉济南开发区梦幻多媒体网络技术开发中心 eastdays.com 域名纠纷案。

（二）侵犯商业秘密行为

商业秘密是指不为公众所知悉、具有商业价值并经权利人采取相应保密措施的技术信息、经营信息等商业信息。在现实世界中，商业秘密的法律保护已经引起了国际社会的广泛关注。面对互联网的挑战，商业秘密的保护更加成为一个突出的问题，通过网络侵害商业秘密的后果往往更为严重。例如：利用管理网站的优势随意窃取、泄露或使用上网企业与个人的具有商业价值的保密性资料信息；员工利用电子邮件有意或无意地传送企业秘密商业信息；以 FTP 传输文件、BBS 电子公告板、新闻组和远程登录等方式都可能造成对商业秘密的侵害；而可归属于计算机网络犯罪行为的黑客入侵、破坏等行为更是商业秘密的大敌。

（三）利用互联网广告等手段进行虚假宣传行为

涉及商标、标志假冒、不实广告、比较广告、虚假宣传的国内外网络不正当竞争纠纷明显增多，在 1999 年发生的北京市鹤鸣日新市场拓展公司诉北京讯合科技公司不正当竞争纠纷案中，后者因使用“最权威、第一家”等用语就受到提供同类在线服务的多起起诉。而通过强制性的网络不实广告进行不正当竞争的行为不仅损害了同业经营者的利益，也给消费者造成直接或间接的经济损失。

（四）诋毁竞争对手行为

诋毁竞争对手的行为有利用电子邮件、BBS 等互联网工具造谣诽谤、捏造散布虚假事实，诋毁损害竞争对手的商业信誉、商品声誉，误导消费者。网络环境下信息传播的迅捷、覆盖领域的广阔使得企业的商誉权显得尤为重要，诋毁商誉的行为不仅对经营者造成严重影响，也扰乱了社会经济的良好竞争秩序。

（五）不当网站评比行为

自 1998 年 7 月 CNNIC 开始举办优秀网站排行榜以来，各大网站为了获得好的名次、提高网站知名度、增加风险投资谈判的资本，拉选票“贿选”等行为日益猖獗。如利用高额奖励或回报引诱、欺诈企业或个人加入网站会员或浏览该网站；通过网站与网民的互动来吸引浏览者（俗称炒人气），以增加知名度，并从知名度中直接或间接获利；甚至出现了大量的假选票。这种行为虽然没有直接损害其他网站的经济利益，但对于以“注意力”为支撑的网络经济而言，“浏览率”就意味着金钱，吸引公众的注意、提高网站知名度对于网络事业的发展极为重要。

（六）不当有奖销售行为

一些门户网站、电子商务交易平台网站等为提高访问量、吸引会员、增加广告收入，向访问者推出类似于“天上掉馅饼”的活动，只要访问者回答一些简单的问题，就可能通过每月的抽奖活动获得巨额的奖励，如一部汽车，甚至一栋房屋。

（七）不当利用互联网技术手段行为

新型的网络技术也会被不当利用进行不正当竞争，其中链接就是被经常使用的一种技术手段。如利用深度链接方式绕过他人网站发布广告的页面（一般是主页）而直接进入次一级页面访问，导致被链网站的用户访问量和广告点击率下降，广告访问量及广告收入大为减少，还可以引诱用户阅读设链者主页上的广告，从而损害被链接网站的经济利益和竞争能力。利用视框链接将他人的网页内容作为自己页面的一部分，同时用户浏览器显示的仍是设链者的网站地址，导致用户极可能认为阅读信息是由当前页面所提供。为谋求不正当利益或贬损竞争对手的商业信誉，将他人的商标、企业名称等埋设为自己网页的关键词，当用户利用搜索引擎工具进行搜索时，便会被导引至与搜索内容不相关的网页，给正当权利人带来不容忽视的负面影响，构成对权利人商誉的侵犯以及商标的淡化（“不当埋设”行为）等。

法律法规链接

经营者利用网络从事生产经营活动，应当遵守本法的各项规定。

经营者不得利用技术手段，通过影响用户选择或者其他方式，实施下列妨碍、破坏其他经营者合法提供的网络产品或者服务正常运行的行为：

（一）未经其他经营者同意，在其合法提供的网络产品或者服务中，插入链接、强制进行目标跳转；

（二）误导、欺骗、强迫用户修改、关闭、卸载其他经营者合法提供的网络产品或者服务；

（三）恶意对其他经营者合法提供的网络产品或者服务实施不兼容；

（四）其他妨碍、破坏其他经营者合法提供的网络产品或者服务正常运行的行为。

——《中华人民共和国反不正当竞争法》第 12 条

二、制造混淆的不正当竞争行为

案例 7-9

原告匡威公司拥有商标“CONVERSE”的注册商标专用权。经过 90 多年的发展，“CONVERSE”已经成为世界运动鞋类和服装领域的著名品牌，成为事实上的驰名商标，应该获得全面的、在不同商品和服务上的跨类保护，其中包括对域名的注册和保护。被告北京国网信息公司抢先于 2000 年 2 月 23 日注册了“converse. com. cn”并使用了该域名，但被告使用该域名的网站为网络类，与服装、运动鞋类无关。然而，被告这一抢注行为致使原告不能注册“converse. com. cn”域名，并造成了客户的误认和混淆。

为此，匡威公司诉诸法院，请求判令被告立即停止使用并注销“converse. com. cn”域名。

请分析：

1. 北京国网信息公司抢注域名“converse. com. cn”是否构成对匡威公司“CONVERSE”注册商标专用权的侵权？是否构成不正当竞争？

2. 当域名与商标权发生冲突时，应如何处理？

（一）域名抢注——域名系统中的不正当竞争行为

域名具有全球性、唯一性、排他性，域名注册实行“先申请，先注册”原则。而商标具有地域性和有限的排他性，商标的专用权通常在注册国内有效，要在国外获得保护，必须向所在国申请注册。

即使某个商标已被注册，只要不是驰名商标，他人仍有权在不同的产品或服务类别上注册。即域名只能是唯一的，而同一个商标却可以有多个主体，域名与商标之间不是一一对应的关系。如宝洁公司在英国为洗涤剂注册了“GLAD”商标，IBM在法国为其电子设备注册了“GLAD”商标，欧莱雅在瑞士为其化妆品注册了“GLAD”商标，“glad. com”域名与数个“GLAD”商标之争烽烟四起。

另外，商标采取相似禁止，商标权人可禁止他人将自己的商标用于相同或类似的产品、服务上；而域名则不会禁止相似域名的出现，两个域名尽管相似，但只要不完全雷同，都可以获得注册。在其中一个域名注册为商标后，就会出现商标与相似域名的冲突。

域名与商标都具有一定乃至较大的商业价值，各具特性，但由两个不同的机构按照不同的法律规范进行注册管理且彼此互不相关，在资源稀缺性的环境下，存在冲突的可能。我国商标注册由商标局、商标评审委员会负责，由商标法调整；域名注册由中国互联网信息中心负责，由《互联网域名管理办法》（2017）调整。域名注册服务机构并不负责审核该域名是否与他人的注册商标冲突。通常只要申请的域名不含有《互联网域名管理办法》第28条所禁止的内容就可以获得注册。

一个简单易记的独特域名有着巨大的商业价值。一个经过使用，为人们所熟悉的商标也同样蕴含巨大的商业价值，经营者受利益驱使，会实施混淆两者的行为，引人误认为是他人商品或者与他人存在特定联系。

（二）域名抢注行为的表现和特征

域名抢注行为往往表现为：

一是在域名中使用了他人的驰名商标或注册商标包含的关键词、字母。

二是域名尤其是中文域名与他人商标或字号相同或近似，或擅自使用他人的企业名称或姓名，使人误认为是他人的商品或服务。

域名抢注行为的基本特征有三点：将他人知名的商标、商号等商业标志抢先注册为域名；抢注数量众多的域名；公开出租或出售抢注的域名以牟利。由此可见，域名抢注的实质是在网络上假冒他人的商标、商号等商业标志，使许多企业无法在网络上利用自己的商标、商号等商业标志进行宣传和开展电子商务，大大降低了企业商标、商号等无形资产的价值。

对于域名抢注行为的惩治，如果仅仅依靠商标法，只能保护驰名商标，局限性非常明显。反不正当竞争法对域名抢注的不正当竞争行为也做出了明确规定。

在案例7-9中，北京国网信息公司无正当理由而将匡威公司的注册商标“CONVERSE”注册为自己的域名并加以使用，可能造成与匡威公司所提供的产品或服务的混淆，并可能导致社会公众误认为该域名的持有者与匡威公司存在某种联系，引起公众对其出处的混淆，误导网络用户访问其网站。该行为无偿占有了匡威公司的商业信誉，损害了其权益，具有主观恶意，对匡威公司商标权构成侵害，属不正当竞争行为，应停止侵权，立即停止使用并注销“converse. com. cn”域名。

三、利用互联网技术手段的不正当竞争行为

案例 7 - 10

搜狗公司是搜狗拼音输入法等软件著作权人。百度公司是“百度软件中心助手”“百度杀毒”等软件的运营公司。

搜狗公司发现，通过电脑、华为手机、小米手机等多种渠道，在百度搜索引擎搜索“搜狗输入法”等软件时，点击第一个搜索结果下方蓝色高亮标注的“高速下载”按钮并保存，显示的是名为“百度软件中心助手安装程序”的软件，双击该软件运行，弹出百度软件中心助手界面，该界面内显示“搜狗输入法”下载进程中，同时界面下方显示：安装该软件的用户也使用“百度杀毒”软件（已默认勾选）。20 秒后，“搜狗输入法”下载完成，查看新增加的程序，显示“百度杀毒”软件已被下载、安装。而且，通过百度搜索引擎搜索“搜狗输入法”等软件名称，点击搜索结果页面第一个搜索结果右侧的“进入下载”，再点击应用详情页面上的“搜狗输入法”等软件名称右侧的“高速下载”按钮，先弹出“百度手机助手”软件的安装界面，点击右下方“安装”，安装完成，只有百度手机助手被安装到用户手机上，当用户返回手机桌面进行查看，仅能看到百度手机助手软件图标，根本找不到“搜狗输入法”等软件。只有在用户点击打开“百度手机助手”软件运行时，才显示“搜狗输入法”正在下载，用户根据界面完成“搜狗输入法”的安装。然后返回手机桌面显示除新增“搜狗输入法”图标外，同时新增“手机百度”软件图标。

请分析：

百度公司的上述行为是否涉嫌欺骗、误导用户下载、安装百度杀毒等软件，涉嫌欺骗、误导、强迫用户下载、安装百度手机助手软件，并构成不正当竞争？

（一）视框链接——链接技术中的不正当竞争行为

链接是指使用超文本标记语言（Hyper Text Markup Language，HTML）编辑包含标记指令的文本文件，在两个不同的文档或同一文档的不同部分之间建立联系，从而使访问者可以通过一个网址访问不同网址的文件或通过一个特定的栏目访问同一站点上的其他栏目。视框链接（Frame Link）又称镶边链接，是以视框将网页分割成不同的区间，每个区间都可以呈现不同的信息资料内容。此种技术可以将他人网站的信息资料呈现在自己网页的某一视框中，而本网站的其他内容仍然存在。使用者进入运用视框链接的网站，并通过视框链接到他人网站的内容时，屏幕上显现的网址不是被链接的网站地址，而仍然为运用视框链接的网站地址。美国《华盛顿邮报》诉 Total News 案是视框链接的典型案例。该案中，Total News 公司在其网站上利用视框链接的技术提供《华盛顿邮报》网站上的新闻或文章，当某一用户到 Total News 网页浏览新闻时，其所看到

的新闻内容（实际上由《华盛顿邮报》提供）局限在由 Total News 所设计好的视框里，而《华盛顿邮报》的网址与广告均未显示在屏幕上，Total News 的网址与广告反而围绕在这一视框周围。因此该新闻内容看起来好像 Total News 提供的一样。Total News 利用《华盛顿邮报》所创作的新闻牟取广告利润的行为使得 Total News 成为一种“寄生虫网站”，是一种会引起用户混淆的不正当竞争行为。

由此可见，对他人网站进行加框，使得在某一框内或区间内呈现他人网站的内容，而屏幕上的广告为自己网站的广告信息，他人的广告信息则被排除在链接之外，实际上是借用他人的商誉为自己牟利的行为。该行为影响了被加框网站的访问量，造成被加框网站广告收入的减少，构成了不正当竞争行为。

在案例 7 - 10 中，尽管百度公司在“百度杀毒”软件前设置了默认勾选，用户可以进行取消选择的操作，但根据用户的心理预期和初始意图，其在下载“搜狗输入法”软件的操作进程中，一般不会预期到有可能捆绑下载、安装百度相关软件的情况，而且用户在下载操作过程中，一般也不会关注到页面上非显著位置的其他文字和选择，即使有些用户看到界面下方显示的“安装该软件的用户也使用‘百度杀毒’软件”，通常也不会意识到是要下载、安装“百度杀毒”软件，尤其“搜狗输入法”软件的下载过程只有 20 秒，一般用户也难以在短时间内做出符合自身意愿的选择。鉴于在百度软件中心助手界面上的被诉行为，会直接导致用户下载、安装“百度杀毒”软件，百度公司应尽到充分明确提示与说明义务，提醒和告知用户相关操作的后果，以充分尊重用户的知情权和选择权。因此，百度公司在用户下载“搜狗输入法”软件过程中，借助“百度软件中心助手”界面，将“百度杀毒”软件下载、安装到用户电脑上，具有一定的欺骗性和误导性，侵害了用户的知情权和选择权。

因“搜狗输入法”等软件具有庞大的用户群体，百度公司借助用户下载搜狗软件的过程，将要下载、安装“搜狗输入法”等软件的用户转化为“百度杀毒”的用户，利用了搜狗公司业已形成的用户规模和竞争优势，通过“搭便车”的方式获得相关产品的市场份额，不当利用了搜狗公司的经营利益。

故百度公司主观上借助用户下载搜狗输入法等软件的进程，捆绑提供“百度杀毒”软件的下载、安装，未对用户进行明确、显著的提示，主观上有过错，客观上容易导致用户在不知情的情况下下载、安装不需要的软件，行为具有欺骗性、误导性，违反了公平竞争原则和诚信原则，违反了互联网行业公认的商业道德，构成不正当竞争。

（二）设置元标记——关键词系统中的不正当竞争行为

“元标记”（Meta-tag）是 HTML 中的一种软件参数，它原本是被网页设计者镶嵌在网页源代码中，用来记述有关网页拥有者、版权声明以及网页关键词等信息的。元标记并非网页正常运行所必需，但随着搜索引擎关键词检索的发展，越来越多的网页设计者采用了元标记设计。用户在键入某个想要查找的主题词后，搜索引擎就按照网页源代码元标记中的关键词显示查询结果。

“设置元标记”（又叫“埋字串”）是指将他人网站对网站所有者、网站标识或者商标标识、表达网站特色的关键词等埋置在自己网页的源代码中，当用户使用网上搜索引擎查找该他人网站时，向计算机键入相似字串，埋设字串的行为人的网页就会位居搜索结果的前列。

侵权者在建立自己网站的时候，除了设置与本网站有关的元标记外，还设置其他元标记，而这些元标记恰恰是某些著名或同类企业的商标、商号、企业名称等商业标志，或者与这些商业标志近似，进行不正当竞争。

法律法规链接

供域名解析服务，不得擅自篡改解析信息。

任何组织或者个人不得恶意将域名解析指向他人的IP地址。

——《互联网域名管理办法》第37条

案例7-11

淘宝、天猫对“购物党”网站提供给用户下载的比价插件采取了屏蔽行为，“购物党”网站经营者认为淘宝、天猫的屏蔽行为导致网民在淘宝、天猫无法使用“购物党”比价插件，进而选择其他公司的比价插件，导致聪明狗公司用户流失、经济利益受损，构成了不正当竞争，遂将淘宝公司、天猫公司诉至法院，要求立即停止不正当竞争行为，并赔偿100万元。

请分析：

1. 在该案例中，“购物党”比价软件本身及其体现的商业模式是否违法？
2. 淘宝、天猫屏蔽该插件是否违法？

比价软件是利用与搜索引擎技术一致的爬虫技术，搜集各大电商平台的商品和服务价格数据，从而为消费者提供价格对比服务的软件。就其获取数据的手段（爬虫技术）、目的而言并不违法。因为构成不正当竞争的前提条件是两方主体为同业竞争者，在案例7-11中淘宝网为电商平台，而“购物党”并非电商平台。如果比价软件运营方能够坚守红线，保持比价软件的客观性和中立性，则不会构成不正当竞争；反之，若比价软件通过虚假的价格比较，将流量劫持导向合作电商平台，则会构成不正当竞争。淘宝网屏蔽的直接影响是使得该插件无法在淘宝网页首端显示比价软件的浮窗和比价信息。“购物党”软件是配合网页浏览器使用的，安装使用也是用户的选择而非软件的主动强势植入，且相应的显示界面仅有安装了插件的用户才看得到，并不影响其他人。因此，淘宝网屏蔽该插件的做法损害了“购物党”正当、合法的商业模式，影响了其利益，应当承担相应的民事责任。

近年来，互联网领域不正当竞争加剧，流量劫持、域名劫持、数据劫持、盗链盗播等表现形式已经不再陌生。

2016年，360公司两次将搜狗公司诉至法院。360公司诉称，其与搜狗公司提供的服务相同或相似，两者之间具有直接竞争关系，搜狗公司利用搜狗搜索、搜狗手机助手等产品针对360公司实施了下列不正当竞争行为：第一，当用户在搜狗搜索中输入“360省电王”等关键词进行搜索时，搜索结果第一位自动出现“360省电王官方安卓新版”的推广链接，同时在该链接下部设置有最新版下载、高速下载、省流量下载等选项。然而，当用户点击前述选项后，却无法下载“360 省电王”，而是下载了搜狗手机助手；第二，当用户点开“360 省电王官方安卓新版”的推广链接后，自动跳转到介绍“360 省电王”相关软件功能的界面，该界面右部和底部均设置有高速下载选项，用户点击高速下载选项后，也同样无法下载“360 省电王”，而是下载了搜狗手机助手。在另一起案件中，360 公司诉称，在 360 搜索等产品中使用搜狗输入法输入关键词时，搜狗输入法诱导用户点击相应的候选词，使用户发生混淆，从而进入搜狗搜索结果页面等。

在百度公司诉 360 公司不正当竞争纠纷案中，审理法院确立了“非公益必要不干扰原则”，其内涵是：“出于保护网络用户等公众的利益的需要，网络服务经营者在特定情况下不经网络用户知情并主动选择以及其他互联网产品或服务提供者同意，也可干扰他人互联网产品或服务的运行。但是，应当确保干扰手段的必要性和合理性。否则，应当认定其违反了自愿、平等、公平、诚信和公共利益优先原则，违反了互联网产品或服务竞争应当遵守的基本商业道德，由此损害其他经营者合法权益，扰乱社会经济秩序，应当承担相应的法律责任。”案中，360 公司经营的 360 安全卫士在百度网搜索结果页面上有选择地插入了红底白色感叹号图标作为警告标识，以警示用户该搜索结果对应的网站存在风险，即“插标”，但是，360 卫士对 Google 等搜索结果中出现的相同网站却没有进行插标，而且，360 公司不仅进行了插标，还逐步引导用户点击安装 360 安全浏览器，通过百度搜索引擎服务对其浏览器产品进行推广，即“流量劫持”。360 卫士通过让消费者选择在百度页面上插标的方式超出了公益的合法限度，构成不正当竞争。

四、互联网虚假宣传行为和虚假交易行为

案例 7 - 12

360 杀毒系列版本软件经过该公司多年的推广和使用，已为广大用户所熟知，具有较高的市场知名度和声誉。通过检查对比发现，在百度搜索中，使用“360”“360 杀毒”“360 杀毒软件”作为关键词进行搜索，出现了三种结果：一是标题为“百度杀毒，最好的免费杀毒软件 shadu. baidu. com”；二是在推广链接中设置“安全产品”标识，并伴有“立即安装百度杀毒”“立即安装百度卫士”两个提示链接；三是标题为“杀毒软件就用百度杀毒，29 秒闪电查杀 | 360 杀毒”。百度杀毒擅自使用与 360 杀毒同样的搜索特征，搜索的关键词同样是“360”“360 杀毒”“360 杀毒软件”。

请分析：

百度搜索将“360 杀毒”设置为百度杀毒的推广关键词，其搜索结果既包含百度杀毒的推广链接，也包含“360 杀毒”的自然搜索结果，其行为是否构成不正当竞争行为？为什么？

（一）虚假宣传行为

虚假宣传是指在商业活动中，经营者利用广告或者其他手段对商品或者服务编造与

实际不相符的虚假信息，导致客户或消费者误解的行为。这种行为违反诚信原则，同时违反公认的商业原则，是一种严重的不正当竞争行为。

在网络虚假宣传中，主要涉及产品经营者和广告经营者两方面的主体。近年来，相关电子商务平台频现网络虚假宣传事件，引发热议。

2013 年 9 月，当当网因在其“当当简介”中介绍“当当网是全球最大的综合性中文网上购物商城”而遭到投诉，投诉者称该网站宣传“全球最大”属于虚假内容，涉嫌以广告或其他方式做出引人误解的虚假宣传，误导了消费者。

2013 年 10 月，亚马逊中国刊登的某品牌羽绒服宣传与实际制作成分不符，被罚款 5 万元。

2013 年 10 月，库巴网站因在“保健健康”栏目上写有“营养健康，全面预防 H7N9 流感病毒，各省市卫生厅建议”等内容，被认定为属于利用广告做出引人误解的虚假宣传行为，被罚款 3 万元。

2013 年 11 月，中辰国际工程承包公司因在网站宣称其“具备工程勘测、设计、施工、监理等建设方面的最高等级资质及一流的专业技术管理团队”，对公司资质和服务质量做出引人误解的虚假宣传行为，被罚款 5 万元。

2016 年 3 月，一则关于“成都 12 名女孩将组团赴迪拜相亲，男方资产 5 000 万以上”的网络信息引起了国内媒体和网民关注，“单身成都美女”“迪拜相亲”“5 000 万土豪”，这些既吸引眼球又有指向性的字眼让该事件迅速发酵，在短时间内相关报道疯狂转载 1 000 余篇，网民评论高达 12 万余条。在事件引发网友热议的同时，成都互联网举报中心也接到多名网民举报，反映有大学生上网找兼职遭遇“被相亲”。经调查显示，所谓“迪拜相亲活动”是由成都某公司策划的“优秀单身女士”甄选活动，意在推广公司的婚恋交友业务，而主办方宣称的“2 000 多名应征者”和“火爆的甄选现场”实际为商家聘请的 200 名兼职大学生前往现场充当征婚女性，并将“如活动完毕达到公司预期人数则计划安排迪拜之旅”模糊的意向性计划以“成都女子组团赴迪拜相亲”的噱头进行混淆视听的营销炒作。该公司行为违反了《反不正当竞争法》，构成了对商品（婚姻服务）质量做引人误解的虚假宣传的违法行为，被责令改正、消除影响，并被处以罚款 10 万元。

在案例 7-12 中，360 公司与百度公司同为杀毒软件的经营者，具有竞争关系。百度搜索将“百度杀毒”的推广链接与 360 杀毒相关产品链接同时在一个搜索页面上显示，使用“最好的”宣传用语，并与 360 杀毒形成对比，其行为有可能造成相关消费者对“360 杀毒”与“百度杀毒”在产品性能方面的倾向性判断，并导致“360 杀毒”用户的流失，并进而致使 360 公司市场份额及市场价值的减损。因此，“百度杀毒”宣传时使用“最好的免费杀毒软件”的行为，属于引人误解的虚假宣传，构成不正当竞争行为。

（二）虚假交易行为

案例 7-13

2016 年 7 月，傻推网被举报并被查实，其页面显示内容存在诸如“刷单平台”“任务中心”以及“佣金”字样，其自 2014 年 9 月开始，利用网络卖家需要获取更多的商品交易机会的心理，利用网络刷手无本起利等的心理，吸引网络卖家和网络刷手注册登记，发布和领取刷单任务，但实质上均未发生实际商品交易。该平台还利用QQ等聊天工具组织“刷手”，广泛传授“刷单”技巧，从事网络刷单炒信行为，并收取数千元手续费与会费。从2014年9月至2016年3月，该平台吸引注册商家5 400家，发布刷单任务32.4万件，共计5万余单，涉及刷单金额2 600多万元，违法所得36万元，从而被责令其停止违法行为，消除影响，并被罚款8万元。

淘宝网与天猫网认为，傻推网组织炒信，破坏了自己构建的评价体系，误导消费者，严重损害了自己的声誉和市场竞争力，遂于2016年12月初将傻推网的平台经营者诉至法院，索赔216万元。

请分析：

1. 案例中淘宝公司、天猫公司经营互联网信息服务、在线数据处理与交易处理业务及经营类电子商务业务，而傻推网则经营电子商务技术、网络技术，表面上看两者之间并不同业，能否形成竞争关系？

2. 网络“刷单炒信”是一种什么样的违法行为？其是否对淘宝网与天猫网构成不正当竞争？

所谓“炒信”，又称“刷单”，是指网络商家通过虚假交易的方式，炒作提升商家信用，以达到吸引更多消费者消费的行为。“刷单炒信”的危害在于误导消费者、欺骗消费者，增加优质服务卖家的生存难度，冲击平台诚信经营氛围和信用体系，造成消费者和卖家黏性下降，破坏了整个电子商务公平竞争的经济秩序和经营环境。2016年央视“3·15晚会”曝光电商“刷单”，而新三板电商“爱尚鲜花”竟因自曝“刷单”出名。虚假交易就是利用各种途径和手法进行信用炒作，其中“刷单”是手段之一。在电商平台上，商品可以通过销量进行排名，更大的销量意味着被展示在靠前位置的概率更高，也意味着获得更多的流量，因此“刷单”成为不少网店提升销量的捷径。

淘宝、天猫所建立的评价体系是网站的核心竞争力之一，而傻推网组织的“刷单”行为，不仅误导了消费者，在平台上造成劣币驱逐良币，而且“污染”了其平台数据，使阿里巴巴声誉、竞争力受损，构成不正当竞争。

竞争关系并不限定在同业竞争者之间。经营业务不同，但其行为违背反不正当竞争法规定的竞争原则的，也可认定具有竞争关系。在案例7-13中，阿里巴巴的信用评价体系是其核心竞争利益。阿里平台上的销量、评价等数据经过长期交易积累而形成。阿里平台上的消费者在网络购物决策过程中已养成对信用评价数据的依赖和习惯。傻推网组织刷手刷单，实施虚假交易、评价，违背了公平、诚信原则和公认的商业道德，并非法获利，客观上造成淘宝网、天猫网两大平台上的相关数据不真实，直接影响、破坏了阿里构建的信用评价体系，并会导致消费者对两大平台上所售商品的质量产生怀疑、不信任，从而破坏阿里努力营造的公平、透明、诚信的网络购物环境，根本性损害了淘宝公司、天猫公司的合法权益，扰乱社会经济秩序。因此，可以认定淘宝公司、天猫公司与傻推网之间存在竞争关系，傻推网的涉案行为构成对淘宝公司、天猫公司的不正当竞争。

法律法规链接

经营者不得对其商品的性能、功能、质量、销售状况、用户评价、曾获荣誉等作虚假或者引人误解的商业宣传，欺骗、误导消费者。

经营者不得通过组织虚假交易等方式，帮助其他经营者进行虚假或者引人误解的商业宣传。

——《中华人民共和国反不正当竞争法》第 8 条

经营者不得编造、传播虚假信息或者误导性信息，损害竞争对手的商业信誉、商品声誉。

——《中华人民共和国反不正当竞争法》第 11 条

电子商务经营者违反本法规定，销售的商品或者提供的服务不符合保障人身、财产安全的要求，实施虚假或者引人误解的商业宣传等不正当竞争行为，滥用市场支配地位，或者实施侵犯知识产权、侵害消费者权益等行为的，依照有关法律的规定处罚。

——《中华人民共和国电子商务法》第 85 条

五、诋毁竞争对手行为

案例 7－14

阿里巴巴公司推出雅虎助手软件、雅虎 Widget 软件，可以实现搜索、拦截广告等功能，获得了用户的广泛认可和大量使用，树立了良好形象和广泛知名度。

360 公司向公众提供“360 安全卫士”软件，将雅虎助手和雅虎 Widget 软件列为所谓恶意软件，并将其描述为“强制安装、浏览器劫持、干扰其他软件运行、无法彻底卸载”。用户按照“360 安全卫士”软件的提示操作时，雅虎助手和雅虎 Widget 软件在默认的情况下被删除，导致用户无法正常使用雅虎助手和雅虎 Widget 软件。

请分析：

案例中 360 公司的行为是否构成对阿里巴巴公司的不正当竞争？其行为有哪些特征？

自然人、法人、非法人组织享有名誉权和荣誉权。名誉权和荣誉权受到侵害的，受害人有权要求停止侵害、排除妨碍、消除危险、消除影响、恢复名誉、赔礼道歉，且不适用诉讼时效的规定。侵害人承担民事责任的，应当与行为的具体方式和造成的影响范围相当。

商业诋毁是经营者通过捏造、散布虚伪事实损害竞争对手名誉权，造成竞争对手的商业信誉、商品声誉社会评价降低的行为。经营者在市场交易中，应当遵循自愿、平等、公平、诚信的原则，遵守公认的商业道德，不得编造、传播虚假信息或者误导性信息，损害竞争对手的商业信誉、商品声誉。鉴于恶意系贬义词，因此，将同业竞争者的产品称为“恶意”应当具有充分的事实和法律依据。在案例 7－14 中，阿里巴巴公司和

360公司均为网络服务公司，是同业竞争者。“360安全卫士”软件中将“雅虎助手”软件列为恶意软件，并将雅虎助手软件默认选中被清除，且还在媒体上宣传雅虎助手软件是恶意软件，其行为缺乏法律依据，损害了阿里巴巴公司的商誉，构成不正当竞争，依法应当承担停止侵害、消除影响和赔偿损失的法律责任。

六、侵犯商业秘密行为

案例7-15

原告恒生公司从事系统应用和管理、信息技术支持管理、数据处理等信息技术和业务流程外包服务等经营。

2007年1月，被告王某某等与原告恒生公司签订五年期《劳动合同》，并签订《保密及竞业限制协议》，约定：职工无论何种原因离职，之后都仍对其在任职期间的技术秘密、商业秘密等负有保密义务。2011年6月，被告王某某等离职，签署《离职员工承诺书》一份，载明：本人保证，不带走含有公司商业秘密信息的一切载体，不将这些载体及复制件擅自保留或交给其他任何人；在离职后仍应继续保守公司的一切商业秘密，承担与任职时一样的保密义务等。

2010年2月5日，被告天津交易所（甲方）就其文艺品网上交易计算机信息系统项目与原告恒生公司（乙方）签订《软件委托开发合同》等，约定乙方为甲方提供所需的计算机信息化管理系统的开发及集成服务，并对商业秘密及其保密义务等做了约定。被告王某某等为项目组成员。

经鉴定，恒生公司的“MELODY软件”系自主研发的专有技术，属“不为公众所知悉”的技术信息。

被告王某某于2011年6月申请离职后，便与天津交易所在同年7月分别投资10%、90%成立了被告文韵公司，并担任总经理职务。原告经申请法院证据保全和鉴定，被告文韵公司SVN服务器中的代码含有原告全部“MELODY软件”的商业秘密，工作机中含有涉案部分“MELODY软件”。

请分析：

天津交易所、文韵公司及从恒生公司离职的王某某是否构成对恒生公司的不正当竞争？此种不正当竞争行为具有什么样的特征？

经营者不得实施下列侵犯商业秘密的行为：（1）以盗窃、贿赂、欺诈、胁迫、电子侵入或者其他不正当手段获取权利人的商业秘密；（2）披露、使用或者允许他人使用以前项手段获取的权利人的商业秘密；（3）违反保密义务或者违反权利人有关保守商业秘密的要求，披露、使用或者允许他人使用其所掌握的商业秘密；（4）教唆、引诱、帮助他人违反保密义务或者违反权利人有关保守商业秘密的要求，获取、披露、使用或者允许他人使用权利人的商业秘密。经营者以外的其他自然人、法人和非法人组织实施前款所列违法行为的，视为侵犯商业秘密。第三人明知或者应知商业秘密权利人的员工、前员工或者其他单位、个人实施本条第一款所列违法行为，仍获取、披露、使用或者允许他人使用该商业秘密的，视为侵犯商业秘密。（《反不正当竞争法》第9条）

在案例7-15中，被告王某某离职前，在原告处从事研发工作，具有接触和获取原告商业秘密的机会和便利。其在原告处任职期间签订有保密协议，离职时又特别做出有关保密承诺。但其离职后不久，便与被告天津交易所共同投资成立被告文韵公司，其经法院保全的证据中包含了被原告加密的商业秘密。因此，可以认定被告王某某以不正当手段获取原告的商业秘密，并提供给被告文韵公司使用，其行为侵犯了原告的商业秘密。被告文韵公司明知被告王某某等系不正当手段获取商业秘密，而予以使用，依法视为侵犯了原告的商业秘密。

我国反不正当竞争法规定的商业秘密是指不为公众所知悉、具有商业价值并经权利人采取相应保密措施的技术信息、经营信息等商业信息。应对涉案软件的保密性和经济性进行认定。在案例7-15中，涉案软件是原告根据用户业务需求研发完成的技术信息，由原告开发团队自行开发完成，能投入实际运用，具有一定的业务市场，能给权利人带来经济利益，具有经济性、实用性。软件经鉴定，他人难以通过查阅该领域公开的文献或资料直接获得，且不为该专业领域一般技术人员普遍了解和掌握，是原告自主研发的专有技术，属“不为公众所知悉”的技术信息，即具有秘密性。原告对涉案软件采取了合理的保密措施，包括与员工签订保密协议，员工离职时严格的交接手续以及离职后的保密承诺等；在软件委托开发合同等中约定相关保密义务等，具有保密性。因此，已符合商业秘密的法定构成要件，应当认定涉案软件为商业秘密。

案例7-15反映出的情形是互联网科技公司在竞争中人才挖角大战的一个侧影。

2016年2月，高德软件公司就以侵犯商业秘密、构成不正当竞争为由起诉滴滴公司，引发关注。高德公司诉称，其发现高级经理胡先生离职后，在竞业限制期内加入与高德公司有直接竞争关系的滴滴公司，还利用职务便利与滴滴公司共同劝诱高德公司另外6名高级或资深工程师跳槽。这些资深员工掌握着高德公司的核心商业秘密，部分人在离职前还拷贝了公司大量机密文件，致使公司正常经营秩序被干扰和破坏，给公司造成严重损失，侵害了公司利益和消费者利益。

七、恶意投诉行为及其处罚

案例7-16

2016年12月，淘宝公司根据江某的投诉，删除了王某淘宝店铺涉案商品的商品链接。2017年1月，王某向阿里巴巴知识产权保护平台提出申诉，涉案链接得到恢复。随后，江某又对王某淘宝店铺发起了反申诉，王某淘宝店铺被判定售假，涉案商品链接被删除，并被降权处罚。直至开庭之日，该处罚尚未撤销。

经法院审理查明，江某冒用某公司的名义，使用虚假的身份材料和商标证书向淘宝公司投诉王某销售的案涉产品侵犯其商标权。王某和江某为直接竞争关系。被告江某的恶意投诉行为导致原告淘宝链接被删除，且受到降权处罚。涉案淘宝店铺营业额明显下降，累计已达 3 000 余万元。2019 年 1 月，江某被判赔偿原告王某经济损失 210 万元。

请分析：

江某的恶意投诉行为是否构成不正当竞争？江某应如何承担责任？

避风港原则的“通知＋反通知”制度，细化了知识产权权利人“通知＋删除”的权利和平台“删除＋公示”的义务，包括平台应当遵守的红旗原则。另外，为了避免“权利人”利用“投诉＋删除”规则达成维权之外的目的，如排挤竞争对手、清理渠道等，法律规定，权利人十五日内不向主管部门投诉或不向法院起诉的（未通知平台的），平台可以及时终止已采取的措施，恢复删除链接，避免因权利人不积极维权造成商家无法正常经营的窘境。

正当的侵权投诉是权利人行使权利的一种体现，但是如果恶意利用投诉机制甚至伪造、变造权利依据以发起投诉，不仅破坏正常的竞争秩序，也损害了同行业竞争者的合法权益，应当予以规制，行为人必须承担相应的法律责任。

在案例 7－16 中，被告作为同业竞争者明知自己不具有投诉资格且不能证明被投诉产品存在侵权的情形下，依然通过变造权利凭证对原告进行恶意投诉，违反了诚信原则和商业道德准则，损害了原告正当商业利益，应当及时制止、依法严惩。

法律法规链接

知识产权权利人认为其知识产权受到侵害的，有权通知电子商务平台经营者采取删除、屏蔽、断开链接、终止交易和服务等必要措施。通知应当包括构成侵权的初步证据。

电子商务平台经营者接到通知后，应当及时采取必要措施，并将该通知转送平台内经营者；未及时采取必要措施的，对损害的扩大部分与平台内经营者承担连带责任。

因通知错误造成平台内经营者损害的，依法承担民事责任。恶意发出错误通知，造成平台内经营者损失的，加倍承担赔偿责任。

——《中华人民共和国电子商务法》第 42 条

八、电子商务信用评价

案例 7－17

2017 年 3 月，淘宝店主童某看到，他店铺内鲜有差评的一个“爆款”电脑主机，收到了一条有些奇怪的差评，有 400 多字，固执地坚持其产品有质量问题。童某提出退款退货、让对方凭票报销维修费用等各种解决方案，买家都不接受。一番沟通后，对方提出索要 8 888 元“补偿”，还不退还电脑。

童某选择了报警，最终，曾某等 7 名犯罪嫌疑人（皆为“90 后”）被警方抓获。

法院经审理后认定，7名犯罪嫌疑人故意以差评相威胁，对网店店主多次实施敲诈勒索，构成敲诈勒索罪。该7人团伙共作案15起，通过相同的手法进行敲诈勒索，敲诈金额最多的8 888元，最少的1 500元，他们从被敲诈商家购买的电脑主机全都退款未退货。

职业差评师已形成产业。职业差评师蒋某龙成立了一个线上“蓝宫DM联盟”，通过QQ、微信等平台招收“恶意差评师”学员，并收取数千元学费。培训结束后，由“导师”（行内术语叫“老鸟”）在多个知名度较高的电商平台搜索目标网店作为敲诈勒索目标。他们每次确定的敲诈勒索目标网店有1至5个。网店产品完成交易后，资深“老鸟”带领“小白”学员，以各种理由向卖家索取钱财。在敲诈完卖家之后，他们还会让卖家在店铺首页加上“蓝宫”LOGO，声称这表明该店铺已受到他们“保护”，可免于其他恶意差评师的麻烦。

恶意差评师被追究刑事责任后，并不免除其民事责任。2013年全国首例恶意差评师案中，受到刑罚的杜某等三名差评师案于2019年1月被判决赔偿淘宝损失1元、合理支出2万元。上述7名“90后”差评师也于2019年5月被判决赔偿阿里经济损失8万余元、合理支出4万余元。

请分析：

职业差评师产业为什么能够形成？如何保护电商领域的信用评价制度？

客观、真实的用户评价，是非常重要的经营指标，也是消费者在网上甄别商品和服务质量的重要依据。信用评价本是为了规范经营行为，保护消费者权益，却滋生了“买好评”“删差评”“收评价”的网络评价黑灰产业链。“买来的好评”模糊了消费者的双眼，“要好处而不可得的差评”也让商家不堪其扰，充斥广告的垃圾评价更是浪费公众的注意力。事实上，有评价功能存在的地方，就有恶意差评生存的空间，包括在点评网站、外卖网站、汽车论坛等用户评价具有举足轻重作用的平台上，恶意评价都是痛点问题。

2019年年初电影《流浪地球》上映时，该电影在豆瓣上的评分也被质疑遭到了恶意差评，引发了广泛的关注。

在一些汽车论坛上，不同品牌之间通过恶意评价相互攻讦的情况也时有发生，让很多希望从论坛上获取车主真实用车感受的网友大呼“不知道该相信谁”。

职业差评师等群体已形成相应的产业链，正如案例7－17所表述，恶意为竞争对手“刷单”，破坏对方的生产经营，其行为不仅损害了对手的利益，更损害了广大消费者的利益，破坏了市场公平的环境。情节严重者，可能涉及敲诈勒索、破坏生产经营、诈骗等刑事犯罪。近年来，各大互联网平台都致力于消除恶意差评的负面影响。比如，阿里不断完善平台治理机制、升级评价规则，并开发评价极速处理等赋能工具，帮助商家在遭遇恶意差评时能有效地进行投诉和举报；豆瓣在遭遇恶意差评刷分的质疑后，也回应修改了评分机制，剔除恶意差评影响；美团也为商家提供了投诉举报按钮，商家可以将疑似恶意差评提交给平台进行处理。

除此之外，由于对于评价是否合理、是否涉嫌恶意差评的判断极有可能会很主观，一些互联网企业也在积极探索用更加合理的判定方法来解决认知不同带来的判定差异。

阿里巴巴于2012年推出了大众评审机制，率先将陪审团模式运用至网络交易纠纷的解决中，把类似于不合理评价等一些难以判定的问题摆在普通用户的面前，用大众的朴素认知来判断究竟是否合理；微信将这一模式引入来判断“洗稿”问题；滴滴上线了公众评议会，试图通过邀请公众共同参与，群策群力解决行业的一些难题。

2017年阿里巴巴开展打击恶意行为专项行动，在两年内配合多地公安机关破获20余起利用恶意差评对商家进行敲诈的案件。目前，淘宝网已取消好评率与搜索排名的关联，并开通了恶拍举报绿色通道，对监控到的和卖家举报的群体恶拍订单，经核实后会关闭交易，避免卖家遭受损失。对参与恶拍的买家，情节严重者将被冻结淘宝账户。

【实训任务】

即测即评

案例分析实训

单元八
电子商务消费者权益保护

随着移动互联网的发展，多元化零售时代逐渐到来，网络购物等新兴消费形式正在改变传统的商业模式，电子商务已经是现代社会不可取代的消费方式。发展电子商务的落脚点应该是消费者权益的保护，而消费者的正当权益能否得到保护，关系到电子商务能否可持续发展，关系到社会经济能否健康发展。因此，保护消费者的权益不仅是消费者个人的事，也与当代社会生产和消费的关系密不可分。结构合理、发展健康的消费无疑会促进生产的均衡发展。

通过学习本单元内容，你将达到以下学习目标：

【知识目标】

1. 熟悉电子商务消费者的权利；
2. 熟悉电子商务经营者的义务；
3. 熟悉电子商务平台经营者责任。

【能力目标】

1. 能够有效地维护自己作为电子商务消费者的权利；
2. 能够积极履行作为经营者的义务；
3. 能够分析现实案例中电子商务平台经营者需要承担的责任。

【素养目标】

1. 培养守法经营、诚信经营的意识；
2. 树立合法维权的意识。

你需要完成能力训练任务：结合现实案例，讨论电子商务消费者的权利保护状况和经营者的义务履行状况，谈谈我国电子商务消费者权益保护方面仍然存在的不足和需要改进的措施；认真完成实训任务，加深对本单元知识的理解。

本单元内容学习建议学时：3～6 学时。

导入案例

中消协公布网络消费投诉 10 大案例 网络诚信成今年维权主题

2017 年 3 月 15 日，中国消费者协会举办“3·15 国际消费者权益日”主题活动，公布了 2017 年消费维权年主题——“网络诚信，消费无忧”。这一主题具有三个方面的含义：一是倡导网络经济下诚信经营，强化网络经营者责任意识，切实落实法定义务；二是建立完善网络消费者知情权、求偿权、交易权以及安全权等方面的消费者权益保护制度；三是发挥消费者协会组织社会监督和桥梁纽带作用，搭建网络消费者保护社会共治平台，构建紧密相连的网络命运共同体。

活动中，中消协发布了“网购诚信与消费者认知”调查报告。根据全国消协组织受理投诉情况统计，全国消协组织 2016 年共受理消费者投诉 65.35 万件，解决 52.93 万件，投诉解决率 81%，为消费者挽回经济损失 3.87 亿元。其中，涉及远程购物类投诉 2.99 万件，远高于其他服务类投诉。随着网络经济迅猛发展，网络消费领域侵害消费者合法权益问题日益凸显。

即日起，中消协正式启动网络消费教育活动，将与地方消协组织联动，通过召开网络消费教育座谈会，赠阅网络及家电等领域的消费教育指导手册及宣传视频，开展网络消费知识竞赛，探索开设网络消费教育网络课程等活动，向广大消费者普及网络及家电等有关消费知识，引导消费者树立正确的网络消费观念。

模块一

电子商务消费者的权利

电子商务提倡自由和公开的竞争，每个人都有机会作为一个企业家为市场提供新的产品或服务，成为电子商务经营者。与之相对应，电子商务消费者的概念应运而生。

一、电子商务消费者的定义

消费者是为生活需要购买、使用商品或者服务的主体，主要是消费者个人，也包括单位或集体，只要是用于生活消费的，都属于消费者范畴。我国消费者权益保护法的根本目的是保护人们在生活性消费中的权益。电子商务消费者也称网络消费者，是指利用互联网购买、使用商品或服务的消费者。

法律法规链接

消费者为生活消费需要购买、使用商品或者接受服务，其权益受本法保护；本法未作规定的，受其他有关法律、法规保护。

——《中华人民共和国消费者权益保护法》第 2 条

网络发展日新月异，消费内容也在不断增加，在庞大的网络消费群体中，网络消费者的定义有广义、狭义之分。我们已经进入互联网生存时代，每天通过网络阅读新闻、获取各方面的信息（政治、经济、娱乐、文化、生活、体育，甚至广告），在网上玩游戏，利用微信、QQ 等聊天、传递信息等。当我们点击进入互联网，我们便成为消费者，对于网络服务经营者来说，我们就是顾客。选择上网，便是选择了网络服务经营者所提供的服务。因此广义的网络消费者是指上网接受由网络服务经营者所提供的各项服务而进行网络活动的人。而狭义的网络消费者则仅限于利用互联网购买、使用商品或服务的消费者。与前者相比，这部分消费者在接受网络服务的同时，以购买、使用商品或服务以满足生活需要为其选择网络的目的。因而，狭义的网络消费者其实是双重消费者，他们一方面是网络服务经营者的消费者，要向网络服务经营者支付一定的服务费用；另一方面是网络商品、服务经营者的消费者，要支付网上所购买、使用商品或接受服务的费用。本模块中电子商务消费者仅指狭义的网络消费者。

对电商消费者权益保护，不同的阶段有不同的重点：交易前，主要涉及交易信息不对等的问题，此类问题易导致电商消费者知情权受到侵害；交易中，主要涉及隐私保护、支付风险、公平交易等相关问题，此类问题容易导致电商消费者的安全权和公平交易权受到侵害；交易后，主要是与退换商品、退款等售后服务相关的问题，此类问题主要导致电商消费者求偿权受到侵害。

二、电子商务消费者的知情权

案例 8-1

原告某文化传播公司为某新能源电池品牌提供搜索引擎优化及线上传播服务。被告某信息技术公司与原告系合作关系，双方于 2020 年 11 月签订《委托合同》，该《委托合同》附件具体列明了被告应提供的各项服务内容。其中“软文优化”服务项目中的“负面压制”条款约定：被告对某新能源电池品牌方指定的关键词搜索引擎优化，实现某搜索引擎前 5 页无明显关于该品牌的负面内容，以及负面压制期为 30 天等。后原告以被告未按约完成负面压制服务为由诉请解除合同。

请分析：

1. 本案中，有关被告提供网络“负面压制”服务的约定是否有效？为什么？
2. 如何保护消费者的知情权？

与传统商务相比，电子商务中侵犯消费者知情权的情况更加普遍。由于电子商务是通过网络远距离订货、电子银行结算、配送公司送货上门完成交易，甚至许多数字化商品（如电影、录像、录音制品等）可直接通过网络传输，因此消费者无法接触到商品实物，只能通过网页上的文字描述、图片等广告了解商品信息，对所购买的商品缺乏直接的感官认识，也没有验货机会。有些经营者故意隐瞒商品的瑕疵，消费者拿到手的商品常常“货不对版”；一些不法经营者甚至以虚假广告诱骗消费者，实施诈骗。此外，电商消费者往往对其购买、使用的商品或者接受的服务“不知情”或者“不充分知情”。因此，交易前市场信息不对等，消费者在信息资源占有方面处于劣势地位，其知情权极易受到侵害。知情权是民法上诚信原则的体现。诚信原则要求人们在订立合同时，诚实、善意地对待另一方当事人的权利，真实地陈述事项，不隐瞒事实真相，不以假充真、以次充好。

（一）网络广告

在传统消费情况下，消费者的知情权可以主动行使，但是在网上，知情权的实现完全依靠网络服务经营者所提供的商品或服务的相关信息。因此，网络广告成为宣传商品或服务的一种重要媒介。电子商务网站上还经常会有推荐商品，或者会将某些商品放在消费者搜索结果前列，这在很大程度上会影响消费者的购买决定。这种商家竞价排名，同样属于广告行为，应该让消费者有知情权。为此，《电商法》第40条规定：电子商务平台经营者应当根据商品或者服务的价格、销量、信用等以多种方式向消费者显示商品或者服务的搜索结果；对于竞价排名的商品或者服务，应当显著标明“广告”。电子商务经营者根据消费者的兴趣爱好、消费习惯等特征向其提供商品或者服务的搜索结果的，应当同时向该消费者提供不针对其个人特征的选项，尊重和平等保护消费者合法权益。电子商务经营者向消费者发送广告的，应当遵守广告法有关规定。

法律法规链接

广告应当真实、合法，以健康的表现形式表达广告内容，符合社会主义精神文明建设和弘扬中华民族优秀传统文化的要求。

——《中华人民共和国广告法》第3条

广告不得含有虚假或者引人误解的内容，不得欺骗、误导消费者。广告主应当对广告内容的真实性负责。

——《中华人民共和国广告法》第4条

（二）知情权的内容

《电商法》规定，电子商务经营者搭售商品或者服务，应当以显著方式提醒消费者注意，不得将搭售商品或者服务作为默认同意的选项。电子商务经营者应当按照承诺或者与消费者约定的方式、时限向消费者交付商品或者服务，并承担商品运输中的风险和责任（消费者另行选择快递物流服务提供者的除外）。

在决定购物或接受服务之前，消费者有权了解一切与商品或服务有关的信息。具体包括三方面内容：

第一，消费者要了解商品或者服务的基本情况，主要包括商品的名称、价格、商标、产地、生产者名称，服务的内容、规格、费用等。

第二，消费者要了解商品的技术指标情况，主要包括用途、性能、规格、等级、所含成分、使用方法、使用说明书、检验合格证明等。例如：消费者在网上买手提电脑、家用电器或酒类等商品，都要了解商品的技术指标情况。

第三，消费者要了解商品或者服务的价格及商品的售后服务情况，价格和售后服务情况是交易的关键性内容，尤其是是否有格式条款的内容，这直接关系到消费者的切身利益。

当前，很多电子商务消费者反映知情权没有完全得到满足，主要原因在于电商经营者在销售界面上仅仅提供了物品的信息和功能等介绍，尤其是衣服、鞋子等无法提供试穿服务，以至于消费者在未了解或未充分了解此类商品具体信息的情况下就要接受格式合同、付款，其知情权得不到满足。网购商品七日内无条件退货的规定是基于交易双方信息不对等，对消费者做出的特殊保护。

如某消费者在网上购到一款波鞋，货到后，发现鞋子色差极大，颜色和网页上的图片出入很大，淡红黄色变成深红色，马上想退货，店家能否以无质量问题为由拒绝呢？不能。因为法律为促进买卖双方地位平等，赋予了消费者七天的反悔权，且无须说明理由，这是消费者能够单方解除合同的权利。当然，反悔权并不适合所有商品。消费者定做的、鲜活易腐的、在线下载或者消费者拆封的音像制品、计算机软件等数字化商品以及交付的报纸、期刊等不适用反悔权。线下购物的，如消费者直接到商店购买物品的，不适用反悔权。另外反悔权的期限是七日内，且根据商品性质并经消费者在购买时确认不宜退货的商品，不适用反悔权。

消费者退货的商品应当完好。经营者应当自收到退回货物之日起七日内返还消费者支付的价款。退回商品的运费由消费者承担。当电商平台上的销售者、服务者不再利用该平台时，消费者可以向电商平台提供者要求赔偿。

互联网时代，搜索引擎是重要的流量来源以及流量分发渠道，搜索结果排序是搜索引擎最核心的部分。案例8-1中，提供网络负面压制服务的约定是否有效，应当结合合同目的、行为方式、社会危害依法作出认定。从缔约目的看，负面压制目的违反诚实信用原则；从履行方式看，负面压制行为实质上掩饰了部分公众本可以获取的信息，影响公众对事物的客观和全面的认知；从行为危害性来看，负面压制行为损害消费者权益及市场竞争秩序，有损社会公共利益，违背公序良俗；从社会效果来看，负面压制行为扰乱互联网空间管理秩序，影响互联网公共空间的有序发展。负面压制服务以营利为目的，通过算法技术等手段人为干预搜索结果排名，以实现正面前置、负面后置，严重影响消费者正常、客观、全面地获取信息，侵害消费者知情权，破坏公平有序市场竞争秩序，依法应认定为无效。

法律法规链接

经营者采用网络、电视、电话、邮购等方式销售商品，消费者有权自收到商品之日起七日内退货，且无须说明理由，但下列商品除外：

（一）消费者定做的；

（二）鲜活易腐的；

（三）在线下载或者消费者拆封的音像制品、计算机软件等数字化商品；

（四）交付的报纸、期刊。

除前款所列商品外，其他根据商品性质并经消费者在购买时确认不宜退货的商品，不适用无理由退货。

消费者退货的商品应当完好。经营者应当自收到退回商品之日起七日内返还消费者支付的商品价款。退回商品的运费由消费者承担；经营者和消费者另有约定的，按照约定。

——《中华人民共和国消费者权益保护法》第25条

三、电子商务消费者的自由选择权

案例8-2

陈女士在某个“宝妈群”里接受了微信号“最爱 by”的好友添加，看到这个微信号常发一些宝宝照，效果不错，想到自己的宝宝出生就要满 100 天了，陈女士想记录下这美好的时刻，就联系了对方。陈女士预约了 298 元套餐，套餐包含一大一小两个相册、两个 10 寸摆台、一张海报、两张全家福、手脚印泥摆台等，对方还承诺可以拍摄 15 套以上的衣服，拍摄照片 200 张以上。如此“实惠”让陈女士很快动了心，她用微信给对方转账 50 元作为押金。

但当天上门拍摄的两个人，进门架好器材就开始推销，建议陈女士升级套餐，1 299 元和 999 元的，二选一。陈女士坚持拍完再说，可随后的拍摄过程更让人“不爽”。他们打开随身携带的行李箱，里面乱糟糟地堆满衣服，让陈女士自选 3 套，并不是当初说好的 15 套，最后确实拍了 200 张照片，但其中很多都是废片，从中挑出 10 张精修片都勉为其难。最后他们说必须升级到 568 元的套餐，才给陈女士拷贝原片。

请分析：

案例中上门拍照服务临时加价的行为侵犯了消费者的哪些权利？

消费者有自主选择商品或者服务的权利。消费者的自由选择权在网上购物活动中能够充分体现。网上购物的最大特征是消费者主导性，购物意愿掌握在消费者手中，消费者可以根据自己不同的意志加以选择，择优选取。每个消费者都有不同的品位、爱好和特殊要求，其购物选择也许是为了满足自己的生活需要，也许是心情的需要，也许是满足他人的需要等。因此，消费者的自主选择权必须得到充分保障。

消费者权益保护法规定，消费者享有知悉其购买、使用的商品或者接受的服务的真实情况的权利和自主选择商品或者服务的权利；经营者向消费者提供有关商品或者服务的质量、性能、用途、有效期限等信息，应当真实、全面，不得做虚假或者引人误解的宣传。价格法规定，经营者不得利用虚假的或者使人误解的价格手段诱骗消费者或者其他经营者与其进行交易。在案例 8-2 中，上门拍照服务临时加价的行为，不仅侵犯了消费者的知情权、自主选择权，而且强制消费者购买商家指定的产品或服务的行为，还侵犯了公平交易权。

四、电子商务消费者的公平交易权

案例8-3

某工程师经常在全国各地跑。某日，他与几位同事一起在杭州出差，使用某网约车平台服务时，发现一个奇怪的现象：当时他们约了两辆专车从杭州某酒店同时出发。他们前往客户的公司，因为路线一致几乎同时到达，但最后付款时，他付了 35 元，而同事只付了25元，两辆专车的收费标准是一样的。他想起在该网约车平台的账号属于金卡会员，而同事的账号只是普通会员。

知名作家王某某也曾经在微博上称，从利马到某地机票，同一航班，别家卖2 500元，飞猪旅行App却卖给他3 211元。看到王某某这一爆料，大家都纷纷检查自己的订单，一看，类似的情况还有很多。随后，#飞猪大数据杀熟#的话题引发网友热议。有顾客讲述："某日我和同事4人出差，南京、贵阳往返，当时我跟一个同事是用飞猪买的，另外两个同事用携程买的，贵阳回南京的时候，我和同事都收到航班取消的信息，当时比较着急，就有客服电话让我们打过去退改签机票，还让我们输入银行卡号和密码，当时钱就被骗走了……飞猪上客户航班信息一字不落地被骗子拿到手……同一航班的另外两个用携程买票的同事就没事。"

另有人爆料称，自己的账号在京东购买某店家厨房集成吊顶灯，价格是69元一只，再次购买的时候标价399元，而换一个ID价格就还是69元。

请分析：

1. 都说"优惠老客户"，而案例中的现象却是"老客户"多付费，这些商家通过大数据分析达到让"老客户"多付费的做法，侵害了消费者什么权利？

2. 如何对待"大数据杀熟"现象？

公平交易是市场经济活动的基本原则。民事主体从事民事活动，应当遵循公平原则，合理确定各方的权利。就一般意义而言，公平交易是指交易双方在交易过程中获得的利益相当。而在消费性交易中，是指消费者获得的商品和服务与其交付的货币价值相当，这种公平的交易条件包括商品质量保障和合理价格。在传统的消费领域，相同的商品在不同场所的消费价格大不相同，传统消费者还有讨价还价的余地，而电商消费者仅根据网上所提供的商品信息，自行判断商品与服务的价格与价值是否相当。这种自始至终"自己搞定"的购物方式，很容易使消费者为网上的虚假信息所骗而进行不公平交易，也就更加强调网上商品价格的合理性。

（一）价格歧视

价格歧视是商品或服务的提供者提供相同等级、相同质量的商品或服务时，使同等交易条件的接受者在价格上处于不平等地位。商家利用大数据给不同客户制定不同销售和服务价格，确实是一种价格歧视，但价格歧视却并不必然构成价格欺诈或者消费者权益保护法所规定的消费欺诈。

（二）"大数据杀熟"违反了公平交易原则

在购买产品或服务时，消费者一般心中默认的规则是：老客户相对便宜、VIP用户相对价格低，然而事实并非如此。在过去很长一段时间，在打车、购票、订房、订餐等各种常见的网络平台消费服务中，人们普遍发现存在"老客户比新客户贵"的现象，这就是所谓的"大数据杀熟"。"大数据杀熟"是指商家通过大数据描绘用户画像，据此在同一商品或服务中，以低价吸引新客户，却对老客户设定高价。

"大数据杀熟"主要有两种情况：一种是不同平台针对不同消费者制定出了不同的

价格。由于我国大部分商品和服务都是实行的市场调节价，如果是不同电商平台设定不同的价格，并不违法。第二种情况是同一平台针对不同的消费者制定了不同的价格。这种方式的“大数据杀熟”属于违法行为，违反了《消费者权益保护法》中的公平诚信原则，侵犯了消费者的知情权，有可能还涉嫌价格欺诈。

“大数据杀熟”较为隐蔽，让消费者难以事先发现，事后取证也存在不少困难。有专家总结了“杀熟”的三种套路：

一是借助大数据进行“用户画像”，根据用户的收入水平与消费习惯实现“杀熟”；

二是通过地理位置信息实现“杀熟”，若用户所处的位置附近潜在的竞争对手较少，则进行一定幅度的加价；

三是通过用户与移动端应用交互的行为细节实现“杀熟”，依据用户对于商品或服务需求的迫切程度，一些商家会基于这些信息进行动态浮动加价。

《电商法》要真正有效减少“大数据杀熟”现象并不容易。目前，“大数据杀熟”主要由市场监管部门负责监管，消费者可以向市场监管局或消费者协会反映商家的侵权行为，有关部门会对后者进行约谈或予以警告。如果消费者掌握足够证据，也可以通过法院起诉。

但在现实中，每笔交易涉及金额往往不高，负责举证的消费者通常不愿花费时间精力，也没有专业能力通过诉讼维权。即便消费者有心，如何证明自己被“大数据杀熟”又是一道坎。在与商家的博弈中，消费者仍处于弱势，要真正遏制“大数据杀熟”，有关部门不仅要加强介入，还须完善相关配套制度建设。

法律法规链接

电子商务经营者根据消费者的兴趣爱好、消费习惯等特征向其提供商品或者服务的搜索结果的，应当同时向该消费者提供不针对其个人特征的选项，尊重和平等保护消费者合法权益。

电子商务经营者向消费者发送广告的，应当遵守《中华人民共和国广告法》的有关规定。

——《中华人民共和国电子商务法》第 18 条

经营者不得有下列不正当价格行为：

（一）相互串通，操纵市场价格，损害其他经营者或者消费者的合法权益；

（二）在依法降价处理鲜活商品、季节性商品、积压商品等商品外，为了排挤竞争对手或者独占市场，以低于成本的价格倾销，扰乱正常的生产经营秩序，损害国家利益或者其他经营者的合法权益；

（三）捏造、散布涨价信息，哄抬价格，推动商品价格过高上涨；

（四）利用虚假的或者使人误解的价格手段，诱骗消费者或者其他经营者与其进行交易；

（五）提供相同商品或者服务，对具有同等交易条件的其他经营者实行价格歧视；

（六）采取抬高等级或者压低等级等手段购买、销售商品或者提供服务，变相提高或者压低价格；

（七）违反法律、法规的规定牟取暴利；

（八）法律、行政法规禁止的其他不正当价格行为。

——《中华人民共和国价格法》第 14 条

五、电子商务消费者的安全权

案例 8-4

某日，吕先生通过某网络商城购买了某品牌的灶具等产品。两日后，生产厂家安排人员进行安装。在安装时，吕先生发现用于固定止回阀和填补烟道的胶没有包装标识，且气味很重。之后，吕先生家人身体出现不同程度的不适反应。第二天，吕先生使用仪器测试发现甲醛超标 4 倍。吕先生联系生产厂家要求处理未果后，投诉到消委会。经调查，产品是由生产厂家发货，安装的辅助材料生产厂家没有统一规定，而由当地售后服务机构自行采购，给吕先生家安装所用的胶系伪劣产品，其气味能够严重伤害人的身体健康。

请分析：

1. 某网络商城安装劣质材料给吕先生及家人造成身体伤害，侵犯了消费者什么权利？

2. 吕先生及家人身体伤害的损失，网络商城应否直接赔偿？

安全权和损害赔偿权，是消费者在购物过程中最基本的权利。电商领域的商品安装和售后服务问题正在成为消费者维权的新热点和新难点。

安全是指没有危险、不受威胁、不出事故的状态。对于电子商务消费者来说，他们有权要求经营者提供的商品和服务符合保障人身、财产安全、个人信息安全的要求。其安全权具体包括人身安全、财产安全、个人信息安全三个方面。

（一）人身安全权

消费者的人身安全是第一位的。我国立法坚持以人民为中心，将人民的安全放在第一位。《电商法》第 38 条第 2 款规定，对关系消费者生命健康的商品或者服务，电子商务平台经营者对平台内经营者的资质资格未尽到审核义务，或者对消费者未尽到安全保障义务，造成消费者损害的，依法承担相应的责任。

消费者的人身安全权是指消费者在网上所购买的物品不会对自己的生命和健康造成威胁。网上购买商品的消费者也有获得质量过硬的商品的权利，质量低劣的商品会给消费者的人身安全带来损害。如从网上购来的食品过期或变质，就很可能损害消费者的人身健康；从网上买来的家用电器缺乏安全保障，一旦出事也会给消费者带来人身伤害。给消费者的生命和健康带来损害，就是侵犯了消费者的安全权，会使消费者丧失对网上购物的信心。在案例8-4中，劣质安装材料给吕先生及家人身体带来伤害，侵犯了消费者的人身安全权。

（二）财产安全权

消费者的财产安全权，是指消费者的财产不受侵害的权利。通过网络银行支付货款本身对消费者的财产安全有一定的威胁。互联网是个开放系统，网络银行的经营实际上是变资金流动为网上信息的传递，这些在开放系统上传递的信息很容易成为众多网络黑客的攻击目标，因此要从技术上保证消费者信用卡、借记卡的密码不会被泄露，并加重网络银行或第三方保证平台的安全保障和赔偿责任。

（三）个人信息安全权

案例8-5

庞先生委托其助理鲁先生通过去哪儿网购买东航机票，其后收到诈骗短信，短信内容中显示有庞先生航班的起飞时间、降落时间、机场名称、航班号等。庞先生认为，自己的手机号及确切的航班信息只有去哪儿网和东航掌握，因而其断定是去哪儿网和东航泄露了其个人信息，于是以侵犯隐私权为由诉至法院，请求判令去哪儿网和东航在各自官网向庞先生公开赔礼道歉，赔偿精神损害抚慰金1 000元。去哪儿网主张其仅为网络交易平台，去哪儿网在本次机票订单中未接触庞先生手机号码，且去哪儿网已向其助理鲁先生发送谨防诈骗短信，尽到了提示义务。东航则主张其通过中航信提供订票系统服务，订票信息不存储于东航系统中。

请分析：

东航和去哪儿网对于庞先生隐私信息的泄露是否存在过错？应否承担侵犯隐私权的相应侵权责任？

消费者享有个人信息受保护的权利。在网络交易过程中，电子商务消费者通常要注册交易平台会员以及开通网上银行，这需要消费者提供邮箱、手机号和通信地址等私人信息。这些个人隐私信息极其重要，其中任何一项信息的泄露都可能给消费者造成严重损失。个人信息安全，即隐私安全，已经成为广大消费者最担心的问题之一。对于经营者侵害消费者个人信息的行为，经营者应当停止侵害、恢复名誉、消除影响、赔礼道歉，并承担赔偿损失的民事责任；市场监督管理部门或者其他有关行政部门责令改正，可以根据情节轻重进行处罚。

消费者个人信息是指经营者在提供商品或者服务活动中收集的消费者姓名、性别、职业、出生日期、身份证件号码、住址、联系方式、收入和财产状况、健康状况、消费情况等能够单独或者与其他信息结合识别消费者的信息。

经营者的以下情形均属侵害消费者个人信息依法受保护权的行为：1）未经消费者同意，收集、使用消费者个人信息；2）收集、使用消费者个人信息时，未公开其收集、使用规则，未明示其收集、使用信息的目的、方式和范围；3）采取强制手段、欺骗手段，收集、使用消费者个人信息；4）收集、使用消费者个人信息的范围、目的和方式，明显不符合正当、必要原则，但经营者采取格式条款并借助技术手段，或者采取有意将相关格式条款夹杂在众多条款之间等手段，诱导消费者签署或者点击同意；5）超出当初明示并经消费者同意的范围、目的和方式，使用消费者个人信息；6）对收集的消费者个人信息未依法严格保密，或者信息安全措施不完善，造成消费者个人信息被泄露、丢失；7）在发生或者可能发生信息泄露、丢失的情况时，未立即采取补救措施，造成消费者个人信息被泄露、丢失或者造成损害扩大；8）泄露、出售或者非法向他人提供消费者个人信息；9）未经消费者同意或者请求，向消费者发送商业性信息；10）在消费者明确表示拒绝的情况下，仍向消费者发送商业性信息。

显然，电信经营者、银行等商家，未经消费者同意向其发送促销短信，或者进行电话促销，均属于侵害消费者个人信息受保护权的行为。

同时，电子商务用户拥有对个人信息的删除权。《信息安全技术个人信息安全规范》（GB/T 35273—2020，2020 年 10 月 1 日实施）严格规范个人信息在收集、存储、使用、共享、转让与公开披露等信息处理环节中的相关行为，旨在遏制个人信息非法收集、滥用、泄露等乱象，最大限度地保护个人的合法权益和社会公众利益。业务运营或对外业务合作中使用用户画像不能侵害保护公民、法人和其他组织的合法权益，不能危害国家安全、荣誉和利益。网络用户、网络服务提供者利用网络侵害他人民事权益的，应当承担侵权责任。网络用户利用网络服务实施侵权行为的，被侵权人有权通知网络服务提供者采取删除、屏蔽、断开链接等必要措施。

《电商法》规定，电子商务经营者应当明示用户信息查询、更正、删除以及用户注销的方式、程序，不得对用户信息查询、更正、删除以及用户注销设置不合理条件。

旅游平台及航空公司一方面因其经营性质掌握了大量的个人信息，另一方面亦有相应的能力保护好消费者的个人信息免受泄露，这既是其社会责任，也是其应尽的法律义务。如果存在泄露消费者隐私信息的高度可能的情形，而现有证据又不能证明经营者尽到了相应义务，应认定经营者存在过错，应当承担侵犯隐私权的相应侵权责任。在案例 8-5 中，东航和去哪儿网存在泄露庞先生隐私信息的高度可能，并且存在过错，应当承担侵犯隐私权的相应侵权责任。

六、电子商务消费者的损害赔偿权

案例 8-6

原告王某在被告某网络科技公司于天猫商城设立的“TCL 官方旗舰店”购买电视 1 台，花费 4 099 元。被告在网页宣传中标注该价格为同期间内的最低价。但经原告取证核实，被告存在价格违法、欺诈消费者的行为，严重侵犯了消费者的知情权。原告以被告对其实施价格欺诈为由向法院提起诉讼。

请分析：

1. 本案中，如何才能认定被告存在消费欺诈行为？
2. 原告能否得到惩罚性赔偿？为什么？

（一）补偿性损害赔偿权与惩罚性损害赔偿权

损害赔偿权又称求偿权或索赔权，是指消费者因购买、使用商品或者接受服务受到人身、财产损害的，享有依法获得赔偿的权利。这是消费者利益受损时所享有的一种救济权。一般而言，赔偿的损失限于受到的直接损失。但如果存在对消费者的欺诈行为，如进行网络虚假宣传、消费者所购买的商品或接受的服务与广告所宣传的内容严重不符、广告内容被认定为具有欺诈性，则消费者有权得到惩罚性损害赔偿。

在案例 8－4 中，消费者能够得到补偿性损害赔偿，生产厂家应赔偿消费者吕先生全家人医药费及相关费用，并应将灶具做退货处理。

在案例 8－6 中，销售者存在价格欺诈行为，即使该商品质量合格，消费者也有权按照消费者权益保护法的规定，请求销售者“退一赔三”和保底赔偿。被告应退还原告货款 4 099 元并三倍赔偿原告损失 12 297 元，另应赔偿原告误工费及交通费等。

法律法规链接

电子商务经营者销售商品或者提供服务，不履行合同义务或者履行合同义务不符合约定，或者造成他人损害的，依法承担民事责任。

——《中华人民共和国电子商务法》第 74 条

经营者提供商品或者服务有欺诈行为的，应当按照消费者的要求增加赔偿其受到的损失，增加赔偿的金额为消费者购买商品的价款或者接受服务的费用的三倍；增加赔偿的金额不足五百元的，为五百元。法律另有规定的，依照其规定。

——《中华人民共和国消费者权益保护法》第 55 条第 1 款

（二）消费欺诈行为的认定

消费欺诈行为是指经营者在提供商品或者服务过程中，采取虚假或者其他不正当手段欺骗、误导消费者，使消费者的合法权益受到损害的行为。

根据《消费者权益保护法》和国家市场监管总局《侵害消费者权益行为处罚办法》（国家市场监督管理总局令第 31 号修订），可以从三个方面判断经营者的行为是否构成消费欺诈。

1. 经营者提供商品或者服务时采用的手段是否具有欺骗性

经营者有《侵害消费者权益行为处罚办法》第 5 条第（七）项至第（十）项、第 6 条和第 13 条规定行为之一的，属于欺诈行为。包括：

在销售的商品中掺杂、掺假，以假充真，以次充好，以不合格商品冒充合格商品；销售国家明令淘汰并停止销售的商品；提供商品或者服务中故意使用不合格的计量器具或者破坏计量器具准确度；骗取消费者价款或者费用而不提供或者不按照约定提供商品或者服务。（第 5 条第（七）项至第（十）项）

不以真实名称和标记提供商品或者服务；以虚假或者引人误解的商品说明、商品标准、实物样品等方式销售商品或者服务；作虚假或者引人误解的现场说明和演示；采用虚构交易、虚标成交量、虚假评论或者雇佣他人等方式进行欺骗性销售诱导；以虚假的“清仓价”“甩卖价”“最低价”“优惠价”或者其他欺骗性价格标示销售商品或者服务；以虚假的“有奖销售”“还本销售”“体验销售”等方式销售商品或者服务；谎称正品销售“处理品”“残次品”“等外品”等商品；夸大或隐瞒所提供的商品或者服务的数量、质量、性能等与消费者有重大利害关系的信息误导消费者；以其他虚假或者引人误解的宣传方式误导消费者。（第6条）

从事为消费者提供修理、加工、安装、装饰装修等服务的经营者谎报用工用料，故意损坏、偷换零部件或材料，使用不符合国家质量标准或者与约定不相符的零部件或材料，更换不需要更换的零部件，或者偷工减料、加收费用，损害消费者权益的；从事房屋租赁、家政服务等中介服务的经营者提供虚假信息或者采取欺骗、恶意串通等手段损害消费者权益的。（第13条）

2. 经营者的行为是否误导消费者

判断经营者的行为是否误导消费者应以一般消费者的认知水平和识别能力为准。如果该行为足以使一般消费者发生误解，即构成欺诈。如果该行为不足以使一般消费者发生误解，个别消费者应证明自己确实发生误解以主张欺诈行为的成立。经营者实施欺诈行为，一般都会造成消费者合法权益的损害，但认定消费欺诈行为并不要求消费者有实际的损失或者损害发生，只要经营者的行为足以误导消费者就可以被认定为欺诈。

3. 经营者是否具有实施欺诈行为的主观故意

虽然法律、法规并未明确规定构成欺诈行为必须具有主观故意，但从文义上理解，欺诈就是掩盖事实真相误导消费者，“欺诈”二字本身已经揭示经营者具有主观故意。经营者有《侵害消费者权益行为处罚办法》第5条第（一）项至第（六）项规定行为之一且不能证明自己并非欺骗、误导消费者而实施此种行为的，属于欺诈行为，包括：1）销售的商品或者提供的服务不符合保障人身、财产安全要求；2）销售失效、变质的商品；3）销售伪造产地、伪造或者冒用他人的厂名或厂址、篡改生产日期的商品；4）销售伪造或者冒用认证标志等质量标志的商品；5）销售的商品或者提供的服务侵犯他人注册商标专用权；6）销售伪造或者冒用知名商品特有的名称、包装、装潢的商品。

（三）消费欺诈行为的取证

存储在电子介质中的录音资料和影像资料，适用电子数据的规定。网上聊天记录、微博、手机短信等形成或者存储在电子介质中的信息都可以视为民事案件中的证据。

电商在进行“特价”“促销”宣传时如存在“虚构原价”“虚构优惠折扣”等欺诈行为，应当对消费者“退一赔三”。“原价”是指经营者在本次促销活动前7日内在本交易场所成交，有交易票据的最低交易价格；如果前7日内没有交易，以本次促销活动前最后一次交易价格作为原价。消费者在网购时，最好先进行全网搜索，或者进行线下商场的价格比对，再查看成交记录，复制保存商品链接网址、商品宣传销售页面的截图，如遭遇价格欺诈，可据此向物价监管部门投诉举报。消费者在网购时注意保留3个方面的证据：1）经营者的基本信息，如电商平台提供的卖家信息、电子营业执照，尽可能通过聊天工具获取卖家的真实身份、地址等信息；2）反映交易形成的证据，如网上商品介绍网页、网络交易（订单）记录、聊天记录、票据、发货单、快递单等；3）反映欺诈或损害存在的证据，如收到的实物照片、对比照片、检验鉴定结论、聊天记录、损失清单等。电商平台提供者明知或者应知销售者或者服务者利用其平台侵害消费者合法权益，未采取必要措施的，依法与该销售者或者服务者承担连带责任。

模块二

电子商务经营者的义务

经营者，是指从事商品经营或者营利性服务的法人、其他经济组织和个人。电子商务经营者，是指通过互联网等信息网络从事销售商品或者提供服务的经营活动的自然人、法人和非法人组织，包括电子商务平台经营者、平台内经营者以及通过自建网站、其他网络服务销售商品或者提供服务的电子商务经营者。为确保电子商务的健康发展，在赋予消费者保护自身合法权益的诸多权利的同时，也对电子商务经营者提出了全面的要求。

一、《电商法》对电子商务经营者义务的规定

《电商法》全面系统地规定了电子商务经营者保护用户和消费者权益的义务以及平台应担负的义务和责任，将用户的维权落到实处，同时不断规范管理电商经营者和平台。在第13条至第24条，《电商法》全面系统地规定了电子商务经营者保护用户和消费者权益的义务：

（一）一般保护义务

电子商务经营者应当履行消费者权益保护、网络安全与个人信息保护等方面的义务，销售的商品或者提供的服务应当符合保障人身、财产安全的要求。

（二）信息披露义务

电子商务经营者应当全面、真实、准确、及时地披露商品或者服务信息，保障消费者的知情权和选择权。电子商务经营者应当在其首页显著位置，持续公示营业执照信息、与其经营业务有关的行政许可信息、不需要办理市场主体登记情形等信息，或者上述信息的链接标识，并及时更新公示信息。电子商务经营者自行终止从事电子商务的，应当提前三十日在首页（主页面）显著位置持续公示有关信息。

（三）真实宣传、依法发送广告义务

电子商务经营者不得以虚构交易、编造用户评价等方式进行虚假或者引人误解的商

业宣传，欺骗、误导消费者。向消费者发送广告的，应当遵守《广告法》的有关规定。

（四）公平交易义务

电子商务经营者根据消费者的兴趣爱好、消费习惯等特征向其提供商品或者服务的搜索结果的，应当同时向该消费者提供不针对其个人特征的选项，尊重和保护消费者合法权益。

（五）搭售提示义务

电子商务经营者搭售商品或者服务，应当以显著方式提请消费者注意，不得将搭售商品或者服务作为默认同意的选项。

（六）依承诺或约定交付义务

电子商务经营者应当按照承诺或者与消费者约定的方式、时限向消费者交付商品或者服务。

（七）合理退还押金义务

电子商务经营者按照约定向消费者收取押金的，应当明示方式、程序，不得设置不合理条件。

（八）用户信息保护义务

电子商务经营者收集、使用其用户的个人信息，应当遵守法律、行政法规有关个人信息保护的规定。电子商务经营者应当明示用户信息查询，更正、删除以及用户注销的方式、程序，不得设置不合理条件。电子商务经营者收到用户信息查询或者更正、删除的申请的，应当在核实身份后及时查询或者更正、删除用户信息。用户注销的，电子商务经营者应当立即删除该用户的信息；依照法律、行政法规的规定或者双方约定保存的，依照其规定。

（九）公平订立合同义务

电子商务经营者不得以格式条款等方式约定消费者支付价款后合同不成立。

（十）出具购货凭证或者服务单据义务

电子商务经营者应当依法出具纸质发票或者电子发票等购货凭证或者服务单据。

（十一）受理并处理投诉、举报义务

电子商务经营者应当建立便捷、有效的投诉、举报机制，公开投诉、举报方式等信息，及时受理并处理投诉、举报。

这些规定既与《消费者权益保护法》中对经营者义务的规定一致，也突出了电子商务经营者的义务的特殊性。

二、履行法律规定或合同约定的义务

案例8-7

廖女士在天猫商城 SOOSIM 旗舰店以 299 元的价格购买了一件标明材质为真丝的裙子，卖家在宝贝页面中描述有“真丝，面料主成分含量 91%～95%”的字样，同时标明“假一赔万”。可当收到裙子后，廖女士发觉它的材质不像是真丝的，检测机构的报告证实裙子真丝含量为 0。廖女士和卖家联系无果，遂将卖家诉至法院，请求判决卖家返还购物款与检测费，并支付违约金 1 万元。

请分析：

1. 天猫商城卖家描述的“假一赔万”是什么行为？
2. 天猫商城卖家是否需要遵守“假一赔万”的规定？
3. 案例中商品页面标明的“假一赔万”到底是“假一赔一万元”还是“假一赔一万倍”？如果廖女士主张赔偿一万倍，法院是否应该支持？

《消费者权益保护法》规定，经营者和消费者有约定的，经营者应当按照约定履行义务，但双方的约定不得违背法律、法规的规定，如约定提供毒品，则不受法律保护。《民法典》合同编中规定，当事人可以约定违约责任的承担方式等。消费者通过网购的形式下单购买后，在网店和消费者之间就形成了买卖合同关系，对买卖双方具有约束力。网店作为卖方在商品页面中给出的一些具体的产品参数、金额、承诺等都是合同的组成部分。因此，廖女士和卖家之间的网络购物约定，实质上是双方成立的买卖合同。其中，“假一赔万”系卖家自愿做出的真实意思表示，并不侵害社会和他人的利益，亦不违反法律的强制性规定，故双方买卖合同成立并生效，双方的权利义务关系受法律的保护。

案例 8-7 警示电商经营者宣传时一定要适度，不要虚假和误导。随着法律的介入力度越来越大，“第一”“顶级”“假一赔万”等虚夸行为的生存空间会越来越小。电商经营者应把更多精力放到诚信经营方面。

三、质量担保义务

案例8-8

消费者欧阳先生在某平台花费 51 000 元购买了标示材质为非洲酸枝的四件套家具一套，网店经营者承诺免费送货上门。10 天后，网购的四件家具到货，欧阳先生验收时发现四件套家具有三件与显示的样品不符，于是投诉到消委会。消委会调查确认，欧阳先生收到的商品和订单情况确实不符，网店存在严重违约行为，应承担相应的责任。

请分析：

在本案例中，网络平台销售的物品应该以什么作为商品质量的标准？

高质量的商品，是电子商务顺利发展的基础，也是消费者愿意在网上购物的关键。在电子商务消费模式下，消费者只能通过电商经营者对商品的视频、图片或文字介绍来了解商品，不可能亲自接触商品，更不可能发现商品的瑕疵，只有在配送后才真正接触到商品。因此，电商经营者一定要保证向消费者提供的商品有质量保障，还要保证其以广告和商品介绍方式向消费者提供的商品的质量状况与商品实际的质量状况相符。

在案例 8－8 中，在物品买卖合同中，标的物的质量是以实物样品的方式约定的，样品的质量就是标的物所要达到的质量。因此，在物品买卖合同中，标的物与样品的品质是否一样就决定了买卖双方当事人的权利和义务。

法律法规链接

经营者以广告、产品说明、实物样品或者其他方式表明商品或者服务的质量状况的，应当保证其提供的商品或者服务的实际质量与表明的质量状况相符。

——《中华人民共和国消费者权益保护法》第 23 条第 2 款

凭样品买卖的当事人应当封存样品，并可以对样品质量予以说明。出卖人交付的标的物应当与样品及其说明的质量相同。

——《中华人民共和国民法典》第 635 条

凭样品买卖的买受人不知道样品有隐蔽瑕疵的，即使交付的标的物与样品相同，出卖人交付的标的物的质量仍然应当符合同种物的通常标准。

——《中华人民共和国民法典》第 636 条

电子商务经营者销售的商品或者提供的服务应当符合保障人身、财产安全的要求和环境保护要求，不得销售或者提供法律、行政法规禁止交易的商品或者服务。

——《中华人民共和国电子商务法》第 13 条

四、真实宣传义务

案例 8－9

马女士在某平台“拍卖会”拍得一件价值 7 000 元的翡翠挂件，但收到货后感觉商品色泽暗沉，与页面图片上展示的翠绿完全不符。马女士认为销售者做出了引人误解的虚假宣传行为，是欺诈消费者，遂向该平台申请退货、退款。被卖家拒绝后，马女士向浙江省消委会寻求维权帮助。接到消费者投诉后，消委会工作人员立即与平台卖家联系核实情况。经沟通了解到，平台“拍卖会”是为会员提供的具有独特性或有较高附加值的特殊拍品的交易平台，不同于普通的网络交易程序，竞拍者需经过缴纳保证金、出价竞拍、竞拍成功、支付货款、完成交易 5 个步骤才能拍得拍品。同时，卖家称已在商品页面注明“依据商品性质不支持 7 天无理由退货”，且实物与图片色泽不符属于主观层面，故不同意退货、退款，也不接受调解。

请分析：

1. 该案例是否适用“依据商品性质不支持7天无理由退货”的主张？
2. 销售者的宣传是否构成对消费者的欺诈？如何认定？

网络购物模式下，消费者在购物过程中与网络服务经营者互不相见，除了商品本身，能够让消费者真实享受到的就是电子商务经营者售出商品后的服务，即售后服务。

电商经营者的售后服务主要义务体现在履行法律规定的强制性义务，主要是“包修、包换、包退”，即所谓的“三包”。对某些商品实行“三包”，是电子商务经营者对所提供的商品或者服务承担质量保证的一种方法。电商经营者同样要认真执行国家关于商品或者服务质量的有关规定，保证消费者从网上购买的商品或者服务已达到国家规定的质量要求。

对于网络销售的商品，消费者无须任何理由，即可在规定的7日内退货。同样地，对于实行“三包”的商品，如果在一定期限内出现质量问题，消费者便享有免费修理、更换、退货的权利。电子商务经营者如果不履行这项义务，就要承担相应的民事责任。对于存在质量问题的商品，电子商务经营者要依据消费者的要求或合同的要求给予修理、更换、退货，相应的配送费也应由其承担。

在案例8-9中，平台拍卖的形式不同于通常的网络经营模式，对经营者“依据商品性质不支持7天无理由退货”的主张，如果经消费者确认，在实践中经营者不接受退货的做法通常可以得到支持。但是本案的另一个关键是实物与图片色泽不符的问题。如果经营者在网上销售的是A色泽的翡翠，而实际提供的却是B色泽的翡翠，则可能属于欺诈行为。一方当事人故意告知对方虚假情况，或者故意隐瞒真实情况，诱使对方当事人做出错误意思表示的，可以认定为欺诈行为。对欺诈的认定一般需要经过鉴定取证等一系列程序。

在案例8-9中，消费者主张经营者在页面展示的是一个翠绿欲滴的挂件，而自己收到的却是一个色泽暗沉的“次品”，如果这个事实得以确认，消费者有权按产品“以次充好”的理由主张索赔。

五、出具购货凭证或者服务单据义务

案例8-10

消费者周先生在某网站上购买了一台某品牌洗衣机，按商家要求获得了10年延保电子卡号，厂家表示此卡号与购机发票一起作为延保的凭证。使用尚不足2年，周先生的洗衣机出现质量问题。周先生拨打该品牌客服报修，客服回复说须出示实物卡才能保修，而周先生至今未收到实物卡，只有电子卡号。双方协商无果，周先生向消委会投诉。

请分析：

电子凭证是否具有法律效力？

随着科技的发展、互联网技术的运用，越来越多的合同、说明书、订单、发票等电子化，符合国家法律规定的电子凭证具有效力。推出电子凭证的经营者也有义务保存相应的信息备用。消费者也要有电子证据意识，通过截图、拍照、拷贝等手段留存消费凭证。在案例8-10中，电子凭证属于合法有效的购货凭证，具有与纸质凭证相同的效力，经营者有义务为消费者免费维修该机器。

法律法规链接

经营者提供商品或者服务，应当按照国家有关规定或者商业惯例向消费者出具发票等购货凭证或者服务单据；消费者索要发票等购货凭证或者服务单据的，经营者必须出具。

——《中华人民共和国消费者权益保护法》第22条

电子商务经营者销售商品或者提供服务应当依法出具纸质发票或者电子发票等购货凭证或者服务单据。电子发票与纸质发票具有同等法律效力。

——《中华人民共和国电子商务法》第14条

六、信息保密义务

案例8-11

某年8月19日，刚被大学录取的山东女孩徐某某接到陌生电话，对方称有笔2 600元的助学金要发给她。按照该电话指示，她把自己准备好的9 900元学费汇给对方，之后方知受骗。在到派出所报案后回家的路上，她突然昏厥，继而身亡。令人唏嘘的是，8月23日凌晨，来自山东临沭县的大二学生宋某某也在遭遇电信诈骗后，心脏骤停，不幸离世。大学生遇诈骗身亡事件接连发生，暴露出当前个人信息数据泄露现象的严重性，在互联网上个人信息被非法交易也呈空前火爆的态势。涉世不深的大学生是该问题的主要受害群体之一。

请分析：

1. 电子商务经营者应如何对待取得的消费者数据？
2. 泄露信息者要承担什么样的责任？

随着近年来互联网的高速发展，个人信息遭泄露、网络诈骗的案件也日益增多，个人信息安全的保障日益引起各界重视。

违法成本低、法律监管缺失是"泄密"事件再三出现的根源。从法律层面来看，各类服务提供商，对于基于提供服务所采集的用户信息数据，具有严格保密的法律义务，类似的规定散见于相关法律、法规、规章中，但对应的处罚措施并不严厉。而在日益繁杂多变的网络交易中，服务商忙于应付各种生意，对于用户信息保密仅仅是基于商业道德或品牌信誉，其实施力度之弱可想而知。相关部门应形成联动机制，对泄露甚至出售用户信息的行为进行严厉打击，以保障消费者安全。

在案例8-11中，电话诈骗的背后是个人信息的严重泄露。诈骗犯罪分子是从什么渠道掌握的徐某某的家庭信息？从什么渠道得知徐某某的助学金情况？从什么渠道拿到了徐某某母亲的电话号码？这些都是人们想问的。6名犯罪嫌疑人平均年龄只有26岁，没有强的社交关系，也没有经济条件，就能轻而易举地获取如此多的个人信息，可见信息泄露的严重性。

随着《中华人民共和国数据安全法》《中华人民共和国个人信息保护法》等相关法律及《网络交易监督管理办法》的颁布施行，经营者信息保密义务更加严格，泄露甚至出售用户或个人信息的现象明显改观，个人信息保护方面的制度更加完备，法律保障也更加有力。为了确保公民的个人信息得到有效保护，司法、行政等多部门需要集合力量，共同构筑防火墙。

法律法规链接

网络交易经营者收集、使用消费者个人信息，应当遵循合法、正当、必要的原则，明示收集、使用信息的目的、方式和范围，并经消费者同意。网络交易经营者收集、使用消费者个人信息，应当公开其收集、使用规则，不得违反法律、法规的规定和双方的约定收集、使用信息。网络交易经营者不得采用一次概括授权、默认授权、与其他授权捆绑、停止安装使用等方式，强迫或者变相强迫消费者同意收集、使用与经营活动无直接关系的信息。收集、使用个人生物特征、医疗健康、金融账户、个人行踪等敏感信息的，应当逐项取得消费者同意。网络交易经营者及其工作人员应当对收集的个人信息严格保密，除依法配合监管执法活动外，未经被收集者授权同意，不得向包括关联方在内的任何第三方提供。

——《网络交易监督管理办法》第13条

市场监督管理部门应当采取必要措施保护网络交易经营者提供的数据信息的安全，并对其中的个人信息、隐私和商业秘密严格保密。

——《网络交易监督管理办法》第36条

七、诚信义务

案例8-12

邓某在美某公司经营的网店购买了烟酰胺原液30ml，付款219元。该商品销售网页没有对是否经过国家食品药品监督管理总局备案进行描述，邓某认为美某公司侵犯其作为消费者的知情权。美某公司提交的《海关进口货物报关单》中显示，案涉商品的原产地区为中国台湾，境内目的地为广东东莞。邓某诉请：美某公司退回货款219元，赔偿657元。

请分析：

邓某对美某公司经营的网店退回货款、三倍赔偿的请求应否得到支持？为什么？

根据《2022年度中国电子商务用户体验与投诉监测报告》（2023年3月），据“电数宝”数据显示，2022年投诉案例呈现正增长，同比增长35.3%。此前，2019—2021年受理的投诉案件数呈现负增长，2019年同比下降0.72%，2021年同比下降21.84%。可见，网络消费投诉数量有所增长。2022年全年，国内网购投诉占全部投诉的42.78%，比例最高；此外，商家纠纷占比15.78%，跨境网购为6.07%，网络支付为5.05%，P2P网贷为4.92%，分期消费为4.47%，在线差旅为2.74%，网络传销为2.45%，物流快递为2.33%，网络订餐为0.55%，银行电商为0.24%，网络用车为0.21%，其他类投诉占比为12.4%。2022年全年共计受理264家网络消费平台用户投诉。其中，数字零售有122家，占比最高，为46%；数字生活为51家；跨境电商为29家；产业电商平台为5家；金融科技平台为33家；物流企业科技平台为19家；数字健康平台为5家。

《电商法》规定，电商经营者应当全面、真实、准确、及时地披露商品或者服务信息，保障消费者的知情权和选择权。不得以虚构交易、编造用户评价等方式进行虚假或者引人误解的商业宣传，欺骗、误导消费者。应当建立健全信用评价制度。平台经营者不得删除消费者对其平台内销售的商品或者提供的服务的评价。

根据消费者权益保护法的规定，消费者有知情权。首次进口的特殊用途化妆品未经批准、首次进口的其他化妆品未经备案是涉及化妆品安全和消费者健康的重要事实，消费者在购买前是否知晓该事实会影响消费者的购买决策，对该事实经营者应当如实告知。在案例8-12中，案涉商品尚未在国家食品药品监督管理总局备案，销售页面并无对该商品是否经过备案的描述，可认定经营者故意隐瞒了这一可能影响消费者购买决策的情况。邓某实际购买了该产品并使用，遭受了损失，其主张受到美某公司欺诈，要求返还货款并另行三倍赔偿，符合法律规定。

八、公平订立合同义务

案例8-13

2018年11月至2019年5月，某消保委陆续接到辽宁、新疆等地十数位消费者投诉，反映2018年11月1日当天参加京东平台“双11”“满200减189”等优惠活动，通过预先抢券、叠加店铺优惠、满减活动等优惠，在某服饰公司开设的京东商城旗舰店成功抢购服装等商品，但该公司却以京东平台优惠券设置错误导致其亏损为由迟迟不予发货，并要求消费者取消订单。双方协商不下产生争议，引发集体投诉。

经调查核实，某服饰公司表示因京东平台优惠券“满200减189”设置成了全平台跨店铺优惠券，导致各店铺商品拼单后实际成交价低于商品成本价。以消费者胥女士为例，其在2018年11月1日零点抢购到的毛衣原价为227元，使用京东“满200减189”优惠券，加上店铺优惠，最终实付金额仅13元，远远低于毛衣成本价。

当天商家发现后立即下架了商品，但此类订单已超千件，单量越大，亏损越大。受此事件影响的京东商家不在少数，有的商家甚至因无法承受巨额亏损导致关店，遂想与消费者协商取消订单，按照京东平台规则予以实付金额30%赔偿。

请分析：

某服饰公司应否承担参加京东平台“双11”“满200减189”等优惠活动所造成的全部损失？

（一）“砍单”行为的后果应由电子商务经营者承担

实践中，一些电商低价促销，在消费者付款成功后又随意取消订单的情况屡见不鲜。“双11”“双12”期间，很多商家为了促销把价格压得很低，但在消费者下单并完成支付后，却迟迟不发货。这时，消费者突然收到商家的短信或者邮件告知该笔订单已被取消，或经过查询得知已经被“砍单”的结果。“砍单”的理白主要有商品缺货、操作失误、系统出错、产品质量、订单异常等。

案例8-13是一起典型的电商经营者“砍单”纠纷。服饰公司通过京东平台发布商品信息，属于要约行为，消费者下单购买商品并成功提交订单，双方之间的购买合同即告成立。经营者应当按照约定全面履行自己的发货义务。但在案例中，商家以优惠活动设置错误为由，单方面要求取消订单，这违反了经营者诚信义务，被明确界定为禁止的行为。《民法典》规定，当事人一方不履行合同义务或者履行合同义务不符合约定的，应当承担继续履行、采取补救措施或者赔偿损失等违约责任。服饰公司的行为已构成违约，应承担违约责任。

（二）通过格式合同规避“砍单”责任

电子商务合同，除非特殊情况（如当事人特别约定签署传统纸面方式的确认书）或者特殊领域（如法律、行政法规有禁止性规定），都是采用自动信息系统订立的。《电商法》规定了电子商务经营者信息披露义务、允许消费者更正输入错误的义务、不得滥用格式条款的义务。

有网站利用格式条款规定，消费者成功下单并付款后，并不代表双方已建立合同关系，只有商家确认发货后，才算合同成立。有的网站甚至规定，在任何情况下，由于商品缺货对消费者带来任何损失不负任何责任。这样的条款在履约方面赋予了卖方非常大的自由空间，理论上，只要卖方不想履行合同，通过不发货就可以做到，并且以合同不成立为由逃脱责任。这一条款的存在实质上对网络交易消费者的不利影响非常大。因此，《电商法》规定：平台经营者、平台内电商不得以格式条款等方式为自己的毁约行为制造借口。格式条款等含有消费者支付价款后合同不成立的，其内容无效。

从法律层面分析，《民法典》的确规定了“当事人采用信件、数据电文等形式订立合同要求签订确认书的，签订确认书时合同成立”。但“发货后合同成立”的约定属于免除己方责任的格式条款，存在被认定为无效的可能。由于网店对于其备货量是能够做到预知的，其可以在备货量小于消费者订货量时直接拒绝消费者的订购和付款，否则，消费者支付了货款即履行了主要义务，合同应该成立。法律规定确认书的主要目的在于双方对合同内容和细节进行最终确认，并且是需要经过双方签订的，单方的约定或通知，都不能产生“签订”的效果。类似的约定会构成对消费者权益的伤害。

在面向消费者的电子商务活动中，大多数情况下，消费者通过经营者的自动信息系统提交订单的同时就完成了电子支付，直接导致与经营者之间的合同成立。经营者即便在自动信息系统中设置格式条款，约定消费者提交订单、支付价款后合同不成立，该条款也无效，合同仍然成立。除非在消费者提交订单但是货到付款、另行支付的情形下，经营者不得以格式条款等方式否定消费者提交订单的约束力。电子商务经营者应该及时做好库存和销量预计的统筹，并且通过完善与供货商之间合同条款或者购买商业保险等方式，将因供货商原因无法履行买卖合同而被消费者索赔的风险控制在可预计的范围内。

法律法规链接

电子商务经营者发布的商品或者服务信息符合要约条件的，用户选择该商品或者服务并提交订单成功，合同成立。当事人另有约定的，从其约定。

电子商务经营者不得以格式条款等方式约定消费者支付价款后合同不成立；格式条款等含有该内容的，其内容无效。

——《中华人民共和国电子商务法》第 49 条

电子商务经营者应当清晰、全面、明确地告知用户订立合同的步骤、注意事项、下载方法等事项，并保证用户能够便利、完整地阅览和下载。

电子商务经营者应当保证用户在提交订单前可以更正输入错误。

——《中华人民共和国电子商务法》第 50 条

模块三

电子商务平台经营者的义务和责任

电子商务平台经营者在电子商务中发挥着重要的枢纽作用，对平台经营者规范严了，可能限制或阻碍电子商务的发展；松了，可能对电子商务经营者、消费者不公平，甚至造成垄断。科学界定平台经营者的责任和义务，对于规范电子商务经营者义务和维护消费者权益具有极其重要的意义。

一、电子商务平台经营者义务和责任的内容

《电商法》为规制平台经营者可能滥用的平台资源“私权力”，有针对性地设定了平台义务和平台责任。

（一）电子商务平台经营者义务

（1）显著标记自营业务义务。在其平台上开展自营业务的，应当以显著方式区分标记自营业务和平台内经营者开展的业务，不得误导消费者。

（2）保留消费者评价义务。不得删除消费者对其平台内销售的商品或者提供的服务的评价。

（3）合理宣传义务。应当根据商品或者服务的价格、销量、信用等以多种方式向消费者显示商品或者服务的搜索结果；对于竞价排名的商品或者服务，应当显著标明“广告”。

（4）消费者维权协助义务。消费者在平台购买商品或者接受服务，与平台内经营者发生争议时，平台应当积极协助消费者维护合法权益。

（二）电子商务平台经营者责任

（1）先行赔偿责任。消费者可以根据《消费者权益保护法》的有关规定要求平台承担先行赔偿责任。

（2）连带责任。知道或者应当知道平台内经营者销售的商品或者提供的服务不符合保障人身、财产安全的要求，或者有其他侵害消费者合法权益行为，未采取必要措施的，依法与该平台内经营者承担连带责任。

（3）相应责任。对关系消费者生命健康的商品或者服务，对平台内经营者的资质资格未尽到审核义务，或者对消费者未尽到安全保障义务，造成消费者损害的，依法承担相应的责任。

二、显著标记自营业务义务

案例 8－14

范先生在某网购平台购买四款标称“自营”的品牌手表。收货后发现，商品说明书载明的手表材质与宣传不符。检测结果也证明了这一点。在诉讼维权过程中，该网络平台辩称“自营”不是平台经营者自营，是平台所属集团下属公司经营，平台经营者非适格被告，要求驳回消费者起诉。

请分析：

该网络平台能否混淆自营业务与非自营业务？

一些网购平台在网页宣传上混淆自营业务与非自营业务，在消费者维权时又以平台经营者是非自营主体作为抗辩理由，拒绝承担责任。《电商法》针对这种情况做出了明确规定：一是要求平台经营者开展自营业务的，要以显著方式区分标记，不得误导消费者，以保障消费者的知情权和选择权；二是规定平台经营者对标记为自营的业务依法承担销售者或者服务者的民事责任，防止平台经营者从事自营业务营利，发生问题时却推诿塞责，逃避监管；三是明确罚则，保障法律规定有效落地。在案例 8－14 中，平台经营者应对其标记为“自营”的业务依法承担商品销售者或者服务提供者的民事责任。

三、保留消费者评价义务

案例 8-15

杨女士怀疑在某平台购买的护肤化妆品为假货，因为与之前所用同款产品差距较大。于是杨女士以面膜质量不佳为由给予店家差评，但该评价根本看不到。杨女士认为，消费评价是消费体验的重要一步，也是后续顾客购物的重要参考。故向消委会投诉该平台不顾消费者感受删除差评的行为。

请分析：

如果查明某平台删除差评的行为属实，该平台应承担何种责任？

刷销量、刷好评、删差评等“炒信”“刷单”行为，严重误导消费者，损害了消费者知情权、选择权。电子商务法一方面明确规定电子商务经营者信息披露的一般义务，要求全面、真实、准确、及时披露商品或者服务信息，禁止以虚构交易、编造用户评价等方式进行虚假、引人误解的商业宣传，欺骗、误导消费者；另一方面要求平台经营者建立健全信用评价制度，公示信用评价规则，不得删除消费者评价信息。同时明确平台经营者未为消费者提供评价途径或者擅自删除消费者评价的，由市场监督管理部门责令限期整改，给予行政处罚，情节严重的，处以最高五十万元以下罚款。如果因为擅自删除消费者评价而违反反不正当竞争法等法律规定的，还要按照所违反法律的规定予以处理。在案例 8-15 中，如果该平台删除差评的行为属实，应由市场监管部门责令限期整改，给予相应的行政处罚。

四、消费者维权协助义务

案例 8-16

莫先生发现某网上购物平台有抢拍 iPhone 促销活动，此时活动规则并未限制购买数量，于是通过活动拍下 iPhone 8 手机 2 台。但是之后平台只为第一个订单发了货。莫先生询问原因，平台回复称活动已经修改为每个客户只能拍一台，多拍无效，并且实际以修改过的活动规则为准，拒绝给第二个订单发货。莫先生认为网上订单与合同应有同等法律效力，平台应按照原规则、原订单发货，但却苦于无法举证自己抢拍时活动内容，只好吃个哑巴亏。

请分析：

对于莫先生，能否要求网络平台协助自己举证？

在电商交易中，有关合同、交易记录等证据大多为电商经营者所拥有。发生消费纠纷时，消费者如事前未做证据留存，往往处于非常弱势的地位。一些电商经营者甚至伪造、篡改、销毁、隐匿相关证据，使消费者维权更加困难。电子商务法强化了经营者举证责任，采用举证责任倒置原则，对平台经营者、平台内经营者都规定了提供相关证据的义务，如原始合同、交易记录等，并规定丢失、伪造、篡改、销毁、隐匿或者拒绝提供前述资料，由电子商务经营者承担不利法律后果。这一规定有助于改变消费者的弱势地位，便于有关司法机关等查明事实，强化对消费者的保护。在案例 8－16 中，莫先生可以要求某网上购物平台对其下单前的促销活动内容进行举证，以核实自己行为的正对性。还可以要求该网上购物平台对其已签订购买手机 2 台的合同（成功下单手机 2 台）、却只履行供货 1 台的行为承担违约责任。

五、电子商务平台经营者的连带赔偿责任

案例 8－17

朱某花 30 元从淘宝网某网店购买了铝箔纸，产品说明书中写有铝箔纸盒带有方便切割铝箔纸的锯齿，但朱某收到的铝箔纸盒上，锯齿缺失。朱某与商户就质量问题协商未果，拒绝向商户支付全部货款，淘宝公司在未联系朱某的情况下已将货款付给商户。朱某申请淘宝网介入售后服务，遭到裁判驳回。朱某对商户提起诉讼，淘宝公司提供的商户信息不实，导致法院无法送达，拖延了案件审理。于是，朱某要求淘宝公司与商户承担连带责任，并向朱某书面道歉，对商户做出包括关闭店铺在内的严厉处罚。淘宝公司认为，自己并非本案合同相对方，不应承担合同义务，朱某应直接向商户要求退款和赔偿；自己作为网络交易平台，只对平台商户的信息登记备案并能合法披露，不应承担法律规定的平台责任。

请分析：

1. 在本案例中，淘宝网不能提供商户有效的联系方式，应否与商户承担连带责任？
2. 朱某是否有权要求淘宝公司对商户做出包括关闭店铺在内的严厉处罚？

消费者通过电商平台购买产品或接受服务，与平台内经营者之间成立网络买卖合同关系或网络服务合同关系。网络产品或服务质量不合格，消费者有权要求退货退款；因平台经营者知道或者应当知道平台内经营者销售的商品或者提供的服务不符合保障人身、财产安全的要求，或者有其他侵害消费者合法权益行为，未采取必要措施的，依法应与该平台内经营者承担连带责任。

在案例 8－17 中，朱某与淘宝网上商户成立真实有效的网络购物合同关系，因网络购物发生争议，在朱某申请淘宝公司介入售后服务后，视为淘宝公司已经明知商户提供的产品可能存在问题、与消费者之间已经发生纠纷，但在此情况下，淘宝公司未采取必要措施，应与商户一起承担连带责任，向朱某退货、退款。对于如何处罚商户，应由淘宝公司根据网店管理规定做出处理，朱某有建议权，但没有强制淘宝公司必须接受的权利。

六、电子商务平台经营者的补充清偿责任

案例 8-18

某日晚上10时许，案外人张某某因运输需求，通过手机在货拉拉App上下单，从广州某胶袋厂运送货物到深圳某处，被告黄某某接单。约过了2小时，被告黄某某搭载乘客王某、何某驾驶小型车辆行驶至广深高速某处路段时，发生单方道路交通事故，造成黄某某、王某、何某三人受伤，车辆受损，高速防护设施损坏。经责任认定，黄某某未按操作规范安全驾驶，负事故的全部责任，王某、何某无责任。原告王某、何某因交通事故发生医疗费等各项损失35万元。

另查明，用户在手机上安装货拉拉App后，双方在《货拉拉用户协议》中约定："货拉拉"仅为阁下及参与面包车、货车提供中立、独立、免费的第三方信息中介服务。司机在手机上安装货拉拉App并成为平台注册司机后，双方在《货物托运中介服务协议》中约定，货拉拉软件中提供之服务信息仅为普通货物运输信息。

因事故车在货拉拉旗下从事营运活动改变了使用性质，事故责任不属于保险责任，原告所主张的损失无法得到保险理赔。

请分析：

在本案例中，货拉拉公司应否对原告的交通事故损失承担责任？承担何种责任？

平台经营者应在与平台商家展开合作之前，充分审核后者的相关经营资质（包括但不限于各类证照和经营许可，较为常见的有食品、药品、保健品经营许可证等），以确保其尽到合理的审核义务。在案例8-18中，黄某某应承担本案赔偿责任。货拉拉公司答辩称，其与司机黄某某、托运人之间形成中介合同关系，黄某某与托运人是货物运输合同关系。平台只为用户提供免费的信息服务，与司机、用户之间属于中介法律关系，平台经营者在本案中不存在侵权行为，亦无过错原告不是平台用户，与平台经营者之间不存在任何运输、中介等法律关系，其自行搭乘车辆发生交通事故的，依法应由原告与承运人之间承担相应的法律责任，平台经营者无须担责。这样的认识回避了平台经营者对平台内经营者资质资格的审核义务。黄某某不具有普通货运从业资格证书，其车辆不具有车辆营运证，却通过注册成为平台司机而接单从事营运行为，货拉拉公司未认真履行审核司机相关资质的义务，从而增加了司机从事营运时发生事故的概率，故应对平台注册司机的赔偿义务承担补充清偿责任。

法律法规链接

电子商务平台经营者知道或者应当知道平台内经营者销售的商品或者提供的服务不符合保障人身、财产安全的要求，或者有其他侵害消费者合法权益行为，未采取必要措施的，依法与该平台内经营者承担连带责任。

对关系消费者生命健康的商品或者服务，电子商务平台经营者对平台内经

营者的资质资格未尽到审核义务，或者对消费者未尽到安全保障义务，造成消费者损害的，依法承担相应的责任。

——《中华人民共和国电子商务法》第 38 条

七、电子商务平台经营者的安全保障责任

案例 8 - 19

2018 年拼多多一上市瞬间在国内形成电商三足鼎立的格局，短短一个星期股价从 19 美元涨到 27 美元。随后，拼多多的股价又戏剧性地一路掉回 19 美元。把拼多多送到风口浪尖的是假货问题。7 月 31 日当天，关于拼多多假货话题的媒体文章数达 3 921 篇，其中负面文章 1 315 篇，占 35%，中立态度的文章占 55%。

拼多多平台的假货问题一度为外界所关注。2018 年 7 月 28 日，创维公司指责拼多多上出现了大量假冒创维品牌的电视产品（包括：创维先锋、创维云视听 TV、创维嘉、创维美、创维酷酷、创维 e 家等），并提出严正交涉。7 月 29 日，作家郑某某也在微博发布声明，指责拼多多销售盗版图书，要求拼多多立即停止侵权行为。而伴随拼多多上市，一个充满嘲讽的段子也在网络上铺开——以下品牌恭祝拼多多成功在美国上市：小米新品、松下新品、老于妈、粤利粤、雷碧、康帅傅、娃娃哈、大白免、太白兔、七匹狠、绿剪、可日可乐、必相印、帮宝造、abidas、adidiaos。

请分析：

1. 拼多多上市反映出我国电子商务发展过程中的何种现象？
2. 拼多多平台对平台内假冒伪劣商品的经营应该承担何种责任？

2018 年，“拼多多假货事件”引发全民热议，大家纷纷责疑拼多多作为平台却没有尽到对平台商店涉嫌销售假货的监管责任。《电商法》第 38 条规定，平台经营者应承担“相应责任”。“相应责任”可以理解为包括连带责任、替代性责任、补充责任等。其中，连带责任更重。

涉及生命健康的特殊商品和服务，平台经营者应当知道平台内经营者有侵权行为却不作为的，应承担连带责任。

因此，平台是否属于应当作为而不作为，是其承担连带责任的关键，与商品和服务的类别无关。这很好地衔接与补充了《消费者权益保护法》第 44 条的规定。

平台经营者在运营过程中，应着重从如下几个方面加强监管：一是加强对平台内经营者真实身份、地址、行政许可等事项的核验和登记，同时“建立登记档案，并定期核验更新”，避免“查无此人”情形的发生；二是展开商品品类区分，针对可能关系到消费者生命健康的商品或者服务，特别是食品药品类以及电器安全类，进行重点监控，发现异常情况时，及时采取诸如下架删除、网站公告预警或改进 App 类产品安全优化设计等措施，避免不良后果发生。

八、网规

案例 8 - 20

拼多多自 2015 年 9 月上线以来，注册用户数过亿。但近期多位入驻拼多多平台的商家反映，账户货款被平台冻结无法提现，而拼多多给出的理由是，这些商家涉嫌售假、“刷单”等。拼多多表示，出于对消费者利益的保护，冻结商家资金后，被冻结商家在 90 天的举证期内动态更新证据，出具正当的证明，公司会在一周之内予以解冻。同时，拼多多表示已临时、紧急建立绿色应急通道，设立新的邮箱账号和绿色通道 QQ 号码，商家可将自己的案例和证据通过该渠道向平台反映；对于存在错判、提供证据的案例，平台会优先处理。拼多多和商家各执一词，争执不下。

请分析：

1. 拼多多与平台商家之间属于什么关系？
2. 拼多多有没有直接冻结平台商家资金的权利？

从互联网诞生之日起，网络上即存在相应的行为规则，网商、网货和网规是新商业文明的支柱。经过几年的发展，“网规”在通常意义上被人们理解为平台经营者所制定的协议和规范。

《电商法》第 32 条、第 34 条、第 35 条以及第 36 条都对平台经营者制定、修改、遵守以及执行平台服务协议和交易规则等方面做出了明确规定。

因此，基于平台经营者和商家（平台内经营者）间的合同关系，平台经营者的权利应当是基于双方签订的合同约定而产生的，且平台经营者应就其有权冻结商家资金的行为提供充分的证据。

在案例 8 - 20 中，拼多多单方认为商家有售假、“刷单”行为，让商家提交证明其没有售假、“刷单”的证据后，又自行认定该证据是否有效，这种既当运动员又做裁判的行为颇受非议。结合案例 8 - 19 来看，这也是电子商务发展过程中的一种奇特现象。

【实训任务】

即测即评

案例分析实训

单元九
电子商务法律责任

由于网络本身的虚拟性，各种无意的差错在所难免，因电子商务交易而产生民事纠纷，根据经营者主观过错情况承担相应的违约责任和侵权责任。我国市场监管部门履行对经营者电子商务活动的市场监管，对于一些未遵守经营活动法律法规的行为进行处罚，以维护电子商务秩序。一些诈骗分子利用电子商务平台从事违法犯罪行为，严重影响电子商务的健康发展，将受到刑罚处罚。我们需要提高警惕，增强识别和防范能力，在享受互联网和电子商务带来的便利的同时，降低风险，防患于未然。

通过学习本单元内容，你将达到以下学习目标：

【知识目标】

1. 掌握电子商务主体承担法律责任的形式；
2. 熟悉电子商务中民事责任承担的种类；
3. 熟悉电子商务中行政责任承担的种类；
4. 认识网络犯罪及其常见种类、特征，认识其危害性，掌握防范技巧。

【能力目标】

1. 能够认识到电子商务领域法律责任的承担形式，有效防范风险；
2. 能够有效识别电子商务犯罪，远离犯罪，加强自我保护。

【素养目标】

1. 培养合法创业、诚信经营的意识；
2. 树立提高法治思维，增强责任意识。

你需要完成能力训练任务：深入思考互联网环境下法律责任承担的特点，讨论电子商务监管机制的完善；认真完成实训任务，加深对本单元知识的理解。

本单元内容学习建议学时：6～9 学时。

导入案例

广东检察机关剖析创业领域多发的犯罪类型：电商创业领域成为犯罪重灾区

电商创业以其准入门槛低、创业成本低等优势备受创业者青睐，涉及电商的违法犯罪也成为创业领域犯罪的重灾区，甚至出现了“执法者累死，网络平台急死，制假售假者笑死，消费者哭死”的怪象。

最突出的特点是初期监管难。电商平台通过图片介绍推销商品，商品信息多使用正品图片，日常监管中难以辨别真伪，几乎不可能在售假行为实施的初期就对其进行处理。只有在这类售假行为已达到相当规模，被消费者或被害人知悉并举报到电商平台时，才可能被曝光。在杨某山、李某假冒注册商标案中，犯罪嫌疑人从 2012 年开始生产假冒“新百伦”“阿迪达斯”等品牌鞋子，自 2014 年 6 月开始，其伙同他人通过 QQ、微信和电话销售假冒品牌鞋，2015 年 7 月才被查出，涉案金额达 1 476 万余元。

另一个特点是犯罪成本低。对于网络售假严重的卖家，电商平台采取的最为严厉的处罚是封号，但卖家往往会通过技术手段重新申请注册网店或转移到其他电商平台继续用以前的销售模式卖假货，相关监管部门对这种“打游击战”的卖家往往也很难识别。

而且，刑罚处罚力度不足以震慑制假售假者。某区检察院近三年办理的 24 宗案件所涉及的 34 人中，14 人被判处了三年以下缓刑等轻刑。例如：李某荣假冒注册商标案中，犯罪嫌疑人于 2014 年 11 月至 2015 年 4 月租用厂房生产、销售假冒的多芬、飘柔品牌洗发水、沐浴露被查获，而在 2014 年 6 月，犯罪嫌疑人刚刑满释放，其就因相同的作案手法被判刑七个月。检察机关称，惩罚较轻是导致网络售假者“前赴后继”的重要原因。

模块一

电子商务民事法律责任

《电商法》规定了六种电商民事责任类型，即平台经营者自营业务的民事责任、平台经营者未采取必要措施和未尽到审核或安全保障义务的民事责任、平台内经营者在电商平台中侵害知识产权的民事责任、第三方支付机构违反电子支付的民事责任、平台经营者先行赔付民事责任和毁损电子交易资料的民事责任，以电子商务法律关系中三种基本合同关系、五种主要的权利义务关系以及三种辅助性合同法律关系构成为基础。

一、《电商法》规定的电子商务民事责任之法律关系基础

案例 9－1

丁某在京东商城某拼购店购买了 10 份“山本汉方日本进口糖”，付款 3 160 元。但收货后，发现商品与网络说明严重不符，遂起诉请求京东公司赔偿 31 600 元并退还 3 160 元购物款。经查明，某拼购店在京东商城的店铺详情处公示的证照信息显示“经京东个人身份认证”，涉案商品在涉案店铺“家居日用—生活日用—净化除味—其他品牌”项下。丁某提交的与京东客服聊天记录截图显示京东客服已告知其涉案商品并非京东自营，同时告知其经营者姓名。案件审理过程中，京东公司出示某拼购店经营者姓名、联系方

式、身份证号等信息。但丁某不认可该信息，坚持认为京东公司为销售者。

请分析：

1. 丁某可否直接要求京东公司赔偿损失？

2. 丁某应向谁主张损害赔偿？为什么？

电商平台经营者是电商法律关系的核心，即最主要的主体。另有两方当事人：一是平台内经营者，其利用电商平台提供商品或者服务；二是消费者，其通过电商平台接受商品或者服务。上述三种主体同时存在并且在电商平台上进行商务活动，形成电子商务法律关系。

（一）电子商务法律关系的三个基本合同关系

首先，平台经营者作为核心主体，欲构成电商法律关系，须与平台内经营者与消费者订立两个电商平台服务合同。一是平台经营者与平台内经营者订立电商平台服务合同。平台经营者负责制定电商平台的交易规则，在平台内经营者同意遵守相关规则的基础上，双方的平台服务合同随即订立，平台内经营者取得网络店铺使用权，可以进行网络交易。二是平台经营者与消费者的电商平台服务合同。消费者同意进入电商平台后，就订立了电商平台服务合同，可以接受平台经营者提供的平台服务。简言之，电商交易开始于以平台经营者为中心所建立起的两个电商平台服务合同。

其次，平台内经营者与消费者之间订立的交易合同是实质的电商交易关系，不仅包括电商买卖合同，即消费者与平台内经营者之间购买、销售商品，如网购；也包括电商服务合同，即平台内经营者提供服务、消费者接受服务，如网络约车。

最后，当平台经营者经营自营业务时，其法律地位转化为买卖合同和服务合同的一方当事人，与消费者形成销售商品的买卖合同关系或提供服务的服务合同关系。平台经营者经营自营业务造成消费者损害的，与平台内经营者无关，应当承担自己的责任。非自营业务造成消费者损害的，平台经营者作为提供平台服务的一方，会产生相应的责任或附条件的不真正连带责任，而不是自己责任。

（二）电子商务法律关系的五种权利义务内容

根据电子商务法律关系不同的性质，会产生五种主要的权利义务关系：

第一，提供交易空间。服务合同项下，平台经营者的主要义务是向平台内经营者提供交易平台，即二级域名的网络空间。

第二，发布交易信息。平台内经营者在电商平台销售商品或者提供服务，必须发布相关的商品或者服务信息。由于网购无法像传统的商品交易那样进行商品品鉴、讨价还价等，商品的线上展示就极为重要，是提供订立合同机会的主要信息来源。在线上如何推介、推介到什么程度，会直接影响商品交易的成交量。

第三，价金托管支付。电商平台因采取背靠背的线上交易模式，须有电子支付系统。早期的电子支付由平台经营者自己实施，消费者下单后，先把价金交付给平台经营者，收到货物以后，平台经营者将价金支付给平台内经营者。平台经营者是价金的中转站。目前由第三方支付平台对价金进行托管和支付，在消费者取得所购买商品的所有权或者接受服务后，第三方支付平台向销售者或者服务者支付价金。这有效地阻止了交易价金风险的发生，保证了价金的支付安全。

第四，商品配送交付和服务提供。消费者购买商品后，平台内经营者须完成配送服务，向消费者交付商品。平台内经营者或者自己负责配送，或者委托第三方完成快递配送。一般情形下，配送限于销售商品，但是也包括服务合同中的物型服务。电子商务的服务分为线上服务与线下服务，线上服务采取背靠背模式；线下服务采取面对面模式，即网上签约和网下服务相结合的模式，如网约车。

第五，交易信用评价。交易信用评价直接影响经营活动的开展，是经营的重要资本。评价越好，经营者的信誉就越高，经营活动才能越来越好。信用评价一般都是对平台内经营者的评价，少数也有对消费者进行评价的。目前，信用评价通常由平台经营者进行。其实，将信用评价委托给第三方征信机构进行效果会更好。恶意炒信行为不仅侵犯了消费者的知情权，也属于对网络同业销售者、服务者的不正当竞争，还侵害了电商平台提供者的合法权益。征信机构介入电商平台交易时，有助于改变信用欺诈行为泛滥的现状。

(三) 电子商务法律关系的三种辅助性合同法律关系

上述电商法律关系的五种权利义务内容中，平台经营者需自己承担提供网络店铺和发布交易信息的义务。其他三项可以由第三方完成：一是价金支付，由消费者委托第三方支付机构承担；二是配送服务，由平台内经营者委托快递物流机构进行；三是信用评价，电子商务经营者委托第三方征信机构进行。

委托第三方完成上述三项内容时，将形成新的合同关系。一是电子支付委托合同。电子支付委托给电子支付服务提供者时，电子支付平台关于价金托管与支付的合同即告成立。进行电商平台交易时，消费者先将价金交付给电子支付服务提供者，在交易完成前，第三方电子支付机构负责保证托管价金的安全。消费者下达支付指令时，价金转给平台内经营者，完成价金交付行为。二是商品配送委托合同。商品配送服务委托给快递物流服务提供者时，要订立快递物流服务委托合同。交付作为平台内经营者的义务，应当由平台内经营者与快递物流公司签订合同。如果消费者自行选择快递物流企业的，平台内经营者将物品交付快递物流提供者时，即认定交付完成，标的物意外灭失风险由消费者承担。三是信用评价委托合同。平台经营者委托第三方提供信用评价的，该委托合同成立。这三种委托服务合同，分别由消费者、平台内经营者和平台经营者作为委托第三方机构的主体。

(四) 电子商务平台服务规则的制定主体及属性

1. 电子商务平台服务规则的制定主体

平台经营者具有制定交易规则的权利。平台内经营者与消费者不遵守其制定的交易规则，无法进行交易、设立网络店铺等。为了兼顾事实上平台经营者制定规则的主体地位与规范双方利益的平衡，《电商法》第 32 条在规定平台经营者有权制定交易规则的同时，也要求平台经营者遵循公开、公平、公正的原则。另外，平台经营者修改交易规则时，还应当公开征求各方意见，实施前七天公示修改的内容。

2. 电子商务平台服务协议和交易规则的属性

习惯在满足在一个相当的范围内普遍适用、在该范围内的人进行同一种活动时都遵守、不违反法律、行政法规的强制性规定和公序良俗等三个条件时，可以作为民法的法源（《民法典》第 10 条）。电商交易过程中的主体都遵守该规则且不违反强制性规定和公序良俗。因此，可以认定电商平台服务协议和交易规则是电商交易过程中形成的习惯法。这不仅能够提高其权威性，督促电商法律关系主体遵守该规则，还能进一步保障电商平台的交易秩序和交易关系的稳定。

案例 9-1 的争议焦点为京东公司是否应当承担网络平台提供者责任。案中，丁某提交的证据能够证明其在京东商城某拼购店处购买了涉案商品，故丁某系与该拼购店经营者之间建立了网络购物合同关系。而京东公司作为平台经营者，并非涉案合同的相对方，与丁某不存在网络购物合同关系。

网络食品交易第三方平台提供者未对入网食品经营者进行实名登记、审查许可证，或者未履行报告、停止提供网络交易平台服务等义务的，使消费者的合法权益受到损害的，应当与食品经营者承担连带责任；平台提供者不能提供入网食品经营者的真实名称、地址和有效联系方式的，由平台提供者赔偿；平台提供者做出更有利于消费者承诺的，应当履行其承诺（《食品安全法》第 131 条）。具体到本案，首先是京东公司对入网食品经营者是否履行了审核义务。国家对食品生产经营实行许可制度，从事食品生产应当依法取得食品经营许可证。涉案经营者所经营的是食品，应当取得食品经营许可证，如未取得食品经营许可证，则京东公司应承担审核不当的相应责任，如涉案经营者不属于应当申领食品经营许可证的主体范围，或者已经取得食品经营许可证，丁某主张京东公司未履行网络食品交易平台对网络食品交易的审核查验义务则缺乏事实和法律依据。关于披露义务，在涉案纠纷发生后，京东公司应向丁某披露涉案经营者真实、完整的信息，包括但不限于销售者的真实名称、地址和有效联系方式等，以利于丁某维护自身权益。京东公司在一审期间提交了销售者的真实名称、地址和有效联系方式，符合法律规定，在无相反证据证明京东公司披露的信息不真实或虚假的情况下，丁某关于京东公司未提供销售者真实名称、地址和有效联系方式应当承担连带责任的主张缺乏事实与法律依据。京东公司作为平台经营者，还应该履行日常巡查的义务，以确保平台内经营者能够依法合规经营。

《电商法》对关系消费者生命健康的商品或者服务，平台经营者对平台内经营者的资质资格未尽到审核义务，或者对消费者未尽到安全保障义务，造成消费者损害的，依法承担相应的责任（《电商法》第 38 条）。本案中，涉案商品系平台内经营者某拼购店经营，丁某未举证证明京东公司作为平台经营者知道或者应该知道涉案商品的相关情况，故丁某无权要求京东公司承担相应责任。

二、电子商务民事责任的基本规则体系

（一）网络服务提供者的侵权责任承担规则

网络服务提供者与平台经营者都借助于电子平台（即网络平台）提供服务，只是在

平台上进行活动的内容有所区别。网络服务提供者借助的是电子媒介平台，服务内容是发布信息、进行交流，类似于报纸、广播这类媒介，因此是电子媒介平台。与此相反，平台经营者借助的是电子交易平台，在平台上进行的是交易活动。可见，网络媒介平台与网络交易平台是两种不同的责任规则。

第一，网络用户和网络服务提供者侵权责任的一般性规则。网络用户或者网络服务提供者，只要在网络上实施侵权行为造成他人损害时，都应该承担侵权责任。这是过错责任、自己责任。

第二，通知规则（避风港规则）。网络用户利用网络服务实施侵权行为的，权利人有权通知网络服务提供者采取删除、屏蔽、断开链接等必要措施。通知应当包括构成侵权的初步证据及权利人的真实身份信息。网络服务提供者接到通知后，应当及时将该通知转送相关网络用户，并根据构成侵权的初步证据和服务类型采取必要措施；未及时采取必要措施的，对损害的扩大部分与该网络用户承担连带责任（《民法典》第1195条）。一旦网络服务提供者及时采取必要措施，就进入了“避风港”，无须承担责任。

第三，红旗规则（知道规则），即网络服务提供者知道他人在自己的网络上实施侵权行为仍不采取必要措施，就扩大部分的损失承担连带责任。

（二）网络交易平台提供者的民事责任承担规则

《消费者权益保护法》第44条规定了网络交易平台提供者的责任规则。具体包括：

1. 网络交易平台提供者的不真正连带责任

网络交易平台上的销售者和服务者，在提供商品和服务时造成消费者损害的，应当自己承担责任。

第一，自己责任。销售者、服务者提供的商品或者服务造成消费者损害的，应当对消费者承担赔偿责任。

第二，不真正连带责任。受到损害的消费者无法找到销售者、服务者，要求网络交易平台提供者提供销售者、服务者的真实名称、地址和有效联系方式，网络交易平台提供者无法提供时，需要承担不真正连带赔偿责任。另外，网络交易平台提供者承诺先行赔付的，受害消费者也可以直接请求网络交易平台提供者承担责任，这是附条件的不真正连带责任。

不真正连带责任和连带责任二者有实质区别。连带责任中的连带责任人最终按照比例分担责任；不真正连带责任中只有一人承担最终责任，承担中间责任的连带责任人最终没有责任。两个以上的人承担连带责任的，如果最终责任是0或者100%，是不真正连带责任；如果最终责任是1%～99%时，就是连带责任。连带责任承担者内部有份额划分，而不真正连带责任最终只有一个责任承担者。

2. 网络交易平台提供者的连带责任

网络交易平台提供者承担连带责任的条件，即知道销售者、服务者利用平台侵害消费者的合法权益而未采取必要措施，这是电子商务平台承担民事责任的基本规则。

（三）网络媒介平台与网络交易平台之间的性质转化

网络媒介平台和网络交易平台在特定条件下，其性质会发生转化。尤其是网络媒介平台具备下单与支付两个条件时，会转化为网络交易平台。例如：手机微信作为媒介平台，其主要功能是发送微信信息和朋友圈信息等。如果仅仅是在朋友圈发布出售物品的信息，实质性的交易是在线下进行，由于微信并没有为双方提供交易条件，它仍然是媒介平台。但在其增加交易功能后，将部分转化为网络交易平台。此时微信应当依照《消费者权益保护法》第44条以及《电商法》的规定承担责任。

三、《电商法》规定的电子商务民事责任的基本规则

（一）电子商务平台经营者自营业务的民事责任

电子商务平台经营者对其标记为自营的业务，如果发生损害消费者的后果，构成民事责任的，依法应当承担商品销售者或者服务提供者的责任。

平台经营者自营业务销售商品致使消费者受到损害，具有产品责任中销售者的法律地位。一方面，因其过错使产品存在缺陷，造成他人损害的，承担最终责任。另一方面，非因其过错造成损害的，承担中间责任。具体而言，受害人可以选择生产者，也可以选择销售者作为被告承担责任；如果选择销售者作为被告，尽管其没有过错也要承担责任。不过，销售者在承担责任后有权向生产者追偿。这就是关于电子商务平台经营者在自己的平台上经营自营业务的产品责任承担规则。

平台经营者自营业务提供服务致使消费者受到损害，应该遵守服务合同的规则要求，按照过错推定原则承担违约责任或者侵权责任。但是，在物型服务合同中，交付的物有缺陷造成消费者损害的，应当适用产品责任规则，承担无过错责任。[①]

（二）电子商务平台未采取必要措施和未尽审核或安全保障义务的民事责任

第一，未采取必要措施的连带责任。只要存在平台经营者知道或者应当知道平台内经营者销售的商品或者提供的服务不符合保障人身、财产安全的要求，或者有其他侵害消费者合法权益行为，而未采取必要措施的，与该平台内经营者承担连带责任。

第二，未尽审核和安全保障义务的相应责任。具体包括对平台内经营者的资质资格未尽审核义务或者对消费者未尽安全保障义务。所谓的“相应”责任是与行为人的过错程度相适应的责任。相应的责任既可以是连带责任，也可能是相应的补充责任，更可能是按份责任，是几乎囊括了所有可能的侵权责任。

（三）电子商务平台中侵害知识产权的民事责任

《电商法》第41条作为一般性的规定，仅仅表明电子商务平台经营者负有保护知识产权的义务。《电商法》第42～45条规定侵害知识产权的具体规则。这里的民事权益主要保护的是知识产权以及名誉权、隐私权、个人信息权等权益，而不包括生命权、健康

---

① 欧洲民法通常把服务分成三种类型：一是物型服务合同，即修理、加工、定作某种物的服务合同；二是行为型服务合同，即咨询、考试辅导服务合同等；三是综合性服务合同。区分不同种类服务合同的意义在于物型合同可以适用产品责任规则。比如，某物在电子商务平台经营者修理后产生不合理危险，即缺陷，并造成了消费者损害，电子商务平台经营者的身份转化为生产者，应当适用产品责任规则确定自营业务的电子商务平台经营者的责任。

权等人格权益。详细内容具体见单元八。

（四）违反电子支付的民事责任

1. 电子支付服务提供者违反管理要求的民事责任

电子支付服务提供者违反国家管理要求时承担的民事责任既是违约责任，也是侵权责任。一方面，消费者与电子支付服务提供者之间订立了电子支付服务合同。电子支付服务提供者违反安全管理规定，造成用户损失的，属于合同义务的违反，应当承担违约责任。另一方面，电子支付服务提供者所提供的电子支付服务不符合国家有关支付安全管理的要求，造成用户的财产损害，适用过错推定的归责原则，应当承担侵权责任。对此，受到损失的用户应当根据违约责任与侵权责任竞合的规定，自行选择请求权。

2. 电子支付服务提供者未经授权的民事责任

民事责任包括未经授权的赔偿责任和未及时采取措施的赔偿责任。

在未经用户以约定的方式授权的情况下，用户以外的他人发出支付指令，导致用户账户资金减少或授信额度被占的情况，即未经授权支付，其赔偿责任适用过错推定责任。但若是能够证明未经授权的支付是因用户的过错造成的，则免责。比如，用户在发现安全工具遗失、被盗用或者未经授权的支付后，未及时通知电子支付服务提供者，此时电子支付服务提供者支付的，不承担赔偿责任。

电子支付服务提供者知道未经授权支付时，应该立即采取措施防止损失过大；未及时采取措施导致损失扩大的，对于损失扩大的部分承担连带责任。

（五）先行赔付责任

《电商法》第58条规定的先行赔付责任附有条件，即平台内经营者设立消费者权益保证金。平台经营者可以通过平台内经营者征集消费者权益保证金，用于消费者受到损害的先行赔付。平台经营者用保证金先行赔付后，有权向造成该损害的平台内经营者追偿。值得注意的是，平台经营者为了吸引更多的经营者进入这个平台，多数不设立这种保证金，特别是在B2C模式下。因而，平台经营者承担先行赔付责任的不多。

（六）毁损电子交易资料的民事责任

在电商平台交易过程中，平台提供者负有妥善保存原始交易资料的义务，这种责任是对损害发生的过错责任。平台经营者作为第三方，只有在电商交易资料丢失或者被篡改、销毁、伪造，致使法院和仲裁机构不能查明事实而使当事人受到损害时，才要承担赔偿责任，而不是一旦出现这样的义务违反行为，就推定其有过错，就要承担赔偿责任。

四、电子商务违约责任

电子商务经营者应遵循法律中关于对商品服务经营者诚实信用原则的规定。电子商务经营者与消费者一旦建立合同，只要不侵害社会公共利益和他人合法权益，且不违反法律强制性规定，双方就应该按照合同行使权利和履行义务。经营者没有适当履行如实告知的义务，虚假宣传、误导消费者，甚至构成欺诈行为时，严重地侵害了消费者的知情权，应当承担违约责任和侵权责任。

违约责任也称违反合同的民事责任，是指合同当事人因不履行合同义务或者履行合同义务不符合约定，而向对方承担的民事责任。违约责任具有补偿性和一定的任意性，是财产责任，不是人身责任。违约责任有三种基本形式，即继续履行、采取补救措施和赔偿损失。另外还有违约金责任和定金罚则等其他形式。

（1）继续履行，也称强制实际履行，是指违约方根据对方当事人的请求继续履行合同规定的义务的违约责任形式。继续履行以违约为前提，继续履行体现了法律的强制性，继续履行不依附于其他责任形式。继续履行的内容表现为按合同约定的标的履行义务。继续履行以对方当事人（守约方）请求为条件，法院不得径行判决。

（2）采取补救措施，作为一种独立的违约责任形式，是指矫正合同不适当履行（质量不合格）使履行缺陷得以消除的具体措施。这种责任形式与继续履行（解决不履行问题）和赔偿损失具有互补性。补救措施的具体方式包括修理、更换、重做、退货、减少价款或者报酬等。

（3）赔偿损失是指违约方以支付金钱的方式弥补受害方因违约行为所减少的财产或者所丧失的利益的责任形式。赔偿损失与采取补救措施和继续履行可以并用。

损害赔偿具有典型的补偿性，它以违约行为造成对方财产损失的事实为基础。没有损害事实就谈不上损害赔偿。这是损害赔偿不同于违约金的根本所在。赔偿损失也有一定的限制，即损害赔偿额应相当于因违约所造成的损失，包括合同履行后可以获得的利益，但不得超过违反合同一方订立合同时预见到或应当预见到的因违反合同可能造成的损失，即合理预见规则。

（4）违约金是指在合同中预先约定的，当事人一方违反合同时应当向对方支付的一定数量的金钱或财物。

（5）定金是指合同当事人为了确保合同的履行，根据双方约定，由一方按合同标的额的一定比例预先给付对方的金钱或其他替代物。当事人可以约定一方向对方给付定金作为债权的担保。债务人履行债务后，定金应当抵作价款或者收回。给付定金的一方不履行约定的债务的，无权要求返还定金；收受定金的一方不履行约定的债务的，应当双倍返还定金。据此，在当事人约定了定金担保的情况下，如一方违约，定金罚则即成为一种违约责任形式。定金应当以书面形式约定，定金的数额由当事人约定，但不得超过主合同标的额的20%。

违约责任的承担遵循无过错责任原则、赔偿原则和全面履行原则。无过错责任原则要求凡违反合同的行为，除了免责的外，都必须追究违约方的违约责任。因违约方的违约行为使受害人遭受的全部损失都应由违约方负责赔偿，这就是赔偿原则。但赔偿损失不得超过违反合同一方订立合同时预见到或者应当预见到的因违反合同可能造成的损失。且当事人一方违约后，对方应当采取适当措施防止损失的扩大；没有采取适当措施致使损失扩大的，不得就扩大的损失要求赔偿。当事人因防止损失扩大支出的合理费用，由违约方承担。如果当事人双方都违反合同，应当各自承担相应的责任。全面履行是指违约方承担经济责任（如支付违约金或者赔偿金等）后仍应按合同要求全面履行。

模块二

电子商务行政法律责任

净化网络购物环境，行政执法、企业自律、消费者培训，一个都不能少。营造良好的网络购物环境既离不开政府有关行政执法部门的监管震慑，也离不开广大网络经营者的诚信自律。同时，对消费者进行品牌、产品质量方面的相关培训，提高消费者自我防范能力，同样有助于清理线上假货。

一、互联网广告违法行为的行政处罚

案例 9-2

[案例 9-2-1] 成都某心理咨询公司在其自建网站上发布内容含“二十大的胜利召开更是意味着心理学春天已来，扫码了解详情”“10 月召开的中国共产党第二十次全国代表大会更是意味着心理学的春天已经到了!”及二十大文件摘录等信息的广告，同时还使用了“国家卫生健康委、中央政法委、教育部等联合印发《关于印发全国社会心理服务体系建设试点 2021 年重点工作任务的通知》”“中华人民共和国中央人民政府”官网截图等借国家机关名义做广告宣传的相关内容，其行为违反了广告法相关规定，被市场监管局罚款 12 万元。

[案例 9-2-2] 当事人陈某在未经核实及查验证明文件的情况下，在其微信朋友圈为广告委托发布者“给朕下”发布了内容为“高运驾校……现将学车学费价格 3 000 元调整为 2 000 元，只要 2 000 元就能拿到驾照，还在等什么，心动不如行动”的广告信息。在收到高运驾校工作人员的微信质问后（价格实际是 3 000 元，而不是 2 000 元），陈某才知道自己没有履行核对广告内容、查验证明文件的义务而发布了虚假广告，这一行为导致部分学员要求退费或质询。陈某被认定为破坏了公平公正的市场竞争环境，侵害了消费者的合法权益，被市场监管局处以 1 万元罚款。

请分析：

1. 案例中电子商务经营者发布广告的行为违反了哪些规定?

2. 案例 9-2-2 中，当事人陈某是否能够被认定为广告发布者?其发布的广告是否构成虚假广告?

3. 对违法互联网广告实施行政处罚的管辖权是怎样规定的?

利用互联网为广告主或者广告主委托的广告经营者发布广告的自然人、法人或者其他组织为广告发布者，适用《广告法》和《互联网广告管理办法》（2023 年 5 月 1 日施行）

关于互联网信息服务提供者的规定。从事互联网广告设计、制作、代理、发布等活动的，适用《广告法》和《互联网广告管理办法》中关于广告经营者、广告发布者等主体的规定。

广告主、广告经营者、广告发布者从事广告活动，应当遵守法律、法规，诚实守信，公平竞争。使用或者变相使用中华人民共和国的国旗、国歌、国徽，军旗、军歌、军徽，使用或者变相使用国家机关、国家机关工作人员的名义或者形象，使用“国家级”“最高级”“最佳”等用语情形，都为广告法所禁止。案例9-2-1“使用或者变相使用国家机关、国家机关工作人员的名义或者形象”，违反了广告法的规定，应予以行政处罚。

如果广告以虚假或者引人误解的内容欺骗、误导消费者的，构成虚假广告。广告有下列情形之一的，为虚假广告：（1）商品或者服务不存在的；（2）商品的性能、功能、产地、用途、质量、规格、成分、价格、生产者、有效期限、销售状况、曾获荣誉等信息，或者服务的内容、提供者、形式、质量、价格、销售状况、曾获荣誉等信息，以及与商品或者服务有关的允诺等信息与实际情况不符，对购买行为有实质性影响的；（3）使用虚构、伪造或者无法验证的科研成果、统计资料、调查结果、文摘、引用语等信息做证明材料的；（4）虚构使用商品或者接受服务的效果的；（5）以虚假或者引人误解的内容欺骗、误导消费者的其他情形。

互联网广告与传统的四大传播媒体（报纸、杂志、电视、广播）相比较，具有得天独厚的优势，是实施现代营销媒体战略重要的一部分。互联网广告在广告形式、经营模式、投放方式等方面不断发展变化，具有多样性、多元性、广泛性等特征，对在传统电商大发展背景下所形成的监管思路和监管方式提出了更高要求。

《互联网广告管理办法》将发布行为作为广告发布者认定标准，不再将是否能够核对广告内容、决定广告发布作为判定条件，确保互联网广告发布者定义与广播、电视等传统广告媒体相一致。在案例9-2-2中，当事人陈某在微信朋友圈发布的消息，符合商业广告特征，陈某被视为广告发布者。若其所发布广告不实，陈某应承担相应责任。对违法互联网广告实施行政处罚，由广告发布者所在地市场监督管理部门管辖。广告发布者所在地市场监督管理部门管辖异地广告主、广告经营者、广告代言人以及互联网信息服务提供者有困难的，可以将违法情况移送其所在地市场监督管理部门处理。广告代言人为自然人的，为广告代言人提供经纪服务的机构所在地、广告代言人户籍地或者经常居住地为其所在地。广告主所在地、广告经营者所在地市场监督管理部门先行发现违法线索或者收到投诉、举报的，也可以进行管辖。对广告主自行发布违法广告的行为实施行政处罚，由广告主所在地市场监督管理部门管辖。

二、《电商法》中行政法律责任的规定

案例9-3

当事人上海某餐饮公司诸光路分公司在上海市青浦区开设饮食店，持有效证照食品经营许可证，经营项目：餐饮服务；预包装食品销售（含冷藏冷冻食品、酒类（零售））；热食类食品制售。

当事人于2023年9月初开业，主要经营牛羊肉粉和一部分小吃，同年9月下旬入驻线上某外卖平台，店名为“××牛肉粉羊肉粉”，销售有“酸菜折耳根16.8元/份”和“爽口小菜3元/份”两道冷菜菜品，这两道菜品均属于冷食类食品制售。至案发，当事人未获得冷食类食品制售许可。

市场监管局认为：当事人在未取得冷食类食品经营许可的情况下，在某外卖平台超过许可的经营范围从事食品经营活动，构成了未取得食品经营许可从事食品经营活动的行为。

鉴于当事人有积极主动改正违法行为，决定对当事人处罚款人民币500元整。

请分析：

市场监督管理局的处罚是否适当？为什么？

《电商法》第六章法律责任的核心主要是行政法律责任。行政处罚部门主要是市场监管部门。依法负有电子商务监督管理职责的部门的工作人员，玩忽职守、滥用职权、徇私舞弊，泄露、出售或者非法向他人提供在履行职责中所知悉的个人信息、隐私和商业秘密的，依法追究法律责任。

在案例9-3中，餐饮服务经营属于需要行政许可方可开展经营的活动，当事人虽然已经取得餐饮服务经营许可，但并未取得冷食类食品经营许可。在未取得冷食类食品经营许可的情况下，从事食品经营的电子商务活动，违反了《电商法》第12条、《网络食品安全违法行为查处办法》第16条第1款的规定，构成了未取得食品经营许可从事食品经营活动的行为，应当受到行政处罚。

三、电子商务领域的诚信建设

案例9-4

中国网上零售额近五年整体呈增速放缓的态势，低增长和高存量并存，2023年达到13万亿元，增速8.4%。中国电商市场已经进入一个成熟阶段，消费者在电商平台上购物、消费，伴随而来的投诉问题也如同雨后春笋般层出不穷。

用户投诉问题主要涵盖退款问题、网络欺诈、网络售假、售后服务不佳、虚假促销、发货问题、霸王条款、退店保证金不还、退换货难、冻结商家资金、商品质量、货不对板、发票问题、物流问题等。hopee、全球速卖通、亚马逊、敦煌网、Lazada、阿里巴巴国际站、棒谷科技、wish等类似平台均有遭遇消费者投诉。直播电商也持续成为投诉领域的热门。2023年上半年消费保投诉平台累计收到直播电商行业相关投诉10 797件，同比增长152.6%，累计涉诉金额高达940.36万元。2023年上半年直播电商中，抖音投诉量为8 742件，居行业第一，解决率为41.9%；微信直播投诉量最低，为359件，解决率为16.2%。

请分析：

为什么说电子商务诚信建设势在必行？

2016 年底，《国务院关于加强政务诚信建设的指导意见》（国发〔2016〕76 号）、《国务院办公厅关于加强个人诚信体系建设的指导意见》（国办发〔2016〕98 号）、《关于全面加强电子商务领域诚信建设的指导意见》（发改财金〔2016〕2794 号）三个改革文件出台，标志着我国社会信用体系建设进入全面深化推进的新阶段。社会信用体系建设工作要充分运用典型案例归集宣传、红黑名单建设和应用、城市信用监测评价、门户网站影响带动“四个抓手”，夯实统一社会信用代码制度、全国信用信息共享平台、行政许可和行政处罚信息双公示、信用信息使用制度“四大基础”，推进联合奖惩应用范围拓展、社会信用立法、社会信用标准规范、诚信文化教育宣传“四大建设”。

《电商法》第 39 条、第 70 条以及第 86 条对促进电子商务信用建设进行了引导和规范。

（一）大力实施电子商务信用监管

1. 加强第三方大数据监测评价

鼓励社会信用评价机构对电子商务平台定期进行信用状况评估，监测失信行为信息。制定相关程序规范，加强对商务“12312”、消费者“12315”、文化“12318”、价格“12358”、质量监督“12365”等投诉举报服务平台电子商务失信信息的整合、共享、推送。在“信用中国”网站和企业信用信息公示系统开通网络失信举报中心，畅通群众举报途径。全国信用信息共享平台要及时采集部门监管、大数据监测、群众举报等渠道形成的电子商务领域失信信息。

2. 健全政府部门协同监管机制

构建以信用为核心，以实时监控、智能识别、风险预警、科学处置为主要特点的电子商务新型市场监管体系。建立常态化、长效化的多部门联合执法检查工作机制。实施信用分级分类监管，建立集风险监测、网上抽查、源头追溯、属地查处、信用管理为一体的电子商务信用监督机制。

3. 提高电子商务平台的信用管理水平

支持电子商务平台依法整合线上线下数据资源，对政府部门市场监管中产生的可公开信用信息与自身掌握的信用信息进行汇聚整合和关联分析，构建大数据监管模型，及时掌握市场主体经营交易信用状况，有效识别和打击失信商家，为诚信商家和客户提供优良的交易环境及平台服务。

4. 落实电子商务平台主体责任

电子商务平台要建立健全内部信用约束机制，充分运用大数据技术加强在商品质量、知识产权、服务水平等方面的信用管控。建立商家信用风险预警制度，对销售假冒伪劣商品、恶意刷单炒信的严重失信商家，电子商务平台应按照有关行业主管、监管部门要求，及时向社会公示相关信息，发布风险提示。电子商务平台要建立并完善投诉举报解决机制，及时将掌握的涉嫌违法违规线索报送相关行业主管、监管部门，配合有关部门进行查处。对不积极承担主体责任的电子商务平台，有关行业主管、监管部门要及时采取约谈、通报等措施，并依法做出行政处罚。

5. 更好地发挥第三方机构和社会组织在电子商务信用监管中的积极作用

支持信用服务机构以需求为导向，依法采集电商平台、交易主体及其物流等相关服务企业的信用信息，加大信用产品研发力度，提供信用调查、信用评估、信用担保、信用保险等信用产品和服务。通过电商相关协会组织加强电商企业自我信用约束和行业自律。

（二）广泛开展电子商务信用联合奖惩

1. 加大信用信息公示力度

建立电商平台基本信息、信用信息及重大事件信息披露制度。推动电商平台在市场主体经营页面显著位置公示其营业执照、身份核验标识、信用等级等信息或包含以上信息的电子链接标识。引导电商平台在网站首页设立“信用中国”网站和企业信用信息公示系统查询窗口，提供市场主体信用信息查询服务。引导电商市场主体公示更多生产经营信息，特别是采购、销售、物流等方面的信用信息，完整公示产品信息和服务承诺。健全个人信息保护制度，保护电商领域消费者个人隐私。

2. 加大对守信主体的激励力度

建立和规范电商领域守信主体“红名单”制度。在商贸活动中，加大对“红名单”主体的推介力度，在公共服务、市场交易、社会管理等方面给予一定的便利。鼓励电商平台对“红名单”主体在搜索排序、流量分配、营销活动参与机会、信用积分等方面给予倾斜，强化正面激励引导。推动金融机构加大对“红名单”企业支持力度，引导金融机构优化贷款流程，创新金融产品，积极做好金融服务。

3. 加大对失信主体的惩戒力度

建立电商领域失信主体“黑名单”制度。加大对列入“黑名单”的电商平台及相关服务企业的监管力度，提高检查频次，依法对企业有关失信人员实施不得担任企业法定代表人、负责人、董事、监事、高级管理人员职务，限制经营或融资授信等联合惩戒措施。支持电商平台按照有关管理规定，对“黑名单”主体实施限制入驻会员、降低信用等级、屏蔽或关闭店铺、查封电商账户、公开曝光等惩戒措施。

4. 严厉打击、整治电子商务领域违法失信行为

严厉打击制假售假、以次充好、虚假宣传、恶意欺诈、服务违约、恐吓威胁，以及通过恶意刷单、恶意评价、空包裹代发邮寄等方式伪造交易记录和物流信息实现“增信”“降信”的违法失信行为。加大对即时通信等社交网络服务的监管力度，对通过个人社交平台进行交易的行为加强监控和检查，依法查处违法交易行为。加大对物流配送环节违法违规行为的查处力度，严厉打击利用电商平台或物流体系非法采集、滥用、泄露和倒卖个人信息的行为。

模块三

电子商务刑事法律责任

在电子商务快速发展的同时，针对电子商务的犯罪也在急剧增多。电子商务犯罪主要包括批量倒卖网站信息、利用外挂网站植入木马程序、伪造或盗用支付账户及修改或破坏信息系统这四种。而且，犯罪类型在不断增加，涉及的罪名也很广泛，有传销罪、盗窃罪、诈骗罪、敲诈勒索罪、非法获取计算机信息系统数据罪以及赌博罪等。近年来，“帮信罪”又成为大学生易踩的“坑”、青年人易犯的“罪”。电子商务犯罪作案方法隐蔽，犯罪嫌疑人的文化程度从研究生文化到小学文化均有，中青年的比例相当大，18 岁到 40 岁之间的占 80%，平均年龄不超过 25 岁，他们对犯罪行为的认识与普通公众的理解有较大的差距。由于电子商务犯罪低成本、低风险，高产出、高利润，以致此类犯罪正朝产业化方向发展，内外勾结现象多，因此我们需要提高认识，扎紧“篱笆”预防犯罪。

一、网络传销罪

案例 9-5

2016 年 6 月，银川市西夏区宋先生报案称，几个月前他经朋友佘某引荐认识陈某，随后，佘、陈二人先后给其介绍“英国保诚财富基金”网络平台，称该平台每注册投资 1 500 元购买 1 500 元注册币，每两天返现 88 元，共可返现 30 次，一单可返 2 904 元现金币，且许诺该现金币可以随时提现和复投。宋先生注册该平台账号，复投 9 800 元，并发展 9 名下线注册多单，最后却发现所得现金币无法提现。6 月份，相似的报案有 300 余起。经初查，该案涉及人员众多、涉案金额巨大，且涉及多个省区市，具备以直接或间接发展人头的数量作为计酬标准的特点，投资者身份清晰，相互串联，初步定性为通过互联网组织、领导传销活动案件。

原来，“英国保诚财富基金”设置互联网站，使用虚拟货币进行投资、结算，实际没有任何实物产品，服务器设在香港，以开发内地市场、吸引投资人开展基金理财为名进行网络传销。为麻痹群众，该网络传销组织规定，任何人均可通过“英国保诚财富基金”网站投资，投资款每份 1 500 元，每人最多可投资 10 份，以 60 天为周期，可返现 33 次，每次返现 88 元。另外，每发展一个下线可获提成 120 元，并且依据所发展人员的投资金额，按照层级关系可以获得 1%～10%的利润分成，以此诱骗投资人投资。从 2015 年 9 月开始至 2016 年 7 月 5 日，该网站共发售产品 15 000 余份，涉及金额 2 250 万元，参与网络传销人员涉及 12 个省、区、市近 5 000 人。

请分析：

1. 网络传销行为与传统传销行为相比有哪些特征？
2. 国家为何应加大对网络传销类犯罪的处罚力度？

《腾讯 2017 年度传销态势感知白皮书》监测显示，截至 2018 年 2 月 28 日，已累计发现涉嫌传销平台 3 534 家，活跃参与人数 3 176 万，其中 2017 年新出现的平台占比为 58%。伴随着互联网普及程度不断提高，以无接触、网络化、地域分散化为特征的新型网络传销逐渐成为主流，其中金融投资理财类传销占比高达 30%，堪称网络传销的代名词。与传统的“聚集式传销”相比，网络传销犯罪由于借助了互联网平台，呈现明显跨区域、人员多元化等特点。为扩大受众人群、增强诱惑力，线上的传销活动又结合“地推”模式，采用“线上+线下”相结合的方式实施传销犯罪。

（一）网络传销犯罪的类型

目前网络传销犯罪的类型主要有：

1. 传统型网络传销

该类网络传销是指以互联网为平台，借助网络来推销道具商品或拉人头发展下线营利。犯罪分子一般会通过在网站发布招聘信息，以交友、介绍工作等为由诱骗参与人参加传销。

2. 纯网络化运作的网络传销

该类网络传销从入会、发展下线、信息传递、消费返利等均通过互联网来实现，多以“虚拟货币”“互联网金融”等虚拟商品或纯概念运作为幌子，会员上下线之间往往互不相识。

3. 线上线下同时运作的网络传销

该类网络传销通常都有实物商品，组织者通过线上捆绑线下的方式，将线上网络平台或电子商务网站与线下实体店衔接，既利用新型网络扩散，又采取传统的方式落地推广宣传，线上、线下双管齐下。

（二）网络传销犯罪的特征

1. 传销组织专业化，隐蔽性强

传销组织历经多年发展，其组织形式日趋完善，组织严密、分工明确、管理严格。网络传销的组织领导者成为职业犯罪群体。在传统传销犯罪中，通常整个组织是家族式的传销集体，所有成员不分男女每天吃住在一起，而且上下线之间以双方见面作为主要的联系方式。在这种情况下，下线人员能清楚了解自己上线和其他成员的情况，组织的隐蔽性较低。网络传销犯罪则充分利用了互联网的便利性，发展会员都是在网络上进行，会员必须通过网站才能加入传销，使用的用户名大多是假名或者代号，并且都有各自的登录密码，彼此之间的联系主要通过电子邮件或即时通信工具完成。并且，网站还要求汇款一律通过银行转账的方式，这就避免了传统传销中下线与上线必须见面的情况，操纵者由明转向暗，躲在幕后，一旦下线被执法部门查获，上线也能马上逃之夭夭。由于会员发展下线的情况只反映在互联网上，再加上会员在传销方式上保持单线联系，因此执法部门极难查证公司网站的真实信息和会员的真实身份。

2. 传销方式信息化，虚拟性强

除传销人员利用在原籍的亲友、同学、同事、战友等关系通过介绍、口口相传的拉人头“杀熟”式发展下线模式外，传销人员利用互联网平台进行拉人头的方式日趋普遍，依托互联网以及微博、微信、QQ 等社交平台，以就业、谈恋爱、旅游等名义诱骗不知情人员深陷其中。在传统传销犯罪中，组织者通常使用实物进行传销，在拉人入伙时，给予他们一些不具备流通性和购买性的所谓“商品”，以掩饰其真实目的。网络传销犯罪嫌疑人则多打着电子商务、虚拟空间、网络教育等旗帜，隐藏其传销本质。会员得到的仅仅是虚拟的网络空间（所谓的电子商务包，也不过就是租用该公司的服务器空间），有些纯粹以发展会员获得奖金为目的，有些付费方式都是网上支付，完全“电子商务化”了。

3. 传销名目合法化，更具欺骗性和隐蔽性

为了达到诱骗新人、混淆视听、逃避打击的目的，传销组织者往往编织“中国梦”“脱贫攻坚工程”“创业、创新”等合法外衣。这些传销网站多打着远程教育、虚拟空间、培训个人创业、电子商务的旗号吸引人，掩人耳目，遮盖其发展会员（下线）牟利的本质。而多数网民缺乏专业网络知识，其无知和迅速致富的幻想很容易被网络传销犯罪分子利用。在“北京欧亚伟业”传销案中，搜集到的资料显示，北京欧亚伟业国际有限公司打着发展本国电子商务、促进信息产业发展的幌子，借助高科技发展传销。其公司网站上罗列着企业策划、个人理财、远程教育、信息服务等板块，从措辞到口号都极具诱惑性和欺骗性。许多下线人员没有判断能力，认为这就是电子商务，在被抓获后还屡屡强调他们参加的不是传销而是一种新型消费。

4. 跨地域性传播，成本低廉

在传统传销犯罪中，组织者需要筹集大量人力、财力和物力来组建传销组织并控制手下的人员。而网络传销犯罪则简单得多，往往只要几台电脑和几个调制解调器就可以创建一个传销网站，而且无须购买用于传销的“商品”，只要创建几个虚拟的网络空间即可。最重要的是，其管理极其容易，只要在网上发布消息和命令就行。互联网传播具有跨地域性，使得传销突破了地域和国界的限制，即使在一国内，也是遍地开花。此外，收费又是利用银行账号甚至网络银行支付等极为迅捷的方式进行，这些都大大降低了犯罪成本。

（三）微传销

一些传销人员还通过微信朋友圈、手机 QQ 群、语音聊天室、陌陌、公众号等进行传销，引入网络金融创新、新经济模式等概念，更加具有欺骗性，被称为“微传销”。微传销活动发起灵活，传播速度快，参与人员隐蔽且更加广泛，涉案资金数额巨大且转移方便，发现和查处难度大，一旦形成具有巨大的社会危害。如“金融互助”等微传销在国内达数百万人，有数百个传销平台，“金融互助”微传销通过互联网和手机移动平台进行传播，一旦这些平台大面积出现问题，资金链就会断裂，就会引发金融风险。

很多所谓的互联网金融平台在注册地并不开展实际业务，当地政府还把他们当作纳税大户或新经济模式加以保护。诱以高昂的收入、低门槛会员巨幅优惠，以及拉入新人的巨额返利，这让更多投资者深陷其中无法“破局”，短时间内难以发现网络金融传销的欺骗性和危害性。

金融传销参与者缺乏金融常识和金融风险教育，其之所以持续参与其中，是因为内心的贪婪，总以为自己不会成为最后的接盘者。各类金融传销给社会造成了数千亿元公共财产损失，参与者不仅有缺乏金融知识的普通百姓，也有高收入的白领阶层、公务员甚至金融从业者。“金融互助”等一些微传销组织者经常打一枪换一个地方，重新建立微传销平台实施诈骗。

此外，传销团伙还把网络服务器架设在境外，境内安插代理人遥控指挥，资金通过

“地下钱庄”汇往境外，增加了执法部门对其进行监管和打击的难度。

值得关注的是，大量的非法集资犯罪在使用传销模式的同时，还给自己披上了类似众筹、共享经济、返利销售等“新经济”外衣，并采取手段规避相关政策限制，不仅一般群众难以辨别，基层执法部门也往往难以甄别。如周某某通过分层级、拉人头、赚奖励的方式，只用了不到一年时间，便建立起“百川币”多级金字塔形传销活动王国，范围涉及 24 个省、区、市 90 余万名会员，会员层级多达 253 层，涉案金额 21 亿元。

（四）网络传销的危害

1. 伤及金融创新，可能引发金融风险和金融危机

由于借助互联网的传播手段，网络传销的参与人员呈现几何级数的暴增，涉及金额动辄数百亿元甚至数千亿元。一旦这些平台大面积出现问题，资金链就会断裂，引发金融风险，而互联网金融风险相互串联、相互叠加，有可能成为风险混合的新纽带，引发风险集中爆发，严重的话会引发一定规模的金融危机。

金融传销允诺的高回报行为，产生了“劣币驱逐良币”的恶果，既扰乱了金融市场的良性秩序，也阻碍了实体经济的发展。如“杭州龙炎电子商务公司黄某某等人集资诈骗”案，黄某某曾因组织领导传销被刑事处罚，其在集资过程中招募部分传销前科人员，将“拉人头”、高额推介费等传销手段移植并融合到非法集资当中，实现了快速扩张。该公司通过虚假宣传投资资金由银行监管，鼓吹企业上市等背景，以所谓的“众筹模式”招揽客户。不到一年时间，该公司就发展投资人 24 万余名，涉及全国 33 个省级行政区，涉案金额 156 亿余元，损失金额 57 亿余元。

2. 扰乱互联网金融市场秩序

以微传销为例，其承诺的高收益甚至天价收益，违背了金融本质和金融发展规律。金融的本质是资金融通，其支点是信用，信任是基于信息的对称。微传销完全被组织者把控，信息不对称。创始人和组织者利用投资者贪婪、短视、从众等弱点，许以高收益，打着无风险、高获利的口号，让投资者盲目跟风，进行大量投资，从而实现短期套利，然后抽身而退。这种行为严重损害了互联网金融的市场信誉，扰乱了互联网金融市场秩序，阻碍了互联网金融创新的步伐。微传销允诺的高回报行为，抬高了民间融资市场利率，致使真正的产业难以筹集到资金。

3. 严重损害了个人、家庭乃至整个社会公众利益

在网络传销过程中，传销组织通过多角度、全方位的“洗脑”，对参与者实现了精神控制，使参与者沉湎于发财的梦幻中不能自拔。

广东 40 多所高校 448 名大学生被一家名为“指路人”的公司培训“洗脑”，诱导他们签下分期付款的借贷合同，陷入债务泥沼。这么多大学生之所以上当受骗，主要是因为参加了该公司所谓的全封闭“职业培训”，一些学生近期报案时讲起被公司“挖痛”的过程，仍然痛哭流涕，声称像做了一场噩梦。在网络金融传销中，投资者往往在不知不觉中成为违法犯罪的参与者，不仅要承担相应的资产风险，还要承担法律责任。网络传销涉及受骗人数多，其中大多数是风险承受能力较低的普通群众，甚至包括不少下岗、失业和退休人员，一旦崩盘影响巨大。

微传销以互助的名义，诱以高昂的收入、低门槛会员巨幅优惠及拉入新人的巨额返利让更多的投资者深陷其中，无法“破局”。

4. 滋生大量境内外犯罪活动

一些犯罪分子或非法组织利用网络传销手段进行洗钱或资金非法转移，因为不能有效落实账户实名制，资金来源和去向难以追踪，人员信息难以锁定。一些网络传销组织者甚至进行境内外勾结，共同实施跨境诈骗或其他犯罪活动。有些犯罪组织本身就是国际犯罪集团，只是把触角伸入我国境内。网络传销还容易引发社会不稳定因素。

（五）防范建议

辨别网络传销主要看是否存在虚假交易且返利过程中是否存在发展下线。区分返利与传销的边界主要看有无资金交易、有无实物交易、有无优质商家、有无正规资质、有无合理服务。通过规则设计，把正常的积分返利由消费返利变成投资返利，若正常消费返利的比例远低于投资返利比例，则涉嫌违法。

随着国家打击网络传销力度的加大，建议在利用电子商务进行创业时，要合法、适度，在罪与非罪、合法与违法等法律定性问题上产生疑问时，要及时咨询相关法律人员。不要抱有急功近利的心理，被一时的利益冲昏头脑。利用互联网等媒体发布传销信息的，由市场监管部门会同电信主管部门等有关部门查处。市场监管部门和公安机关是接受举报和投诉的主要部门，具体负责在各自的职责范围内查处非法传销行为。任何单位和个人均有权向这两个部门举报和投诉非法传销行为。在接到举报和投诉后，这两个部门应当立即调查核实，依法查处。如果发现自己被骗参与传销活动，一定不要急也不要害怕，要第一时间报警。同时，要注意收集、保存汇款账号、缴费收据等相关证据，及时提供给执法机关，以便及时、准确地打击违法犯罪，保障自身的权益。另外，要利用网络传销犯罪过程中留下的大量客观证据，及时、充分地收集网络传销组织账本、申购单、宣传资料等书证、物证，与言词证据构成证据链。

二、网络诈骗罪

案例 9-6

［案例 9-6-1］在广州某高校就读的小梁同学偶然在 QQ 群里看到“千字 30 元”的打字兼职信息，联系上招聘者，对方发来兼职项目价目表，里面有打字、“刷单”等，但称想兼职要先交会费，会费分级从 299 元至 386 元不等，再根据级别区分接活儿单价，并承诺一个月后如表现合格即可退会费，如及时缴费可免费获赠 200 元电话充值卡，“于是，想着多赚零花钱的我选择了 386 元会级”。但小梁入会后感觉越来越不靠谱，“打字任务几乎不可能完成，半个小时打 5 000 字，平台方还鼓动我发布兼职信息拉更多人入会以赚取高额佣金”。不到一个月，小梁选择退出，386 元会费自然打了水漂。

中山大学的小方遭遇的“剧情”相似：被诱惑之下添加了客服人员的微信，客服人员先称只需帮商家刷好评和销量即可赚钱。首次轻松赚得 200 元后，客服提出因系统故障需小方先垫付费用。在小方垫付了近千元后，客服人员要求小方再介绍两位朋友“入伙”才可继续赚钱。于是，小方只能用 1 000 元买个教训，“懊恼自己鬼迷心窍”。

[案例 9-6-2] 台州警方接到群众报警，称在网上被骗。经过调查，报警人是在网上看到招聘广告后，在网上求职，结果被对方以保证金、培训费、技术费等各种名目骗走了钱款。而这种骗术手段，与几天前一起电信诈骗案件如出一辙。

“他们的手段比较巧妙，诱骗性强，急于求职的群众容易上当，少的被骗几百元，多的被骗几千元，受骗的往往是经济条件较差的普通百姓，社会危害性较大。”经过半个月的连续作战，特大网络诈骗案成功破获：300 余警力奔赴 20 余个省、区、市，抓获 107 名诈骗犯罪嫌疑人，涉案金额 3 000 多万元，被骗 5 000 多人缴获了 100 多台电脑以及大量信用卡等作案工具。

经过初步调查，这两个团伙的作案手法极其相似，都是利用网络上的各种“同城”网站发布虚假的招聘广告。当受害人在网上与他们取得联系时，他们以需要先行缴纳注册费、保证金、培训费、工号费、技术费、资料费等各种名目的费用一步步骗走受害人的钱款。这两个团伙成员众多，分散在全国各地，每天为一个犯罪周期，通过各种聊天软件进行作案，作案后当天分赃。他们的内部分工非常明确，一名受害人上钩后，他们往往会通过好几个环节来实施诈骗，受害人很容易上当受骗。

请分析：

1. 在广州某高校就读的小梁同学和中山大学的小方同学为什么容易陷入诈骗陷阱？
2. 网络诈骗行为有什么特征？为什么受害人很容易上当受骗？
3. 如何防范网络诈骗陷阱？

网络诈骗是以非法占有为目的，利用互联网，采用虚构事实或者隐瞒事实真相的方法，骗取数额较大的公私财物的行为。

伴随着网络交易的数量金额及规模的不断扩大，网络诈骗事件的数量及涉案金额也在不断增长。2018 年，全国用户提交至猎网平台的有效网络诈骗举报案例达 21 703 例，涉及金额 3.90 亿余元，人均损失达 24 476 元，比 2017 年人均损失增加 69.8%。

综合几年以来的数据，举报数量的变化幅度不是很大，但人均损失却大幅增长，网络诈骗对网民的财产威胁有加快、加剧的趋势。

(一) 网络诈骗手法和防范措施

防范和打击网络诈骗，首先就要分析清楚其发生形式及具体的实施途径，并针对这些途径或手法进行防范。警方总结了 8 大类 40 种电信网络诈骗套路：

1. 仿冒身份类诈骗

冒充亲友，或者网上改号打电话诈骗。诈骗分子利用其他渠道骗取受害人语音说“是我是我”，然后盗取受害人微信，向其好友借钱，并将“是我是我”的语音发给好友，打消好友的疑虑，从而实施诈骗；或利用木马或者其他手段 获取受害人的 QQ 账号、微信账号、邮箱账号，或者是通过加入群聊的方式，把自己的微信头像更换成别人的头像，冒充别人向亲人或朋友、联系人发布信息，声称遇到紧急情况，请对方汇款到其指定账户。还有一种提前录制好受害人亲友的视频，在进行聊天的时候先播放视频，取得对方的信任，然后再以网络故障为借口，改为文字聊天，从而实施诈骗。再如以视频聊天为手段实施诈骗的新手法，诈骗分子在与网民视频聊天时录下其影像，然后盗取其 QQ 或微信密码，再用录下的影像冒充该网民向其 QQ 或微信里的好友"借钱"。

诈骗分子利用电脑改号软件，将自己的电话号码虚拟成某些公共机关的号码，谎称自己是"公安局""检察院""法院""电信部门"等的工作人员，拨打受害人家庭电话或手机，以各种借口来诱骗受害人，如声称对方"电话欠费，身份证或银行账户泄露，被犯罪分子所用，司法部门正在调查"等，这些诈骗分子往往还会获得受骗人的个人信息，详细地了解对方的情况，从而能在短时间内骗得对方的信任，然后引诱受害人从银行账户转账到骗子账户。还有诈骗分子先用冒充公检法等手段远程控制在国外留学的学生，然后打电话给学生父母，假称学生被绑架，并发来剪辑拼接的虚假绑架视频，威胁恐吓学生的父母转账。

遇到此类情况，务必多留一点心，及时通过电话等方式联系到本人，确认消息是否确系源自好友或联系人，避免上当。

2. 利益诱惑类诈骗

（1）刷单返利。诈骗分子通过朋友圈、地推、送礼品、黄色小卡片等，引诱受害人加群兼职、做任务，声称轻松完成点赞、关注等任务即可获得小额金钱，待受害人投入大额金钱后进行诈骗。

（2）虚假投资理财。诈骗分子制作虚假的投资理财平台，通过多种渠道引诱受害人到平台进行投资，刚开始获得高额收益并且可以提现，最后不能提现，或者通过平台后台控制涨跌假装将钱全部亏空。诈骗分子利用炒股投资人想要赚钱的心理，精心策划陷阱，假借"代顾客炒股可获得高额利润"的名义，收取"服务费、咨询费、顾问费、会员费"，或者前期通过小额的回报获取受害人的信任，当收入大额的资金时，不再返还，令受害人血本无归。这种诈骗分子通过网络，或者通过建立炒股交流群，或者通过媒体广告、电话营销等形式，来实施诈骗行为。

（3）私募基金诈骗。诈骗分子通过网络媒体散发虚假广告，鼓吹自己的投资产品，谎称月回报率极高，拥有国家认证和批准证书，短时间内可带回本金，年后又有奖金，以吸引网民投资。还有的诈骗分子声称自己是某政府证券交易机构和国际知名投资公司"网络"合作的"海外网络私募基金"，骗取广大投资者大额投入资金。

3. 网络交友类诈骗

诈骗分子复制他人图片打造虚假社交账号，与受害人网恋，然后以资金周转、生病、生日、节日等各种理由诈骗受害人的钱财（网恋诈骗）；或假冒外籍军官、维和士兵等身份，通过社交平台结识受害人，通过聊天与受害人建立感情后，谎称要将一笔资金交受害人保管，以寄递费、通关费等诱骗受害人转账（异国情缘）；或虚构社交平台账号，通过婚恋网站、社交平台寻找单身、离异的受害人，每日嘘寒问暖迅速建立恋爱关系，以带受害人赚钱为由诱骗受害人在虚假平台上投资，最后不能提现（"杀猪盘"）；另外还有通过裸聊敲诈、通过暧昧聊天制造温柔陷阱，以完成直播任务、PK 打榜等理由诱骗受害人打赏等方式实施诈骗等。

4. 虚假消费类诈骗

实施诈骗的诈骗分子利用各大电商平台，或者利用微信群、QQ 群等，开设网站、在线商店、微信商店等，出售远远低于市场价格的商品。为了提高信誉，诈骗分子往往谎称自己的货物来自走私、罚没、赃物等非正常渠道，以低价购物为噱头引诱网购者。网购者如果贪图便宜而进行购买交易，往往会在付款之后钱货两空。

5. 钓鱼类诈骗

这种方式最为常见，也较为隐蔽。诈骗分子利用与真实网站完全一样的界面，引诱受害者在虚假的界面上输入自己的账号及密码，从而在后台将窃取到的信息用于转移受害人的资金。其主要可细分为以下两种方式。

一是通过发送电子邮件、短信、微信、QQ或者其他宣传方式来进行传播，以虚假信息引诱用户中圈套。如诈骗分子以垃圾邮件的形式大量发送欺诈性邮件，这些邮件多以中奖、顾问、对账等内容引诱用户在邮件中填入金融账号和密码，或是以各种紧迫的理由要求收件人登录某网页提交用户名、密码、身份证号、信用卡号等信息，继而盗窃用户资金。

二是建立假冒网上银行、网上证券网站，骗取用户账号、密码实施盗窃。诈骗分子建立起域名和网页内容都与真正的网上银行系统、网上证券系统极为相似的网站，引诱用户输入账号、密码等信息，进而通过真正的网上银行、网上证券系统或者伪造的银行储蓄卡、证券交易卡盗窃资金。还有的利用合法网站服务器程序上的漏洞，在站点的某些网页中插入恶意代码，屏蔽一些可以用来辨别网站真假的重要信息，以窃取用户信息。

利用网上银行升级、信用卡升级、网上银行密码升级等虚假信息实施诈骗。诈骗分子利用银行网上转账只需输入常规静态密码及E令的动态口令，无需USB密码器的特点，通过发送"××银行E令过期"等虚假短信息，诱骗受害人登录与××银行官方网站极其相似的"钓鱼网站"，从而窃取受害人的登录账户和密码口令。一旦得手，诈骗分子迅速通过网上转账将受害人账户内的资金转走。

诈骗分子利用彩民想要中奖的心理，开设彩票预测网站，或者开设所谓的彩票内部交流群，虚报历史预测、谎称有内幕消息、权威性预测等，虚假吹嘘其历史预测成绩，展示虚假中奖信息，制作虚假中奖图片，从而诱骗互联网用户付款。

诈骗分子通过微信、QQ、虚假网站等公共网络平台，发布虚假的中奖信息，利用一些人贪图小便宜的心理，或者利用他们的好奇心，假借"特等奖""幸运奖"等诱饵，收取所谓的"公证费""服务费""保险费"等，从而达到骗取网民钱财的目的。

这提醒我们，不要在网上随意填写个人资料，开通网上业务前应前往正规银行索要资料，登录正确的网页办理业务，避免上当受骗。同时做到"五检查"：检查该网站有没有公布详细的经营地址和电话号码；检查公司所在地与注册地址是否相同；检查网站是否提供用实名登记的联系方式；检查版权所有地址与固定电话所在地址是否一致；检查网站货物的价格是否是超低价格。

6. 维权类诈骗

诈骗分子在网上发布虚假公告，或者非法获取受害人投资信息，声称之前投资暴雷的项目可以清退回款了，然后以缴税、刷流水对冲、账户冻结等理由诱骗受害人转账；或冒充网络培训机构，向受害人发送退费信息，引诱受害人下载涉诈App，然后以投资返利、认购国债等方式进行"退费"，受害人在投入大额资金后却不能提现；或冒充黑客发布QQ号，引诱被骗的受害人前来求助，然后假称已经帮助追回被骗款，但先要交纳10%的手续费、技术破解服务费等，诱骗受害人转账；或制作虚假的律师事务所的网站，诱骗被骗的受害人点击进去维权，然后以建档费、被骗资金追回需要激活等理由诱骗受害人转账。还有诈骗分子在网上发布虚假“国家反诈中心”“反诈骗中心”的诈骗网站、QQ号码，引诱被骗的受害人前去“报案”，然后声称受害人的银行账户不安全，要受害人将钱转到“安全账户”，或者称已经帮受害人追回钱款，要受害人转钱进去解冻账号，从而实施诈骗。

7. 征信类诈骗

诈骗分子冒充网络平台客服拨打受害人电话，称需要关闭其在该网络平台的金融业务，否则会影响征信。诈骗分子诱导受害人共享手机屏幕，以“保护账户资金安全”“审查账户资金”为由，诱骗受害人转账。

大学生还容易受到注销校园贷的诈骗。诈骗分子获取大学毕业生学籍信息，冒充网贷平台客服拨打受害人电话，谎称根据国家政策，须注销校园贷，然后以资金核查、确认本人操作为由，诱骗受害人贷款并将钱转到“认证对接账户”“安全账户”。

8. 其他诈骗

由于个人信息的大量泄露，诈骗分子在行骗之前可以准确地掌握被骗人的心理状态。他们会利用被骗人的好奇心和爱贪小便宜的心理，杜撰出就业招聘、高薪工作、低价购车、快速办证、低息无抵押贷款等很多人心中所想但在现实中无法实现的情况，编出种种似乎合理合情的要求。被骗人一旦接收到这类信息，便会试探着去尝试，一次又一次地把手里的钱拿出来，落入骗子精心设计的骗局中。并且，诈骗分子在行骗的过程中，往往分工扮演各种不同角色，模仿政府、金融、财税等部门工作人员的语音提示来欺骗被骗人，令其深信不疑。这种电信诈骗逐渐成为诈骗业的主流形式，社会强烈要求严厉打击。

在就业形势比较严峻的形势下，诈骗分子还利用求职者求职心切的心理，在各网站或者公共网络平台上散布虚假的招聘启事，建立虚假的招聘网站，诱骗受害人前来应聘，以体检费、办证费、培训费、入职费、手续费、介绍费、押金等理由让受害人交钱，甚至骗其贷款。还有网络“庞氏诈骗”，诈骗分子通过互联网虚假宣传快速发财致富，组织没有互联网工作经验的人员，以刷网络广告等手段为噱头，收取会费进行诈骗；或者在网上发布手工活儿回收的广告，诱骗受害人在网上签订合同，购买机械设备和原材料回去组装，待受害人组装完成交货时，诈骗分子却鉴定产品不合格，不予回收，从而实施诈骗；或者制作虚假的兼职平台，引诱大学生、宝妈等群体兼职做任务，发布的任务为注册社交平台账号、提供银行卡进行转账等内容，这些账号和银行卡被诈骗分子用来诈骗，受害人无意中成了骗子的帮凶，可能涉嫌“帮信罪”。

三、帮助信息网络犯罪活动罪

案例 9-7

［案例 9-7-1］2022 年 4 月，河南洛阳一名大学生为讲义气帮朋友忙，租借银行卡非法获利，后拉上 4 名同学参与。然而他们借出的卡成了诈骗团伙的洗钱工具，5 张卡过了 9 000 多万元的流水。2022 年 9 月，福建福州 4 名在校大学生因涉嫌电信诈骗被抓，

他们还组织了22名未成年人参与拨打诈骗电话。2023年4月，新城区公安分局民警在大学宿舍内抓获涉嫌帮助信息网络犯罪的詹某某。经审讯，嫌疑人詹某某交代，其用网络上线提供的作案设备和自己两部手机以及两张电话卡，按照上线QQ指示用手机和电话卡在宿舍架设简易“GOIP”，帮助诈骗分子实施犯罪活动。詹某某一共从中非法获利925元，却导致他人被骗146万余元。

[案例9-7-2] 2022年8月底，“95后”蒋某某的朋友王某称卖银行卡可以快速赚钱。同年9月5日，王某驾车将蒋某某带至江苏苏州。蒋某某将其名下的中国邮政储蓄银行卡、中国建设银行卡、中国交通银行卡共计3张银行卡卖给诈骗团伙用于转账和收款，并在现场用自己的手机配合登录银行App，非法获利人民币10 823元。经公安部电信网络诈骗案件侦办平台查询，蒋某某的两张银行卡关联电信诈骗案件7起，涉案金额423 999元。

2023年4月19日，蒋某某被洪湖法院判处拘役三个月，并处罚金人民币5 000元。

[案例9-7-3] 大学生严某通过电话联系上一位“中介”，对方称“帮忙收钱转账就能赚钱”。按照对方要求，严某将银行卡、身份证等交给对方，当面配合实施转账。对方将严某的名字和卡号发到了一个QQ群里，很快就有钱陆续到账，严某再通过手机银行转账到对方指定的账户里，共计18万多元。对方曾告知严某这是网上赌博的钱，转账是“跑分”用的。虽明知是违法犯罪活动，但是为了挣钱，严某依然选择配合对方。事后严某得到9 000多元报酬，已全部用于个人消费。

“跑分”是指利用个人收款码代收账以此赚取佣金，佣金的比例一般在1%～2%。近年来“跑分”平台以兼职招聘为旗号，通过借取个人银行账户进行平台运作。很多年轻人被这种“轻松”的赚钱方式蒙蔽双眼，纷纷参与其中。所谓“跑分”兼职，实为帮助违法犯罪团伙进行洗钱活动。

请分析：

上述案例中的蒋某某以及严某所涉嫌的犯罪有何特征？这种犯罪有何危害？

被赚钱快吸引的“95后”蒋某某以及未入社会先入“囹圄”的在校学生王某触犯的正是帮助信息网络犯罪活动罪（简称帮信罪）。大量帮信罪案件表明，参与者以青年、低收入、无固定工作人员为主，甚至出现了不少在校生涉案的情况。

近年来，帮信罪犯罪数量激增。2021年，全国检察机关共起诉帮信罪近13万人，是2020年的9.5倍。2021年，帮信罪在所有犯罪罪名中，案发数量排名第七。2022年前半年，帮信罪已位居全国高发率第三，成为电信网络诈骗“第一罪”。

（一）帮信罪的构成

买卖、出租、出借电话卡、银行卡，以及微信、支付宝等第三方支付平台账户信息，均属违法行为。如为他人实施网络电信诈骗、洗钱等违法犯罪活动提供便利，达到一定情节时，还可能涉嫌刑事犯罪。

帮信罪的全称是帮助信息网络犯罪活动罪，即明知他人利用信息网络实施犯罪，为其犯罪提供互联网接入、服务器托管、网络储存、通讯传输等技术支持，或者提供广告推广、支付结算等帮助，情节严重的，构成帮信罪。

（1）出租、出售、出借“两卡”。在电信网络诈骗链条中，犯罪分子为了保证自身和赃款的安全，需要把诈骗得来的钱“洗一洗”才能进入自己的账户，这个过程被称为“跑分”，大量租借或者购买来的他人银行卡就是“洗白”的工具。这本质上是网络黑灰产业链为了借用普通用户身份，实施违法犯罪行为、逃避监管追踪而布设的陷阱。

（2）帮人办贷款。有些人轻信路边小广告或者网络上的贷款公司，将自己的银行卡、身份信息、手机网银登录密码、交易密码等告知对方，美其名曰“刷流水”“恢复征信”，实际上成为上游诈骗分子的帮凶。

（3）帮人刷单走流水。诈骗团伙会通过各种途径发布兼职信息，以兼职名义，让不明所以的群众通过刷单尝到一点“甜头”，随后就开始要求其提供银行卡、微信号、身份信息等，让其在不知不觉中成为电信诈骗“工具人”。

（4）为诈骗团伙非法获取并提供批量社交媒体账户、“解封”封禁账号。这是指通过非法手段批量注册、收购某交友 App 账号，卖或出租给诈骗团伙实施电信诈骗、网络赌博等犯罪活动。

（5）为诈骗犯罪集团提供开发软件、提供技术支持。常见的是架 GOIP 设备，为诈骗人员拨打诈骗电话开“后门”，利用招聘网站、电子邮箱、社交软件等平台为诈骗团伙发送投资理财等虚假信息，诱导受害者与诈骗团伙联系，供诈骗团伙实施诈骗。

（二）涉嫌帮信罪的后果

（1）刑事惩罚。帮助信息网络犯罪活动情节严重的，处三年以下有期徒刑或者拘役，并处或者单处罚金。此外还可能涉嫌掩饰、隐瞒犯罪所得罪、妨害信用卡管理罪、诈骗罪等。

（2）纳入信用记录。依据《中华人民共和国反电信网络诈骗法》，因从事电信网络诈骗活动或者关联犯罪受过刑事处罚的人员，可以按照国家有关规定纳入信用记录，采取限制有关银行卡、账户、账号等功能和停止非柜面业务、暂停新业务、限制入网等措施。

（3）限制出境。依据《中华人民共和国反电信网络诈骗法》，因从事电信网络诈骗活动受过刑事处罚的人员，设区的市级以上公安机关可以根据犯罪情况和预防再犯罪的需要，决定自处罚完毕之日起六个月至三年以内不准其出境，并通知移民管理机构执行。

（三）帮信罪的防范

（1）要有反诈骗意识。对于任何人，尤其是陌生人，不可轻信和盲从，特别是对类似要钱、转账的信息及电话务必要提高警惕，做到“不听、不信、不汇款”，一定要及时与当事人直接联系、亲自核实，以免上当受骗。

（2）不要感情用事。诈骗分子最终目的是骗取钱财，并且是在尽可能短的时间内骗走钱财。若有人对你提出钱财方面的要求，要听其言、观其色、辨其行，不要感情用事。若认为对方的钱财要求不合实际或超乎常理时，应及时向有关部门反映，以避免不应有的损失。

（3）切莫贪小便宜。世上没有免费的午餐，天上不会掉馅饼。面对网络上不切实际的高额利润，我们须时刻保持警惕，不可随意出租、出借自己的身份信息、支付账号等，以免沦为犯罪分子实施违法犯罪行为的帮凶而受到法律的制裁。对于犯罪分子推荐的中奖诈骗、虚假办理低息贷款及虚假致富信息等，不要轻信，一定要多了解和分析识别真伪，以免上当受骗。

（4）注意保护个人隐私。要保护个人身份信息和账户信息，非必要不向陌生人提供身份证号码、家庭住址等重要信息。

（5）下载国家反诈中心 App。公安部研发了国家反诈中心 App，该 App 具有拦截诈骗预警、报案助手、举报线索、反诈宣传等功能。在提高反诈防骗意识的同时，建议安装国家反诈中心 App。如遇到电信网络诈骗、有疑问或需要协助，请及时拨打 110 进行咨询。

四、网络盗窃罪

案例 9-8

某日，被告人臧某获悉被害人金某的建行网上银行账户内有 30.5 万元存款且无每日支付限额，便以尚未看到金某付款成功的记录为由，发送给他一个交易金额标注为 1 元而实际植入了支付 30.5 万元的计算机程序的虚假链接，谎称金某点击该 1 元支付链接后，即可查看到付款成功的记录。金某在诱导下点击了该虚假链接，卡里的钱通过程序转到了臧某事先设立的账户中。案发后，公安机关追回赃款 18.7 万多元发还被害人。

另外，臧某等三人分别以虚假身份开设无货可供的淘宝网店铺，并以低价吸引买家。他们事先在网游网站注册一个账户，并对该账户预设充值程序，充值金额为买家欲支付的金额，然后将这个充值程序代码植入一个虚假淘宝网链接中。与买家商谈好商品价格后，以方便买家购物为由，将该虚假淘宝网链接通过阿里旺旺聊天工具发送给买家。买家误以为是淘宝网链接而点击该链接进行购物、付款，并认为所付货款会汇入支付宝为担保交易而设立的公用账户，但这个货款实际通过预设程序转入了网游网站在支付宝的私人账户，再转入被告人事先在网游网站注册的充值账户。被告人臧某等人经预谋后，先后到多地网吧采用上述手段作案，分别诈骗和获利数万元。

请分析：

1. 网络盗窃罪和网络诈骗罪各有什么特征？
2. 如何分清利用网络进行盗窃与诈骗的界限？

盗窃是指以非法占有为目的，秘密窃取公私财物的行为；诈骗是指以非法占有为目的，采用虚构事实或者隐瞒真相的方法，骗取公私财物的行为。

网络盗窃是指通过计算机技术，利用盗窃密码、控制账号、修改程序等方式，将有形或无形的财物和货币据为己有的行为。

在信息网络情形下，行为人利用信息网络，诱骗他人点击虚假链接而实际上通过预先植入的计算机程序窃取他人财物构成犯罪的，以盗窃罪定罪处罚；行为人虚构可供交易的商品或者服务，欺骗他人为支付货款点击付款链接而获取财物构成犯罪的，以诈骗罪定罪处罚。

由于虚拟财产与传统财物在存在方式、销售方式等方面存在差异，因此，在认定盗窃数额、计算损失数额时，只计算直接盗窃数额，不计算间接损失数额。

对既采取秘密窃取手段又采取欺骗手段非法占有财物的行为，从行为人采取主要手段和被害人有无处分财物意识等方面区分盗窃与诈骗：如果行为人获取财物时起决定性作用的手段是秘密窃取，诈骗行为只是为盗窃创造条件或做掩护，被害人也没有“自愿”交付财物的，则认定为盗窃；如果行为人获取财物时起决定性作用的手段是诈骗，被害人基于错误认识而“自愿”交付财物，盗窃行为只是辅助手段的，则当认定为诈骗。

在案例 9-8 中，臧某非法获取被害人金某网银账户内 30.5 万元的行为，应结合其行为的主客观因素来认定其是构成盗窃罪还是诈骗罪。臧某等使用预设计算机程序并植入的方法，诱使金某点击后，秘密取得其网银账户内 30.5 万元钱款，对此金某既不知情，也非自愿。可见，臧某等获取财物时起决定性作用的手段是秘密窃取，诱骗被害人点击“1 元”的虚假链接系实施盗窃的辅助手段，只是为盗窃创造条件或做掩护，被害人也没有“自愿”交付巨额财物，获取银行存款实际上是通过隐藏的事先植入的计算机程序来窃取的，符合盗窃罪的犯罪构成要件，以盗窃罪定罪处罚。臧某等以非法占有为目的，虚构可供交易的商品或者服务，欺骗他人点击付款链接而骗取财物，其行为构成诈骗罪。对臧某等所犯数罪，应依法并罚。社会公众在网络购物、网络支付中应更加审慎，相关网络支付平台也应加强网络安全监管，防范和减少网络犯罪案件的发生。

虚拟财产是用户花费了一定时间、金钱而取得的，具有使用价值和价值。网络虚拟财产同样受国家法律保护，成为盗窃罪的犯罪客体。

法律法规链接

盗窃公私财物，数额较大的，或者多次盗窃、入户盗窃、携带凶器盗窃、扒窃的，处三年以下有期徒刑、拘役或者管制，并处或者单处罚金；数额巨大或者有其他严重情节的，处三年以上十年以下有期徒刑，并处罚金。

——《中华人民共和国刑法》第 264 条

（一）网络盗窃的基本方式

（1）利用职务之便获得网络用户的个人信息。

（2）利用计算机病毒，如木马病毒、蠕虫病毒等，通过邮件、不明网页链接等方式，植入他人电脑，读取他人电脑内存储的个人资料后实施盗窃。

（3）利用电子邮件、QQ、微信等诱使他人点击某链接，从而将计算机程序植入他人的电脑中，窃取在线银行的登录账号和密码，然后实施盗窃。

（4）在网络上发布招募广告，将恶意代码链接到一些热门点击上，恶意代码每被下载一定的次数，链接恶意代码的人就可获得一笔费用。

（二）网络盗窃的特点

（1）专业化和集团化。盗窃者通过在网站上设置病毒等方式，由专职人员盗窃各种有实际价值的网络虚拟物品，然后转手出售给专业化的销售集团，由专业销售人员在电子商务平台上销售，以获取非法收益。

（2）有强大的技术支撑。由专业人员制造用于盗窃的病毒软件等作案工具，这些软件在盗窃中发挥着不可替代的作用，使得盗窃者能在一天内盗窃庞大数量的网络账号，并转移账号中的虚拟物品或点币。

（3）有专业销售平台。在盗号行为中，销售团伙将其所盗窃的虚拟财产打包销售，转移给买家获利。第三方支付平台为盗窃者提供了良好的交易场所，为销赃提供了温床。

（4）现实物品与虚拟物品相互转化。盗窃者为获取更大的经济利益，由原来的盗窃虚拟物品，转变为利用制作的专用软件直接盗取用户的银行账号和密码，通过电子支付系统购买虚拟物品，然后将虚拟物品以低廉价格出售，从而获得利益。

（三）加强对网络盗窃的防范

（1）倡导以德治网。网上交往的虚拟性，淡化了人们的道德观念，削弱了人们的道德意识，导致人格的虚伪。要大力加强网络伦理道德教育，提倡网络文明，培养人们明辨是非的能力，使其形成正确的道德观。

（2）充分运用防火墙技术。该技术利用一组用户定义的规则来判断数据包的合法性，从而决定接受、丢弃或拒绝，可以通过报告、监控、报警和登录到网络逻辑链路等方式，把对网络和主机的冲击降至最低限度。

（3）使用正版软件，下载正版程序。在网络中下载、使用正版且合法的软件和程序，有效防止病毒和木马入侵。

（4）增强防范意识。勿因好奇心点击、登录来路不明的网址。当收到广告信、电子邮件、插件等陌生信息时，不要被其文字吸引而点选信息中所提供的网址和文件。

【实训任务】

即测即评

案例分析实训

单元十
电子商务纠纷解决机制

电子商务纠纷已经成为整个电商行业的难题。2018年全国电子商务交易额达31.63万亿元，比上年增长8.5%，而全国市场监管部门共受理网络购物投诉168.20万件，同比增长126.2%。有网站曾对网购现状进行调查，42%的受访者承认曾遭遇纠纷，而其中多达62.8%的人表示自认倒霉，放弃维权。至于原因，38.2%的消费者认为“取证困难”，30%的消费者觉得“维权成本太高”，还有12.4%的消费者坦言“根本找不到卖家”。

党的二十大报告指出，要“严格公正司法”，“深化司法体制综合配套改革，全面准确落实司法责任制，加快建设公正高效权威的社会主义司法制度，努力让人民群众在每一个司法案件中感受到公平正义”。我国深入推进全面依法治国，线上纠纷解决机制不断完善，以人民为中心建设世界领先的互联网司法新模式，中国移动微法院电子诉讼平台已经建成并转型升级为“人民法院在线服务”，极大地便利了纠纷解决和消费者维权。

通过学习本单元内容，你将达到以下学习目标：

【知识目标】

1. 掌握线上纠纷解决机制的原理、规则；
2. 熟悉电子商务网上法庭和互联网法院及前景；
3. 了解线上纠纷解决机制及在我国的发展；
4. 熟悉网络交易管辖新规则。

【能力目标】

1. 能够应用线上纠纷解决机制解决电子商务法律纠纷；
2. 能够借助电子商务网上法庭和互联网法院来处理电子商务纠纷；
3. 能够应用网络交易管辖新规则，恰当选择管辖法院。

【素养目标】

1. 培养发现问题、分析问题、解决法律问题的意识；
2. 树立应用有效的纠纷解决机制化解纠纷的意识。

你需要完成能力训练任务：访问网络在线协商、在线调解、在线仲裁、在线诉讼的相关网站，了解世界电商网络解决机制的新发展和各自特点，并根据你的考察和总结提出我国线上纠纷解决机制的办法和措施；认真完成实训任务，加深对本单元知识的理解。

本单元内容学习建议学时：6学时。

导入案例

中央深改组批准设立杭州互联网法院受理网络案件

2017 年 6 月 26 日，中央全面深化改革领导小组第 36 次会议审议通过了《关于设立杭州互联网法院的方案》。

会议强调，设立杭州互联网法院，是司法主动适应互联网发展大趋势的一项重大制度创新。要按照依法有序、积极稳妥、遵循司法规律、满足群众需求的要求，探索涉网案件诉讼规则，完善审理机制，提升审判效能，为维护网络安全、化解涉网纠纷、促进互联网和经济社会深度融合等提供司法保障。

资料来源：谭敏．互联网法院让公平正义来得更方便［N］．广州日报，2017-06-28.

模块一

线上纠纷解决机制

公开数据显示，“十二五”期间，我国电子商务交易额年均增长超过 30%。2019 年我国电商交易总额达 34.81 万亿元，“十三五”期间年均增长率为 11.6%。我国电商交易市场规模多年稳居全球第一。电子商务成为拉动经济增长的新引擎，但监管空白和投诉无门，也让用户在进行网络交易时面临诸多痛点和问题。电商交易买卖双方距离往往很远，按照传统方式纠纷往往难以解决，必须建立线上解决纠纷的机制。

一、电子商务争议解决的法律规定

案例 10-1

湖北省用户曹先生在一家网站购买了一部高仿 iPhone。在维权过程中，湖北省工商管理部门认定经营主体隶属上海市，于是不予立案。而上海市工商部门则认为消费者所在区域非上海管辖，也未能受理他的投诉。

多方投诉无门后，曹先生只好放弃了维权的请求。

请分析：

搭建什么样的机制才有利于促进电子商务纠纷的处理？

在类似案例 10-1 中，曹先生遭遇的情况在电商行业并不鲜见，这几年社交电商、直播电商等蓬勃发展，争议较多，但纠纷往往难以解决。有效的争议解决机制无疑对电子商务的发展具有十分重要的意义。

《电商法》规定，电子商务争议可以通过协商和解，请求消费者组织、行业协会或者其他依法成立的调解组织调解，向有关部门投诉，提请仲裁，或者提起诉讼等方式解决。经营者应当积极协助消费者维护合法权益。电子商务经营者应当建立便捷、有效的投诉、举报机制，公开投诉、举报方式等信息，及时受理并处理投诉、举报。

同时，消费者也可以按照《民法典》中的侵权责任篇，要求微信或淘宝协助找到卖东西的人，如果平台拒绝提供，消费者可以起诉。《电商法》正式实施前，消费者维权在具体执行的过程中面临多重难题：一是举证难，电商交易中，电子合同和电子交易记录通常保存在电商经营者相关后台（服务器）中，消费者很难取得满足证据法相关要求的证据；二是诉讼管辖法院选择难，因为电商交易双方和平台往往距离较远，各自对应的管理和维权部门也分属异地，常常会被踢皮球。为解决这些矛盾，《电商法》规定在电子商务争议处理中，电子商务经营者应当提供原始合同和交易记录。因电子商务经营者丢失、伪造、篡改、销毁、隐匿或者拒绝提供前述资料，致使人民法院、仲裁机构或者有关机关无法查明事实的，电子商务经营者应当承担相应的法律责任（第 62 条）。这就把消费者维权的举证责任更多地分配给电商经营者。针对诉讼管辖法院选择难的矛盾，最高人民法院适用《中华人民共和国民事诉讼法》的解释（法释〔2015〕5 号），从有利于消费者维权的角度规定了电商案件的管辖权选择和确认原则，这将在本单元模块三中具体介绍。

为利于电商争议解决，国家鼓励平台经营者建立有利于电商发展和消费者权益保护的商品、服务质量担保机制。《电商法》就平台经营者设立消费者权益保证金，对承担先行赔偿责任及承担连带责任进行了规定。电商平台经营者可以建立争议在线解决机制，制定并公示争议解决规则，根据自愿原则，公平、公正地解决当事人的争议（第 63 条）。

二、电子商务平台的纠纷解决模式

消费者与平台经营者之间既存在利益冲突，又存在共同利益。如果平台经营者能设有专门机构以迅速响应消费者的申诉，建立内部申诉机制，处理交易纠纷，对于赢得并保持消费者，树立消费者对电子商务的信任将起到极大的作用。因此，很多国家、地区以法律法规的形式对电子商务平台建立交易纠纷解决机制做出了规定。

目前，我国电商平台的纠纷解决模式有三种：第一种是无模式，即平台不提供任何的纠纷解决渠道，如中国供应商网、环球资源网等；第二种是不完全模式，即平台没有完整的纠纷解决程序，一般投诉方在平台首页上设置“意见和投诉”等栏目通过发送邮件或提交投诉信息给平台，由平台的客服人员予以回应，但在平台上没有相关详细的规定与说明，如慧聪网；第三种是完全模式，即平台提供完整的纠纷解决流程，平台对纠纷解决有详细的规定与说明，对责任方会采取相应的处罚措施。交易纠纷解决的完全模式中应该包括以下内容：

（一）规则

规则是指规定出来供大家共同遵守的制度或章程。在交易纠纷解决中至少有三方当事人：投诉人、被投诉人、第三方平台。只有制定了相关规章制度，才能有效处理纠纷，为网上平台交易提供公平的环境。

（二）组织和人员

组织和人员是指受理投诉的部门和人员。在第三方平台的实践中，一般都是由客服人员处理交易纠纷。如阿里巴巴中国站设立了贸易维权部，阿里巴巴国际站设立了案件处理部，并由专职人员处理各项投诉和交易纠纷。

（三）内容范围

内容范围即纠纷投诉的受理范围。

如阿里巴巴 1688《交易争议处理规则》所规定的受理争议范围包括商品问题、卖家行为类问题、买家行为类问题、其他特殊问题等，具体如下：

（1）商品问题：买家所购买的商品本身存在描述不符、瑕疵、破损、使用故障等问题。

（2）卖家行为类问题：卖家违反交易规则或约定的行为问题。

（3）买家行为类问题：买家违反交易规则或约定的行为问题。

（4）其他特殊问题：其他阿里巴巴认为需要受理的特殊问题。

（5）如阿里巴巴中国站相关行业有特殊规定，以行业的独立标准为准。

阿里巴巴 1688《交易争议处理规则》明确规定，超出本规则受理期间或范围、不满足本规则受理条件的交易争议，阿里巴巴不予受理。

（四）交易纠纷的解决流程

以阿里巴巴为例，其解决纠纷的流程如下：

（1）投诉方发起投诉。买卖任何一方因为纠纷均可向平台发起投诉，平台有相应的投诉页面，投诉方按照要求提交相应信息。

（2）投诉方与被投诉方自主协商。如果协商达成一致，纠纷解决。

（3）协商未成，申请平台介入处理。

（4）平台接受申请，投诉双方举证。根据不同的投诉类型，投诉双方分别举证。例如：投诉方投诉“货物与约定不符”，那么需要提供的证明材料一般包括投诉函、买卖合同、双方沟通记录、收货凭证、货物与约定不符的证明（如照片、截屏、第三方检测证明等）；被投诉方需要提供的证明材料则包括反通知函、货物与约定一致的证明（如发货证明、货物检测证明等）。

（5）平台工作人员对投诉双方提供的证据进行核实。

（6）平台进行责任判定，投诉双方达成一致，解决纠纷。如果买卖双方仍无法就相关纠纷达成一致意见，可采用诉讼或仲裁等方式解决。

卖家在解决个案时，应尽量通过纠纷调解中心来和买家沟通，这样在平台上会留有双方沟通的正式记录，便于平台介入调查。

（五）责任判定与处罚

平台根据交易合同约定及双方举证做出责任判定，并根据判定结果对相应的行为进行惩罚，判责结果大致分为四类：一是卖家责任；二是买家责任；三是双方责任共担；四是第三方责任，如第三方物流的责任。为保障诚信交易，降低纠纷风险，平台还对违规行为进行处罚。如《阿里巴巴中国网站用户诚信规则》独创了累计扣分处罚规则、交易违规行为扣分制度，累计扣分分值对应不同的处罚，直至处以关闭账号的处罚。阿里巴巴平台 2022 年 7 月 10 日变更后的《交易争议处理规则》规定，交易双方在退（换）货时应明确约定运费的承担方，若因约定不明导致纠纷，阿里巴巴将根据责任判定运费的承担方包邮的交易；若仅因买家主观原因退货，买家须承担退货运费，但交易双方另有约定的除外。

三、线上纠纷解决机制及其在我国的发展

（一）线上纠纷解决机制概述

网络空间的全球性、虚拟性、管理的非中心化和高度的自治性使得效率、成本和便利性成为线上纠纷解决方式的首要价值因素。人们开始寻求和考虑用对法院诉讼的替代性纠纷解决方法（Alternative Dispute Resolution，ADR）来为线上纠纷提供更快捷、更方便、更低廉的解决方案，如仲裁、调解或和解。互联网是纠纷产生的渊源地，也应是纠纷解决的归宿地。ADR 解决离线纠纷的原则和法律也基本上适用于线上纠纷。互联网环境下的 ADR 被称为 ODR，即线上纠纷解决机制（Online Dispute Resolution）。

ODR 是指利用互联网进行全部或主要程序的各种纠纷解决方式的总称，主要包括线上仲裁（Online Arbitration）、线上调解（Online Mediation）和线上和解（Online Negotiation）等方式，具有快速、费用低廉、便利等线上纠纷解决所需要的各类价值因素，是发展电子商务和网络经济必不可少的法律辅助措施，对于建立互联网中的信赖关系是非常必要的，是有利于实现双赢的纠纷解决方式，越来越受到国际组织和世界各国的重视。ODR 在兴起不到 10 年的时间里，解决了数以百万计的线上纠纷。自 2003 年 3 月至 2004 年 1 月仅美国 SquareTrade.com 一个网站就解决了超过 30 万件纠纷，而互联网名称与数字地址分配机构（ICANN）提供的线上纠纷解决机制则一年解决了 7 000 多个域名纠纷。

（二）ODR 在我国的发展

《电商法》规定，平台经营者可以建立纠纷在线解决机制，制定并公示纠纷解决规则，根据自愿原则，公平、公正地解决当事人的纠纷。目前，我国 ODR 正处于快速发展阶段。ODR 机构主要有两种模式。

一是电商平台或电商企业自建的 ODR 机构。如 eBay 总部已设立了专门的 ODR 部，淘宝网也有专门的线上纠纷解决机构。

二是由相关机构或组织组建的第三方 ODR 机构。现在运行得比较有影响力的第三

方 ODR 机构有：

1. 中国国际经济贸易仲裁委员会网上纠纷解决中心

该中心前身是成立于 2000 年 12 月的中国国际经济贸易仲裁委员会域名争议解决中心，又称为域名中心，解决如下纠纷：域名抢注纠纷（.cn 中文域名纠纷、.com 等通用顶级域名纠纷），通用网址抢注纠纷，无线网址抢注纠纷以及短信网址抢注纠纷。

同时，中心利用其积累的丰富的网上纠纷解决经验，正在与相关机构协商，以进一步开展电子商务网上调解和网上仲裁等网上纠纷解决工作。

此外，中国国际经济贸易仲裁委员会和香港国际仲裁中心联合成立的亚洲域名纠纷解决中心，也提供针对域名纠纷的线上解决方式。这是目前互联网络名称和编码分配机构在全球授权的四家解决类别域名纠纷的仲裁机构之一，也是亚洲地区唯一获授权可以受理此类纠纷的机构，体现了我国在域名纠纷解决领域的领先地位。

2. 工业和信息化部电子知识产权中心争议解决中心

该中心成立于 2014 年，是行业内解决知识产权纠纷的专业机构，依托多年来从事知识产权实务咨询服务积累的丰富经验以及专业的专家团队资源，借鉴美国、英国等国家和地区成熟的非诉讼纠纷解决方式和经验，在国内知识产权纠纷中开展创新性的试点，提供专利、版权、商标、商业秘密等各类知识产权纠纷的专业第三方调解服务。

3. 中国国际贸易促进委员会/中国国际商会电子信息行业分会电子商务调解中心

该中心于 2012 年 12 月 24 日成立，由工信部主管，同时接受中国国际贸易促进委员会的管理和业务指导，是国内第一家电子商务纠纷调解机构，为解决电子商务纠纷提供专业的法律服务。

4. 知识产权维权援助中心

国家知识产权局在各地搭建的知识产权（专利）公共服务平台发挥了很好的线上纠纷解决功能。

案例 10-2

杭州谢女士打开手机淘宝，在一家名为“红色向日葵 007”的网店上，为宝宝淘了一件“婴儿外出爬服”。这本是一次再平常不过的网购行为，可是这件棉服经中国（浙江）知识产权维权援助中心鉴定，侵犯了外观设计专利权人娄菲的知识产权。于是，阿里巴巴及时关闭了该侵权网店和商品链接。

请分析：

阿里巴巴是依据何种机制做出关闭侵权网店和商品链接的决定的？该机制有什么功能？

这仅仅是庞大的电商领域中知识产权侵权行为的冰山一角。

在电商领域，知识产权纠纷案件的数量远多于合同纠纷、不正当竞争纠纷等案件。但由于立法的滞后与相关法律法规的不完善，在各级法院审理电子商务知识产权纠纷案件的过程中常发生争议。

早在 2003 年，淘宝就已开始知识产权侵权治理。2017 年 12 月 15 日，阿里巴巴集团推出专门针对专利侵权行为的维权平台——知识产权保护平台（简称“IPP 平台”）。IPP 平台可以帮助权利人对自己的权利进行快速维护，权利人可以通过该平台发起侵权投诉，通过专利投诉、商标投诉、著作权投诉等方式对自己的权利进行维护。2023 年 10 月 31 日，IPP 平台拆分为覆盖淘宝网、天猫、天猫国际、1688、闲鱼等国内交易平台的淘天集团知识产权保护平台（简称“淘天 IPP”）和覆盖速卖通、阿里巴巴国际站、Lazada 等国际交易市场的阿里巴巴国际数字商业集团知识产权保护平台（简称“阿里巴巴国际知识产权保护平台”）。

2023 年，淘天集团在浙江（杭州）知识产权诉调中心支持下，成功上线“知识产权纠纷调解机制”，是政企协同共创的社会治理互联网新模式，实现知识产权纠纷调解“一次不用跑”，精准响应了电子商务领域的独特需求，尤其实现了对于涉及商标权、专利权及著作权等多种复杂类型侵权纠纷的快速解决。

2024 年第 24 个世界知识产权日当天，淘天集团发布《2023 知识产权保护年度报告》显示，截至 2023 年，已经有超过 69 万权利人入驻淘天知识产权平台，保护累计超 85 万项知识产权权利，原创保护平台已保护超 9 亿张图片，超 8 900 万条短视频，超 72 万份设计手稿。

消费者或经营者如果发现知识产权侵权的商品和行为（包括商标侵权、著作权侵权、专利侵权等），可以通过 IPP 平台进行一站式投诉：消费者或经营者在线提交侵权商品链接发起投诉，投诉成立后，相应商品链接将被移除；卖家可以提交申诉，平台将结合双方的材料对商品情况进行判断，并决定是否恢复商品链接。

案例 10－3

杭州骑客智能科技公司在新能源交通设备领域生产了一款电动平衡扭扭车产品，并申请了实用新型专利。该公司发现淘宝网平台上有 254 条与公司产品相似的“安尚牌”电动平衡车的销售链接，于是向阿里巴巴知识产权保护平台发起投诉。由于案件涉及多家电商，阿里巴巴遵循重大案件通报机制，将该投诉移交中国（浙江）知识产权维权援助中心，中心接到信息后报备省知识产权局进行集体讨论，这对于提高纠纷处理的效率和维护公正公平起到了很好的作用。

请分析：

中国（浙江）知识产权维权援助中心的运行机制如何？该机制对于知识产权纠纷处理具有什么样的意义？

政府需要电商平台提供侵权信息，如侵权商家负责人、线下地址、联系方式等，以便执法；而电商平台需要政府为其提供业务指导，双方紧密结合，以产生联动效果，切实保护电商领域知识产权。

知识产权领域专业人员入驻龙头电商平台，已成为近些年的新现象。

电商平台背后，其实是数以百万计的企业。保护电商平台知识产权，其实就是保障企业和个人的创新热情。在浓厚的大众创业、万众创新氛围下，由于研发人员和企业对知识产权保护的意识不强，很可能导致专利权保护不力与专利权滥用的情况。

这会导致几种情况，一是研发成果一生产出来就造成侵权；二是企业在走出去的过程中，外国竞争对手往往以侵犯其专利权为由提起诉讼，而这些诉讼有许多涉嫌滥用专利权；三是侵权发生后，许多人甚至还不知道自己已经侵权。

对企业来说，研发新产品前，要进行专业的知识产权布局和调研；研发后，面对知识产权侵权问题，企业需要找到专业申诉渠道。

为了提升全社会的知识产权保护意识，从源头上预防，浙江省探索从基层入手，加大基层执法力度，对有条件的县认定一批执法机关；为拓宽知识产权维权渠道，建设分布全省各地的省级知识产权维权援助中心，每个维权中心都开通12330免费举报热线。这对拓宽维权渠道、培育维权意识，效果十分明显。

案例10-4

2020年11月30日，沈阳市铁西区在全市率先开通全国12315 ODR互联网在线纠纷解决企业平台，张士灯具城、居然之家张士灯具城店、十里河灯饰城、香江家居成为首批ODR企业。百姓如果在这些企业发生消费纠纷，可以采用手机登录“全国12315互联网平台”App、微信公众号、微信小程序等方式，选择ODR企业，实现消费者与企业“直接对话”；企业在平台上就可完成投诉受理和反馈，实现与消费者的“无缝对接”。这是“互联网+政务服务”的一项重要举措，是市场监管消费者权益保护工作进入互联网时代的“里程碑”。

ODR企业是指在辖区市场监管部门的指导监督下，通过全国12315 ODR平台方便、快捷、高效地解决消费纠纷的企业。以往，消费者维权主要采取12315电话或网络投诉，投诉案件通过平台受理后，按区域划分转给属地市场局、属地市场局再转属地市场所，属地市场所转给企业。现在，ODR企业增加了消费者维权的新渠道，只要在“全国12315互联网平台”搜索到的企业信息下方选中“ODR企业享受更快、更高效的绿色通道”就可实现消费者与企业在平台上“一站式”完成投诉、受理与反馈，极大地节省了时间成本。

居然之家张士灯具城店总经理说：“成为ODR企业后，我们可在市场监管部门介入前，通过全国12315 ODR平台与消费者解决消费纠纷，提高企业投诉处理服务效能，降低调解成本，减少负面影响。同时，平台提供的大数据分析更是为我们企业在日常管理工作中提供了依据。如通过大数据分析，近期某些品牌商品投诉量较高，我们就可以提前掌握情况，有针对性地采取管理措施，避免问题持续化和扩大化。”

铁西区市场监管局负责人表示，这种新型在线处理消费投诉模式，利用互联网技术解决企业、监管部门、消费者之间的投诉处理等多种问题，既是落实企业消费维权主体责任的重要举措，也是市场监管部门加强事中、事后监管，打造规范有序市场环境的迫切需要。

请分析：

开通全国12315 ODR互联网在线纠纷解决企业平台对于解决消费纠纷有哪些便利？对于建设规范有序的市场环境有哪些积极意义？

5. 市场监管12315平台

为维护正常市场秩序、打造良好营商环境和放心消费环境，国家各部门逐步建立起在线投诉举报系统，开设工商12315、质检12365、食药12331、知识产权12330、价监12358五条投诉举报热线，对于各个领域的问题反映和纠纷处理起到了很好的作用。但新的矛盾又出来了，五个职能分散，投诉举报热线也不统一，部门之间扯皮、推诿现象不断。2018 年 3 月，国务院机构改革方案提出整合不同机关的市场监督管理职责，组建国家市场监督管理总局。2019 年 8 月 31 日，这五条投诉举报热线及平台五线合一为新的 12315 平台，实现了六统一：统一热线号码，实现一号对外；统一运行平台，畅通诉求渠道；统一工作机构，实现五级贯通；统一制度规范，优化工作程序；统一分析研判，数据安全共享；统一绩效评价，实施科学评估。

除了热线电话，新的 12315 平台还开通了网站、移动端 App、微信公众号、微信小程序、支付宝小程序、百度小程序等互联网入口。投诉人可以通过本平台就消费者权益争议向市场监管部门进行投诉。

（1）12315 平台所接受的投诉，是指消费者为生活消费需要购买、使用商品或者接受服务，与经营者发生消费者权益争议，请求市场监管部门解决该争议的行为。

（2）投诉由被投诉人实际经营地或者住所地县级市场监管部门处理。

具有处理权限的市场监管部门，将自收到投诉之日起七个工作日内做出受理或者不予受理的决定，并告知投诉人。

（3）市场监管部门经投诉人和被投诉人同意，采用调解的方式处理投诉，但法律、法规另有规定的，依照其规定。

鼓励投诉人和被投诉人平等协商，自行和解。

（4）投诉对象在 ODR 企业名录内的，投诉人选择处理单位时，平台会自动显示“绿色通道企业”勾选项。投诉人勾选后，即表示投诉人同意与被投诉人进入和解程序，直接通过平台 ODR 投诉，适用平台 ODR 解决的有关规定。被投诉人将在十个工作日内与投诉人进行协商和解。和解不成的，投诉人还可以向市场监管部门进行投诉。

形成在线解决电商交易纠纷的机制十分重要。通过网络仲裁方式解决电子商务争议，不仅在国内电子商务、互联网金融等领域受欢迎，在跨境电商等领域也同样具有广阔前景。现在在线交易如果要诉诸法律程序，用户的交通住宿费用很高。如果能允许采用视频或者其他方式实现远程开庭，电商法有望更好地落地执行。

模块二

电子商务网上法庭和互联网法院

网络经济行为的增多，导致涉网的纠纷快速增长。线下的诉讼方式无法满足网络新生活的需求。因此，探寻新的符合互联网运行规律的诉讼方式和诉讼规则，完善审理机制、提升审判效率、维护网络安全，是互联网空间健康成长的当务之急。2017 年 4 月，中央批准设立杭州互联网法院，将涉网的案件统一管辖、统一审理，有助于开启网络维权新时代；2018 年 9 月，又通过在北京、广州增设互联网法院，丰富互联网司法实践，推动打造平台统一、数据畅通、规范有序、便民利民的互联网司法审判体系，实现人民法院审判体系和审判能力的现代化发展。

一、电子商务网上法庭

案例 10－5

“现在开庭!”2015 年 5 月 28 日，杭州市余杭区人民法院 23 号法庭，法官庄严敲响法槌。四个地点五路视频同时开启，余杭法院电子商务网上法庭第一案开庭。

“杭州市余杭区人民法院民事审判第四庭依法通过在线视频方式公开开庭审理原告王甲诉被告深圳乙公司、天猫公司产品责任纠纷一案。”

与以往不同的开场宣布，预示着这将是一场与众不同的庭审。

环顾法庭四周，法官与书记员依然端坐法庭，只是面前多了一台电脑和一副耳麦。原告与两被告始终不见踪影，原来，他们分别坐在杭州市西湖区和余杭区以及深圳市南山区各自的办公室桌前，而他们参与庭审的方式则是电子商务网上法庭上的五路视频，以此实现不同地域间参与主体画面和声音的实时在线传输。

法庭调查前法官需要告知当事人一系列诉讼权利、义务，在网上法庭中当事人均可在开庭前通过线上确认阅读的方式获得这些信息，大大简便了程序，也节省了庭审时间。

举证阶段，因原告已在庭前通过邮寄方式向法庭提交了从被告处购买的产品实物，法官在与原告核实快件单号后，由书记员当场拆封展示。

被告之一的卖家提出异议需通过防伪验证时，书记员又当即通过在线登录防伪网站和微信扫码方式识别真伪。而上述一系列操作的实时影像均通过证据展示这一路视频清晰传送至原、被告电脑上。在验证结果面前，卖家最终认可了该产品为其公司所生产。

庭审笔录不但能线上确认，而且在庭审过程中还能实时显示至各方当事人电脑，当事人在庭审中就可以确认是否有误，这也大大节省了庭审后核对笔录的时间。

请分析：

1. 电子商务网上法庭呈现出哪些与传统法庭不同的场景?
2. “互联网十”审判模式将对审判制度改革带来哪些冲击?

近年来，杭州电子商务市场规模迅速扩大，已成为浙江经济的重要增长点。涉网纠纷不断涌现和升级，并逐步进入司法领域。2015 年 8 月，经浙江省高级人民法院同意，杭州市中级人民法院及三家基层法院试点电子商务网上法庭，分别审理网络交易、电子支付及网上著作权纠纷和相关上诉案件。网上法庭突破目前已具有的网上立案、网上信息查询、网上庭审等初级功能，依托网络构建了一套纠纷化解的整体方案，充分运用电子商务的在线证据，实行起诉、调解、立案（管辖异议）、举证、质证、开庭、判决、执行全流程在线，当事人足不出户就可通过诉讼化解纠纷。

同时，杭州整合多方力量，前置了两重纠纷化解过滤层，实现了纠纷的多元化解：

第一层是电商平台“内部消化”。目前已对接淘宝、天猫、聚划算、蚂蚁金服小额贷款、阿里巴巴中文站等平台，凡是起诉至网上法庭的涉电商平台案件，系统首先自动导向电商平台线上纠纷解决模块，有近三成纠纷能够在电商平台上自行化解。第二层是调解员在线调解。网上法庭组建了专职调解员和律师为成员的调解团队，调解成功率近 1/3。经过两重过滤，进入诉讼程序的纠纷数量几近减半，大大缓解了法院的诉讼压力。

网上法庭发挥网上调解、裁判的便捷优势，不受时间、空间限制，极大地节约了当事人的诉讼成本，体现了诉讼便利，又方便人民法院及时审理，契合电子商务与司法的跨境、跨行政区划发展，有利于规范电子商务交易行为。

二、互联网法院

案例 10－6

2017 年 9 月，许某通过微信向常某某寻求“暗刷的流量资源”，双方协商后确认常某某为许某提供网络暗刷服务，许某共向常某某支付三次服务费共计一万余元。常某某认为，根据许某指定的第三方 CNZZ 后台数据统计，许某还应向常某某支付流量服务费 30 743 元。许某以流量掺假、网络暗刷服务违反法律禁止性规定为由，拒绝支付上述款项。常某某为此将许某诉至北京互联网法院，请求判令许某支付服务费及利息。

北京互联网法院认为，“暗刷流量”的行为违反商业道德底线，破坏正当的市场竞争秩序。“暗刷流量”的交易行为侵害广大不特定网络用户的利益，进而损害了社会公共利益、违背公序良俗，其行为应属绝对无效，双方当事人在合同履行过程中的获利，应当予以收缴。故判决驳回原告的诉讼请求，并做出决定书，收缴常某某、许某的非法获利。

请分析：

案例中北京互联网法院的判决体现了怎样的审判价值取向？

自 2013 年以来，中国法院积极推进审判流程、庭审公开、裁判文书、执行信息四大平台建设，先后建立中国审判流程信息公开网、中国裁判文书网、中国庭审公开网、中国执行信息公开网，不断促进司法公开透明。设立互联网法院是一项重大制度创新，旨在探索涉网案件诉讼规则，完善审理机制，提升审判效能，为维护网络安全、化解涉网纠纷、促进互联网和经济社会深度融合提供司法保障。

互联网法院是“互联网＋法院”或“互联网＋审判”。其基本特点一是通过网络审理案件；二是审理的案件大多与网络纠纷有关，如电子商务交易纠纷、网络支付纠纷、网络金融借款纠纷、网络著作权纠纷等。

互联网法院是在电子商务网上法庭的基础上组建的。杭州互联网法院于 2017 年 1 月开始筹办，2017 年 8 月 18 日正式成立。2018 年 9 月 9 日、9 月 28 日，北京互联网法院、广州互联网法院先后成立。

互联网法院作为集中管辖互联网案件的基层人民法院，主要实行“网上案件网上审理”的新型审理机制，集中管辖所在市辖区内的网络金融借款合同纠纷、网络购物合同纠纷、网络服务合同纠纷、网络侵权纠纷、网络著作权纠纷等11类互联网案件，在案件审理、平台建设、诉讼规则、技术运用、网络治理等方面形成了一批可复制、可推广的经验。

设立互联网法院是适应互联网发展大势和现实诉讼需求的积极作为。一方面，随着互联网的快速发展，各种与网络有关的纠纷和诉讼大量增加，需要司法审判机关与时俱进，积极应对；另一方面，涉网案件具有明显跨区域的特点，譬如消费者在北京、商家在杭州，借款人在上海、贷款平台在广州。如果仍按照老办法受理诉讼、审理案件，就真的会“追到一只鸡，得杀一头牛”。维权成本太高，原告接受不了；审理成本太高，法院同样接受不了。

网上的纠纷就在网上解决，互联网法院开庭时，原告、被告以及法官都通过视频连线的方式出席，通过线上交易记录提取证据，调解、宣判等也直接在网上进行，诉讼全程网络化，只要有网络、有电脑，足不出户就能打完官司。

为规范互联网法院诉讼活动，保护当事人及其他诉讼参与人合法权益，确保公正高效审理案件，根据民事诉讼法、行政诉讼法等法律，结合人民法院审判工作实际，最高人民法院于2018年9月就互联网法院审理案件相关问题发布了《关于互联网法院审理案件若干问题的规定》(法释〔2018〕16号)。

司法审判乘上“互联网+”的东风，其好处显而易见：一是降低了维权成本，为网络维权插上了翅膀，路途遥远、时间漫长不再成为阻碍，网络维权将像网购一样方便；二是降低了司法审判成本，不仅有利于节约司法资源，而且可以大大提高审判效率。这两个好处加起来，还会促成另一个更大的好处：网络维权步伐加快，将倒逼商家和网民规范网上行为，促进互联网健康生态的形成，让互联网更好地服务于经济社会发展。

门户网站让人足不出户就能社交，电子商务让人足不出户就能购物，电子政务让人足不出户就能办事，而互联网法院让人足不出户就能打官司。

对于广大网民来说，互联网法院最大的好处就是方便。网络具有跨地域特点，一旦产生纠纷，无论对电商经营者还是消费者，远距离诉讼都将产生极大不便。而互联网法院可以在网上递交诉讼申请、提交证据、跟法官联系、直播审判全过程，不用再费时费力地奔波，只要连上网络，足不出户就可以实现“网上恩怨网上了”。而且，所有的网上活动都有痕迹，都可以自然地转换成证据。随着互联网法院的普及，今后打官司有可能会像网购一样方便快捷。

对于法院来说，“互联网+”法院不仅能解决涉网争端，更重要的是可以运用互联网技术，大大提升司法的服务水平与效率。在全国首例网络组织“刷单”“炒信”入刑案中，正是阿里巴巴运用大数据主动发现并向警方输送的“刷单”线索。此外，通过大数据平台，充分挖掘法院已判案例数据，智能匹配新近类似案件信息，可以让法官参照历史案例，充分评估承办案件的裁判情况，这必将极大促进法官统一行使法律适用尺度，避免“同案不同判”的情况发生。

互联网法院的特点不仅在于审理互联网纠纷，还在于以互联网的方式进行审理。在案例10-5中，杭州的买家和深圳的商家都在各自电脑前举证、陈述理由，而证据（包括购物时的旺旺聊天记录、产品单号等信息）则在开庭前由双方通过网络同步传到法院，法官在电脑前审阅。从起诉、提交证据，到相互辩论、庭审，再到宣判，都以互联网为平台，充分利用互联网的资源优势，解决了远距离诉讼等难题，为当事人及法院提供了极大便利。

根据最高法（2021 年 5 月）数据显示，2018 年以来，北京、杭州、广州三家互联网法院共新收一审等各类互联网案件 217 256 件，审结 208 920 件。其中 2018 年收案 15 327 件，审结 12 792 件；2019 年收案 104 714 件，审结 99 405 件；2020 年收案 97 215 件，审结 96 723 件。还有部分其他法院也审理了大量互联网案件。

为规范互联网法院诉讼和在线诉讼活动，最高人民法院公布了《最高人民法院关于互联网法院审理案件若干问题的规定》和《人民法院在线诉讼规则》。互联网法院，包括其他法院的互联网法庭依托现代科技进行网络治理，不仅高效地对涉网案件进行定分止争，也极大地维护了国家网络安全、促进互联网和经济社会深度融合，成为服务网络强国战略的有力司法保障。

同时，互联网法院还通过案件审理，来彰显国家对互联网治理的价值导向。在案例 10－6 中，法官在审理中，没有将案件视为简单的合同纠纷案，而是关注到案件涉及的虚假流量可能会带来的社会危害性。由于案发当时，流量欺诈问题刚浮出水面，国内尚无统一的流量欺诈认定标准，在技术上和法律上还处于“无人区”，因此，合议庭围绕流量欺诈问题展开了大量的走访调查。

合议庭最终认定，只要不是基于用户真实意愿产生的流量均为虚假流量，涉案交易违法，合同无效。法院通过个案裁判，明确司法对虚假流量交易行为的否定态度，打击流量作假的网络乱象，弘扬诚信公平的社会主义核心价值观，展示了互联网法院规范网络行为、构建清朗网络空间的司法水平与责任担当。

三、在线矛盾纠纷多元化解平台

案例 10－7

“我这个案子涉及的钱不到 400 元，为了调解多次跑的话也不划算，没想到现在只要在在线矛盾纠纷多元化解平台签名就可以了，真方便。”近日，诸暨市民俞某利用在线矛盾纠纷多元化解平台的微信小程序，在自己的手机上签下了自己的名字，完成了调解协议书的签署。

“我们做调解工作的时候最怕的就是当事人不能到场，去年诸暨法院推出在线矛盾纠纷多元化解平台，当事人只要一部手机或一台电脑就可以随时随地参与纠纷调解，当事人足不出户就能解决纠纷。”法官陈建丽说，她近日就参与指导了陶朱街道劳动争议调解委员会的 48 件劳动争议纠纷，其中金额最小的 378 元、最大的 26 655 元，因为金额标的较小，且人员分布在全国各地，其中最远的在黑龙江省齐齐哈尔市，他们来现场调解不方便，为了让当事人不跑也能完成调解协议书的签署，就利用在线矛盾纠纷多元化解平台上的电子签章功能完成调解。

请分析：

在线矛盾纠纷多元化解平台对于预防化解矛盾纠纷有何积极意义？

随着互联网渗透到社会经济生活的各个领域，法院创造出更高智慧的解纷模式。

2017 年 3 月，在线矛盾纠纷多元化解平台（ODR 平台）1.0 版在杭州市西湖区人民法院上线运行，6 月推广到杭州全市。

2017 年 10 月，由浙江省高级人民法院主导开发的平台 2.0 版上线，解纷流程的递进式、解纷资源的集聚性、解纷能力的智能化等功能大幅提升，并在 2018 年 1 月后推广到浙江全省，实现浙江省全覆盖。截至 2018 年 12 月 29 日，平台已调解案件 382 966 例。网上调解案件量逐步上升，法院受案数开始下降。

平台基于递进式漏斗模型设计，从法律咨询开始到网上诉讼层层解决用户法律问题，使诉讼纠纷通过在线漏斗不断被过滤和分流，最终真正走诉讼程序的案件只是一小部分。

平台基于解纷资源集聚性设计，提供在线咨询（人工咨询、智能咨询）、在线评估、在线调解、在线仲裁、在线诉讼五大专业服务；设有八大专题解纷中心，提供婚姻家事、医疗纠纷、电子商务、物业纠纷、道交纠纷、劳动纠纷、消费者纠纷、律师调解中心的专业化模块服务。

平台基于解纷能力智能化的设计，陆续开发了手机 App 版、微信小程序版，极大地便利了使用者。

在保留浙江 ODR 的主体功能架构及完整且成熟的矛盾纠纷化解资源体系基础上，2021 年 7 月 8 日，浙江解纷码（https://www.yundr.gov.cn/）正式对外发布。浙江解纷码根据线上矛调中心系统化、协调化、一体化、智能化和规范化的要求，在受理、流转、处置、监督、研判等环节中新增业务功能，打造全省矛盾纠纷一网受理、一网归集、一网分流、一网反馈、实时跟踪的矛盾纠纷化解综合中心，充分发挥线上矛盾调解中心整合、集聚、协同的实际作用。

2023 年 12 月，"浙里调解"应用正式开通上线，并与"省矛调协同平台""浙江解纷码"贯通。"浙里调解"通过全过程数据归集、全闭环数据留痕、全业务数据治理，打造线上、线下协同和案源、组织、结果"三可信"的实时性、开放性、综合性多元调解服务平台。该应用主要由调解案源池、调解资源库、调解结果数字化三大核心场景组成，以政府公信力为支撑，多渠道、多时段、多场景开展移交、协同、汇聚适调纠纷，让当事人更愿意上报纠纷线索，并通过市县乡村四级、行业专业类别、免费收费需求、案件难易程度、调处化解流程等全过程跟踪、管理和统计案源。当事人可通过"浙里办"、支付宝或微信等移动端查阅满足需求的调解组织信息、申请服务，还可以全流程、可视化、互动参与矛盾纠纷调处化解全过程，通过 7 项指标对调解服务全流程进行互动评价。调解员也可对调解结果督促履行、提供社会救济便利、支持司法确认等。

可以说，平台和浙江解纷码是 20 世纪 60 年代浙江省诸暨市枫桥镇"枫桥经验"在互联网时代的新继承和新发展。

模块三

电子商务民事诉讼管辖权

《中华人民共和国民事诉讼法》对于侵权案件的地域管辖秉持的原则是：侵权行为地、被告住所地。因网络的虚拟性、无国界性，对于认为自己合法权益在网络上被侵犯的权利人而言，虽有维权意识，但到哪里起诉却是一个颇为棘手的难题。2015 年 2 月 4 日起实施的《最高人民法院关于适用〈中华人民共和国民事诉讼法〉的解释》中，针对日益活跃的信息网络，专门就侵权行为实施地以及侵权结果发生地，进行了更为具体明确的界定。该解释第 25 条规定：信息网络侵权行为实施地包括实施被诉侵权行为的计算机等信息设备所在地，侵权结果发生地包括被侵权人住所地。这样一来，网络侵权案件当事人可以就近选择其住所地人民法院进行起诉。

一、涉外网络交易管辖权规则

案例 10－8

2009 年 4 月，原告宁波和高公司以谷歌公司和谷歌爱尔兰公司为被告诉至宁波市中级人民法院，称其于 2005 年 3 月至 2008 年 9 月期间，曾多次通过网络方式使用两被告提供的谷歌关键词广告服务，因被告存在点击欺诈，致使原告为虚假点击支付了不合理费用，原告要求两被告退还广告费用 57 520.23 元。

两被告提出管辖异议，认为根据谷歌关键词广告服务在线发布的广告计划条款，谷歌公司并非服务合同的签约方，在线合同已经明确了争议解决办法为仲裁，法院并没有管辖权。谷歌公司和谷歌爱尔兰公司提供了经公证的谷歌服务器中保存的不同时期不同版本的在线广告计划条款文本，其条款中，均约定了法律适用和管辖，但都未约定中国法院管辖；以及经公证的从北京谷歌服务器中保存的原告广告账户的操作记录，显示原告接受并使用了在线广告计划条款，该条款对原告具有约束力。

原告则认为，凡是诉讼与我国法院所在地存在一定实际联系的，我国法院都有管辖权，本案原告所在地、合同履行地在宁波，宁波市中级人民法院具有管辖权。

请分析：

宁波市中级人民法院对本案是否具有管辖权？为什么？

任何一项与诉讼管辖有关的因素如果要成为管辖根据或联结点，必须具备两个条件：一是该因素具有稳定性，二是该因素与管辖区之间存在特定、充足的关联性。与传统的诉讼管辖相比，网络交易案件诉讼管辖的联结点，有多个选项，包括原告所在地、被告所在地、标的物所在地、合同签订地、合同履行地、IP 地址所在地、服务器所在地、第三方账户所在地等。在案例 10－8 中，谷歌公司关于使用谷歌关键词广告服务本身并不需要客户端软件，任何计算机接入互联网都能够了解广告服务情况的意见与实际相符。原告所谓的电脑终端设备所在地与合同履行地并没有必然的联系。根据原告所使用的电子广告服务合同的多个版本，均载明服务主体是谷歌爱尔兰公司，协议适用美国加利福尼亚州法律，争议解决方式为仲裁。尽管仲裁机构不同，但都排除了司法管辖。故法院裁定对本案没有管辖权。

二、网络交易管辖新规则

案例 10－9

2014 年 5 月中旬，苏州许某通过支付宝付款，从一家汽车用品公司的天猫旗舰店购买了 3 副木珠汽车坐垫。后来，因坐垫将汽车真皮座椅染色，许某与卖家多次协商未果，遂向住所地法院提起诉讼，要求对方赔偿。

一审中，卖家提出管辖权异议，认为其在天猫网站售后服务里明确规定，网购纠纷的地域管辖由“本公司所在地人民法院管辖（买家在本店购物后不管有无看到此地域管辖说明，一经交易付款均视为默认此条规则）”，故买卖双方已协议约定由卖家所在地法院管辖。

对此，一审法院认为，考虑网络交易的特殊性，该约定由网店住所地法院管辖的条款虽未经双方签字但仍应视为有效条款，故裁定将本案移送卖家所在地人民法院管辖。许某不服，提出上诉，认为天猫网店关于“买家在本店购物后不管有无看到此地域管辖说明，一经交易付款均视为默认此条规则”的约定显失公允，剥夺了消费者的合法权益，而且在许某购物时未进行合理提示，应认定无效。

请分析：

结合《最高人民法院关于适用〈中华人民共和国民事诉讼法〉的解释》，买家和卖家有关法院管辖权的争议应如何处理？买家所在地法院是否具有诉讼管辖权？

网民在网购时很少意识到，自己网购按下“确认”键时其实包含大量附加的合同内容，其中就包括有利于经营者自身的管辖条款。

《最高人民法院关于适用〈中华人民共和国民事诉讼法〉的解释》重新梳理了管辖规则，特别是在保护消费者合法权益方面。其中第 31 条规定，经营者使用格式条款与消费者订立管辖协议，未采取合理方式提请消费者注意，消费者主张管辖协议无效的，人民法院应予支持。

在案例 10－9 中，二审法院根据该解释的规定，认定经营者在格式买卖合同中未履行明确说明义务的管辖条款无效，并以网络交易管辖新规则确定买家所在地基层法院为管辖法院。网络交易中以买受人所在地作为合同履行地进而确定管辖法院，体现了该解释在管辖确定中保护消费者权益的应有精神。

二审中，法院认为，卖家虽然在网站上载明了纠纷由该店所在地法院管辖的条款，但并未标注在网站醒目位置，在与许某订立买卖合同时也未采用合理方式提醒许某注意，现许某主张该管辖条款无效，应予支持。同时，适用该解释第 20 条的规定，“以信息网络方式订立的买卖合同，通过信息网络交付标的的，以买受人住所地为合同履行地；通过其他方式交付标的的，收货地为合同履行地。合同对履行地有约定的，从其约定”。许某与该汽车用品公司通过信息网络订立买卖合同，并通过信息网络交付标的的，以买受人即许某的住所地为合同履行地，故一审法院对本案有管辖权。

【实训任务】

即测即评

案例分析实训

单元十一
直播电商法律实务

近年来，直播电商一直呈现快速发展的态势。2019 年，直播电商进入“万物皆可播”的发展元年；2020 年，“宅经济”的崛起再次为直播电商提供了成长机会；2022 年，直播电商热度依旧居高不下，几乎可以称为电商行业最受关注的商业模式。

“万物皆可云，人人做主播”，直播电商一方面为消费者带来了新奇、生动、便利的购物模式，为企业带来了“双重身份”的更大经济效益，但同时也存在很多法律风险。

通过学习本单元内容，你将达到以下学习目标：

【知识目标】

1. 熟悉直播电商中的主体及各自责任；
2. 熟悉网红带货中的法律关系及各主体权利和责任、义务；
3. 认识短视频主和直播主播的法律角色及各主体权利和责任、义务；
4. 熟悉直播电商行业监管及直播电商平台的社会责任。

【能力目标】

1. 能够分析网红带货过程中的法律关系，有效维护自身权益；
2. 能够正确分析短视频主和直播主播的法律角色；
3. 能够理解直播电商行业监管要求及分析直播电商平台社会责任。

【素养目标】

1. 培养应用法律关系分析法正确分析直播电商法律关系的意识；
2. 树立积极健康、诚信守法的直播电商经营意识。

你需要完成能力训练任务：结合现实案例，讨论直播电商的发展前景，并就直播电商发展中存在的问题和乱象谈谈规制措施；认真完成实训任务，加深对本单元知识的理解。

本单元内容学习建议学时：6～9 学时。

导入案例

上海首例“网红主播直播带货”销售假冒注册商标商品案被破获

2020 年 8 月 28 日下午，杭州某服装公司的直播间内，女主播廖某正在对着镜头试穿各类女装，数以万计的粉丝正在围观这场带货直播。

意外的是，就在廖某刚换上一件衣服准备摆姿势时，镜头里突然走进来一群便衣警察，将一脸错愕的廖某带出画面，直播戛然而止！

这不是“真人秀”，而是一场真实的抓捕行动！

就在这一天，上海警方经过两个多月的侦查，成功破获上海首例“网红主播直播带货”销售假冒注册商标商品案，在浙江多地抓获售假犯罪团伙5个，查处窝点8处，当场缴获假冒奢侈品牌的箱包、服饰等各类商品3 000余件，抓获正在直播带货的27岁女网红廖某等犯罪嫌疑人50余名。

经调查，廖某成为网红后，备受商家青睐，每天直播10个小时以上，日均收入可达3万～4万元。随着廖某人气高涨，一些“特殊”商品也逐渐出现在她的直播中。这些商品有着某些奢侈品的专有设计和图案标识，在直播过程中，廖某用一些具有极强指向性的奢侈品品牌或款式的代号进行介绍。这些商品的售价是正品店内几十甚至几百分之一，显然是挂着奢侈品标签的假货。

为逃避打击，直播结束后，廖某的直播团队会删除所有涉及假冒产品的购买链接、回看视频等。廖某作为主播，只是售假环节中的一环。与廖某合作的上百个商家中，涉嫌销售假冒奢侈品的竟有近30家。

警方表示，今年以来，上海警方围绕主播实名、直播内容和直播行为等强化规范管理。目前，已累计注销未实名认证主播4 200余人，封禁违规主播账号8 800余个。下一步上海警方将持续开展网络直播平台安全检查，对未落实网络安全管理制度的企业进行约谈查处和督促整改，同时，严厉打击网络直播中的违法犯罪活动，构建良好的网络直播生态。

模块一

直播电商概述

我国直播电商发展历史最早可以追溯到2016年。2016年直播电商伴随直播风口应运而生，诞生初衷为试图打通“直播＋内容＋电商”，提高用户黏性（即用户平台停留时间），将流量变现。我国直播电商行业快速发展，市场表现优秀。第一阶段：直播平台应运而生，2016年为直播元年，这一年里我国提供互联网直播平台服务的企业有200多家，直播市场总量超过了250亿元。第二阶段：2017年为行业分化并向精细化方向发展的阶段，这一年国内直播电商市场交易规模为196.4亿元，市场初具规模。第三阶段：行业开始向产业链的上下游进行资源整合。2018年快手电商和抖音直播纷纷上线，主播崛起。2019年淘宝直播间用户达4亿，年交易额破亿元的主播有117位，直播间商品超过4 000万个，参与商家数量同比增加268%，整年成交额突破2 000亿元。第四阶段：2020年直播电商快速发展，不同直播电商模式逐渐分化，有头部主播年带货超200亿元、300亿元。第五阶段：直播电商作为一种重要业态，相关部门高度重视，出台一系列扶持政策和监管规范政策。2021年头部主播流量转移到腰部主播和企业自播，同时直播电商市场交易规模达 23 615.1 亿元，从 2017 年开始仅用了 4 年时间就完成万亿元增长。2022 年 4 月，《国务院办公厅关于进一步释放消费潜力促进消费持续恢复的意见》，提出要有序引导网络直播等规范发展。

一、直播电商的主流方式

案例 11-1

就在 2020 年“双 11”后不久，被称为“快手一哥”的头部主播辛某在带货中出现“翻车”。辛某在直播期间售卖的一款“小金碗碗装燕窝冰糖即食燕窝”被消费者质疑是“假货”。

随后，一位职业打假人发布的一份检测报告显示，这款燕窝蔗糖含量为 4.8%，碳水化合物为 5%，唾液酸含量为万分之一点四，且不含蛋白质和氨基酸，即辛某所售卖的不是燕窝，而是风味饮料，辛某及“糖水燕窝”被推上舆论高峰。风味饮料属于不符合食品安全标准的食品，消费者可要求退一赔十。若进价 4.2 元，忽悠消费者说赔钱卖、贴钱卖便属于欺诈行为。

辛某积极回应，称“该商品的供货商为广州融昱贸易公司，本公司不涉及任何采购销售行为，减去相关平台费用后，公司获得 12.6%的推广佣金”。但网友均认为这是辛某方在“甩锅”。

随着事件持续发酵，有网友认为，燕窝本就是“智商税”，在哪儿买都一样；也有消费者表示，辛某直播间应与商家一起承担责任。

11 月 27 日，辛某再次回应，召回直播间销售的全部该品牌燕窝产品、承担退一赔三责任，先解决问题。

请分析：

在直播间买到假货，谁该为此“埋单”？

作为“电商+”的新组合，直播电商在兴起发展的过程中逐渐形成三种主流方式：电商平台自建直播、直播平台直连电商平台、直播平台自建电商。

（一）电商平台自建直播

2016 年起，头部电商平台纷纷在内部自建直播板块，引流量网红、品牌代言人等主播人员入驻，推动其与平台内经营者合作。消费者进入电商平台直播板块观看直播，点击直播匹配的商品链接进入对应的平台内商家交易界面进行购买，形成一个“电商→直播→购买”的平台内经营闭环，运营模式较为成熟。

（二）直播平台直连电商平台

随着近两年短视频、直播等新网络视听节目充实着人们的生活，一批专业的直播平台快速崛起，成为电商平台合作宣传的新阵地。直播平台引入企业账户，与头部电商平台合作，开通企业账户跳转链接，在直播平台观看商品直播时，可点击链接直接进入第三方电商平台中该商品的购买界面，形成“直播-电商”的平台跨界合作模式，其本质上是一种新的商业合作模式，其实质的法律责任主体并未发生根本改变。在直连模式下，直播平台和电商平台按照各自运营的范围，承担互联网直播服务责任和电商责任，“各司其职，各担其责”。

（三）直播平台自建电商

随着合作升级，直播平台日渐发现自身流量优势，寻求自建“直播商城”。消费者进入直播平台观看直播，点击直播界面中的购买图标，无须跳转第三方电商平台链接，即可进入直播平台内入驻商家销售界面购买商品，形成一个“直播→电商→购买”的平台内经营闭环。其形成较晚，仍处于初探期，电商规则制度尚在不断完善之中。

除了上述三种主流模式外，2020 年初，微信小程序直播组件开启公测，凭借通信社交软件的用户黏性及更强的流量优势，再加上软件技术支持，将已注册的企业小程序营销推向新高，引导出一种新模式。

二、直播电商平台

直播电商同时涉及“直播”和“电商”两条线的监管，除《电商法》及相关规定，我国互联网信息办公室、广电总局、工信部等不同条线主管部门，也通过出台系列规定，对直播电商平台的责任进行了明确。

（一）完备许可和备案资质

直播电商平台应当向省、自治区、直辖市电信管理机构或者国务院信息产业主管部门申请办理互联网信息服务《增值电信业务经营许可证》；如直播内容涉及食品、医疗保健、药品和医疗器械等特殊行业的互联网信息服务，还须经由主管部门审核同意，如药品电商需要取得《互联网药品信息服务资格证书》。

根据国家广播电视总局《关于加强“双 11”期间网络视听电子商务直播节目和广告节目管理的通知》（广电办发〔2019〕275 号，2019 年 10 月），网络视听电子商务直播节目和广告节目属于网络视听节目服务的重要组成部分，须取得相关项目的《信息网络传播视听节目许可证》。

另外，依据国家网信办《关于加强网络直播服务管理工作的通知》（2018 年 8 月），直播平台应严格按照许可范围开展直播业务，并于直播服务上线 30 日内按照有关规定到属地公安机关履行公安备案手续。

（二）对用户及直播发布者的身份及信用情况管理审核

直播电商平台应落实用户实名制度，进行基于移动电话号码等方式的真实身份信息认证；对直播发布者进行基于身份证件、营业执照等的认证登记并进行审核，向所在地省、自治区、直辖市网信办分类备案。

与此同时，直播电商平台还需要建立直播发布者信用等级管理体系：提供与信用等级挂钩的管理和服务；建立黑名单管理制度，对纳入黑名单的用户以及直播发布者禁止重新注册账号，并及时向所在地省、自治区、直辖市互联网信息办公室报告。

（三）平台信息公示义务

直播电商平台要关注自身以及对平台内商家的亮照、亮证经营的平台内监管，明确法定公示内容。除营业执照和行政许可外，还须特别关注首页公示平台服务协议和交易规则及后续修改说明；设置专门区域，公示平台对违法违规经营者的处罚处理、用户信息查询/更正/删除/注销程序、知识产权侵权通知/声明/处理结果、争议解决规则、信用评价规则等内容。

（四）对直播内容的监督和审查义务

直播电商平台应根据互联网直播的内容类别、用户规模等实施分级分类管理，对图文、视频、音频等直播内容加注或播报平台标识信息；应建立信息过滤、投诉举报处理等相关制度；应配备相应管理人员加强对评论、弹幕等直播互动环节的实时管理，具备即时阻断互联网直播的技术能力，在直播过程中遇到不符合法律法规内容时实现切换；对所直播的节目进行录制，并留存至少 60 日，以备管理部门核查；对于违法违规直播的信息内容应及时消除，并对相关用户或直播发布者采取警示、暂停发布、关闭账号等处置措施，保存记录并向有关主管部门报告。

（五）完善协议公约与用户隐私保护

直播电商平台应当与用户以及直播发布者签订服务协议，明确双方权利义务，要求其承诺遵守法律法规和平台公约。保护用户及直播发布者的身份信息和隐私，不得泄露、篡改、毁损，不得出售或者非法向他人提供。

（六）产品监督和消费者保护责任

鉴于电商通过直播销售的商品品类多集中于食品、化妆品、日用品、母婴保健用品等与消费者生命健康密切相关的消费品，平台在履行责任的过程中要特别关注对经营者资质、商品资质的审核，必要的情况下应设专业人员进行资质审核工作，建立健全对提供假冒伪劣商品经营者的处罚及公示制度，充分学习头部电商平台的管理经验，设立内部监管措施，保障核验监管制度优先，避免监管不力带来的合规风险。

在案例 11－1 中，从表面上看，直播带货的“车”是被打假人给推翻的，但本质上，这“车”是翻在直播团队自己手里。面对直播带货，有关部门非常重视，相关监管政策密集出台。2020 年 11 月 6 日，国家市场监管总局发布《关于加强网络直播营销活动监管的指导意见》；11 月 23 日，国家广播电视总局发布《关于加强网络秀场直播和电商直播管理的通知》；2021 年 2 月 9 日，国家网信办等 7 部门印发《关于加强网络直播规范管理工作的指导意见》（国信办发文〔2021〕3 号）等。

国家市场监管总局着重在压实主体责任上发力，对网络平台、商品经营者、网络直播者的责任进行梳理，分层次进行责任划分。明确直播平台跳转至传统电商平台的直播带货，直播平台履行平台经营者的义务，承担平台经营者责任；网络平台提供付费导流服务，构成商业广告的，应履行广告发布者或广告经营者的义务，并承担相应责任；明确网络直播者应按照《反不正当竞争法》履行经营者的义务，构成商业广告的，还应根据情形履行广告发布者、广告经营者或广告代言人的责任和义务。

三、直播电商平台内经营者的责任

案例 11-2

2018 年 8 月 19 日，刘某使用淘宝会员名在夜雪公司天猫旗舰店直播间购买商品“天然和田玉吊坠籽料原石”饰品 1 件，支付货款 5 400 元及邮费 78 元。案涉商品直播时经特别说明为籽料且假一赔十。第三天，商品被签收。刘某与夜雪公司在阿里旺旺聊天中提出对案涉商品非为和田玉籽料拟进行鉴定，告知夜雪公司如果鉴定为籽料，证书会明确标注“子玉”，否则不予标注，询问夜雪公司是否认可鉴定机构复检，得到肯定答复，并再次确认支持假一赔十。8 月 25 日，刘某询问夜雪公司商品超过七天是否可以退货退款。夜雪公司客服说明产品存在质量问题可以退货。8 月 28 日，刘某申请全额退款，被告知由于超过 24 小时鉴赏期，退款要扣除代购费和邮费，并再次确认案涉商品为籽料、支持案涉商品复检。刘某表示不能接受扣除代购费和邮费。9 月 18 日，刘某告知夜雪公司案涉商品经复检不是籽料，并且出示鉴定证书。夜雪公司要求刘某退回商品进行二次鉴定。9 月 20 日，刘某以“复检后非籽料”、假冒品牌为由发起退货退款申请，遭到拒绝。夜雪公司在售后提交的新疆权威鉴定机构鉴定证书中，鉴定结果为和田玉，未标明是否为籽料。经与该鉴定机构核实，该鉴定机构可以对是否为籽料进行鉴定，证书没有备注籽料应未进行籽料鉴定。同等情况下，籽料比山料等价值高，价格差距较大。刘某诉请夜雪公司退还货款 5 478 元并给付十倍赔偿金 54 780 元。

请分析：

1. 夜雪公司应否接受对案涉商品直播时经特别说明为籽料、且假一赔十的约束？
2. 夜雪公司在售后提交的鉴定结果为和田玉，但未标明是否为籽料的鉴定证书，而刘某所提交的鉴定证书显示“非籽料”。夜雪公司应否承担“假一赔十”的责任？

根据《互联网直播服务管理规定》，使用互联网直播平台，以视频、音频、图文等形式向公众持续发布实时信息的，是互联网直播发布者。入驻直播平台的商家属于互联网直播发布者，应重点注意以下责任：

（一）实名登记、亮照经营

作为入驻直播电商平台的电商经营者，首先应当对身份信息的真实性负责，积极配合平台登记核验。另外应当有亮照、亮证经营的自主性，除依平台要求在企业用户主页公示经营信息外，必要时也应考虑在直播界面动态公示经营信息；同时也应注意反向监督直播平台是否已将自己上传的营业执照和许可证件依法在经营界面显著位置完整公示，保存好上传成功的截图及时间，以备市场监管部门调查时提供支持证据；如遇严查，应积极配合调查、主动及时改正，同时将处理结果反馈平台，加强相互监督。

（二）对直播内容合法性、真实性承担责任

直播电商平台上的商家不得利用互联网直播服务从事危害国家安全、破坏社会稳定、扰乱社会秩序、侵犯他人合法权益、传播淫秽色情等法律法规禁止的活动，不得利用互联网直播服务制作、复制、发布、传播法律法规禁止的信息内容，未经许可，不得开办新闻、综艺、体育、访谈、评论等各类视听节目，不得在互联网上使用“电视台”“广播电台”“电台”“TV”等广播电视专有名称开展业务。

对于通过直播活动中所聘请或邀请的主持人、嘉宾、直播对象，应当符合以下要求：（1）守法爱国，无违法犯罪行为；（2）具有良好的公众口碑和社会形象，无丑闻劣迹；（3）不得有违背公序良俗的着装、发型、语言、动作，不得以低俗或不宜面向公众公开讨论的内容制造话题。

同时，直播内容应当符合广告监管以及消费者保护的相关规定，避免涉及违法广告，或者涉及欺骗、误导消费者的虚假宣传行为，充分保障消费者对商品的知情权和选择权。

（三）诚信经营责任

网剑行动强调严厉打击不正当竞争行为，打击网络虚假宣传、刷单炒信、违规促销、违法搭售等行为。平台内经营者在利用直播方式经营时，也应注意对直播播放量、点赞量、通过直播达成的订单量等影响消费者购买选择的流量数据的真实性负责；当上述数据出现异常时，平台内经营者应及时向平台反馈处理并向消费者说明异常及处理情况。此外，平台内经营者应善用平台内投诉举报制度维护自身合法权益，对不正当竞争行为进行有效举报。

若因不正当竞争行为而面临市场监管部门行政处罚调查，平台内经营者应积极配合，及时改正违法行为并采取一切合理有效措施主动消除影响，如下架商品、公开道歉等。

直播电商是以直播的形式开展电商活动，直播过程中的说明构成对受众的要约，而受众观看过直播后的下单行为则构成承诺。商家应该对直播中的说明承担法律责任。如果实际销售活动中所销售的商品或提供的服务与直播说明不符，应承担违约责任。

在案例 11－2 中，夜雪公司在直播销售过程中描述商品材质为和田玉籽料并承诺“假一赔十”，系关于商品质量及违约责任的要约，刘某购买商品，系承诺。双方订立网络购物合同意思表示真实，合同内容合法有效。刘某已履行付款义务，夜雪公司应履行交付符合质量约定商品的义务。经双方当事人共同确定的权威鉴定机构检测，案涉商品并非和田玉籽料，夜雪公司应当承担违约责任。夜雪公司销售时描述商品材质为籽料而交付的商品并非籽料，刘某要求退还货款及运费金额的诉讼请求具有事实和法律依据。“假”意指虚假描述，既包含以假充真，也包含以次充好。案涉商品虽为和田玉，但不属于和田玉中品质较高、价值较高的籽料，夜雪公司着重描述、刻意渲染案涉商品为籽料，构成以次充好的虚假描述，应当按照假一赔十的承诺承担违约责任。

四、举证责任分配

案例 11－3

深圳某饰品公司与广东某传媒公司签订《直播中国网红基地企业电商直播服务合同》，约定后者为其提供电商直播服务，通过网络直播渠道增加产品销售、拓展销售渠道，并约定了后者产品代销佣金、推广费用及相关义务，并分别于 2018 年 5 月 20 日、6 月 15 日支付 94 000 元（合同总额的 50%）、56 400 元（开播前三天支付 30%），合计 150 400 元。但传媒公司超过半年时间内仅仅安排几次直播，致使其签订合同目的未能实现，应承担违约责任。而传媒公司则称，在饰品公司支付第二笔费用之前，双方必然就开播的时间进行过确认，否则其不可能支付第二笔费用。饰品公司在起诉之前，一直未曾以口头、书面等任何方式催告自己履行直播服务的义务，也未曾要求自己返还任何款项。传媒公司提供后台统计数据，证明其向饰品公司提供了直播服务 104 场，但未能提供直播过程中涉及的涵盖直播方案、脚本、直播数据、直播预告视频、与主播的沟通过程等准备工作的相关证据。

请分析：

直播场数应由哪个公司承担举证责任？为什么？

电商代运营服务合同中，接受服务方意在通过网络直播渠道增加产品销售、拓展销售渠道等，提供服务方则需要利用其专业优势和网络直播渠道辅助接受服务方实现这一目的。在案例 11－3 中，对于接受服务方而言，增加产品销售、拓展销售渠道这两项任务是有机统一的，传媒公司没有依约向饰品公司提供合同中约定的微信、支付宝小程序商城版本等合同服务，导致双方合同目的落空，应承担违约责任。

当事人一方不履行合同义务或者履行合同义务不符合约定的，应当承担继续履行、采取补救措施或者赔偿损失等违约责任。鉴于传媒公司已为饰品公司申请、搭建了互联网销售平台（即网店）并进行直播，综合考虑合同性质、合同已经履行情况及违约过错，可酌情认定饰品公司承担一部分成本。

根据公平原则，对于直播场次、直播内容等，承担举证责任的一方在提供服务方，传媒公司应提供直播过程中涉及的涵盖直播方案、脚本、直播数据、与主播的沟通过程等准备工作的相关证据，并承担举证不能的不利后果。

模块二

网红带货法律实务

MCN（Multi-Channel Network）与 KOL（Key Opinion Leader）之间合作的建立，

有的是 KOL 从单打独斗的个人内容作者，在拥有了一定粉丝、流量后被 MCN 收编；有的则是 MCN 通过高校渠道、星探等方式筛选出色的素人，进行培养、孵化。MCN 的核心价值在于通过其拥有的资源（品牌资源、流量资源、创意资源等）帮助 KOL 进行（优质）内容的持续输出，最终实现流量（稳定商业）变现。在整个链条中，MCN 与 KOL 共同构成了内容生产方，通过对接内容需求方（品牌方）、内容分发渠道（平台方），以及服务支持方，共同构成了内容产业链条。

一、MCN 与 KOL 之间的法律关系

案例 11-4

某文化传播公司（原告）与冉某（被告）签署《艺人经纪合同》，约定原告作为经纪公司，负责对接业务并收取利润分成；被告作为演艺人员，参与原告安排的演艺活动并收取利润分成；各方分成比例以虎牙直播平台规定为准（扣除平台运营费用后，原、被告按 3/7 分成），并各自在平台提成，合同期限 3 年；原告享有独家代理权，被告未经原告书面同意不得接受第三方的演艺活动邀请，也不得自行开展演艺活动，否则被告须支付 50 万元违约金及原告维权的律师费用。然而，自第二年的某日起，原告发现被告已经没有参与原告安排的演艺活动，并发现被告在某直播平台直播表演，且带走了原来的粉丝人群，故诉请被告支付 50 万元违约金、承担原告维权的律师费用。

请分析：

1. 电子商务经纪合同中经纪人和演艺人员各有什么权利和义务？
2. 本案例中演艺人员应否承担违约责任？

KOL 直译为关键意见领袖，指拥有更多、更准确的产品信息，且为相关群体所接受或信任，并对该群体的购买行为有较大影响力的人，通俗讲就是在各类社交平台拥有大量粉丝的内容创作者、流量主等，尤其是以网红大 V 为主的流量明星。

通常，主播需要与经纪公司即 MCN 机构签订经纪合同，通过经纪公司的培训或者包装，然后在固定的时间段在某网络直播平台的直播房间（网络虚拟空间）进行歌唱等表演直播，以各种方式吸引在线观众，通过在线观众打赏的方式获得报酬。经纪公司根据其主播所获得报酬，进行一定比例的分配。实践中，MCN 与 KOL 间的经纪合同，包括“演艺经纪合同”“委托协议”“独家合作协议”“主播入会协议”“主播劳务协议”“直播收益分成协议”等，甚至有的 MCN 机构与 KOL 之间并没有协议，仅凭微信往来对双方权利义务进行约定。

主播获益的方式主要有：一是基本薪资＋时薪。经纪公司每月会支付较少的金额作为主播的基础收益，然后直播平台会根据主播每小时的直播人气支付薪水。二是基本薪资＋礼物。在基本薪资之外，主播根据在线观众花钱所赠送的礼物与经纪公司分成。三是衍生副业，如接广告、在直播平台进行电商销售。

(一) MC 含机构与 KOL 之间的委托关系辨析

从 MCN 机构与 KOL 的通常约定内容来看，与明星艺人和经纪公司签署的演艺经纪合同类似，MCN 机构作为 KOL 的孵化器，从 KOL 的挖掘、培养，到成名后的运营管理、资源对接，负责 KOL 从诞生到高光时刻的方方面面，双方之间的协议内容可能包括了委托、中介、劳动、劳务等多重法律关系，不同的法律关系会产生不同的权利义务，由此对诸如音视频作品等知识产权归属和使用权限等各类问题的认定也会因双方的法律关系属性不同而有所不同。

一些 MCN 机构与 KOL 之间的合作关系可能会较为松散，在主播明确表示仅就特定事项的代理委托授权予平台的情况下，主播和平台之间可能被认定为构成委托关系。在委托关系下，KOL 拥有较大的解除该合同的自由，从而给 MCN 的正常运行带来极大的不稳定因素。依据《民法典》第 933 条规定，委托人或者受委托人可以随时解除合同。

(二) MC 含机构与 KOL 之间的劳动关系辨析

一般情况下，主播经纪合同并不具有劳动关系的特征。在《主播经纪合同》中，双方就艺人开展演艺活动、经纪公司提供培训及相关经纪服务等民事活动的权利义务进行约定，并不属于劳动权利和义务的约定，不符合劳动关系的特征。而且，劳动合同的核心在于劳动者受到用人单位的管理约束。劳动关系指的是双方当事人通过协商一致由乙方提供劳动，用人单位一方给付报酬所形成的具有经济和人身从属性的权利义务关系。但是，主播经纪合同只是双方就开展网络演艺直播活动的权利义务进行约定，双方根据所获得收益依据双方约定的比例进行分配，并未达成订立劳动合同的合意。

直播商业模式的迅速发展，进入了日常生活的各个领域，一些 KOL 或者直播者可能有固定的工作单位，而以直播作为兼职或者副业。一方面，劳动者从事兼职直播势必要占用个人精力，有可能出现精力分散、不能全心全意投入本职工作的情况；另一方面，直播有可能对用人单位来说产生名誉上或者形象上的潜在影响。这些情况显然都是用人单位需要避免的情形。

KOL 的主要收入可能来自直播活动，KOL 付出自己的劳动进行直播、MCN 机构将直播收入按照约定的方式分配给 KOL，乍看之下，这似乎符合《劳动法》层面规定的按劳分配的收入分配模式，但这并不意味着 KOL 与 MCN 机构之间成立劳动关系。是否构成劳动关系不能单纯地从劳动所得的角度去分析，还要满足劳动关系要素的认定标准。在司法实践中，裁判机构一般会结合 KOL 与 MCN 机构是否具备适格的劳动者和用人单位资格、KOL 是否实际接受 MCN 机构的劳动用工管理、KOL 提供的劳动是否是 MCN 机构业务的组成部分、MCN 机构是否向 KOL 支付报酬和缴纳社会保险等因素综合予以认定。

如果 MCN 机构对 KOL 的出勤、培训、薪酬等方面管理做出了较为细致的制度安排，MCN 机构已经构成了对 KOL 的劳动用工管理，双方存在劳动用工管理与从属关系的，则 MCN 机构与 KOL 之间也可能被认定为存在劳动关系。

(三) 主播经纪合同存在委托、中介等多种权利义务关系

主播或者演艺经纪合同不仅涉及经纪公司代理艺人进行艺术培训、包装宣传，还涉

及代理艺人对外的所有商业活动的沟通安排，还存在一定的内部管理及生活上的约束，具有较强的行业特殊性，属于综合性合同。

在案例 11-4 中，被告辩称，合同签订后，原告并没有为被告的演艺工作提供什么帮助，更没有投入大量人力、物力和财力，未提供保底佣金。被告已经为原告赚取了 10 多万元的收益。实际合作一年多来，原告仅安排了网络平台主播，对被告演艺提升没有任何计划和安排。而如果仅仅从事网络平台主播工作，被告完全可以凭借一台电脑、一个麦克风在自家卧室就能完成，没有任何必要与原告签订经纪合同并支付给原告 30%的收益分成，因此原告对被告构成欺诈。

合同在没有提供被告任何佣金保底保障的同时却约定被告须承担高达 50 万元的违约责任，有失公平，且没有明确约定原告的违约责任，从而违约金是否过高也成为主要争议焦点。

根据双方协议中的违约赔偿条款及相关法律规定，协议中预设的违约金条款应以弥补因违约所造成的实际损失为主要功能，包括合同履行后可以获得的利益，约定的违约金过分高于造成的损失的，当事人可以请求人民法院或者仲裁机构予以适当减少。就本案而言，被告违反合同约定，不在原告指定的直播平台进行直播，已经构成根本违约，故原告有权解除合同并向被告主张约定赔偿违约金。但是，鉴于原告并未举证证明实际损失的具体金额，协议约定的违约金过高且与律师费用重叠，应予以调整。根据原、被告和直播平台的分成比例，被告自认在合作期间为原告创造了 10 余万元的收入，被告自认不在原告指定直播平台直播后的直播收入每月 1 万元左右，与原来的收入接近。法院经综合分析，以原告的合理实际损失为基础，兼顾合同的未履行期限、被告违约的责任、被告的经济价值、收益能力、此前直播收益情况、此后相对合理收益预期、直播行业可能存在的经营风险、主播直播行为可能存在的风险、原告对合同继续履行的合理预期利益及取得利益需要支出的必要的经济成本等综合因素，根据公平原则和诚实信用原则予以衡量，酌定判处违约金 17 万元。

尽管司法实务中的主流观点认为 MCN 机构与 KOL 之间签署的合同属于具有综合性质的复合型合同，不宜简单认定为构成委托合同或劳动合同，但在具体个案中，MCN 机构与 KOL 之间的协议关系性质仍然取决于双方当事人之间的具体约定以及实际履行情况。无论对于 MCN 机构还是对于 KOL 来说，在签订合同时应当更加关注合同内容而不是合同名称。MCN 机构与 KOL 双方在拟定合同条款时，必须清楚每个条款的含义、模拟每个条款运行的现实场景，并且推测己方需要在此场景下有哪些控制权、决定权。

二、主播的履约义务

案例 11-5

2018 年 4 月 24 日，唯爱公司（甲方，原告）与在校女大学生周女士（乙方，被告）签署艺人经纪合同，乙方成为甲方签约主播，将其线上演出权独家授权甲方，将甲方旗下虎牙直播平台作为乙方唯一的网游直播及解说平台；合作期限为二年，甲方每月支付乙方保底薪资 8 000 元。若乙方未经甲方同意，擅自在非甲方指定平台直播、表演，或擅自接受第三方邀请，组织从事直播、代言、表演等商业活动，或自行安排非网络商业演出等，应向甲方赔偿 50 万元或赔偿自签约日起乙方直播总流水收益的 5 倍（以较高者为准）作为违约金，且甲方享有合同解除权。乙方违反独家排他权，以任何形式和第三方进行合作，应立即停止，并应赔偿其和第三方约定收益金额的双倍。

周女士加入原告的直播公会“唯爱传媒”后，从初始的魅力值仅 14、人气仅 901，发展到 2020 年 2 月 27 日的魅力值 24 096、人气 8.7 万，粉丝 2.4 万。

2019 年 3 月 21 日，周女士未经原告许可，与其他直播公会合作进行演艺直播，并在 2019 年 3 月—7 月期间由其朋友在抖音发布进行网络演艺活动的短视频，自 2019 年 3 月开始未按约完成直播义务，甚至断播（周女士认为，系因身体疾病及在校大学生学业繁重，并提交上海某医院病假证明单、某高校音乐学院在校生学籍证明、重修课程汇总表等）。

经查明，周女士直播收益为 132 多万元，周女士个人获取礼物类收益 50 多万元，按照合同约定的“自签约日起乙方直播总流水收益的 5 倍作为违约金”计算，违约金为 254 多万元。

请分析：

1. 本案中，周女士的行为是否构成违约？
2. 周女士以其身体疾病、学业繁重为由，主张自己并未违约，能否成立？
3. 周女士应否按照合同约定的“自签约日起乙方直播总流水收益的 5 倍作为违约金”承担违约责任？

演艺类经纪合同如系双方真实意思表示，未违反法律法规强制性规定，合法有效，则双方均应切实履行合同义务。在案例 11－5 中，周女士违反合同约定，在合同有效期内，未经原告同意，擅自与第三方合作进行直播演艺活动，或发布短视频进行网络演艺活动，违反了合同条款“被告将线上演出权独家授权予原告，被告的线上演出活动由甲方负责运作”及“未经原告同意，被告不得在本合同项下指定平台外的任何第三方互联网平台上进行演艺直播及解说分享”；此外，周女士自 2019 年 3 月开始，长期怠于履行合同约定的直播义务，违反了合同条款“被告须按照本合同约定每月在约定平台直播播出 26 天及以上，每日时长不得低于 4 小时；被告必须按质按量完成原告安排的任务，每个月完成 400 魅力值”，其行为构成违约，应当承担违约责任。对于周女士在某平台直播的时长及是否取得收益，并不影响其违约的事实；具有周女士形象视频的对外公开发布，应视为对双方签署合同的违反；周女士签署合同时是完全民事行为能力人，应当对自己的行为负责，应视为已经充分权衡过学业对自己履约的影响，所以构不成对违约责任的抗辩理由。

模块三

短视频主和直播主播的法律角色

通过短视频广告和直播带货推荐商品或者服务并快速转化为购买行为，涌现出大批新生直播主播，一些知名网红、名人也转型加入带货直播行业。同时，也出现了各种“直播翻车”事件，让广大网友诟病，在社会上引起各方探讨直播主播在带货时应该承担的责任。这需要分析短视频主和直播主播的法律角色。

一、直播带货中主播的法律地位和责任

叠加明星＋主播的双重流量效应加大了电商直播的吸金力度，网红主播在直播间魔性地呐喊“所有人，买它”，成为2019年电商营销的新标配。“领这个优惠券下单，简直相当于不要钱！所有女生，限时秒杀马上开始！”“太好看了吧，买它……”主播直播带货，在给消费者带来丰富消费体验、促进商家产品销售的同时，也逐渐暴露出许多危害消费者购物安全的问题，如“虚假宣传”“兜售三无产品”“维权无门”等。那么，线上交易过程中各方主体该承担怎样的义务和责任呢？

案例 11－6

知名网红模特刘某，以靓丽的造型在直播间吸引了不少粉丝。刘某决定好好利用“网红效应”的巨大能量，实现网红新的价值。于是她购买了搅拌釜、粉碎机等设备，利用网上购买的百炎净、氯霉素等原料，在居住的小区内自行制作、销售号称有祛痘、美白奇效的“宝贝万能膏”，销售金额近30万元。多名粉丝购买使用之后，面部出现不同程度的毁损。接到举报后，公安机关抓获刘某并将之刑拘。基于消费者因使用刘某生产、销售的伪劣产品引发皮肤症状的损害事实，刘某又被消费者主张退还货款、十倍赔偿提起民事诉讼。

请分析：

1. 如何理解刘某在网络直播销售商品过程中的法律主体身份？
2. 在本案例中，刘某对消费者应承担什么样的责任？刘某应承担何种刑事责任？

短视频主和直播主播的法律身份问题一直是监管执法机构、平台、MCN机构、短视频主和直播主播争论的核心问题。

（一）直播带货中主播的法律地位

“直播带货”是指主播自主或受品牌方的委托，通过视频、音频、图文等直播的方式，运用语言、展示、试用等形式向消费者推荐商品或者服务，并提供购买链接，促成

交易的达成。主要包括两种方式：一种是主播自主带货，即通过直播销售自己的商品或服务；一种是受其他品牌方的委托带货，属于商业广告行为。两种方式下，主播所处的法律地位不同，因此也会受到不同法律规范的约束。

在自主带货方式中，主播本身就是网络平台注册的网店店主，运营自营网店，直播带货时推荐的商品来源于其自营的网店，故此时主播属于《电商法》平台内经营者。

而在受托带货中，主播是通过接受不同商品的品牌方委托，抽取一定比例的佣金，对商品外观、性能、效用等直播介绍，并展示体验效果，或以自身强大的影响力、知名度进行推荐和证明，这种情况下，主播则符合广告主或广告代言人的特征。

主播的概念类似于一般理解的“代言人”，但两者之间还存在一定区别。一般意义上的“代言人”是指商家利用有一定社会影响地位的知名人士对自己的产品做推销推荐，最终达到提高销量、获得更大效益的目的。商家在和他们签订合同时，一般都有一定的时效性和排他性。曾有报道说，某明星一直是A手机的代言人，但是某次发微博显示的是B手机，事发过后，这位明星立刻表示上条微博是助理代发，并向品牌方道歉。又比如，某明星在一个综艺节目被主持人要求报出某酒赞助商名字，他为难地表示，已接了其他酒的代言，不能报。

明星之所以在代言品牌后如此谨慎，是因为他们签订的品牌代言合同都有非常细致的违约条款，其中对于对市场同类竞品的屏蔽是商家首要考虑并要求代言人必须做到的，否则，该代言人可能要面临支付高额的违约金。但是，主播并没有这样的要求。

（二）网红带货的多重角色

网红带货是一种网红受托带货模式，其本质是一种商业广告活动，商家向网红主播支付服务费用，让主播以自己的名义或者形象，通过其影响力向消费者推荐商品、服务。直播卖货的网红主播符合《广告法》中对“广告代言人”的定义。网红主播是通过接受不同商品的品牌方委托，抽取一定比例的佣金，对商品外观、性能、效用等直播介绍，并展示体验效果，或以自身强大的影响力、知名度进行推荐和证明。根据与商品品牌方合作模式的不同，带货主播可能成为广告经营者或者代言人。当然，直播带货只是互联网下新形式的广告宣传，但只要是广告宣传，就不得含有虚假或者引人误解的内容，不得欺骗、误导消费者。而广告代言人在广告中对商品、服务作推荐、证明，应当依据事实，符合法律、行政法规规定，不得为其未使用过的商品或者未接受过的服务做推荐、证明。

对于带货的网络主播来说，根据其推荐商品或服务的来源和性质不同会产生不同的身份。部分主播本身就是网络平台注册的网店店主，运营跟昵称相关联的自营网店，直播带货时推荐的部分商品来源于其自营的网店。此时的主播不仅是广告主，而且是与消费者构成交易关系的经营者，也是“通过互联网等信息网络从事销售商品或者提供服务”的电子商务经营的主体，应当承担广告主、广告发布者和销售者的法律义务，须对广告的真实性负责，并保证商品质量。

但应认识到，主播带货不应仅仅是带货那么简单，其理当对消费者权益负责。

在案例11－6中，刘某作为一名美妆网红，就因为销售自制化妆品获刑，还要十倍赔偿。刘某以不合格产品冒充合格产品，其行为触犯《刑法》，构成生产、销售伪劣产品罪。基于消费者因使用刘某生产、销售的伪劣产品引发皮肤症状的损害事实，消费者可以主张十倍赔偿。刘某不因生产、销售行为已被处以刑事处罚而免除向消费者承担民事惩罚性赔偿的责任。

在网红带货模式中，带货主播们分为广告代言人与生产者、销售者不同的角色。在法律上，广告代言人与生产者、销售者所要履行的义务和承担的法律责任有所不同。

关于广告代言人的赔偿责任分为两方面：

一是关系消费者生命健康的商品或者服务的虚假广告，造成消费者损害的，广告代言人应当与广告主承担连带责任；

二是前款规定以外的商品或者服务的虚假广告，造成消费者损害的，广告代言人明知或者应知广告虚假仍设计、制作、代理、发布或者作推荐、证明的，应当与广告主承担连带责任。

近年来不断爆出网红、明星直播带货翻车的事件，《互联网广告管理办法》对于直播各个环节主体责任和义务进行明确。商品销售者或者服务提供者通过互联网直播方式推销商品或者服务，构成商业广告的，应当依法承担广告主的责任和义务。直播间运营者接受委托提供广告设计、制作、代理、发布服务的，应当依法承担广告经营者、广告发布者的责任和义务。直播营销人员接受委托提供广告设计、制作、代理、发布服务的，应当依法承担广告经营者、广告发布者的责任和义务。直播营销人员以自己的名义或者形象对商品、服务做推荐、证明，构成广告代言的，应当依法承担广告代言人的责任和义务。

广告经营主体是互联网广告活动的主要参与者。规范广告经营主体在内的各类广告参与主体行为，是规范互联网广告市场秩序的重要基础。带货明星及主播将为直播间售卖的商品承担更大责任。

自产自销和囤货自销的带货主播们，除了应当遵守《广告法》对广告代言人的规定外，还要遵守《消费者权益保护法》《产品质量法》《食品安全法》等法律中关于生产者、销售者的有关规定，主要是安全保障义务和告知义务。

带货主播们一旦带货“翻车”，就要承担更多的民事赔偿责任（如欺诈消费者的“三倍赔偿责任”，违反食品安全标准的“十倍赔偿责任”）、市场监管的行政处罚乃至刑事法律责任。

（三）主播应对自己所推荐的商品质量承担相应法律责任

2020 年 3 月 31 日，中国消费者协会调查发现，从目前直播电商销售商品过程中出现的问题性质来看，主播夸大和虚假宣传、有不能说明商品特性的链接在直播间售卖，这两点被提到的次数比较多。此外，有 37.3%的消费者在直播购物中遇到过消费问题，但是仅有 13.6%的消费者遇到问题后进行投诉，还有 23.7%的消费者遇到问题并没有投诉。

主播显然不能只是带货而已，而应对自己所推荐的商品质量承担相应法律责任。

编造虚假信息可构成不正当竞争：抖音网红陈某为了引起更多粉丝的关注，利用“牛肉哥”账号发布对牛排和红酒的各类点评视频，拍摄的上海某公司合成牛排的短视频中使用“想让我家孩子得老年痴呆症吗”“要把儿童害死的牛排”等用语，迅速引起百万粉丝围观和热议。后经过监管部门认定，该网红因与对手公司存在同类产品竞争关系，在没有任何证据的情形下，利用短视频编造、传播虚假或者误导性信息，损害了竞争对手的商业信誉，构成了不正当竞争行为，被责令停止违法行为、消除影响，并罚款10万元。

与案例11－6相似，2016年某传媒有限公司演员赵某，在未取得药品生产、销售许可的情况下，通过某直播平台宣传、出售自制的“纯中药减肥胶囊”，获利巨大，并造成多名使用者出现不良反应。2018年12月28日，赵某涉嫌生产、销售假药罪被判刑。

（四）直播平台的法律责任

直播带货的另一个受益方是第三方平台，如抖音、快手等平台，这些平台靠网红直播人气的飙升和电商带货交易额的增长，吸纳了巨大的流量，在当今流量为王的时代，其平台价值也在急速提升。那么网络平台是否对直播带货行为承担责任呢？

《电商法》第38条和《消费者权益保护法》第44条对此进行了规定，虽然第三方平台并不是交易的直接相对方，但也有义务向消费者披露销售者名称、地址、联系方式等真实情况，尽到审慎的注意义务。否则，如果造成消费者权利的损害，不仅将承担损害赔偿责任，同时还可能面临责令限期改正、罚款或者停业整顿等处罚。

二、短视频主和直播主播的广告代言人身份辨析

案例11－7

2020年3月，话题#穆某某称推荐产品获诺贝尔化妆学奖#登上微博热搜第一，作为拥有千万粉丝的大主播，穆某某在直播中称其推荐的产品D18富勒烯眼部精华获得“诺贝尔化妆学奖”，引来网友质疑。类似的主播“翻车”事件并不罕见，李某某不粘锅“粘锅”、某知名主播意外自爆刷单、某快手主播被质疑直播带货数据造假等。

中国消费者协会公众号对“双11”（2020年10月20日—11月15日）期间相关消费维权情况进行了网络大数据舆情分析，点名了“汪某直播带货疑似造假刷单”“李某某亲历直播带货造假”“李某某直播间‘买完不让换’”几个典型案例，总结明星直播两大问题：

一是流量造假：一方面，观看人数吹牛、销售数据“注水”等“影响力”指标的造假，已经形成一条产业链。而另一方面，恶意刷单、花式踢馆、虚假举报等同业竞争也污染了直播生态。

二是售后服务跟不上：相当一部分只顾着聚流量、扩销量的商家其实并没有相应的售后服务体系；同时，商家、主播之间责任界定不清晰，遇到售后问题时互相“踢皮球”，进而引发消费者围观吐槽。

为此，国家密集出台了一系列针对电商直播、直播营销等的规定和意见，一方面对直播带货加强监管、增强对消费者权益的保护，另一方面也为主播明星、直播间包括直

播平台划分清楚义务责任。

请分析：

名人直播带货的法律角色应如何认定？其法律角色的认定，对直播带货行业发展有何重要意义？

（一）广告代言人的定义和内涵分析

《广告法》第2条对广告代言人进行了定义。广告代言人是指广告主以外的，在广告中以自己的名义或者形象对商品、服务做推荐、证明的自然人、法人或者其他组织。其中强调的是以自己的名义或者形象推荐和证明，关键点有三个：

1. 不包含广告主“自广告”行为

广告是广告主通过一定媒介和形式直接或者间接介绍自己所推销商品或者服务的商业广告活动。“广告主以外”是指非广告主之外具有独立人格的“人”，不包含广告主。如在短视频直播活动中，网络店铺主是自然人，在通过直播卖货的自播广告，他本身是广告主和广告发布者一体的，从而不符合《广告法》定义中的“广告主以外”，所以不能认定该主播为广告代言人。

2. 应选用相关受众所知视角

如果明确个人身份，如我是×××，无论此人是普通人、网红，还是明星，只要这个人以独立人格借助自身的声望、名誉、专业、能力、影响等因素为该广告提升效果，就属于使用自己名义的情形。

如果短视频和直播中主播或者参与人的形象为相关受众所知，则视为使用了“形象”。如果广告中没有标明身份且在该广告相关受众中难以辨别人员身份，这时只是表演而非广告代言。同时，还需要具体分析相关受众。一些短视频主或者直播主播对于普通公众来说并不知名，但是他们在自己粉丝的“网络部落”里被相关受众熟知且有一定的号召力。如快手车咖《二哥评车》中的二哥，和北京交通广播1039交通服务热线主播的林某，虽然都是汽车类主播，但由于受众不同，很有可能就是在两个部落里。在《二哥评车》里出现林某形象，林某只是表演了一个角色，这时就不能认为林某是广告代言人，二哥由于在本粉丝圈层里具有高人气和号召力，其形象的出现会潜在影响消费者的选择，可以被认定为广告代言人。同理，案例11－7中的穆某某亦可被认定为广告代言人。

3. 主观意图的表达

认定短视频主或者直播主播为广告代言人，在语言、动作中是否存在主观推荐和证明的意图表达是关键。回到短视频直播的场景中，经常会有“明星串门”类似的活动，某个明星或者网红在短视频或直播中参与其他短视频主或直播主播的广告活动中，但是该明星只是助阵“人气”，并没有在主观上有推荐、证明、劝诱等意图的表达，只是利用自己的“人气”吸引更多公众的注意，这时不能认为参与直播或者短视频活动的行为是代言行为。如果该明星在参与直播或者短视频活动中穿戴了自己代言的品牌服饰、鞋子、手表等，这时是另外一个广告活动，应该与参与该直播或者短视频广告分开分析，属于同一场景下两个广告活动。该明星通过被委托代言的服饰、鞋子、手表等展示活动时是广告代言人，也会受到《广告法》代言人相关规范的限制。

因此，对于只是通过自身知名度和相关受众所熟知的形象或者声音来吸引相关受众关注没有主观意图表达的情形，并未有推荐、证明等主观意图的表达且没有隐性担保作用，该行为不认定为代言行为。而案例 11－7 中，穆某某存在推荐产品的行为，从而是一种代言行为。

（二）导购与广告代言人的区分

电视购物的导购和短视频及直播带货主播比较相似，但在定义和内涵上存在本质不同。

导购是引导顾客促成购买的过程。导购人员语言中注重对于商品或者服务性能、功能、用途、质量、价格、成分等客观要素的介绍，而不是通过自己使用的感受、体验去证明或者推荐该商品或者服务，导购内容侧重于商品或者服务中客观内容的讲解说明。广告代言人则强调在广告中以自己的名义或者形象对商品、服务做推荐、证明，和导购语言介绍、客观内容本质上存在不同，在认定上不能混淆。

（三）表演者与代言人的区分

广告活动中的表演者是按照导演或者剧本要求，将内容通过声音、表情、动作等方式表演出来，是通过演绎对于广告内容的呈现，不需要对于商品和服务进行负责，而是对于剧本、导演负责。如果广告中存在虚假或者误导内容，应该追究制作广告文案或剧本，或者制作广告内容的广告公司相关责任，而不是演员责任。

三、常见场景下广告代言人的情形分析

案例 11－8

“好水好泥出好藕！”

“洪湖莲藕又粉又糯，真的很好吃！”

2020 年 4 月 1 日，荆州市委常委、洪湖市委张书记走进直播间，参与由央视新闻发起的“谢谢你为湖北拼单”公益行动，与网友“藕”遇，化身“带货主播”，为洪湖莲藕代言，帮助洪湖藕农销售莲藕。

在洪湖莲藕基地现场，张书记与央视主播、在线网友们密切互动，回答了在线网友的相关问题，向大家逐一展示和介绍了洪湖莲藕的深加工产品，包括即食藕带、藕汤、藕夹、藕条、藕丸子、桂花蜜藕等。

应网友们的要求，张书记还现场下厨，亲自示范制作湖北名菜——排骨藕汤，引发网友的热赞和抢购。直播过程中，张书记还向网友们介绍了洪湖莲藕的生长特点和环境以及种植历史、规模。

据悉，此次直播通过央视新闻在各大平台进行了同步直播，吸引了 2 000 多万网友在线观看，直播现场网络销售量达 45 万份。

请分析：

张书记作为地方政府党政领导人，其为地方农副特产代言的行为是否属于商业广告行为？如果所代言农副特产出现质量问题等，张书记如何承担责任？

（一）网店店主自播短视频或直播广告

自然人网店店主，不属于广告主以外，不符合广告代言人定义，从而不属于广告代言人。公司网店，即我们常说的 B 店，如果是法定代表人，对自己店铺的商品进行推荐、证明，因法定代表人天然代表该经济组织，也不属于广告代言人；B 店网店的员工，按照公司给予的文案或者剧本，没有加入自身的证明或者推荐，可以视为导购行为，如果以自己自然人的名义或者形象做出了推荐和证明，则可能会被认定为广告代言人。

（二）KOL 是否以自己名义影响认定代言行为

在短视频、直播广告通过各个内容平台进行播放，如果注册账号为短视频主或主播个人注册且播放也为该人，在播放广告内容中以自己的名义为商品、服务进行推荐证明，如果存在委托或者其他利益关系，该主播可能会被认定为广告代言人。

如果账号为 MCN 机构在内容平台注册，该主播仅以机构名义进行演绎播出，并未以自己的名义或者形象进行推荐、证明，那么该主播不能认为是广告代言人。

（三）流量总裁明星的广告代言人性质的认定

一些知名企业的法定代表人，天然代表企业，为代表企业发声行为属于自我宣传，则在“广告主外”，不属于广告代言人。如果只是股东、董事、经理、员工等职务，不具备代表公司发声的职责要求，则形成与该公司的委托关系，可以认定为广告代言人。《广告法》禁止代言人参与医疗、药品、医疗器械、保健食品等禁止代言行业，其中包括对法定代表人的禁止。

（四）以国家机关工作人员名义出现在短视频直播广告中是否违反《广告法》，定义广告商业或公益性质是核心

近年来，一些贫困县及欠发达县的党政领导登录网络直播、电商平台，在网络直播间叫卖特产，还出现了带货“网红县长”，如案例 11－8 中的张书记就秀了一把，受到全国网友一致好评，很多人在网上留言要支持湖北经济发展，说明政府领导直播带货的形式得到了网友的认可。

《广告法》规定，广告不得使用或者变相使用国家机关、国家机关工作人员的名义或者形象，张书记带货是否违反了该规定？《广告法》规范的是商业广告行为，对于公益广告、政治广告等并未在其限制范围。县长直播广告推销当地产品，如不涉及具体商标、厂名等，属于公益广告，则不应认定为代言。但是，如果县长直播带货或者短视频广告专门推广某个商标品牌、企业、产品，则涉嫌违反《广告法》规定，一旦所推广企业或品牌出现问题，政府公信力会受到连带损失。对于村委会主任通过直播为本村带货行为的认定，也可以适用这一方法。

(五) 动漫形象"代言人"的"广告代言人"性质认定

短视频直播商业活动也打造出一批动漫 IP 形象，如一禅小和尚、萌芽熊、僵小鱼、猪小屁、喵小兔等。通过打造的动漫 IP 做广告、衍生周边产品和 IP 授权等都是该行业常规商业模式。动漫 IP 是虚拟形象，因此相比真人"红得快，被遗忘也快"。动漫 IP 具有更长的生命周期，也不会遇到诸如负面新闻、形象崩塌等风险。由于《广告法》第 2 条定义限定广告代言人是自然人、法人或者其他组织，因动漫形象依附于人的创作不能直接进行表达独立意见，故动漫形象并不能认定为广告代言人。

总之，对于短视频和直播带货，交易关系和各类参与主体的法律角色因场景复杂多变，只有将法律角色定位清楚，对应承担责任才会明确。

模块四

直播电商行业监管及直播电商平台的社会责任

行业的快速发展难免伴随着乱象，亟须规范化监管。2020 年 11 月 6 日，国家市场监管总局发布《关于加强网络直播营销活动监管的指导意见》，对直播电商提出了针对性的监管意见，并根据提供服务不同划分为不同类型的"网络平台"，对直播平台、电商平台、MCN 机构、主播、店铺经营者进行主体定义与责任划分。

案例 11－9

某知名连续创业者 2020 年 4 月 1 日在抖音带货直播，虽然没有爆发很多期待中的节目效果，但他的战绩还是让人很震惊：累计成交额 1.1 亿元，累计观看人数 4 800 万。

该创业者在直播开始时陈述，此次直播的选品集中，大概有一半的选品在抖音小店中进行销售，另一半则引流至淘宝、天猫渠道完成。在开场之初，他就谈到了售后问题的处理，虽然没有明确直接承诺由其负责相应事宜，但他说用户无须对该问题有所担心。

请分析：

1. 在直播带货的交易中，该创业者到底在扮演着何种法律角色？
2. 万一该创业者"带货"的商品出问题，他需要承担什么样的责任？

一、主播行为的责任划分

主播宣传及相似行为（网络平台为商品经营者或网络直播者提供付费导流等服务，对网络直播营销活动进行宣传、推广），构成商业广告的，按照《广告法》规定履行广告发布者或广告经营者的责任和义务。

主播应当在对商品或服务的性能、功能、质量、销售状况、用户评价、曾获荣誉等做宣传时真实、合法，避免虚构交易或评价，欺骗和误导消费者等不正当竞争；通过网络直播销售禁止网络交易的商品或服务、实施虚假或者引人误解的商业宣传、帮助其他经营者进行虚假或者引人误解的商业宣传、仿冒混淆、商业诋毁和违法有奖销售、侵犯知识产权产品、发布虚假广告、发布违背社会良好风尚的违法广告和违规广告代言、利用虚假的或者使人误解的价格手段诱骗消费者进行交易。

（一）直播并非单纯的广告行为，各种不同的行为受不同的法律规制

相较于传统商业广告，网络直播有如下特殊之处：第一，播放次数，直播相同内容仅仅播放一次，广告具有多次播放的特点。第二，随机性方面，直播具有随机性，直播中涉及的宣传介绍往往是由主播现场进行描述，且夹杂与受众的互动性，虽事先可能有相应稿件与预演，但直播仍具有脱口即出的特点。尽管如此，直播的广告色彩仍十分明显。尤其是在涉及商品的宣传介绍上，甚至下单交易亦在同一过程中完成。

不属于“传统广告”的某些直播，也不意味着可以规避相应的责任。除了《广告法》对虚假广告做出了相关规定外，《反不正当竞争法》亦对虚假宣传做出了相关规制，且涵盖了非传统广告之外的部分宣传行为。

在案例 11-9 中，该创业者充当了广告代言人和广告发布者的角色，而不是销售者和电子商务经营者。直播中，该创业者的角色是提供推广和引流，用户的交易实际上是被引流到了直播平台店铺（如抖音小店）或者电商平台店铺（如天猫店）内完成。在这一系列交易中，真正的销售者是引流至网络店铺的经营者，而非该创业者。

可以说，用户观看其带货直播更多是基于对其本人的崇拜或兴趣，相应的购买行为也与此密不可分。广告发布者最为核心的认定要件为是否能决定广告发布。该创业者的直播间是以其个人的名义开设的，可以认为其对直播间有控制能力。基于此，发布广告的行为应被理解为由该创业者决定。在这个意义上，该创业者是广告发布者。

（二）直播参与者对直播行为的责任

在案例 11-9 中，该创业者在直播中的角色定位是广告代言人和广告发布者，一旦商（产）品出现问题，该创业者应承担广告代言人和广告发布者的民事责任。

（1）该创业者不承担退换货的责任。尽管该创业者在直播开始时，保证为消费者提供与商家协商的空间，并提出在必要情况下，可代商家先行解决问题。但由于其不是销售者，在法律上，该创业者并不需要承担退换货的责任：不论是产品责任法的“三包责任”，还是消费者权益保护法的七天无理由责任。按照相关法律的规定，这些责任都应该由销售者来承担。如果该创业者在直播中没有明确由其直接承担售后责任的意思表示，则难以认定该创业者和用户之间就由其退换货的责任达成了合意。

（2）如果该创业者在直播中发布虚假广告，则要承担相应赔偿责任。这是与广告发布者、广告代言人身份相关的由虚假广告导致的赔偿责任。

按照《广告法》第 56 条规定，如果该创业者在直播中发布虚假广告，将承担相应责任：

1）承担赔偿责任的前提有三：一是广告为虚假广告；二是欺骗、误导了消费者；三是消费者的合法权益受到了损害。三个条件缺一不可，如果广告是虚假广告，但并不会导致消费者受误导，造成消费者损害，那么相关主体也不应承担赔偿责任。

2）如果虚假广告的内容由广告主提供，该创业者仅在直播中复述出来，并且该创业者事前对广告内容尽到了合理的审核义务，不知道也不应该知道该广告为虚假广告，那么在这种情况下，在消费者追究虚假责任时，该创业者只要提供广告主的真实名称、地址和有效联系方式就可以了。

3）在广告虚假，且该内容由广告主提供的情况下，如果该创业者明知或应知广告内容虚假仍然发布，或者该创业者没有尽到合理的审核义务，则应承担与广告主的连带责任。

4）如果出现关系到消费者生命健康的商品虚假广告，如食品的虚假广告，且造成消费者损害的，则该创业者要承担无过错的连带责任，即不论该创业者是否明知或应知广告内容虚假，或者尽到了合理的审核义务，都应与广告主承担连带责任。

如果从该创业者直播的个案回到“直播带货”本身，“直播带货”不应仅仅被视为一个广告行为，而兼具广告和交易双重融合的性质，其涉及的法律不仅包括《广告法》，也包括跟交易相关的《电商法》《消费者权益保护法》《民法典》等法律。具体来说：

第一，直播电商的追求目标决定了其是广告和交易的融合。直播电商所追求的目标是“品效合一”，“品”是指品牌的传播，通过主播的宣传来传播品牌，这是一种典型的广告行为。而“效”则是指销售效果，直播电商直接追求销售效果，而销售则涉及交易。该创业者向商家收取的费用包括坑位费和CPS（Cost Per Sales，即按照销售量来计算推广费用的提成）两个类别。坑位费可以理解为商家为品牌宣传支付的费用，CPS分成费用则是为直接销售支付的费用。从这种招商费用组成也可以看出“直播带货”具有广告和交易的融合属性。

第二，在不同的电商直播模式下，广告与交易的融合程度不同。该创业者的直播，是帮助第三方商家进行推广，可以称为引流型直播模式。另一种直播形式是自营型直播，即主播是销售者或者销售者的员工。例如：一个淘宝店铺开通淘宝直播间，掌柜亲自当主播。在自营型直播中，广告行为与交易行为是基本合一的。即使是引流型直播，广告和交易的融合度也是较高的，特别是与传统电视广告相比。一方面，从消费者体验角度来看，如果不需要从直播平台跳转到电商平台完成交易（如从抖音跳到淘宝），而只是在直播平台内跳转（如跳到抖音小店），那么广告和交易之间的链条十分短，短到消费者不容易感知到。另一方面，电商主播，特别是知名电商主播对交易的介入深度远高于传统的广告代言人。“直播带货”如同组织一场大型团购，那么主播就是这场团购的组织者。虽然交易仍然是在用户和销售者之间完成的，但主播不仅决定了用户能够买到什么（选品），也对用户以什么样的价格购买具有一定的话语权（要求销售商提供有竞争力的价格，甚至承诺直播销售的价格为一段时间内的最低价）。虽然其在法律上可能并不需要承担售后责任，但理论上讲，主播、特别是知名主播对交易的深度介入，使得只单纯地将主播界定为广告法中的角色——不论是广告代言人还是广告发布者，都可能不足以涵盖其所发挥的功能，其应是介于广告代言人和销售者之间的角色，这需要在理论上重新考虑这种角色的定位及相应法律责任。

第三，在直播电商场景下，《广告法》和交易相关法律，如《电商法》《消费者权益保护法》《民法典》的适用也会出现很多交集。例如：即使是在自营型直播中，店铺掌柜以销售者的身份对店铺商品进行宣传的行为，通常也会被认为是在发布广告，受到《广告法》的管控。而这些直播宣传，同时也会受到交易相关法律的管控。这种《广告法》和交易相关法律对直播电商行为的双重适用，正是直播电商中广告与交易的融合在法律方面的体现。当然，这也使得对直播电商法律问题的分析更为复杂。

二、直播平台角色多重化

案例 11－10

自称“高空极限运动第一人”的吴某某再也没机会看到自己“火”遍全网的这一天了。讽刺的是，他在 2017 年年初时还只是个做影视武术行业相关营生的群众演员，当年夏天就成了直播平台上的“专业”极限挑战者。从 2017 年开始，吴某某在“花椒直播”等平台发布大量徒手攀爬高楼等视频，获得众多粉丝和打赏，但是 2017 年 11 月 8 日，他在长沙华远国际中心拍摄高空极限运动直播时坠楼。因认为直播平台对用户发布的高度危险性视频没有尽到合理的审查和监管义务，致吴某某攀爬高楼坠亡，其家属何某以网络侵权责任为由，将视频直播平台——花椒直播诉至法院，要求其赔礼道歉，并赔偿各项损失。

请分析：

1. 花椒直播应否对吴某某的坠楼承担责任？为什么？

2. 视频平台如何尽到提醒、监管的义务？本案提示我们直播平台应该承担什么样的社会责任？

在看似繁荣的市场背后，缺乏准入门槛、内容低俗化、自我审查机制难以有效规避风险等多重隐患也开始凸显，良莠并存的内容生态现状日渐暴露。平台如何加强审核把关、取精去糙，已成为一道亟待解决的现实考题。

（一）直播平台乱象丛生

网络直播乱象引发关注。

1. 涉黄涉赌

某直播平台因淫秽、低俗、“涉黄擦边”视频频繁成为用户投诉对象。资料显示，2016 年该平台被列入文化部查处名单，2020 年因直播违规被罚 3 万元。该平台“舞蹈区”因软色情擦边直播一度上热搜，2023 年 3 月 31 日，该平台官方推送软色情表演再上热搜。2022 年底，法院判定“×××户外”中的 3 人利用该平台开设赌场吸金近 1.2 亿元，构成开设赌场罪。该平台创始人陈某某因涉嫌开设赌场罪，于 2023 年 11 月被正式逮捕，该平台主播利用直播平台组织赌博活动 5 000 余场，参赌资金累计 1 700 余万元、非法获利 266 余万元。

2. 虚假宣传

公众对假货深恶痛绝，对主播虚假宣传深恶痛绝，更对被坑骗深恶痛绝。西安某千万粉丝吃播主播在直播带货中曾19次将“静腌牛排”说成“原切牛排”引发关注。涉事牛排属于“调理牛排”，并非直播说“原切牛排”。该账号关联公司因涉及虚假宣传，被当地市场监管部门依法处以罚款46万元。

3. 偷税漏税

2022年累计曝光6起演艺明星和网络主播偷逃税案件，包括头部网络主播黄某偷逃税被罚共计13.41亿元，朱某某、林某某偷逃个人所得税分别为3 036.95万元和1 311.94万元，被依法追缴税款加收滞纳金并处罚款分别为6 555.31万元和2 767.25万元，网络主播徐某某被追缴税款加收滞纳金并处罚款共计1.08亿元……

4. 人设造假

拥有百万粉丝的视频主播张某顶着“清华学霸”人设，售卖含清华大学字样的文创产品。经警方立案调查，他实际上为无业人员，真实身份和清华大学毫不沾边，其违法销售金额高达70万余元。法院以销售假冒注册商标的商品罪，判处他有期徒刑三年，并处罚金50万元。

5. 制假售假

朱某的带货直播间曾一度冲到热门短视频平台“可爱榜第一位”，但其所售各类迪士尼玩偶公仔，均从广州某玩具制造厂处购得，一年多时间销售金额达300余万元。2022年8月上海警方冲进了直播间，全链条告破了这起制假售假案，17名犯罪嫌疑人已悉数获捕。

6. 危害动物

某网红博主烹食150斤大白鲨曾引发全网关注。涉案当事人金某某2022年4月13日通过淘宝网，以7 700元购得鲨鱼一条，对该鲨鱼进行摆拍和烹食并发布视频。最终本案鲨鱼销售者和捕捞者，因构成危害珍贵濒危野生动物罪被逮捕。当地市场监督管理局对当事人金某某处罚款12.5万元。

7. 寻衅滋事

武汉首例“利用信息网络寻衅滋事”案2023年4月告破，当事主播陈某被刑拘。陈某多次邀约女网友一起就餐，中途恶意逃单戏耍对方，事情败露后还出口成脏、挥拳相向……因为其行为太过下作，直播间有观众看不下去选择报警。类似辣眼睛的短视频层出不穷，色情擦边、猎奇粗俗等内容，一次次刷新“网红之乱”底线。

8. 卖惨引流

一位网红博主在社交平台上发布了一则7分52秒的视频，自称才25岁就被确诊肝癌，相关话题迅速冲上热搜榜。正当大家纷纷表示惋惜和关怀时，字幕突然显示“本期视频内容纯属虚构”。这让很多网友异常愤怒。卖惨引流、消费同情、借苦难涨粉等在网络平台层出不穷，有悖社会公序良俗，也违反相关法律和网络规范。

9. 谁红蹭谁

爆火网络的淄博卖鸭头小哥走红后，每天都有各路人前来堵门直播蹭热度，严重影响了市场秩序和其他店营业，无奈之下他不得不选择关店。从“拉面哥”到“大衣哥”，从“糖水爷爷”到“煎饼奶奶”，“谁红拍红，谁红蹭谁”乱象不断，甚至不惜造谣抹黑，网暴亟须治理。

在案例 11－10 的网络猎奇盛宴中，平台、关注的网民都成了间接促使吴某某悲剧的“刽子手”。而当硝烟过后，他赖以生存的直播平台依然在商界里纵横捭阖，那些关注他的网友们又转战到下一个主播的直播间打赏去了。

吴某某坠亡一事曝出后，一度引起社会广泛关注。吴某某的高空挑战视频曾在美拍、快手、火山小视频等多个平台发布。火山小视频曾出价 10 万签约吴某某，邀请其在火山小视频发布极限高空挑战视频并进行直播。在这场事件中，直播行业的利益驱动是促使像吴某某这样的人铤而走险的重要原因。

不以保护自身安全为前提的“炫技”，既是对个人和家庭的不负责任，也是对社会公众的误导。从“死飞”自行车，到高空攀爬，不做或者少做防护措施的“极限运动”，近年来受到一些玩家的追捧。可以说，只要没有重大意外发生，类似的拿生命做赌注的行为还会一再上演。这显然已经严重扭曲了极限运动的本意。

（二）直播平台应履行社会责任

1. 平台要为热门推荐的视频作品承担法律和社会责任

短视频内容违规踩线、流于低俗，平台方难辞其咎。在“流量就是收益，关注就是经济”的互联网盈利模式下，一些短视频平台有意无意地放任低俗内容肆意传播，本应履行监管审核责任的把关人却掩耳盗铃、自欺欺人。有的平台打着“技术中立”“算法无罪”的旗号，直接或间接地成为滋生不良信息和低俗内容的温床。然而，机器算法弥补不了价值观缺位的弊病，仅靠低俗内容哗众取宠难以支撑平台和行业的持久发展。短视频要火得久，既要去除低俗糟粕，更要生产优质精品，让用户的嘘声变成掌声，让屏幕中的画面真正成为美好生活的记录。

在案例 11－10 中，从成年人的角度来说，吴某某坠亡事件的第一责任人是他自己，但从社会责任的角度来说，我们更直接地看到了吴某某之死背后的助推器——互联网力量。法院认定花椒直播未尽到安全保障义务，承担网络侵权责任，判决其赔偿何某各项损失 3 万元。

构筑良性内容生态，平台理应有所作为。目前，多数短视频平台明确规定不得散布色情、淫秽、暴力或教唆犯罪等内容，否则将对上传者进行封禁处理。还有一些平台通过建立自律委员会、允许用户剔除相似内容视频等方式，加强内容整治。

平台要自查，监管者也不应缺位。整治低俗内容，不能仅仅是平台把关审核被动“救火”，监管部门也应主动治理、防患未然。目前娱乐类短视频仍存有灰色地带和监管盲区。监管部门应当尽快完善针对网络内容管理和内容生产者的相关法规，建立起行之有效的惩戒机制，形成对不良低俗以及违法违规内容上传者的威慑效应。

2. 去低俗化、庸俗化清理整治

当前，我国对视频网站的内容管理采取的是由网站自审自查的方式，也就是说，网站对其发布的内容具有法律和社会责任，平台应当确保其发布内容的健康。但自审自查并不意味着法律对视频网站的约束减弱了，也不意味着社会道德对短视频的约束淡化了。包括短视频平台在内的网络空间，从来都不是法外之地，绝对不能违背公序良俗甚至触犯法律。

2018 年 2 月 12 日，喊麦一哥李某某在直播中用说唱形式详细描述吸毒，被《焦点访谈》点名。多名网络主播公然传播涉毒歌曲，公开教唆粉丝辱骂他人，争相炫富斗富，发布低俗恶搞内容，置法律法规和社会公序良俗于不顾，遭到群众强烈不满。

2018 年 2 月，国家网信办会同工信部对网络直播平台和网络主播进行专项清理整治，依法关停下架蜜汁直播等 10 家违规直播平台；将李某某等纳入网络主播黑名单，要求各直播平台禁止其再次注册直播账号，不能在各平台直播，包括短视频。2023 年“清朗”系列专项行动也紧盯短视频平台等重点流量环节。国家市场监督管理总局也通过约谈直播带货中管理不力、屡屡出现问题的平台，督促其整改，并落实到位；对明显违法违规或损害消费者权益的主播，依法严厉处罚，并列入信用黑名单，增强监管实效性和震慑力。

包括直播平台在内的所有互联网平台，追逐经济利益最大化没有错，但不能背弃社会责任。让企业负起社会责任，不仅靠自觉，关键还是要靠法律的力量进行约束。

应当看到，当前，虽然短视频平台在重拳整治下的确清朗了不少，但对未成年人缺乏准入门槛、内容打擦边球、自我审查机制不完善等多重隐患依旧存在，有待解决。行业和管理部门及全社会需要共同努力，塑造更加清朗、健康的网络空间。

3. 直播平台及相似平台应履行电商平台经营者的责任和义务

直播与电商的融合是商业上的创新，给消费者提供了更丰富的购物体验。但在法律上，却对平台角色和责任边界的界定提出了挑战。

国家市场监管总局《关于加强网络直播营销活动监管的指导意见》（国市监广〔2020〕175 号，以下简称《指导意见》）对平台的定位和责任进行了界定：网络平台为采用网络直播方式销售商品或提供服务的经营者提供网络经营场所、交易撮合、信息发布等服务，供交易双方或多方独立开展交易活动的，特别是网络平台开放网络直播推广服务经营者入驻功能、为采用网络直播方式推广商品或服务的经营者提供直播技术服务的，应按照《电商法》规定履行平台经营者的责任和义务。

网络平台为商品经营者（含服务提供者，下同）或网络直播者提供付费导流等服务，对网络直播营销活动进行宣传、推广，构成商业广告的，应按照《广告法》规定履行广告发布者或广告经营者的责任和义务。

网络平台以其他方式为其用户提供网络直播技术服务，应根据平台是否参与运营、分佣、平台对用户的控制力等具体情形，适用《电商法》关于平台经营者的相关责任和义务，或适用法律法规关于网络服务提供者的责任和义务。

《指导意见》将凭借用户优势入局带货直播的平台，诸如微博、抖音、快手、微信视频号等社交或内容属性明显的平台，在自己开设品牌直播间或者为直播经营者提供网络经营场所、交易撮合、信息发布等服务时，定性为电商平台，需要履行相应的义务，面临更加严厉的监管。

即使一些平台只允许在直播间中加入外部链接，消费者点击链接会跳转到第三方电商平台进行交易，并未直接提供交易场所，但由于直播的内容在该平台发布，其中含有对商品的介绍和推广，该平台也会因为提供了交易撮合和信息发布服务而被认定为电商平台。但在日常经营中，这些平台仍需按自身的其他属性（如直播平台）履行相应的合规义务。

除此之外，《指导意见》也规定了平台作为广告发布者或广告经营者的情形。如在微博上发布直播预告等信息，吸引用户前往第三方直播平台观看带货直播，并且向微博支付广告费用以免被屏蔽或限流。那么在这个场景中，微博可能被认为是为网络直播者提供了付费导流服务，对网络直播营销活动进行宣传、推广。如果这种宣传和推广构成商业广告的，微博应履行广告发布者或广告经营者的责任和义务。

三、网络直播诈骗行为

案例 11－11

［案例 11－11－1］在办理一起虚拟币诈骗案的过程中，上海市公安局某分局发现，位于外省某商务楼内的一家公司可能存在利用短视频平台为境外电信诈骗团伙引流的行为，遂立案侦查。

经侦查发现，被害人王某某在观看某短视频平台直播过程中，发现有人以免费赠课的名义关注了自己的平台账户，他以为此人为平台主播助手，便添加了对方微信。后来，王某某在对方指引下下载了某证券软件炒股，结果发现被骗。

除王某某外，童某某等多名被害人均是在该短视频平台观看理财、投资类的直播后，被冒充平台主播助手身份的人关注其账号，再被对方以免费资料、授课等名义引流至电信诈骗团伙设立的网络聊天群组，继而被诈骗。

经比对，公安机关锁定了多名被害人在短视频平台添加的主播助手账号及引流的微信号，抓获了以陈某某为首的引流团伙共计 6 人，扣押了几十张为引流而注册的手机 SIM 卡。

据陈某某供述，2022 年 6 月，有人联系自己称有赚钱门路，让其去某短视频平台直播间“偷粉”，再将粉丝引流至指定的微信账号中，之后会根据引流人数进行结算，每月至少收入几万元。

为此，2022 年 8 月至 2023 年 3 月，陈某某租用了一处办公地点，招募贾某某等 5 名人员，组建起引流团队。此后，该引流团队在直播间“潜伏”，寻找引流对象。陈某某通过大量购买某短视频平台验证码、手机 SIM 卡，将注册好的账号交由贾某某等人添加粉丝。

据了解，该团伙主要“潜伏”在股票、投资等财经类直播间，将发弹幕、询问是否有免费资料等与主播互动过的粉丝作为目标群体，关注粉丝账户。因该引流团伙的账户名被修改为“资料班主任”或者“助手班班”，粉丝便误以为是直播间助手账户而回关。待直播间粉丝回关后，贾某某等人便按陈某某的指示，冒充该直播间助手与客户私聊，通过“加微信领资料”“参加训练营培训班领取资料”等话术，让被害人添加需要引流的微信号。

截至案发，该团队引流人数已达几千人。有多名被害人添加指定微信后，对方以免费荐股、推送资料等为由，欺骗被害人下载相关软件，并根据对方指示在该软件上投资，结果被骗。

［案例 11－11－2］2020 年 8 月，安徽某县公安局反电诈中心接报，居民王某在某直播平台上被女主播以发红包、刷礼物诈骗现金近万元。

经查，王某掉入一个利用网络直播平台实施诈骗的团伙精心设计的陷阱。该团伙有

96 人，以交友恋爱为幌子，有着明确诈骗步骤，主要是通过社交软件添加受害人，和受害人通过打“感情牌”，建立一定的感情基础后，提出交换礼物。他们先向受害人发送虚假的购物截图，随后让受害人在自己指定的网站购买礼物送给自己，这些网站也是由该团伙在幕后运营。与此同时，该团伙成员谎称自己正在某平台直播，邀请受害人观看，并以需要完成公司任务为由，让受害人在直播平台充值“刷”礼物、“发红包”，以此实施诈骗，涉案金额达到惊人的 3 亿元。

请分析：

1. 案例中受害人是如何掉入诈骗分子精心设计的陷阱的？应该如何防范？
2. 你还了解哪些直播诈骗形式？

（一）直播诈骗手段

刷短视频、看直播，逐渐成为人们的一种消遣娱乐方式。直播过程中，粉丝常会通过发送弹幕等方式与主播互动，进一步了解直播商品或获取相关资料。但一些不法分子却从中看到了“商机”，在直播间“潜伏”、冒充主播助手，为诈骗团伙引流……常见诈骗手段有：

1. 直播刷礼物返佣金

如“淘宝刷信誉”“宠粉送礼物”类，看直播时跳出来的广告页面，里面宣传兼职直播刷礼物返佣金的招聘广告，或以宠粉抽奖，免费送手机、游戏道具为噱头，通过各种手段将用户引流到第三方平台进行诈骗。

2. 产业化直播带货

网购优惠骗局：骗子利用了网购一族抱着“能省就省”的心态，打着“优惠券”“红包”“抢单神器”等名义引诱网购一族。一旦有受害者主动联系，骗子往往会以交“保证金”“参与活动付税费”等理由，要求受害者向指定账号转账汇款。

骗坑位费：租下豪华办公室，做成隔音的隔间，海量招收女性员工包装后充当网红。每个账号全部刷到几十万粉，然后通过低价兜售直播间坑位的方式，专门收割中小商家。

骗产品：有些 MCN 机构会以主播需要测试产品为由，让商家邮寄多件产品。上百个直播间的样品积少成多，MCN 机构还能转手再开个网店，二次销售。

3. 直播诱导充值、投资

案例 11－11－1 中受害人被直播诱导参与投资被骗，案例 11－11－2 中受害人被直播诱导充值被骗。又如 2022 年 7 月，某县公安局接到居民报警称其在浏览器上下载了一个涉黄软件，通过打赏被骗。警方通过多方摸排侦查，发现该主播以色情内容为诱饵，引诱直播间网民打赏骗钱。

还有直播通过女主播吸引“粉丝”添加好友，再由男运营与加为好友的“粉丝”进行话术聊天，以亲密交往、约会等为诱饵，诱导“粉丝”为女主播进行打赏和刷礼物。这些男运营通常采用女主播的口吻，运用一些话术，每天嘘寒问暖，让不明真相的“粉丝大哥”“粉丝老公”被深深套牢。为了让“粉丝”尽可能多地掏钱打赏，他们还会进行连线“PK”，落后的女主播会撒娇求助“粉丝大哥”不断掏钱打赏。

身披正规公司外衣，大肆实施团伙诈骗。一般诈骗团伙内部组织严密，“招商总监”

“客服主管”“主播”“业务员”“平台维护”等岗位分工明确。

每个女主播还会配有三四名业务员，主要负责通过微信以该主播名义与受害人联络感情，在时机成熟后便虚构主播父母离异、近亲属患病、家庭负担重等生活不幸，骗取受害人信任和同情，并故意营造可以与受害人进一步发展恋爱关系的氛围，引导受害人通过直播平台观看直播并向其打赏。

每次主播上线前，业务员会将各自与受害人的联络情况通报给主播。主播再结合业务员联络的信息情况，在直播间编造自己过生日、身体不舒服、公司搞活动、需要完成打赏业绩后早点下播等理由，诱使受害人不断充值打赏。一些不法分子还利用玩家对游戏的狂热，把虚假诈骗链接进行包装，通过群聊、游戏聊天系统等途径发布，待有玩家点击填写后盗取资金。

2020 年 9 月，快手社区安全和风控团队通过风控的识别模型，对刷单诈骗、宠粉诈骗、私单交易诈骗等内容和账号进行了专项治理，共处罚该类违规账号 16.3 万个；快手协助警方共打击 4 起诈骗类案件，刑事拘留 3 人，追回用户损失 1 起。

（二）防骗提示

我们一定要提高网络安全防范意识，切勿相信宠粉福利、投资理财、私下交易、刷单返利等诱惑，以防上当受骗。

（1）提高防骗意识。在没有弄清真实情况之前，请勿急着掏腰包。网络直播具有虚拟性，涉及金钱交易一定要慎重。不要轻信“低价充值”“高价收购”“巨额投资回报”等信息，网上交易一定要选择官方渠道或授权的第三方平台进行操作。要提高安全防范意识，切莫点击不明链接，做到不轻信、不转账、不透漏个人信息。不轻信陌生人发来的“优惠信息”“发财机会”，购买商品或者参与活动应尽量选择正规平台，不要轻易向陌生账号转账汇款。在参与各种网上互动时，一定要时刻保持警惕，不给犯罪分子可乘之机。

（2）增强辨识能力。切记一定不要仅仅通过头像、朋友圈照片来辨识一个你不认识的人。可能直播的背后和你聊天的是一个“抠脚大汉”，切勿一时冲动，导致“因色被骗”。不要轻信网络上所谓“无门槛”“高收益”“零要求”的兼职广告、投资诱惑，也不要相信速成、低门槛、高收入等虚假宣传。求职应聘务必要通过正规招聘平台及网站，投资理财一定要到正规机构或平台。

（3）学会保留证据，及时报警求助。被骗不要羞于开口，应当及时收集和保留好聊天记录、转账信息等证据，尤其是发红包、转账、汇款的记录。一旦发现被骗，要第一时间报警，并提供相关证据，协助警方侦查破案。

【实训任务】

即测即评

案例分析实训

单元十二
跨境电子商务法律实务

自2013年7月开始，国家多次出台关于跨境电子商务的利好政策，“跨境电子商务”一跃成为2014年以来我国电子商务领域最热门的词。有数据显示，2017年以来，我国跨境电子商务进出口增长近十倍；出口跨境电商规模五年增长超过27倍。跨境电商，作为发展速度最快、带动作用持续凸显的一种外贸新业态、新模式，为中国出口增长注入新动力。2022年，我国跨境电商进出口规模达到2.11万亿元人民币，同比增长9.8%，其中出口额达1.55万亿元人民币，同比增长11.7%。跨境电商展现出澎湃的生命力和蓬勃的发展生机。2023年1—9月我国跨境电商进出口达1.7万亿元人民币，同比增长14.4%。跨境电商货物进出口规模占外贸比重由5年前的不足1%上升到5%左右，跨境电商成为外贸重要新生力量。长期以来，中国一直是许多消费品的主要出口国。从电子商务市场动态来看，中国跨境贸易的最新趋势已经震动了全球在线购物。但也要看到，近年来，涉及跨境电子商务的投诉举报呈直线上升态势，其中食品、保健品和化妆品等产品的投诉量最高。如何让消费者“淘”得放心，是跨境电子商务必须回答的问题。在鼓励和引导跨境电子商务发展的同时，也应加强对跨境电子商务的监管。

通过学习本单元内容，你将达到以下学习目标：

【知识目标】

1. 熟悉跨境电子商务的概念、特征；
2. 熟悉跨境电子商务零售进口的海关监管；
3. 了解跨境电子商务运营中相关跨境电商模式及其适用范围；
4. 熟悉跨境电子商务知识产权保护。

【能力目标】

能够在跨境电子商务海关监管模式下开展跨境电子商务工作。

【素养目标】

1. 培养跨境电商知识产权意识；
2. 树立严格遵守跨境电商监管法律法规的意识。

你需要完成能力训练任务：思考跨境电商和一般贸易的区别联系，熟悉跨境电商海关监管规则；认真完成实训任务，加深对本单元知识的理解。

本单元内容学习建议学时：3～6学时。

导入案例

杭州正式发布跨境电子商务地方性法规

《杭州跨境电子商务促进条例》于2017年3月1日正式发布，这是国内首个由地方制定的跨境电子商务法规。这部法规仅约5 000字，对杭州跨境电子商务发展的管理体制、发展规划、平台服务和体系建设、促进措施等进行了明确的规定。如条例第二章规定，中国（杭州）跨境电子商务综合试验区管理办公室负责杭州跨境电子商务综合试验区的建设和统筹管理工作；海关、检验检疫、外汇管理、税务等部门配合协作，简化优化监管流程，推动体制机制创新；区、县（市）人民政府应当明确跨境电子商务管理部门，具体负责推动本行政区域内跨境电子商务的发展。

这也是国内首次以立法的形式对跨境电子商务相关政府部门的职责做了明确分工。如条例第四章规定：建设线上单一窗口综合服务平台，与海关、检验检疫、税务、外汇管理等监管部门进行数据交换，推进监管部门之间信息交换、监管互认、执法协助。建设线下综合园区平台，提供通关、物流、金融、人才等一站式综合服务，承接线上单一窗口综合服务平台功能，促进线上平台和线下园区联动发展。

在杭州，跨境电子商务企业过去通关平均要4个多小时，现在通过单一窗口平均通关时间仅需1分钟。条例发布后，企业通关便利化水平将进一步提升。

模块一

认识跨境电子商务

跨境电子商务零售进口作为新的经营和消费模式，已经成为经济发展的新增长点，深刻影响了国内传统经济的发展和国民消费方式。因此，需要创新跨境电子商务法律制度，提升全球治理监管话语权。

一、跨境电子商务的地位

伴随着国际产业链、供应链的深度融合，跨境电商逐渐成为全球化时代下的新蓝海、撬动国际贸易格局的新力量。2018年，内外因素叠加，我国外贸发展面临的困难和挑战前所未有。相比传统贸易的发展形势，跨境电子商务可谓异军突起，市场规模不断扩大，增速十分明显，为我国外贸“稳增长，调结构”，巩固贸易大国的地位做出了重大贡献。

中央高度重视跨境电子商务的工作，要求朝着“买全球，卖全球”的目标迈进，国务院多位领导也提出要着眼长远，将跨境电子商务作为未来竞争的制高点。因此，对新业态的理解，可以说是化解很多困难和进行贸易最根本的前提。中国进口增速远高于出口增速，是全球跨境电子商务发展最快的市场。一系列及时有效的改革举措也促进了跨境电子商务的成长。如2018年11月召开的国务院常务会议决定，延续和完善跨境电商零售进口政策并扩大适用范围，在跨境电商零售进口清单内商品实行限额内零关税、进口环节增值税和消费税按法定应纳税额70%征收基础上，进一步扩大享受优惠政策的商品范围，新增群众需求量大的63个税目商品。截至2022年11月，我国跨境电商综合试验区数量达到165个，覆盖31个省份。多地试验区推出相关改革措施，实现跨境电子商务自由化、便利化、规范化发展。

随着跨境电商相关利好政策的实施，我国跨境电商的发展有望进入“黄金时期”。《电商法》明确，国家促进跨境电子商务发展，建立健全适应跨境电子商务特点的海关、税收、检验检疫、支付结算等管理制度，提高跨境电商各环节便利化水平，支持跨境电商平台经营者等为跨境电商提供仓储物流、报关、报检等服务。但是，跨境电商作为新型贸易主题类型，贸易结构、特征比较独特，给贸易制度和海关监管制度带来很大的挑战。

对此，《电商法》明确规定，电商经营者从事跨境电子商务，应当遵守有关进出口监督管理的法律、行政法规。国务院常务会议也明确指出，将按照包容审慎监管原则，依法加强跨境电商企业、平台和支付、物流服务商等责任落实，强化商品质量安全监测和风险防控。

二、跨境电子商务的概念和界定

（一）跨境电子商务的概念

跨境电子商务（Cross-border Electronic Commerce），简称跨境电商，是不同关境内交易主体借助互联网等电子化通信手段促成交易（交易寻价、谈判磋商、缔结合同、履行合同等），并通过跨境物流或异地仓储送达商品、完成交易的国际商务活动。从特征上而言，跨境电商交易主体必须分属不同关境，并且必须通过电商平台进行交易和结算。因此，仅仅通过线上电商平台进行展示和交易，但仍在线下按一般贸易方式完成的货物进出口，仍然属于传统贸易，而非跨境电商。

广义上的跨境电商可以泛指在跨境交易的任一环节运用到电子商务技术的商业模式。包括目前商业界热议的“跨境电商新政”，实际上仅指通过与海关联网的电商交易平台交易，能够实现物流、支付、交易电子信息“三单”比对的跨境电商零售行业。

跨境电商的生态圈涵盖物流、信息流、资金流、单证流，配套企业包括软件公司、代运营公司、支付公司、物流公司、报关公司，服务内容包括质检、保险、网站运营、物流、退换货、图片翻译描述、金融服务、营销、网店装修等，监管部门包括海关、外汇、市场监督、央行等政府机关。目前，整个行业生态体系越来越健全，分工越来越清晰，并逐渐呈现出生态化的特征。

（二）跨境电商分类

根据不同的标准，跨境电商分为不同的种类。

1. 根据主体身份的分类

根据《电商法》第 9 条的规定，跨境电商经营者也可以分为电子商务平台经营者、平台内经营者以及通过自建网站、其他网络服务销售商品或者提供服务的电子商务经营者。

2. 根据商品流向的分类

根据商品流向分类可分为跨境电商进口和跨境电商出口。

传统的跨境电商进口主要指消费者在国外电商网站上购物，商品通过转运或直邮等方式入境送达。目前除了海淘，跨境零售进口模式还包括“网购保税进口”（海关监管方式代码 1210，又称“保税跨境贸易电商”，由海关总署 2014 年第 57 号公告确定）和“直购进口”（海关监管方式代码 9610，又称“跨境贸易电商”，由海关总署 2014 年第 12 号公告确定）。

直购进口模式是指国内消费者通过与海关联网电子商务交易平台购买境外商品，电商平台将订单、支付、物流数据实时传送给海关，境外商品通过邮件、快件等物流运输方式进口至跨境电商专门的监管场所，跨境电商或其代理人向海关申报入境，逐个核发配送的跨境电子商务模式。

跨境电商网购保税模式是指由区内电商企业将采购商品批量报关入区保税存储，国内消费者通过电商交易平台购买商品后，电商或其代理人向海关报关交税，海关核放，然后由电商物流分拨送达境内消费者的跨境电商模式。

相对于直购模式，保税模式的特点在于对跨境进口零售商品的保税仓储功能，由此产生了两种模式的不同优势：

直购模式具有更多的商品选择。直购模式直接从境外供应商或海外仓发运，因此可充分利用离岸货源优势，提供更多商品选择，尤其是新上柜商品，可以第一时间进行跨境销售，而保税模式下，商品的销售种类仅限于保税存储的范围之内。

直购模式的物流时间较长。保税模式实质上是将境外零售商品从境外搬到境内储存，境内消费者发出订单后，商品直接从海关特殊监管区发货，相当于国内物流，而直购模式则从境外发货，额外增加了国际物流时间，而且由于订单已经形成，直购模式需要具备物流全链条迅速整合能力，物流要求高于保税模式。因此物流时间是直购模式的短板。

直购模式的成本居高。保税模式采用事前备货，因此在国际物流段不存在物流时间压力，可以采用物流成本较低的海运方式，同时，由于是批量进口备货，又可以摊薄单位商品的物流成本。而直购模式是订单送货，因此，相对而言，每单位物流成本要高于保税模式。相比电商直购模式，保税模式下电商企业运营成本更低，国内消费者下单收货更为便捷。

直购模式按照个人自用进境物品监管。非试点城市的直购进口业务，参照本通知相关规定执行。相较而言，对于非试点城市的保税网购模式，“一线”进区时须按货物监管要求执行，直购模式通关便利性更高。

跨境电商出口是指国内电商企业通过电商平台达成出口交易、进行支付结算，并通过跨境物流配送的一种国际商业活动。

3. 根据交易性质的分类

根据交易性质分类可以分为跨境一般贸易与跨境电商零售。跨境一般贸易（B2B）是指商主体与商主体之间利用互联网平台达成跨境交易，从本质上讲其仍为一般贸易类型，只是促成交易的手段与时俱进，享受了科技便利化的成果。跨境电商零售又分为B2C零售与C2C零售，B2C零售是分属不同关境的企业与消费者在线上交易，企业销售商品或提供服务的商业模式，C2C零售是个体卖方对个体买方的交易。

(三) 跨境电子商务的特征

与传统外贸相比，跨境电商具有如下特征：

（1）电子化。电子化有两层含义，其一是指跨境电商在交易的过程中，从下单、销售、沟通到支付均透过电子信息媒介或平台进行，多以无纸化形式呈现；其二是指电子化产品（游戏、影视、软件、数字信息）在跨境电商领域快速发展。

（2）个性化。个性化主要体现在个性化的消费需求、多样化的产品类目以及产品更新换代周期更快。

（3）碎片化。碎片化主要是指随着互联网接入门槛的降低，跨境电商交易主体朝着数量增加、单个主体体量趋小、消费范围分散的趋势发展。

（4）高频次。高频次是指跨境电子商务中的交易主体下单、预订、销售、沟通和支付的互动频次和频率均远远高于传统外贸。

（5）低货值。与高频次相对应，跨境电商最为活跃的商业模式是跨境零售，而B2C或C2C的单笔订单大部分都是小批量、低货值的生活消费商品。

跨境电商与传统外贸对比如表12－1所示。

表12－1 跨境电商与传统外贸对比表

	跨境电商	传统外贸
商业模式	以B2C为主	以B2B为主
参与渠道商	跨境电商、A/B国电商（平台模式下）	A国出口商、B国进口商&批发商&零售商
发货时间	间隔短	间隔长
发货规模	规模小，包裹式	规模大，集装箱式
发货次数	批次多	批次少
结算方式	通过跨境电商平台支付结算	现汇易货

三、法律和政策支持

国家促进跨境电子商务发展，建立健全适应跨境电子商务特点的海关、税收、进出境检验检疫、支付结算等管理制度，提高跨境电子商务各环节便利化水平，支持跨境电子商务平台经营者等为跨境电子商务提供仓储物流、报关、报检等服务。国家支持小型微型企业从事跨境电子商务。国家进出口管理部门应当推进跨境电子商务海关申报、纳税、检验检疫等环节的综合服务和监管体系建设，优化监管流程，推动实现信息共享、监管互认、执法互助，提高跨境电子商务服务和监管效率。跨境电子商务经营者可以凭电子单证向国家进出口管理部门办理有关手续。国家推动建立与不同国家、地区之间跨境电子商务的交流合作，参与电子商务国际规则的制定，促进电子签名、电子身份等国际互认。国家推动建立与不同国家、地区之间的跨境电子商务争议解决机制。

电子商务出口在交易方式、货物运输、支付结算等方面与传统贸易方式差异较大，现行管理体制、政策、法规及现有环境条件已无法满足其发展要求，主要问题集中在海关、检验检疫、税务和收付汇等方面。针对上述问题，国务院办公厅转发商务部等部门《关于实施支持跨境电子商务零售出口有关政策意见的通知》（国办发〔2013〕89 号），各相关部门在实践中围绕支持和鼓励跨境电商发展不断提出措施。2015 年 6 月，国务院办公厅印发《关于促进跨境电子商务健康快速发展的指导意见》（国办发〔2015〕46 号），这是新形势下促进跨境电子商务加快发展的指导性文件。针对跨境电商在快速发展中用户体验、权益保护、安全监管、国际规则等方面存在的明显短板，为打造更多跨境寄递服务通道平台，促进跨境寄递服务高质量发展，保障寄递安全，改进用户体验，降低物流成本，维护公平竞争，形成线上线下协同发展新格局，国家邮政局、商务部、海关总署于 2019 年 2 月发布《关于促进跨境电子商务寄递服务高质量发展的若干意见（暂行）》（国邮发〔2019〕17 号）。

四、跨境电子商务主体

案例 12 - 1

2019 年 3 月 29 日，原告冯某通过 App 客户端在唯品会“品牌特卖”频道下单购买一瓶“德国鱼子酱蛋白粉”，并付款 588 元，于 2019 年 4 月 4 日签收案涉商品。2019 年 5 月 5 日，原告发现商品容器内有白色蠕动小虫，次日告知被告客服，沟通 20 余天，被告只同意退款及向原告补偿 200 元和 129 个唯品币，原告不满意。

原告订单编号上方标注有“唯品国际唯品会自营”字样。被告商品详情页面显示，商品品牌为德国 HECH，产地为德国，保质期 2 年，生产日期为 2018 年 7 月（具体以收到实物为准）。页面《消费者告知书》内容有：1. 所售跨境电商商品由品牌方或总代理正式授权并签约……通过海外买手深入原产地采购并销售。2. 在本网站购买的境外商品等同于境外购买。3. 购买的境外商品适用的品质、健康等项目均为原产地标准。

被告提供郑州跨境电商公共服务平台个人报关单截图（案涉商品于 2019 年 3 月 12 日进口）、《HECH 赫熙售后情况说明书》（内容为案涉商品的生产情况，慕之垚贸易公司非案涉商品的生产者）、《国际商品供应协议》（显示案涉商品并非向生产者直接购买）、《海关进口货物报关单》及河南出入境检验检疫局检验检疫技术中心检测报告（收样日期 2018 年 3 月 12 日，出具日期 2018 年 3 月 19 日，商品名称与报关单填报的名称不一致）及当事人陈述等证据在案佐证。

请分析：

1. 唯品会中国公司是否为跨境电商经营者？

2. 跨境电商经营者对商品质量应承担何种责任？

（一）跨境电商经营者主体身份认定

商务部等六部门《关于完善跨境电子商务零售进口监管有关工作的通知》（商财发〔2018〕486号）统筹考虑促进行业发展和保护消费者权益要求，按照“政府部门、跨境电商企业、跨境电商平台、境内服务商、消费者各负其责”的原则，明确跨境电商四类主体的定义及责任，实施有效监管，一方面有助于强化事中、事后监管，加强质量风险防控，另一方面也便于各参与主体规范自身行为，确保政策可落地、可执行。经国务院同意，商务部等六部门联合印发《关于扩大跨境电商零售进口试点、严格落实监管要求的通知》（商财发〔2021〕39号）进一步扩大跨境电商零售进口试点城市范围，将跨境电商零售进口试点扩大至所有自贸试验区、跨境电商综试区、综合保税区、进口贸易促进创新示范区、保税物流中心（B型）所在城市（及区域）。相关城市（区域）经所在地海关确认符合监管要求后，即可按照商财发〔2018〕486号文件要求，开展网购保税进口（海关监管方式代码1210）业务。

1. 跨境电商零售进口经营者（以下简称跨境电商企业）

跨境电商企业是指自境外向境内消费者销售跨境电商零售进口商品的境外注册企业，为商品的货权所有人。跨境电商企业应：

（1）承担商品质量安全的主体责任，并按规定履行相关义务。应委托一家在境内办理工商登记的企业，由其在海关办理注册登记，承担如实申报责任，依法接受相关部门监管，并承担民事连带责任。

（2）承担消费者权益保障责任，包括但不限于商品信息披露、提供商品退换货服务、建立不合格或缺陷商品召回制度、对商品质量侵害消费者权益的赔付责任等。当发现相关商品存在质量安全风险或发生质量安全问题时，应立即停止销售，召回已销售商品并妥善处理，防止其再次流入市场，并及时将召回和处理情况向海关等监管部门报告。

（3）履行对消费者的提醒告知义务，会同跨境电商平台在商品订购网页或其他醒目位置向消费者提供风险告知书，消费者确认同意后方可下单购买。

（4）建立商品质量安全风险防控机制，包括收发货质量管理、库内质量管控、供应商管理等。

（5）建立健全网购保税进口商品质量追溯体系，追溯信息应至少涵盖国外启运地至国内消费者的完整物流轨迹，鼓励向海外发货人、商品生产商等上游溯源。

（6）向海关实时传输施加电子签名的跨境电商零售进口交易电子数据，可自行或委托代理人向海关申报清单，并承担相应责任。

2. 跨境电商第三方平台经营者（以下简称跨境电商平台）

跨境电商平台是指在境内办理工商登记，为交易双方（消费者和跨境电商企业）提供网页空间、虚拟经营场所、交易规则、交易撮合、信息发布等服务，设立供交易双方独立开展交易活动的信息网络系统的经营者。跨境电商平台应：

（1）在境内办理工商登记，并按相关规定在海关办理注册登记，接受相关部门监管，配合开展后续管理和执法工作。

（2）向海关实时传输施加电子签名的跨境电商零售进口交易电子数据，并对交易真实性、消费者身份真实性进行审核，承担相应责任。

（3）建立平台内交易规则、交易安全保障、消费者权益保护、不良信息处理等管理制度。对申请入驻平台的跨境电商企业进行主体身份真实性审核，在网站公示主体身份信息和消费者评价、投诉信息，并向监管部门提供平台入驻商家等信息。与申请入驻平台的跨境电商企业签署协议，就商品质量安全主体责任、消费者权益保障以及本通知其他相关要求等方面明确双方责任、权利和义务。

（4）对平台入驻企业既有跨境电商企业，也有国内电商企业的，应建立相互独立的区块或频道为跨境电商企业和国内电商企业提供平台服务，或以明显标识对跨境电商零售进口商品和非跨境商品予以区分，避免误导消费者。

（5）建立消费纠纷处理和消费维权自律制度。消费者在平台内购买商品，其合法权益受到损害时，平台须积极协助消费者维护自身合法权益，并履行先行赔付责任。

（6）建立商品质量安全风险防控机制。在网站醒目位置及时发布商品风险监测信息、监管部门发布的预警信息等。督促跨境电商企业加强质量安全风险防控，当商品发生质量安全问题时，敦促跨境电商企业做好商品召回、处理，并做好报告工作。对不采取主动召回处理措施的跨境电商企业，可采取暂停其跨境电商业务的处罚措施。

（7）建立防止跨境电商零售进口商品虚假交易及二次销售的风险控制体系，加强对短时间内同一购买人、同一支付账户、同一收货地址、同一收件电话反复大量订购，以及盗用他人身份进行订购等非正常交易行为的监控，采取相应措施予以控制。

（8）根据监管部门要求，对平台内在售商品进行有效管理，及时关闭平台内禁止以跨境电商零售进口形式入境商品的展示及交易页面，并将有关情况报送相关部门。

3. 境内服务商

境内服务商是指在境内办理工商登记，接受跨境电商企业委托为其提供申报、支付、物流、仓储等服务，具有相应运营资质，直接向海关提供有关支付、物流和仓储信息，接受海关、市场监管等部门后续监管，承担相应责任的主体。境内服务商应：

（1）在境内办理工商登记，向海关提交相关资质证书并办理注册登记。其中：提供支付服务的银行机构应具备银保监会或原银监会颁发的《金融许可证》，非银行支付机构应具备人民银行颁发的《支付业务许可证》，支付业务范围应包括“互联网支付”；物流企业应取得国家邮政局颁发的《快递业务经营许可证》。

（2）支付、物流企业应如实向监管部门实时传输施加电子签名的跨境电商零售进口支付、物流电子信息，并对数据真实性承担相应责任。

（3）报关企业接受跨境电商企业委托向海关申报清单，承担如实申报责任。

（4）物流企业应向海关开放物流实时跟踪信息共享接口，严格按照交易环节所制发的物流信息开展跨境电商零售进口商品的国内派送业务。对于发现国内实际派送与通关环节所申报物流信息（包括收件人和地址）不一致的，应终止相关派送业务，并及时向海关报告。

4. 消费者

消费者是指跨境电商零售进口商品的境内购买人。

（1）消费者为跨境电商零售进口商品税款的纳税义务人。跨境电商平台、物流企业或报关企业为税款代扣、代缴义务人，向海关提供税款担保，并承担相应的补税义务及相关法律责任。

（2）消费者购买前应当认真、详细阅读电商网站上的风险告知书内容，结合自身风险承担能力做出判断，同意告知书内容后方可下单购买。

（3）对于已购买的跨境电商零售进口商品，消费者不得再次销售。

在案例 12-1 中，虽然被告辩称案涉商品为跨境电商贸易商品，经保税区清关后送达原告，《消费者告知书》已明确被告仅提供协助代为申报并对接郑州海关的服务，故被告非案涉商品的销售者。但案涉《消费者告知书》属于格式条款，未有证据显示原告在购买案涉商品时必然阅读告知内容。尽管《消费者告知书》称唯品国际所售的跨境电商商品由唯品会集团在海外的公司通过海外买手深入原产地采购并销售。但该海外公司并非境内登记注册的商事主体，未有证据显示其在境内从事电商活动，唯品会网站也未将该海外公司的市场主体登记情况向消费者进行公示，该海外公司更未向原告出具相应发票或其他购物凭证。因此，前述告知内容缺乏事实依据。而且，案涉商品并非原告下单后再行采购，而是被告因唯品会网站“品牌特卖”活动所需提前通过该海外公司供应商采购，并集中仓储于郑州保税区唯品会仓库，再向消费者进行销售。据此，案涉《消费者告知书》有关“您在本网站上购买的境外商品等同于境外购买”的内容亦缺乏事实依据。因此，被告仅凭案涉《消费者告知书》的有关内容主张其并非案涉商品的销售者，缺乏事实及法律依据。

（二）关于跨境电商经营者的一般监管规定

1. 跨境电商经营者须办理市场登记

跨境电商平台经营者、平台内经营者以及为跨境电商提供服务的企业，都应当按照规定自行或者委托符合条件的企业在境内办理经营主体的备案登记手续。

因为涉及进出口贸易外汇的管理而不可能适用《电商法》第 10 条的例外情形，所以对跨境电商而言，办理市场主体登记是一个必备条件。

2. 依法办理对外贸易备案登记和海关注册登记

从事跨境电商的经营主体，原则上都符合《对外贸易法》（2022 年修正）中关于对外贸易经营者的定义：依法办理工商登记或者其他执业手续，并从事对外贸易经营活动的法人、其他组织或者个人（跨境进口零售中的平台内经营者对应的是境内的委托企业）。因此，均应当按照该法规定办理对外贸易经营者备案登记手续。在跨境电商中的收发货人或者报关企业，按照《海关报关单位注册登记管理规定》（2018 年修订）的规定须办理报关企业注册登记或者进出口货物收发货人注册登记。境外跨境电商企业应委托境内代理人向该代理人所在地海关办理注册登记。

根据海关总署《关于跨境电商企业海关注册登记管理有关事宜的公告》（海关总署公告 2018 年第 219 号），从 2019 年 1 月 1 日起，跨境电商支付企业、物流企业应当按照主管部门相关规定办理海关注册登记手续并提交相关资质证书。

3. 依法取得行政许可

对于跨境电商，海关部门对其进出口行为有相关的管理职能。参与跨境电商进口零售业务的跨境电商平台企业、物流企业、支付企业等在业务资质方面应当符合以下条件：物流企业是邮政企业，或者是已获得国家邮政管理部门颁发的《快递业务经营许可证》、已向海关办理代理报关登记手续的进出境快件运营人；支付企业应是具备《金融许可证》的银行机构，或者是具备中国人民银行颁发的《支付业务许可证》，支付业务范围包括“互联网支付”的非银行支付机构。

如果跨境电商企业经营特殊商品，则其监管除涉及市场监督管理部门和海关部门外，还涉及其他相关行业主管部门的监管职能。如食品跨境电商企业在线下开设展示（体验）店且实际销售食品的，需要按照规定办理《食品经营许可证》；无《药品经营许可证》的，不得经营药品；对于未经国务院药品监督管理部门检验合格的，不得在中国境内进行首次销售或者进口，否则按假药论处，可能涉及相关行政责任和刑事责任。根据线上特殊行业经营的行政许可与线下保持一致的原则，利用互联网进行药品销售同样应取得相关的行政许可。

对于跨境电商平台上的平台内经营者，电商平台根据《电商法》第 27 条、第 29 条的规定，承担对其行政许可信息的核验、登记等义务，对未取得行政许可即进行电商经营的主体承担采取必要措施并向主管部门报告的义务。

4. 保障人身财产安全要求

在部分有关境外卖家在跨境电商平台上向消费者直邮商品产生纠纷的司法案例中，法院指出，境外卖家从境外向消费者邮寄食品的，进口的食品应当符合我国食品安全国家标准，应当按照国家出入境检验检疫部门的要求随附合格证明材料。

跨境电商经营者应对商品质量承担责任。食品经营者采购食品，应当查验供货者的许可证和食品出厂检验合格证或者其他合格证明。食品经营企业应当建立食品进货查验记录制度，如实记录食品的名称、规格、数量、生产日期等内容，并保存相关凭证，否则应承担相应的法律后果。

在案例 12-1 中，唯品会平台既是案涉跨境电商商品的境内提供者，亦是跨境电商中个人报关服务的提供者，属于《消费者权益保护法》规定的经营者以及电商法规定的电商经营者。在冯某已经对案涉商品存在食品安全问题初步举证的情况下，唯品会平台作为案涉商品的销售者，应当举证证明其已履行了作为食品经营者的法定义务，其经营的商品符合食品安全标准。在未有证据显示系因冯某自身原因导致案涉商品长虫的情况下，平台作为经营者，应履行法律规定的质量担保义务。因平台未提交有效证据证明案涉商品在销售前已经出入境检验检疫机构检验合格，故不能认定平台已尽上述规定的查验义务，应当推定平台明知案涉商品存在质量问题。从而，法院判决唯品会平台向冯某退还货款 588 元，赔偿 5 880 元。

5. 遵守进出口监督管理相关规定

《电商法》第 26 条规定，电商经营者从事跨境电商活动，应当遵守国家有关进出口监督管理的法律法规，如实向相关监管部门提供数据信息并承担相应法律责任。

（三）政府部门相关职责

商财发〔2018〕486 号文中，还对政府部门相关职责进行了明确规定：

（1）海关对跨境电商零售进口商品实施质量安全风险监测，在商品销售前按照法律法规实施必要的检疫，并视情况发布风险警示。建立跨境电商零售进口商品重大质量安全风险应急处理机制。市场监管部门加大跨境电商零售进口商品召回监管力度，督促跨境电商企业和跨境电商平台消除已销售商品安全隐患，依法实施召回，海关责令相关企业对不合格或存在质量安全问题的商品采取风险消减措施，对尚未销售的按货物实施监管，并依法追究相关经营主体责任。对食品类跨境电商零售进口商品优化完善监管措施，做好质量安全风险防控。

（2）原则上不允许网购保税进口商品在海关特殊监管区域外开展“网购保税＋线下自提”模式。

（3）将跨境电商零售进口相关企业纳入海关信用管理，根据信用等级不同，实施差异化的通关管理措施。对认定为诚信企业的，依法实施通关便利；对认定为失信企业的，依法实施严格监管措施。将高级认证企业信息和失信企业信息共享至全国信用信息共享平台，通过“信用中国”网站和国家企业信用信息公示系统向社会公示，并依照有关规定实施联合激励与联合惩戒。

（4）涉嫌走私或违反海关监管规定的跨境电商企业、平台、境内服务商，应配合海关调查，开放交易生产数据（ERP 数据）或原始记录数据。

（5）海关对违反本通知规定参与制造或传输虚假“三单”信息、为二次销售提供便利、未尽责审核订购人身份信息真实性等，导致出现个人身份信息或年度购买额度被盗用、进行二次销售及其他违反海关监管规定情况的企业依法进行处罚。对涉嫌走私或违规的，由海关依法处理；构成犯罪的，依法追究刑事责任。对利用其他公民身份信息非法从事跨境电商零售进口业务的，海关按走私违规处理，并按违法利用公民信息的有关法律规定移交相关部门处理。对不涉嫌走私违规、首次发现的，进行约谈或暂停业务责令整改；再次发现的，一定时期内不允许其从事跨境电商零售进口业务，并交由其他行业主管部门按规定实施查处。

（6）对企业和个体工商户在国内市场销售的《跨境电商零售进口商品清单》范围内的、无合法进口证明或相关证明显示采购自跨境电商零售进口渠道的商品，市场监管部门依职责实施查处。

（四）跨境电商零售进口及商品

关于跨境电商零售进口，是指中国境内消费者通过跨境电商第三方平台经营者自境外购买商品，并通过“网购保税进口”或“直购进口”运递进境的消费行为。上述商品应符合以下条件：

一是属于《跨境电子商务零售进口商品清单》内、限于个人自用并满足跨境电商零售进口税收政策规定的条件。

二是通过与海关联网的电商交易平台交易，能够实现“三单”比对。

三是未通过与海关联网的电商交易平台交易，但进出境快件运营人、邮政企业能够接受相关电商企业、支付企业的委托，承诺承担相应法律责任，向海关传输交易、支付等电子信息。

模块二

跨境电子商务零售进口的海关监管

跨境电商作为一种“互联网＋”时代下，传统贸易模式与互联网产业创新结合而发展出来的一种新业态、新模式，牵涉海关、外汇管理局、市场监督管理局、央行等诸多行政主管部门，亦涉及不同国家的法律适用和国家主权利益的维护，跨境电商零售进口的海关监管问题备受关注。

案例 12－2

2015 年，熊某通过某跨境电商平台购买了荷兰某品牌的奶粉 9 罐，发现所有产品包装均无中文标签、说明，就此认为电商违反了《食品安全法》第 97 条“预包装食品没有中文标签、中文说明书或者标签、说明书不符合本条规定的，不得进口”的规定。熊某要求电商退回购买奶粉的货款 1 887 元，并要求电商进行 10 倍赔偿，即 18 870 元。协调未果，遂向法院提起了诉讼。

该跨境电商平台认为，其与熊某的交易方式系跨境电商，是以消费者的名义报关、通关，海关对此种货物也是按照个人行邮物品进行监管和收取关税的，不需要提供中文标签，且货物一直处于海关严格监管之下，交易过程合法有效，通关产品亦没有质量问题，其不应当承担退还货款和 10 倍赔偿的责任。

请分析：

1. 跨境电商是一种新型的国际贸易方式，与传统的进出口贸易有何重大区别？

2. 跨境电商公司是以熊某的名义和费用来处理事务，熊某与跨境电商公司之间成立的是委托合同关系还是买卖合同关系？

3. 保税区入驻企业本质上属于境外企业还是境内企业？

一、跨境电子商务零售进口之海关监管体系

目前而言，中国的跨境电商零售进口，主要是指境内消费者通过跨境电商第三方平台经营者（跨境电商平台）从境外的跨境电商进口经营者（跨境电商企业）处购买商品，并通过“直购进口”或“网购保税进口”运递入境的消费行为。

（一）现行海关监管体系梳理与归纳

海关针对跨境电商零售进口的监管体系主要包含：企业管理（注册登记、经营资质）、通关管理、税收征管、场所管理、退货管理、检疫查验、物流管理、数据监管等环节。

为更好地理解海关对于跨境电商零售进口的监管，以“网购保税进口”模式为例，可以将相关交易流程抽象如图 12-1 所示。

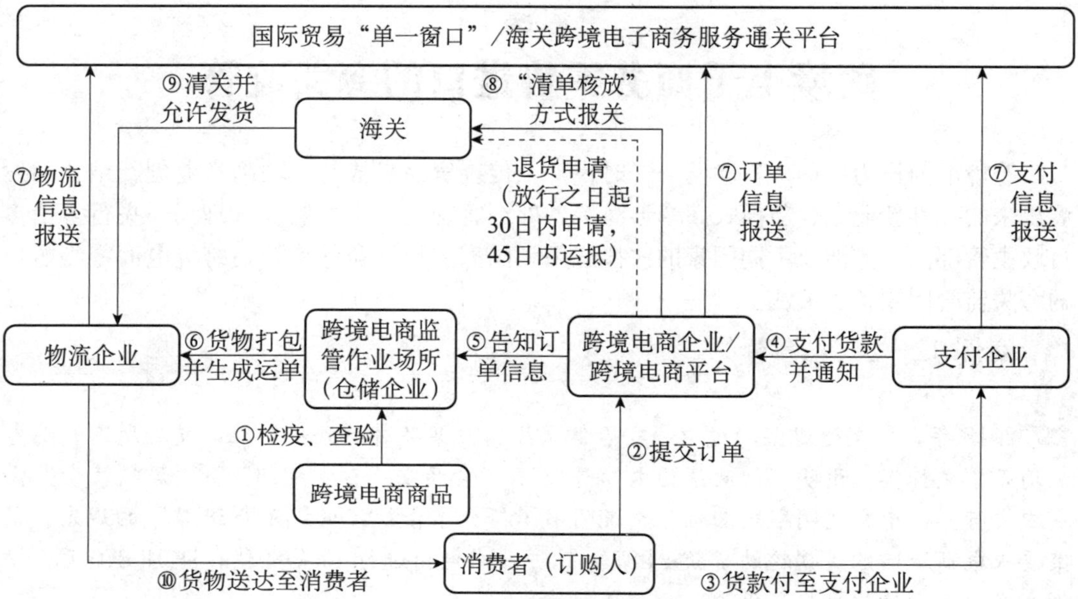

图 12-1 “网购保税进口”模式交易流程图

基于上述交易流程图可知，海关对于“网购保税进口”模式的监管体现在交易流程的方方面面，而海关对于“直购进口”模式的监管亦大致相同（“直购进口”模式与“网购保税进口”模式的区别在于：“网购保税进口”模式系批量报关进仓，由境内仓库打包发货；而“直购进口”模式则为境外打包后，由企业提前申报清单，货物运抵理货）。海关对于跨境电商零售进口各个环节的主要监管内容如表 12-2 所示。

表 12-2 跨境电商零售进口环节之海关监管体系

	对应环节	海关监管内容
注册登记	前置环节	主体：跨境电商平台企业、物流企业、支付企业等参与跨境电商零售进口业务的企业 地点：所在地海关 注：境外跨境电商企业应委托境内代理人向该代理人所在地海关办理注册登记
经营资质	前置环节	物流企业：《快递业务经营许可证》 注：“直购进口”模式下，物流企业应为邮政企业或者已向海关办理代理报关登记手续的进出境快件运营人 支付企业：银行机构——《金融许可证》；非银行支付机构——《支付业务许可证》（支付业务范围应当包括“互联网支付”）

续表

	对应环节	海关监管内容
实时信息传输	环节⑦	时间：跨境电商零售进口商品申报前 渠道：国际贸易“单一窗口”或跨境电商通关服务平台 内容：交易、支付、物流等电子信息 注：“直购进口”模式下，邮政企业、进出境快件运营人可以接受跨境电商平台或跨境电商企业境内代理人、支付企业的委托，向海关传输相关信息
数据监管	环节②、③、④、⑤、⑩	基本要求：向海关实时传输真实的业务相关电子数据和电子信息，并开放物流实时跟踪等信息共享接口
通关管理	环节⑧	通关方式：采取“清单核放”方式办理通关手续 通关材料修改或撤销：《申报清单》的修改或者撤销，参照海关《进（出）口货物报关单》修改或者撤销有关规定办理
检验检疫	环节①和⑨	进境环节：对须在进境口岸实施的检疫及检疫处理工作，应在完成后方可运至跨境电商监管作业场所 通关环节：对跨境电商零售进口商品及其装载容器、包装物按照相关法律法规实施检疫，并根据相关规定实施必要的监管措施
税款征收	环节⑨	税种：关税、增值税、消费税 完税价格：实际交易价格，包括商品零售价格、运费和保险费 税款担保：对符合监管规定的跨境电商零售进口商品按时段汇总计征税款，代收代缴义务人应当依法向海关提交足额有效的税款担保 时限：放行后 30 日内未发生退货或修撤单的，代收代缴义务人在放行后第 31 日至第 45 日内向海关办理纳税手续
场所管理	环节①、⑤、⑥	主体：跨境电商监管作业场所经营人、仓储企业 要求：应当建立符合海关监管要求的计算机管理系统，并按照海关要求交换电子数据 注：“直购进口”模式下的监管作业场所应按照快递类或者邮递类海关监管作业场所规范设置
物流管理	环节①、⑥	网购保税进口：采取视频监控、联网核查、实地巡查、库存核对等方式加强对网购保税进口商品的实货监管 转关：允许批量转关，并需随附转关商品详细电子清单 流转：允许保税区区内调拨流转及不同 1210 保税区之间的调拨流转，不允许商品在 1210 保税区和 1239 保税区之间调拨流转
退货管理	退货环节	退货范围：全部或部分原跨境电商进口商品 申请时限：退货企业在《申报清单》放行之日起 30 日内申请退货 运输时限：《申报清单》放行之日起 45 日内将退货商品运抵原海关监管作业场所、原海关特殊监管区域或保税物流中心（B 型）
其他事项	/	禁止消费者二次销售行为 海关质量安全风险监测

综上所述，海关对于跨境电商零售进口的监管涉及企业登记注册、商品进口报关、支付、物流、检验检疫、数据监管等各个层面。而随着跨境电商零售进口的不断发展，亦会涌现新的监管事项与难题，海关亦将不断完善监管体系，推动监管与新模式的匹配，助力新业态在规范中稳步发展。跨境电商零售进口相关参与主体需时刻关注海关监管风向变化与相关政策走势，且跨境电商进出口业务相关企业已被纳入海关信用管理，企业不断提升自身合规水平满足相应监管要求，将有助于跨境电商业务更好地开展。

（二）现行监管体系下各跨境电商零售进口参与主体的义务与责任

当前模式下，跨境电商零售进口各市场参与主体的义务与责任是国家对跨境电商监管的重点。现行监管体系下，各参与主体的主要义务与责任如表 12-3 所示。

表 12-3 跨境电商零售进口参与主体的义务与责任

参与主体	主要义务与责任内容
跨境电商企业	商品质量安全主体责任（接受境外注册企业委托的境内企业对商品质量安全承担民事连带责任） 消费者权益保障责任 消费者提醒告知义务 商品质量安全风险防控机制 建立健全网购保税进口商品质量追溯体系 传输施加电子签名的数据，自行或委托代理人向海关申报清单，并承担相应责任
跨境电商平台	税款代缴义务人 平台应在境内工商登记，并向海关办理注册登记，配合监管及后续执法工作 传输施加电子签名的交易数据，并对交易真实性、消费者身份真实性承担责任建立平台内交易规则、交易安全保障、消费者权益保护、不良信息处理等制度区分跨境电商企业、国内电商企业/跨境电商零售进口商品、非跨境商品 建立消费纠纷处理和消费维权自律制度 建立商品质量安全风险防控机制 建立防止跨境电商零售进口商品虚假交易及二次销售的风险控制体系 根据监管部门要求，对平台内在售商品进行有效管理
境内服务商	支付企业：应如实向监管机构传输支付信息，并承担相应责任 报关企业：（1）税款代缴义务人；（2）接受跨境电商企业委托向海关申报清单，承担如实申报责任 物流企业：（1）税款代缴义务人；（2）应如实向监管机构传输物流信息，并承担相应责任；（3）应向海关开放物流实时跟踪信息共享接口，异常情况应及时报告
消费者	纳税义务人 风险判断：购买前应当认真、详细阅读电商网站上的风险告知书内容，结合自身风险承担能力做出判断 禁止再次销售：对于已购买的跨境电商零售进口商品，不得再次销售

综上所述，随着跨境电商零售进口业务模式的不断探索，相应的监管体系亦趋于成熟，跨境电商零售进口各方参与主体的经营活动更应规范化。在案例12-2中，跨境电商是一种新型的国际贸易方式，与传统的进出口贸易有重大区别。其一，消费者在订购时应当向跨境电商公司提供完整、准确的个人信息；其二，跨境电商实际发生的商品在进关入境环节中是以网购订单、支付单和快递单上的消费者本人名义进行通关申报的；其三，商品通关的性质是消费者个人行邮物品，而不是贸易商品。故本案的核心要素是跨境电商公司是以熊某的名义和费用来处理进口事务，即熊某与跨境电商公司之间成立的是委托合同关系，而非买卖合同关系。熊某作为委托人，跨境电商公司作为受托人，由跨境电商公司为消费者提供采购商品、通关纳税、物流托运等服务，并收取消费者的购买价款、关税、运费和委托报酬，跨境电商公司并非销售者。即跨境电商公司向熊某出售的是服务，而非商品本身，故不承担《食品安全法》中销售者的法律责任。如果跨境电商公司无过错，则不应承担责任。

如果只是通过电商方式完成订购、签约等，仍然通过传统的进出口贸易运输方式运送至购买人所在地，则归入货物贸易范畴，属于《关税与贸易总协定》(General Agreement on Tariffs and Trade，GATT) 的管理范畴，此时消费者与国内分销商是传统的进出口商品买卖关系。跨境电商保税进口，依据电子系统进行交易，在很大程度上属于服务贸易范畴，国际普遍认可按《服务贸易总协定》(General Agreement on Trade in Services，GATS) 的规则中的服务贸易进行管理，此时，跨境电商公司只是接受消费者的委托，进行海关通关处理。跨境电商本质是国外商品物权的转移，一些规范的保税区要求入驻企业的物权主体在国外，货款也须流向海外账户，国内公司作为服务主体，从而规避税收、品牌纠纷、法律主体认证困难等问题。

案例12-3

李某系广州志都公司负责人。2015年5月，志都公司申报了跨境电商企业资格。为同步开展跨境电商业务，李某委托他人开发“正路货网”，并向广州海关申请跨境电商企业备案，作为志都公司跨境电商平台用于生成订单。2015年6月，志都公司与梁某商议，由梁某负责揽货，志都公司负责将货物以跨境电商贸易形式伪报进口。2015年8月，王某委托梁某以跨境电商个人物品的方式报关进口货物，梁某遂将相关业务交由志都公司办理。李某指使志都公司相关人员分别制作虚假个人订单、虚假快递单及虚假支付信息后合并推送给海关，利用行邮物品免税或者低税率的监管规定，伪报贸易性质进口货物。从2015年9月至11月间，志都公司利用上述方式为王某走私进口货物共19 085票，偷逃税款共计207万多元。

请分析：

1. 案例中反映出跨境电商零售进口海关监管中存在哪些问题？
2. 案例中李某应按何种罪名来处罚？

二、跨境电商零售进口海关监管存在的问题

相关企业在实践中所采取的诸如“伪报”“刷单”等问题已然引发海关的执法关切，而保税仓监管亦是海关对跨境电商零售进口监管的重要环节。

（一）跨境电商零售进口的“伪报”问题

现行监管体系下，海关以正面清单的形式规定了允许以跨境电商零售进口模式进入中国的商品。依据正面清单，部分商品仅限于通过网购保税进口，部分类目仅限于特定商品（如按重量计增塑剂含量小于6%的聚氯乙烯板、片、膜、箔及扁条，在备注中明确规定仅限于家用保鲜膜），且部分商品的进口须同时符合其他限制性要求（如珊瑚及水产品壳、骨的粉末及废料，规定列入《进出口野生动植物种商品目录》的商品除外；零售包装的狗食或猫食罐头，不仅限于网购保税进口，亦要求为已获得检疫准入的商品）。“伪报”具有多种形式，主要如伪报品名、商品编码、原产地等。跨境电商零售进口中，相关市场参与者为谋取差额税款作为额外“利润”而向海关提供了虚假的申报信息，将本应以一般贸易进口的货物以跨境电商形式进口代之，致使国家税收损失。基于现行监管体系，“伪报”行为涉嫌走私与违规行为，将由海关依法处理，构成犯罪的将会被追究刑事责任。然而，鉴于跨境电商零售进口货源极其广泛，进口批次繁多，海关仅能依据相关抽检活动来发现“伪报”问题，针对跨境电商零售进口“伪报”的监管仍任重而道远。对于“伪报”行为而言，如实提供真实准确的报关信息系企业基本义务，跨境电商企业及其代理人与报关企业对“伪报”行为承担连带责任。

在案例12-3中，李某作为志都公司直接负责的主管人员，逃避海关监管，以伪报贸易性质的方式走私普通货物入境，情节严重，其行为已构成走私普通货物罪。

（二）跨境电商零售进口之“刷单”和“推单”问题

依据相关司法案例，“刷单”是指跨境电商企业以购买、非法收集等手段获取客户信息，并利用其构造虚假交易，包括虚构订单、支付信息以及物流数据等，并将其报送海关，以使得相关商品能够以“直邮进口”或“网购保税进口”模式申报进口，之后再进行二次销售。对于此类“刷单”行为，即利用其他公民身份信息非法从事跨境电商零售进口业务的，海关将按走私违规处理，并按违法利用公民信息的有关法律规定移交相关部门。尽管在当前监管体系下，海关已经能够主动抓取电商平台与交易相关的各项数据，但由于跨部门合作的监管体系尚不成熟，仅依靠海关所能抓取的信息仍较难甄别交易真实性，海关需与央行、市场监管部门、公安或网信部门展开密切合作，方能信息共享发现异常点（包括但不限于：大量不同人员使用同一收货地址且人员无相关性、人员信息与联系方式不一致、大量人员使用同一付款信息且人员无相关性等情形）。对于“刷单”行为而言，其责任主体不仅包括实施“刷单”行为的跨境电商企业本身，跨境电商平台对于交易真实性与消费者身份真实性亦需承担相应责任。

常见的跨境电商走私案件中，打击对象通常实施了“刷单”行为。另有一种“推单”模式，通常为跨境电商经营者与其他真实商家，利用自己的跨境电商平台经营资

质，将真实订单导入与海关联网的跨境电商平台，并为之匹配支付单和物流单后将“三单”信息推送给海关，最终以跨境电商零售进口模式将境外商品申报入境并直接寄送至下单的消费者。“将本应以个人行邮方式报关进口伪报成跨境电商商品向海关申报进口”的“推单”行为违法。其于“刷单”的明显区别之处在于订单真实性的问题。“刷单”模式下，通常并不具有真实订单，行为人虚构订单信息以此试用优惠政策；而“推单”模式下，订单是由境内消费者的购买行为而真实生成的，本质上可归入跨境电商直购进口模式（B2C）。

相比较于“刷单”并非真实订单、所进口货物不符合消费者“合理、自用”的标准，“推单”模式下如果不存在低报价格的情况，即使存在形式上的不合规，但消费者信息、订单及物流需求等并未伪报，实质上仍然符合个人行邮税的征收标准，因此不会造成税款流失。而商财发〔2018〕486 号文中要求电商平台防范走私行为的具体规定为“建立防止跨境电商零售进口商品虚假交易及二次销售的风险控制体系，加强对短时间内同一购买人、同一支付账户、同一收货地址、同一收件电话反复大量订购，以及盗用他人身份进行订购等非正常交易行为的监控”。因此政策的监管重点仍然集中于确认订单的真实性，防止通过虚假手段致使发生二次销售等情况。

（三）跨境电商零售进口之保税仓监管问题

鉴于跨境电商零售进口具有优惠的税收政策，因此保税仓库存管理显得尤为重要，如若被海关监管或稽查发现严重的盘亏，且相关企业无法提供合理解释时，可能会被海关进行相应处罚。

从目前的实践而言，利用系统问题未进行申报、未申报成功即打包快递出区等非正常手段致使货物流出特殊监管区域的行为均可能造成库存盘亏。此外，非法申报退货行为，诸如申报退货数量与原进口报关单数量不一致、申报退货的商品品名与原进口报关单不一致等情形，亦有可能造成库存盘亏。由于库存盘亏会影响国家税收，因此超出合理范围的盘亏需由相关经营企业向海关提供合理解释。针对保税仓监管问题，直接责任主体为跨境电商仓储企业，而此类企业往往为跨境电商企业或跨境电商平台的境内合作服务商。如前所述，若因跨境电商企业或跨境电商平台行为所导致的盘亏，其亦应承担相应法律责任。

模块三

跨境电商运营中的法律实务

在跨境电商运营过程中，存在货物流、资金流、信息流三条线，这三条线相对于国内电商运营，都有其跨境监管的特殊性。

一、货物流：跨境电商物流通关法律问题

案例 12-4

某年4月至6月，当事人以保税电商监管方式向海关申报进口3票电扇，申报商品编码均为8414599091，申报数量合计1 650台，其中1 608台通过海关跨境电商平台进行了销售。经查，发现上述电扇不属于跨境电商零售进口正面清单内商品，应归入商品编码8414519200项下。当事人进口货物，商品编码申报不实，影响国家税款征收。经计核，上述1 608台电扇的价值共计131.85万元，漏缴应纳税款共计102 447.9元。

请分析：

为什么海关监管需要限制跨境电商进口商品的正面清单？

（一）一般规定：进出口货物与进出境物品

1. 货物与物品的区分

海关通关监管对象与跨境电商密切相关的是进出口货物与进出境物品。进出口货物与进出境物品的区分主要考虑如下因素：

（1）从用途来看，进出口货物具有贸易性质，货物进出境是为了销售；而进出境物品不具有贸易性质，物品进出境是为了本人自用、馈赠亲友。

（2）从数量来看，进出口货物数量较大；进出境物品以合理自用数量为限，超出数量限制则会被海关认定为进出境货物。

（3）从外汇来看，进出口货物是购进或售出的商品，因此有对应的外汇收支，从事货物进出口的企业须凭报关单等通关材料向银行申请进行购付汇和收结汇，由银行审核贸易真实性并一一核销；而进出境物品不属于商品，因此没有对应的外汇收支，无须通关单等手续，无外汇监管。

（4）从税收来看，进出口货物征税内容包括关税、增值税和消费税；而进出境物品仅在进境环节征收进口税，除了名牌包等例外情况，一般而言进出口货物的税率通常高于同类进出境物品。

（5）从许可来看，国家对部分限制进出口货物进行许可证管理；除了出境携带的文物外，一般进出境物品不涉及行政许可问题。

2. 海关的基本通关流程

货物通关和物品通关具有不同的流程。在跨境电商语境下，物品通关指的是个人邮递物品进境。与旅客行李物品通关相同，个人邮递物品进境也需要遵守《禁止进出境物品表》和《限制进出境物品表》对应的相关限制规定，以及具体限值和征免税规定。值得注意的是，个人邮寄进出境物品超出规定限值的，应办理退运手续或者按照货物规定办理通关手续。

在跨境电商监管方式下，进口物品可以享受更为优惠的税率和贸易管制要求，但正

因如此，监管中也规定了非常严格的适用前提，目前主要通过《跨境电子商务零售进口商品清单》对允许以跨境电商模式进口的商品给予明确列名，未在清单的商品不能适用跨境电商监管方式。

3. 关检合一

2018年8月，出入境检验检疫机构由原来的商检机构并入海关，实行关检一体化。关检一体化主要体现为“四个一”：

一张报关单：原报检单与报关单合并，整合各填报项目，形成新的报关单，并配套出台《海关进出口货物报关单填制规范》。

一套随附单证：包括联网监管证件、报关单随附单据、商业单证、检验检疫证书以及其他随附单证。

一组参数代码：对原报关、报检项目涉及的参数代码进行梳理，参照国际标准，实现现有参数代码的标准化。

一个申报系统：在申报项目整合的基础上，将原报关报检的申报系统进行整合，形成一个统一的申报系统。用户由“互联网+海关”、国际贸易“单一窗口”接入。

（二）特殊政策：跨境电商商品物流通关

1. 跨境零售电商常用的进出口模式

跨境电商零售产品既具有商业性质，又是终端消费者个人自用的商品，因此目前对于跨境电商零售商品，海关是按照个人物品属性进行监管，无须像货物监管一样申请货物进口许可、注册或备案。同时，按照货物的税收结构进行征税，不征收进口税。值得注意的是，海关对于进口跨境电商商品的征税也不同于一般贸易货物的全额征税，而是提供税收优惠，依据《关于跨境电商零售进口税收政策通知》征收跨境电商税，即限值以内关税税率为零、进口环节增值税、消费税按法定应纳税额的70%征税。

2. 跨境电商零售进口海关监管模式：直购进口和网购保税进口

直购进口模式下，消费者在跨境电商平台上购买的商品经快件、邮政小包等物流方式从境外商品所在地直接邮寄至消费者。网购保税进口模式下，消费者在跨境电商平台上购买的商品经保税区备货后再经国内物流分送至消费者。直购进口、网购保税进口通关合规要点如下：

首先，进行报关单位注册登记，即进出口收发货人和报关企业获取《海关报关单位注册登记证书》（报检企业备案也包含在该证书范围内）。值得注意的是，跨境电商平台从事自营跨境业务的，也需要进行该项登记。跨境电商平台（无自营业务）、支付企业、无委托报关业务的物流企业，在海关进行信息登记，无须取得《海关报关单位注册登记证书》，而是获得“无报关权企业注册登记编号”。

其次，跨境电商零售进口商品申报前，跨境电商平台企业或跨境电商商务企业境内代理人、物流企业、支付企业应当分别通过国际贸易“单一窗口”或跨境电商通关服务平台向海关传输交易、支付、物流等电子信息，并需电子签名，且对数据真实性负责，实现“三单信息”一致，助力快速通关；直购进口模式下，邮政企业、进出境快件运营人可以接受跨境电商平台企业或跨境电商企业境内代理人、支付企业的委托，在承诺承担相应法律责任的前提下，向海关传输交易、支付等电子信息。

3. 跨境电商零售出口监管模式：一般出口和特殊区域出口

一般跨境电商出口，跨境电商企业与海关联网开放数据或通过国际贸易“单一窗口”或跨境电商通关服务平台传输数据。境外消费者通过平台发送订单后，电商企业及平台将交易、支付、物流“三单信息”实时传输给海关，信息比对一致后，海关放行，商品以邮件、快件方式运送出境。

特殊区域出口也称“保税出口”，指跨境电商企业将跨境电商零售出口商品批量统一报关进入保税区，进行先期备货，待境外消费者通过跨境电商平台下达订单后，实时向海关传输“三单信息”后出口。作为2018年兴起并逐步推广的出口监管模式，充分利用了“统一报关分批进口”的优势，满足了跨境出口订单碎片化、多元化的要求，解决了传统跨境小包出口结汇、退税、数据统计难等问题，提升了贸易效率。

在案例12-4中，当事人申报进口的电扇，结合税则号列来看，电动机输出功率超过125瓦的台扇、落地扇、壁扇和未超过125瓦的落地扇，是归入不同的税则号列的，即电动机功率不超过125瓦的落地扇当然不能按照跨境电商监管方式进口，而应当按照一般贸易方式进口，全额缴纳关税增值税。当事人以跨境电商监管方式申报进口，显然错误地享受了优惠税率，此时当事人除了需补缴相应税款之外，还可能面临行政处罚。

4. 1039市场采购贸易方式

1039市场采购贸易方式是指由符合条件的经营者在经国家商务主管等部门认定的市场集聚区内采购的、单票报关单商品货值15万（含15万）美元以下，并在采购地办理出口商品通关手续的贸易方式。其设立的最初目的是推进小商品市场贸易健康发展，具有严格的商品限定、区域限定、主体限定以及通关地限定的特点，存在多种风险：

一是主体多元复杂。生产商、中介、外商主体活跃多元，该模式下多为中小企业，规模小、数量多、监管困难，易产生个别企业虚假备案、借用其他公司备案等情况。

二是商品质量参差不齐。市场采购贸易的商品多为小商品，种类多、量小、价格低，个别商家缺乏诚信意识，针对不同的进口国生产不同档次的商品，海关、市场监管难以对如此繁杂多样的种类进行全面质量评估检查。因此，销往国外的商品质量难以保证，易产生购销合同纠纷、消费者侵权纠纷等问题。

三是收汇监管困难，问题突出。国际货物贸易需要国际供应链的整体协作、配合和支持。跨境电商出口的货物流经电商平台、境内物流、国际首程、目的国仓储、目的国落地配、货款结算及汇兑等环节。由于整个供应链合作的高度随机和碎片化，而海关申报只作为物流过程的一个环节，不能与整个供应链形成完整的回路。

四是税收风险。该模式采取“免征不退”，无须开具发票申请出口退税，致使大量外贸企业出口获取大量资金而不纳一分税，极易引起税务部门的关注。

五是海关申报不实、走私风险。因市场采购对商品种类有所限制，超出种类范围的商品不能通过市场采购方式出口，因此易产生申报不实，伪报商品类别等情况。例如：将本无法通过市场采购的个别须法定检验的商品伪报成允许范围内的商品，利用法定检验便利化及大类集中申报的政策优势，逃避法定检验，一旦被海关稽查，将承担累积性的行政处罚，严重者将被追究刑事责任。

对于有意向采用“市场采购”方式出口的跨境电商而言，明确政策适用范围是重中之重，同时选择如实申报的合规外贸合作企业也尤为重要。

二、资金流：跨境支付与结算合规运作

跨境电商资金流依据商品流向不同分为跨境电商进口支付与跨境电商出口收款两部分。前者要求“境内服务商”支付机构进行支付结算业务并将数据施加电子签名向海关进行实时传输。与境内电商支付相似，境内买方通过支付机构支付人民币，支付机构依据境外跨境电商信息进行清分结算，依据币种要求不同，分为人民币备付金账户和外币备付金账户，支付机构依据跨境电商平台的交易信息将货款清分至对应备付金账户，待买方发出支付口令后，进行购汇结算。跨境电商出口基于外汇资金流入，集中于境内卖家利益，而境外源头不可控，相比进口程序更复杂，所涉风险也更多，了解跨境电商出口资金流将有助于企业全方位了解支付与结算的合规风险点。

（一）不同货物出口报关模式下的跨境收款

在出口贸易项下，跨境出口电商的资金流需要建立在真实合法的货物交易基础上，外汇管理部门依据海关对货物贸易的监管和统计确认资金跨境转移的基础交易的真实性。出口电商的报关模式能否体现真实的基础贸易关系是外汇管理部门判断是否符合“谁出口谁收汇”基本原则的依据。对于目前出口电商主要采取的几种报关模式，结合海关监管代码，以是否专用于跨境电商为标准，分为两类：一般报关模式（“0110 一般贸易”和快递出口报关模式）与特殊报关模式（“9610 跨境电商”和“1210 保税电商”模式）。

“0110 一般贸易”模式是最通用的出口报关模式，主要适用于一般货物贸易，但同样也可适用于跨境电商，特别是 B2B 模式的跨境电商。特点是此类商品按照一般货物贸易进行监管，按照一般货物贸易进行征税，“先清关后出境、每单必报”，出口前每单必须向海关申报并取得报关单后才能进行后续的收结汇和出口退税流程。核销过程复杂、耗时较长，所需材料多，包括但不限于合同、报关单、发票。近年来兴起的由平台统一代理境内卖家提前将货物清关备货到海外仓，待生成具体订单之后直接从海外仓发货的模式，实际上也属于一般贸易模式。实践中因为跨境电商零售出口的产品种类多、价值低、订单零散、发货频次高等特点，以一般贸易方式报关收结汇成本过高，耗时过长，因此该种做法并不常见。

快递出口报关模式是目前跨境出口电商的主流物流通关方式。出口电商委托物流公司以邮件小包或快件寄出，并以物流公司名义统一报关，目前仅包括价值在 5 000 元及以下的货物且不涉及许可证件管制的、不需要办理出口退税、出口收汇或者进口付汇、不需要检验检疫的货物（C 类快件）。

因为跨境电商商品普遍具有小额、大量、多样的特点，且跨境电商出口飞速增长，这些常用的报关方式无法满足“广泛、便利、快捷”的通关需求，进而无法满足境内卖家快捷结汇的需求。海关总署又专门推出“9610 跨境电商”和“1210 保税电商”两种监管模式，推动通关一体化、结汇一体化发展，境内卖家收款变得更为快速、可靠。

以“9610”模式在境内收款为例，跨境出口流程及步骤如图 12－2 所示：

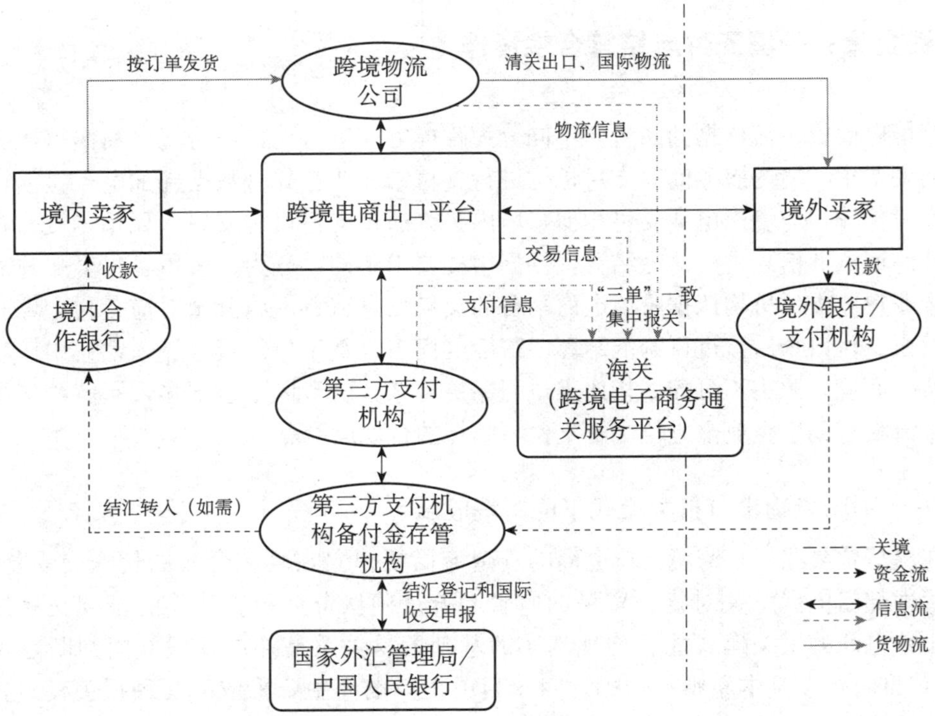

图 12－2 海关监管代码“9610”的出口收款模式

第一，第三方支付机构、跨境电商平台及跨境物流公司需向海关进行注册登记；

第二，境外买家在跨境电商出口平台下单后，通过境外银行或其他支付机构完成付款，款项到达境内平台绑定的第三方支付机构的外汇备付金账户中；

第三，第三方支付机构向境内卖家发送支付信息，境内卖家按订单发货；

第四，跨境电商出口平台、第三方支付机构及跨境物流公司向跨境电商通关服务平台实时传输交易、收款、物流的出口“三单数据”，三单一致，清单核放，汇总申报；

第五，在买家确认收货或无理由退货保护期届满后，第三方支付机构向境内卖家放款（如需结汇的，由第三方支付机构向境内合作银行提交货币汇兑清单和集中结汇指令，银行依据指令进行结汇）；

第六，跨境支付合作银行（第三方支付机构备付金存管机构）向外汇管理部门完成结汇登记和国际收支申报。

（二）跨境电商出口收款

跨境电商出口收款涉及跨境资金流转，所涉及的国家外汇管理的法律法规以及规范性文件非常复杂。目前跨境出口电商往往因为无收结汇的相关正式材料而只能通过离岸账户、个人分拆、地下钱庄等渠道实现资金收付和结售汇，存在非常大的风险，如何解决外汇管理问题一直是实践中的难点。

1. 关于跨境收款收结汇的基本要求

确定关于收结汇的核心要求如下：

（1）企业应当按照“谁出口谁收汇”原则办理贸易外汇收支业务；

（2）外汇部门对企业的贸易外汇管理方式由逐笔核销改为非现场总量核查，即通过货物贸易外汇检测系统采集企业货物进出口和贸易外汇收支逐笔数据，定期比对、评估企业货物流与资金流匹配情况，从而实现非总量核查；

（3）对出口贸易企业进行外汇管理分类对比，如表12－4所示。

表12－4　外汇管理分类对比表

	A类企业	B类企业	C类企业
管理原则	便利化管理	审慎监管	
审核单证	凭出口报关单、合同或发票等任何一种能够证明交易真实性的单证	审核相应的出口货物报关单和出口合同	
银行审核力度	无须联网核查	由银行实施电子数据核查；超过核准额度的须经外汇局逐笔登记后办理	须经外汇局逐笔登记后办理
可否提交电子单证办理	可以	不可以	
收汇资金是否需要进入待核查账户	不需要，可直接进入经常项目外汇账户或结汇	需要	
出口收入是否可以存放境外	可以	不得存放境外账户，外汇局可要求其调回境外账户资金余额	列入之日起30日内关闭境外账户并调回境外账户资金余额

2. 办理跨境收款收结汇的基本方式

（1）直接收款、自行或代理办理收结汇。跨境出口电商应当依法取得对外贸易经营权后在外汇管理部门办理“贸易外汇收支企业名录”的登记手续，然后到银行开立经常项目外汇账户（如需通过境外账户或者离岸账户的事先取得外汇局的批准）以办理收结汇手续。

例如：出口电商在银行开立美元账户，货物出口后收到一笔金额为15万美元的跨境汇入资金，则该电商应该按照不同分类的出口贸易企业对应的要求办理收结汇手续；如果该电商委托了某代理方进行收汇，则资金入账后，代理方应向银行提交汇款指令，将美元收汇划转给该出口电商，或者代理方向银行提交结汇申请，将结汇后的人民币资金划转给该出口电商。

（2）采用第三方支付机构通道收款。在国家外汇管理局允许范围内开展跨境外汇支付业务的支付机构，可以为跨境电商交易双方提供外汇资金收付及收结汇服务。

3. 关于将出口外汇收款留存境外或者迟延结汇

考虑到从事出口贸易企业的经常项目外汇收支频繁，境内机构可根据《关于境内机构自行保留经常项目外汇收入的通知》自行保留其经常项目账户中的外汇收入。目前部分第三方支付机构如国际支付宝，也可以支持平台上的出口电商选择“收外汇、不结汇”的方式，直接将相应的外币汇入境内卖家的银行外汇账户。

在外汇管理部门同意的情况下，出口电商企业可以根据《货物贸易外汇管理指引实施细则》的规定在境外银行开立用于存放出口收入的境外账户，将具有真实、合法交易背景的出口收入存放境外；可根据自身经营需要确定出口收入存放境外期限，或将存放境外资金调回境内。

4. 关于以人民币跨境收款

为便利跨境贸易并降低汇率影响，推行跨境人民币结算是近年来人民银行为支持外向型企业的资金管理、增加新金融业态的重要举措。凡依法使用外汇结算的跨境交易，境内银行可在“了解客户、了解业务、尽职审查”的“展业三原则”基础上直接办理跨境人民币结算。

除了商业银行，第三方支付机构也可以经人民银行批准办理电商人民币资金跨境支付业务。类似于国内消费者海淘时直接支付美元，境内卖家在跨境电商平台上也可以直接以人民币作为收款的币种，只要该笔交易符合一般结汇条件，收款后可通过银行或者有资质的第三方支付机构直接办理跨境人民币结算业务。

三、信息流：大数据背景下跨境电商的数据安全与信息保护

随着各种新技术的深入应用，个人信息保护的新场景、新问题层出不穷。作为个人信息安全领域最为基础的国家标准，《信息安全技术　个人信息安全规范》(GB/T 35273 2020）于 2020 年 10 月 1 日实施。跨境电商数据收集、使用者应当关注以下四点：

（一）信息明示同意

信息收集使用需获得明示同意。合规收集数据的同时，尊重用户体感也非常重要。收集、适用信息要遵循“直接关联、最低频率、最少数量”的标准，让用户体会到信息收集的必要性并愿意提供信息，而不是迫于强制需要限制，这是数据收集、使用者应当关注和改进的。在收集信息寻求同意的模板设计上，应注意完善用户体验，如提供人性化的阅读版面以及简洁易懂的服务说明。

（二）重视用户权利

删除权和请求更正权等用户权利已经得到明确。在信息社会大数据的背景下，人们对个人隐私也越来越重视，如何更顺利地获取用户信息？数据收集、使用者应当增强用户对个人信息的控制权，营造用户分享信息所需的安全感。如设置个人信息主体撤回同意权利、注销账户权利、获取个人信息副本权利、对于自动决策的申诉权利等。此外，上述权利实现机制也须在个人信息控制者制定的隐私政策中予以明示。

（三）应对安全事件

数据收集使用者应制定个人信息安全事件应急预案，包括个人信息安全事件的分

类、事件分级、组织体系与职责、预防预警、应急响应、保障措施等；定期组织内部相关人员进行应急响应培训和应急演练；在发生个人信息安全事件时，应及时将事件相关情况告知受影响的个人信息主体及有关主管部门。

(四) 完善制度建设

完善响应机制，数据收集、使用者可以在隐私政策中告知用户联系热线或者在服务平台上建立查询、修改个人信息或注销账户的方式，以满足个人信息访问、更正个人信息或注销账户的请求权。

模块四

跨境电商知识产权法律实务

虽然《电商法》等相关法律政策专门规范了跨境电商业务，但地域文化的差异性以及知识产权的地域性等导致了境外企业控告中国跨境电商侵权事件层出不穷，使得我国跨境电商企业在贸易过程中屡屡遭到知识产权侵权纠纷的困扰。

案例 12-5

某日义乌海关在进行现场监管时，发现了几个特殊的包裹，人工查验后发现里面装的都是“adidas”品牌的限量款“yeezy”运动鞋，共18双。几天后，经过风险分析，海关又查获同一寄件人邮寄的5双“yeezy”系列运动鞋。

经过权利人阿迪达斯体育（中国）公司确认，该批运动鞋为侵权假冒产品。经过对面单信息仔细分析，海关发现了一个在某跨境电商平台上销售假鞋的商家，根据其主页显示，主要销售的商品为“adidas”“NIKE”等品牌的运动鞋，其中有不少鞋子与现场查获的运动鞋款式相同，标价在50美元到70美元，主要销往美国、英国、德国等欧美国家。海关将该案件移送至公安部门。

为进一步深挖源头，义乌市公安局依托与阿里巴巴集团的警企战略合作协议，借助大数据、云计算等技术支持，案情逐渐明朗：义乌的这家售假网店仅是冰山一角，单证流、货物流、资金流、社交流多管齐下，背后一个纵贯生产、批发、零售等各个环节，横跨福建、广东、浙江等6个省市的跨境制假、售假违法犯罪网络逐渐浮出水面，其有销售仓储窝点8个、生产窝点1个，涉案案值逾千万元。

请分析：

案例中反映出我国在跨境电商知识产权保护方面做出了怎样的努力？

一、行邮渠道的海关监管措施

国家禁止侵犯知识产权的货物进出口。行邮渠道是跨境电商零售进出口商品的主要渠道之一，目前对于跨境电商零售进口商品按照货物征税、按照物品监管，这意味着对于跨境电商行邮物品存在适用非商业性有限豁免的可能，对于旅客个人行李中所携带或小型交运件中发送的少量非商业性的商品，可以不适用《与贸易有关的知识产权协定（TRIPS）》（2017 年修正）第 60 条的规定。《知识产权海关保护条例》（2018 年修正）同样遵循了行邮物品有限豁免的原则，即对于自用且在合理数量范围内的侵权商品不启动知识产权海关保护执法措施。对于超出自用、合理数量的侵权物品，收/寄件人可以向海关声明放弃，进而免除行政处罚。

虽然单件物品存在非商业性有限豁免的可能性，但行邮渠道绝不是跨境电商侵权的“避风港”。跨境电商虽然单笔交易货值较低，但其作为一种商业模式的持续经营意味着高频次交易后的风险累积。在案例 12－5 中，海关已经能够运用大数据对邮件侵权商品重点布控，并与市场监管部门、公安部门密切配合，发挥公安部门技术侦查优势，深挖扩线、追根溯源，最终形成全链条打击。

另外，由于邮寄物品寄、收件人信息缺失、虚假等原因，邮寄物品常常出现“见货不见人”的情况。在可以确定物品侵权但无法查清货主身份的情况下，海关自制发有关公告之日起 3 个月后可以对相关物品予以收缴。

二、跨境电商企业避免知识产权侵权的措施

（一）作为电商经营者及开展自营业务的电商企业

首先，通过海关总署“知识产权海关保护备案系统”查询备案的知识产权情况，初步判断自己的商品是否侵权。

其次，如果对利用系统查询的结果仍然判断不准，还可以利用海关预确认制度进行咨询。良好的关企互动也便于海关开展工作，提高工作效率，同时树立中国海关有担当、有作为的形象。

对于企业而言，预确认属于法律咨询，产品尚未进出口，因此即使涉嫌侵权也不会受到任何处罚。

最后，出口企业应当积极了解产品销售地的知识产权保护政策和同行业商品的知识产权注册情况，切不可心存侥幸，若有必要应及时进行市场调查，对产品所使用的商标、装潢、宣传语、外观设计等进行检索、分析，以判断是否侵权。

（二）作为电商平台经营者的电商企业

《电商法》着重强调了电商平台的知识产权保护责任并明确了“避风港原则”和“红旗原则”的法律适用。

当然，电商平台“转送通知”义务的履行并不能作为电商平台迟延采取删除、屏

蔽、断开链接、终止交易和服务等必要措施的抗辩。电商平台在接到通知之后，必须采取必要措施。这一条关于知识产权保护的规定，将为知识产权权利人的维权提供极大的便利，但也存在知识产权权利人滥用其权利的可能性。实践中，知识产权权利人借此规定滥用权利的方式可能包括：（1）国内厂商抢注商标，申请海关备案，阻止同类产品的进出口；（2）以侵犯知识产权为由申请海关扣押竞争对手的商品，造成竞争对手商业违约；（3）国外竞争者向我国海关提供误导信息（如恶意举报），致使我国商品出口受阻；（4）权利人通过不准确的备案权利信息不当扩展海关保护的权利范围。

除了严格遵守《电商法》关于知识产权“避风港原则”和“红旗原则”的要求，电商平台的防范措施还包括：（1）电商平台企业应该要求入驻商户提供有效的证明文件，对商品内容合法性至少进行形式审查，同时保留必要的商品来源证明材料，实现源头可溯。（2）电商平台也可以推出惩戒措施，比如建立企业失信黑名单，在一定时间内禁止侵权商家入驻平台。（3）新兴电商平台可以借鉴成熟平台的制度经验，搭建知识产权保护平台，通过平台及时发布相关资讯、解答常见权属争议问题；建立权利人身份信息、权属信息认证机制；提供投诉渠道；颁布知识产权侵权处理规则等，为权利人与经营者提供明确的指引。（4）电商平台应当与海关实现平台对接并实时分享数据信息，为海关提供违法犯罪线索，联手打击知识产权侵权行为。

三、跨境电商企业避免被侵权的保护措施

（一）主动备案

海关保护知识产权的执法模式分为依职权保护和依申请保护两种，鉴于通常知识产权权利人难以及时了解其他企业的进出口商品信息，海关依职权查处侵权是当前知识产权海关保护的主要途径。

根据《知识产权海关保护条例》的规定，企业进行知识产权备案是海关采取主动保护措施的前提条件。因此，要想依靠海关的力量为企业把好知识产权这道关，企业应当尽早对自己享有的知识产权进行海关备案。同时，备案可以对企图进行侵权的其他企业产生震慑作用，可以迫使已经在生产、销售侵权货物的企业停止侵权，还可以使非恶意侵权的企业避免“误打误撞”的侵权。

（二）一商标一申请

从跨境电商商品的侵权特点来看，商标侵权占跨境电商知识产权侵权总量的98%以上，而《商标法》是海关进行知识产权海关保护的重要依据，但海关对商标权的保护与《商标法》的规定并不能直接画等号，其中差异根源来自知识产权的私权属性与海关知识产权保护的公权力属性的区别。

《商标法》第57条规定了七种侵犯商标专用权的行为，但并不是所有的商标侵权行为都属于海关实施知识产权保护的范围。因为知识产权属于私权，私权可以放弃，在当事人向海关进行备案时，海关可以将当事人未进行备案的近似商标理解为放弃寻求海关保护。

基于“不告不理”原则和海关行政执法的特点，海关可以仅对企业申请备案的商标进行保护，而不必对《商标法》所称的“近似商标”进行查处，实践中各地海关的做法也不完全一致。因此，进出口企业如果想要充分保护自己商品的知识产权，可以考虑将商品的主打商标、二级商标、防御商标都向海关申请备案，一商标一申请是最稳妥的商标保护措施。

【实训任务】

即测即评

案例分析实训

参考文献

[1] 全国人大财经委电子商务法起草工作小组．中华人民共和国电子商务法条文研析与适用指引［M］. 北京：中国法制出版社，2018.

[2] 冯晓鹏．跨境电商通关：运营与合规［M］. 北京：法律出版社，2019.

[3] 高富平，张楚．电子商务法［M］. 北京：北京大学出版社，2002.

[4] 贺琼琼. 电子商务法［M］. 武汉：武汉大学出版社，2016.

[5] 洪友红. 电子商务法律服务指引［M］. 北京：法律出版社，2015.

[6] 柯丽敏，洪方仁．跨境电商理论与实务［M］. 北京：中国海关出版社，2016.

[7] 李俊平，曾芳芳．电子商务纠纷案例与实务［M］. 北京：清华大学出版社，2015.

[8] 孙宝文，李涛．互联网经济蓝皮书：中国互联网经济发展报告（2018）［M］. 北京：社会科学文献出版社，2019.

[9] 孙祥和．创业法律实务［M］. 北京：中国人民大学出版社，2013.

[10] 孙祥和．智慧社会：迎接美好生活［M］. 北京：中国人民大学出版社，2019.

[11] 王迁．网络环境中的著作权保护研究［M］. 北京：法律出版社，2011.

[12] 电子商务法起草组．中华人民共和国电子商务法解读［M］. 北京：中国法制出版社，2018.

[13] 赵旭东．中华人民共和国电子商务法释义与原理［M］. 北京：中国法制出版社，2018.

[14] 郭海霞．电子商务法律法规（第三版）［M］. 北京：电子工业出版社，2021.

[15] 罗佩华，魏彦珩，邵莉莉，等．电子商务法［M］. 北京：清华大学出版社，2019.

[16] 何培育．电子商务法［M］. 武汉：武汉大学出版社，2019.

[17] 宋燕妮．中华人民共和国电子商务法精释与适用［M］. 北京：中国民主法制出版社，2018.

[18] 薛军．电子商务法解读［M］. 北京：中国法制出版社，2018.

[19] 柴玲．白话电商法律法规［M］. 北京：人民邮电出版社，2020.

[20] 吴旭华，褚霞．电子商务法：原理、实务及案例［M］. 北京：法律出版社，2019.

[21] 吴景明．《电子商务法》消费者权益保护法律制度：规则与案例［M］. 北京：中国法制出版社，2019.

[22] 王庆春，刘溪，王晓亮．电子商务法律法规［M］. 3 版. 北京：高等教育出版社，2022.

[23] 王卫东，张荣刚．电子商务法律法规［M］. 北京：清华大学出版社，2021.

[24] 白歌．无现金支付还卡在哪儿［N］. 北京晚报，2017-04-27.

[25] 陈国猛．大力推进在线纠纷解决机制建设［N］. 人民法院报，2016-12-28.

[26] 陈和秋．“大数据杀熟”怎么办新规释放治理信号［N］. 民主与法制时报，2020-10-13.

[27] 陈骥旻．新型网络传销危害陡增掘金“新经济”却陷传销坑［N］. 经济参考报，2018-04-09.

[28] 陈辽敏．电子商务网上法庭的探索和实践［N］. 人民法院报，2016-10-12.

[29] 陈鹏，宓迪．业务违规财付通支付宝均被罚 3 万［N］. 新京报，2017-05-11.

[30] 陈琼珂，王治国．网店标错价格后拒绝执行订单引纠纷，自贸区法庭判决 1 号店有权处理不发货店铺［N］. 解放日报，2014-10-22.

[31] 扶青．禁止“大数据杀熟”要落到实处［N］. 南方日报，2019-10-12.

[32] 顾建兵，姚雷．快递货物丢失客户未办保价　法院判决依约定按运费的 7 倍赔偿［N］. 人民法院报，2015-01-14.

[33] 海翔．规范支付机构外汇业务的发展［J］. 中国外汇，2018（19）.

[34] 姜瑜．“电商立法”时代来临 [N]．上海金融报，2013-01-25.
[35] 金雷．一宗案例给跨境电子商务监管带来的启示 [N]．中国国门时报，2016-01-25.
[36] 靳颖姝．从2 000元起步到“站着挣钱”：马蜂窝有啥“秘密武器”？[N]．21世纪经济报道，2016-08-20.
[37] 李呈钺．短视频勿短视 [N]．人民日报，2018-08-16.
[38] 李文芳，费必胜．浙江2015年处理线上电商专利侵权纠纷逾6.4万起 [N]．浙江日报，2016-02-22.
[39] 林远．富安娜电商业务难过“假货门” 纠纷解决机制亦遭质疑 [N]．经济参考报，2013-08-16.
[40] 刘经宇，李明．2 800多个刷单平台被曝光 部分平台更名后仍在发布任务 [N]．新京报，2018-11-14.
[41] 刘经宇，李明．电商刷单江湖：“每天60万刷手待命”[N]．新京报，2018-11-13.
[42] 刘文新，谢正军．网站称操作失误拒兑现美团“零元餐”惹官司 [N]．中国消费者报，2014-10-29.
[43] 卢金增，刘洪伟．山东“夺命快递”致1死9中毒案宣判4人获罪 [N]．检察日报，2015-11-12.
[44] 卢雨思，李雪红．坐在办公室里也能打官司 余杭法院电子商务网上法庭试水第一案 [N]．余杭晨报，2015-06-03.
[45] 马超，宋华俊，韩小安．法院适用民诉法司法解释裁定管辖权 [N]．法制日报，2015-03-04.
[46] 马春晖，刘进．利用电商平台虚开发票案件 [N]．中国税务报，2014-06-30.
[47] 马娟义．《互联网广告管理暂行办法》施行月余 “微信朋友圈”虚假广告余姚首开罚单 [N]．东南商报，2016-10-11.
[48] 毛坚儿．宁波和高磁电技术有限公司诉谷歌公司等服务合同纠纷案 [N]．人民法院报，2012-10-18.
[49] 毛宁．域名与商标权法律权利冲突相关问题浅析 [J]．山东社会科学，2016（6）.
[50] 墨人．电子商务法如何行稳致远 [N]．人民法院报，2018-10-29.
[51] 钱一彬，王洲．警惕！短视频沦为“低俗秀”[N]．人民日报，2018-03-29.
[52] 钱一彬．短视频“激浊”更需“扬清”[N]．人民日报，2018-04-12.
[53] 屈运栩，侯奇江，陈永伟．互联网平台公司和监管各该管什么？[J]．财新周刊，2018（37）.
[54] 申波．男子快递手机一个月丢失仅拿到5倍运费赔偿 [N]．太原晚报，2014-02-13.
[55] 史洪举．主播带货还得带上法律责任 [N]．法制日报，2020-04-02.
[56] 宋亚辉．网络市场规制的三种模式及其适用原理 [J]．法学，2018（10）.
[57] 谭敏．互联网法院让公平正义来得更方便 [N]．广州日报，2017-06-28.
[58] 王春，夕瑞．确保数据不被篡改无限期安全存储 我国电子证据保全进入“云时代”[N]．法制日报，2014-06-19.
[59] 王岗，杨国华．电商违法受罚 三成涉知名品牌 [N]．法制晚报，2016-08-01.
[60] 王涵，任文岱．电子商务法实施一周年观察 [N]．民主与法制时报，2020-01-12.
[61] 王慧敏．低小散转向高精尖，高质量取代高增速：浙江实体经济正质变 [N]．人民日报，2017-03-19.
[62] 王军等．新消费拉着中国经济跑（政策解读·掷地有声好政策④）[N]．人民日报，2017-12-19.

[63] 王林，李晨赫，赵丽梅．依赖互联网电商的你被杀熟了吗？[N]．中国青年报，2018-03-27.
[64] 王迁．超越“红旗原则”：评首例互联网电视著作权侵权案 [J]．中国版权，2011 (6).
[65] 韦夏怡．平台风险频出 P2P 首推第三方证据托管 [N]．经济参考报，2014-07-23.
[66] 吴纪树．网络直播的法律风险与规制 [J]．新闻研究导刊，2019，10 (21).
[67] 吴永．以假乱真、变相传销、违法走私：微信代购惊现三大乱象 [N]．经济参考报，2017-03-10.
[68] 肖武，周和．电子证据时代：我们准备好了吗？[N]．四川法制报，2015-02-12.
[69] 谢华峰．电子商务法五个涉税关键词 [N]．中国税务报，2018-09-19.
[70] 谢惠茜．眼皮底下银行卡被盗刷 [N]．深圳商报，2016-12-12.
[71] 徐建华．市场监管部门督促电商平台删除 14 万条野生动物交易信息 [N]．中国质量报，2020-02-28.
[72] 闫岩．电商法半年监管再亮剑 [N]．北京商报，2019-06-21.
[73] 晏文龙．网游企业直播平台要主动担当社会责任 [N]．南方都市报，2020-05-01.
[74] 杨立新．电子商务民事责任的立法基础与基本规则 [J]．甘肃社会科学，2019 (1).
[75] 杨立新．网络媒介平台的性质转变及其提供者的责任承担 [J]．法治研究，2016 (3).
[76] 张璁．争议话题：各方怎么说 [法治头条·聚焦电子商务立法（下）] [N]．人民日报，2017-01-18.
[77] 张乃伦．“直播带货”要担哪些责任 [N]．北京日报，2020-02-05.
[78] 张鹏．快递员偷攒 8000 张快递单售卖谋利被公诉 [N]．南方都市报，2017-02-24.
[79] 张翼．海关、公安、企业联手“云端”打假捍卫知识产权 [N]．光明日报，2018-04-27.
[80] 赵展慧．对世界快递业务增长的贡献率达六成　中国成全球快递发展引擎 [N]．人民日报，2017-03-29.
[81] 周欣．浅析《电商法》施行后的若干法律问题 [N]．法制与社会，2019 (4 上).